WALTER HOTZ

DIE MITTELMEERKÜSTEN ANATOLIENS

WALTER HOTZ

DIE MITTELMEERKÜSTEN ANATOLIENS

Handbuch der Kunstdenkmäler

WISSENSCHAFTLICHE BUCHGESELLSCHAFT
DARMSTADT

CIP-Titelaufnahme der Deutschen Bibliothek

Hotz, Walter:
Die Mittelmeerküsten Anatoliens: Handbuch der Kunstdenkmäler / Walter Hotz. – Darmstadt: Wiss. Buchges., 1989
ISBN 3-534-03073-7

Bestellnummer 03073-7

Satz: Maschinensetzerei Janß, Pfungstadt
Druck und Einband: Wissenschaftliche Buchgesellschaft, Darmstadt
Printed in Germany
Schrift: Linotype Garamond, 9.5/10

ISBN 3-534-03073-7

Für Annelie
die Weggefährtin
seit über 50 Jahren

INHALT

Die Übersichtskarte ist dem Buch beigelegt.

VORWORT

Das Vorwort eines solchen Buches wird meist geschrieben, wenn die Arbeit des Verfassers getan ist und die Herstellung durch den Verlag beginnt. Es soll darlegen, welche Beweggründe zu diesem Werke führten, welche Aufgabe es sich gestellt hat und welche Umstände und Menschen an seinem Zustandekommen beteiligt waren.

Ich darf meine ›Mittelmeerküsten Anatoliens‹ unter einem Bilde begreifen, das mir unlängst wieder in München auf einer Ausstellung der ›Deutschrömer‹ begegnet ist, unter der ›Iphigenie‹ von Anselm Feuerbach. Es zeigt die sinnend am Meeresufer in die Ferne schauende Frau, deren Sehnsucht Goethe in den Vers gefaßt hat: „Und an dem Ufer steh ich lange Tage,/Das Land der Griechen mit der Seele suchend." Es gibt zwei gemalte Fassungen der Iphigenie, auf denen sie sitzend am Gestade von Kolchis, und mehrere Zeichnungen, auf denen sie stehend zu sehen ist. Früher fand ich die mir von Jugend auf vertraute Darmstädter Fassung besser, heute spricht mich die denkmalhafte und abgeklärte Stuttgarter, die auch in München hing, mehr an. Dieses Verlangen nach neuen Ufern, dieses Sich-sehnen nach dem Morgen, nach dem Aufgang des Lichtes, das hat auch mich getrieben. Es hat mich nach Hellas und Byzanz und zu den Küsten Anatoliens geführt, wohl wissend, daß dort nicht nur „Griechisches" zu finden ist. Aber auch das schien mir der Anschauung, des Nachdenkens und der Darstellung wert zu sein. Dieser von vielen Schicksalen gezeichnete, von Kriegen heimgesuchte, von Katastrophen durchfurchte Boden, die Werke, die dort prometheushaftes Aufbegehren ebenso wie demütige Unterwerfung unter Gottes Willen und Gebot, das stolze Selbstbewußtsein des Menschen wie der gläubige Lobpreis des Herrn Himmels und der Erde geschaffen haben, dieses Wiegenland unserer Kultur hat es mir angetan. Davon mußte ich berichten.

Die Aufgabe dieses Buches ist mit seinem Titel umrissen. Es möchte sowohl dem, der diese Stätten und Denkmäler aufsucht, als auch dem, der sich in der Bibliothek oder am Schreibtisch darüber unterrichten möchte, mit wissenschaftlichen Erläuterungen zur Hand sein. Die Art der Beschreibung folgt dem Vorbild, das einst Georg Dehio in seinem Handbuch der deutschen Kunstdenkmäler gegeben hat; doch ist den geschichtlichen Bezügen mehr Raum gegönnt. Es gibt eine Fülle von Literatur zum Thema, die ausgewertet wurde und der auch die meisten Textabbildungen entnommen sind. Das beigefügte Verzeichnis bringt nur eine Auswahl von Arbeiten, die für dieses Buch wichtig waren oder die dem Leser weitere Anregungen vermitteln können.

Noch während mein ›Handbuch der Kunstdenkmäler Byzanz – Konstantinopel – Istanbul‹ geschrieben wurde, war ich schon unterwegs, um auch in Anatolien die Zeugnisse der Geschichte und die Werke der Kunst aufzusuchen. Die Küstenlandschaften schienen damit besonders ausgezeichnet zu sein. Ursprünglich sollte auch die Schwarzmeerküste, den Spuren der Argonauten folgend, mit bearbeitet werden. Doch ließ sich das Thema eindringlicher an der ägäischen und der Südküste (mit den zugehörigen Binnenlandschaften) behandeln. Das kleinasiatische „Hochland" blieb ausgespart. Es bedarf einer eigenen Darstellung.

Geschichte und Kunst der Mittelmeerküsten lassen sich in größere, selten schroff abgegrenzte, sondern meist ineinander verzahnte Zeitabschnitte einordnen. Sie umgreifen die vorgriechische Frühzeit, die griechischen Staaten und das römische Imperium, das „Altertum", bis zur Verselbständigung Ostroms, das byzantinische „Mittelalter" im Rhomäerreich, und die türkische „Neuzeit" von der osmanischen Eroberung Anatoliens bis zur Gegenwart.

Zu den Voraussetzungen dieses Buches gehören zehn große Türkeireisen, die ich zusammen mit meiner Frau unternahm – neun im eigenen Wagen und eine als Flugreise. Unsere Begleiter waren auf drei Reisen Freunde und fotografische Mitarbeiter, wir lernten unterwegs immer wieder aufgeschlossene Menschen kennen, Landsleute und Angehörige anderer Nationen, mit denen wir uns sprachlich verständigen konnten. Und wir erlebten türkische Gastfreundschaft; davon ist uns eine Einladung in Kilbasan auf dem Wege zu den „1001 Kirchen (Binbir Kilisse)" besonders in Erinnerung geblieben.

Fast alle Orte, die hier beschrieben sind, haben wir, meist mehrmals, aufgesucht. Nur in den Klöstern des Latmos waren wir nicht. Die Anforderungen einer mehrtägigen Hochgebirgswanderung konnten wir nicht erfüllen. Ich bringe daher die lebendigen Schilderungen, die Theodor Wiegand davon in den Briefen an seine Frau geschrieben hat.

Die Reiseeindrücke in der Türkei wurden ergänzt auf weiteren Reisen in den östlichen Mittelmeerraum, auf dem griechischen Festland und den Inseln, nach Syrien, Jordanien, Israel und Ägypten, die wir – außer den griechischen – als Gesellschaftsreisen unternahmen. Es erscheint mir unerläßlich, daß man als Kunsthistoriker die Dinge, die man beschreibt, auch gesehen hat, nicht nur in Museen, sondern auch in ihrer originalen Umwelt und Landschaft. Da indes viele Kunstwerke dieser Landschaft heute nur in Museen besichtigt werden können, werden sie stets unter ihrem ursprünglichen Standort aufgeführt.

Zu danken habe ich vielen Menschen, die mir auf mancherlei Art behilflich waren. Ich darf nennen: den Althistoriker Prof. Dr. Alexander Demandt, Berlin, der die Einleitungskapitel durchlas; den Geographen Prof. Dr. Wolf Dieter Hütteroth in Erlangen für Auskünfte und Kartenmaterial; den Konservator Dr. Wolf Koenigs in München für Auskünfte und Bilder, Frau Hedi Seeger in Egg/Zürich für ihre seit Jahrzehnten bewährte fotografische Mitarbeit und Herrn Dr. Reinhardt Hootz, der seitens der Wissenschaftlichen Buchgesellschaft das Buch unter seine Obhut nahm und mich wie immer freundschaftlich mit Rat und Hilfe unterstützte. Meiner lieben Frau, die die Freuden und Mühen aller Reisen teilte und stets im Aufsuchen und Beurteilen der Kunstwerke eine verständnisvolle Gefährtin war, darf ich dieses Buch noch als späte Gabe zur Goldenen Hochzeit widmen.

Worms, Ostern 1988 *Walter Hotz*

ZUR GESCHICHTE UND KUNSTGESCHICHTE DER ANATOLISCHEN MITTELMEERKÜSTEN

Auch für das Land des Sonnenaufgangs, Anatolien, gab es eine Zeit vorgeschichtlicher Dämmerung. Zwar waren dort schon Menschen anzutreffen, doch ihre Herkunft und ihr Verbleib sind uns unbekannt oder rätselhaft, wie wir auch von ihren Lebensgewohnheiten, ihrer Rasse, ihrer Sprache, ihren Bräuchen, ihrer Religion und ihren Gemeinschaftsformen kaum etwas wissen. Die wenigen noch paläontologisch oder schon archäologisch erfaßbaren Spuren und Überreste umgreifen in ihrer Deutung einen weiten Spielraum des Möglichen oder Wahrscheinlichen. Sie gewinnen nur dort feste Umrisse, wo sie in eine an späteren Kulturabläufen und Gesetzmäßigkeiten erweisbare Kontinuität eingeordnet werden können. Gerade das aber ist in Anatolien sehr schwierig. Denn seine durch eine jeweils eigene Formensprache hervorgehobenen Geschichtsepochen sind meist nicht das Ergebnis immanenter Entwicklungen, sondern äußerer Einbrüche, von Zerstörungen und Neugründungen, die zudem noch von Naturkatastrophen unterbrochen oder beendet werden. Alle diese Umstände wirkten sich unterschiedlich auf die menschliche Tätigkeit aus, gerade in den Bereichen, die wir als Frühstufen der Kunst erfassen können, ob es sich nun um Inneranatolien handelt, das „Hochland", oder um die west- und südanatolischen Küstenlandschaften, denen unsere Darstellung gilt.

In der mittleren Steinzeit, der Steinkupferzeit und der Jungsteinzeit (um 8000 bis 2500), wie sie von Mesopotamien bis Kleinasien in Erscheinung tritt, waren wohl streifende Jäger, Fischer und Viehzüchter erste Bewohner. Das bezeugen etwa die Höhlen bei Antalya, besonders die von Karain, die meterhohe steinzeitliche Ablagerungen, Geräte, Menschen- und Tierknochen bergen. Doch waren die Steinzeitmenschen in Anatolien nicht nur jagende Nomaden, sondern auch seßhafte Bauern, die die Erde bearbeiteten und sich Häuser in Fachwerk mit Lehmziegelfüllung bauten. Sie wohnten in Siedlungen inmitten ihrer Felder, die in der Regel auch mit schützenden Mauern umgeben waren. Da diese Lehmbauten nur etwa 30 Jahre lang bewohnbar waren, wurden sie immer am gleichen Platze neu errichtet. So entstanden im Laufe der Zeit künstliche Siedlungshügel, die auch nach ihrer Aufgabe sichtbar blieben, und die uns als „Hüyük" verstreut über ganz Anatolien in großer Zahl begegnen. Der bekannteste unter ihnen ist der erst 1961/1965 vom Britischen Institut *(J. Mellaart)* ausgegrabene Çatal Hüyük südostwärts von Konya. Dort sind in den Keramik führenden Schichten des Neolithikums (zwischen 6000 und 5000 v. Chr.) auch die ältesten künstlerischen Zeugnisse als Kleinfiguren, geschmückte Geräte und als getünchte und bemalte Wände in der Architektur zutage getreten.

In unserem Gebiet sind hier nur wenige Plätze zu nennen: Mersin (Yümüktepe) an der kilikischen Südküste mit 30 Schichten vom Neolithikum an – bedeutsam ist die Befestigungsanlage der XVI. Schicht –, und an der Ägäis, wo die erste Burgsiedlung von Troja um 3500 v. Chr. zugleich als Handels- und Handwerkerplatz gegründet wurde. Das Chalkolithikum, um 3000, ist in dem Schutthügel von Beycesultan (Provinz Denizli) vertreten. Troja spielt jedoch eine Sonderrolle, weil seine Entwicklung nicht mit der anderer Hüyüks zusammengeht.

Um 2300 erleidet die neolithisch-frühbronzezeitliche Bauernkultur Anatoliens durch kriegerische Gewalt ihren Zusammenbruch. Brandschichten kennzeichnen das Ende der bäuerlichen Hüyük-Besiedlung. Die zerstörenden Eroberer kommen sowohl vom Norden und Nordosten als auch durch das syrisch-kilikische Völkertor aus Mesopotamien, aus Sumer und Babylon, aus Akkad und Assur.

Die Stämme, die das Innere Anatoliens besiedeln und rivalisierende Kleinstaaten bilden, lassen sich als nördliche und südliche Kulturgruppe kennzeichnen. Die nördliche Gruppe, deren hohe Kultur die eindrucksvollen Metallfunde von Alaca Hüyük, die „Standarten" mit symbolischen Gitterscheiben und Tierfiguren bezeugen, dürfte weitgehend mit dem Volk der Hatti gleichzusetzen und in das Jahrhundert zwischen 2200 und 2100 einzuordnen sein.

In der südlichen Gruppe werden enge Beziehungen zu Mesopotamien erkennbar, deren Vermittler assyrische Handelsniederlassungen (Karum) waren. Die Kaufleute brachten nicht nur Waren, sondern auch die assyrische Keilschrift mit, die von den Einheimischen übernommen wurde. Die von nun an erfolgenden Aufzeichnungen bilden den Übergang aus der mythischen Zeit in die Geschichte.

Die Hatti wurden von den Hethitern überwunden und beerbt. Diese sind indogermanische Einwanderer, Krieger, die vermutlich über den Kaukasus nach Kleinasien kamen. Wahrscheinlich waren sie nur ein Herrenvolk, das als Führungsschicht die bisherigen Bewohner unter seine Gewalt brachte. Es eignete sich den Namen der Unterworfenen an, aber es erlegte ihnen seine Sprache und Religion auf.

Zur Bildung des hethitischen Großreichs im Hochland kam es um 1600 v. Chr. durch König Hattusili I. Er machte Hattusa zur Hauptstadt. Das hethitische Reichsgebiet erstreckte sich zwischen den Gebirgen, die Schwarzes Meer und Mittelmeer in nordsüdlicher Richtung begleiten, zwischen dem Oberlauf des Euphrat im Osten und der breiten Abflachung der Berge nach Westen hin.

Das hethitische Großreich im Hochland, das sich 300 Jahre lang behauptete, hat im ägäischen Küstensaum nur zwei bemerkenswerte Denkmäler hinter-
101 lassen. Das Felsrelief von Karabel südostwärts von Izmir stellt einen hethitischen Prinzen des 14./13. Jh. dar. Er wurde schon von *Herodot,* der von den Hethitern nichts mehr wußte, als Pharao Sesostris gedeutet. Ein weiteres hethitisches Relief, eine thronende Göttin, von den Griechen als „Niobe" bezeichnet, ist in Akpinar bei Manisa aus dem Felsen gehauen. Auch in Kilikien finden sich hethitische Denkmäler. Großkönig Muwatalli (1306–1281)

ließ ein Relief mit einem Bilde bei Sirkeli, ostwärts von Adana, hoch über dem Ceyhan anbringen. In Ivriz am Nordfuß des kilikischen Taurus hat noch der späthethitische König Warpalawas von Tyana (2. H. 8. Jh. v. Chr.) einen Felsen bei einer Quelle mit riesigen, 6 m hohen Bildern schmücken lassen, die ihn vor dem Fruchtbarkeitsgott darstellen. Im Bereich des syrisch-kilikischen Völkertors entstanden die späthethitische Königsburg Zincirli, die im 8. Jh. unter assyrische Herrschaft kam, und die kilikische Grenzfestung Karatepe am Ceyhan, eine Gründung des Königs Azitawadda aus dem 8. Jh.

Die große Veränderung in Anatolien brachten die „Seevölker", wie sie in den ägyptischen Quellen heißen. Sie kamen in mehreren Wellen seit Beginn des 2. Jt. aus dem Nordwesten. Ihre Sprachen waren indogermanisch. Ihre Herkunftsländer liegen in Europa: an der unteren Donau und der Nordküste des Schwarzen Meers, im Balkan, und in Mitteleuropa bis hinauf zur Nordsee. Sie waren Seefahrer, aber sie besaßen auch Fußvolk und berittene Truppen. Sie brachten dem Hethiterreich des Königs Suppiluliamas II. den Untergang. Die Stämme der Phryger, der Paläster und ihre Mitstreiter drangen über die Meerengen in Kleinasien ein. Die Phryger gewannen das Sangariosbecken bis zum Halys. Die Paläster erreichten Pamphylien und setzten von dort aus nach Zypern und nach Syrien über. Sie überfielen die Stadt Ugarit und zerstörten sie. Fast zur gleichen Zeit (1196/1195 v. Chr.) unterlag König Suppiluliamas. Die Hauptstadt Hattusa wurde verbrannt. Ein Kampfverband kehrte beutebeladen wieder nach Europa zurück. Die anderen zogen über Kilikien nach Phönikien, wo sie der Pharao Ramses III. vergeblich aufzuhalten versuchte. Erst vor den Toren Unterägyptens, bei Pelusion/Suez und im Nildelta, konnte er sie überwinden. Davon geben die Reliefs und Inschriften der Tempelwände von Medinet Habu Kenntnis. Das Land, in dem die Paläster (Philister) ansässig wurden, trägt bis heute ihren Namen „Palästina". Hethitische Teilstaaten hielten sich auf syrischem Boden, bis sie im 8. Jh. von den Assyrern vernichtet wurden. Die Hethiter versanken in der Vergessenheit. Erst im 19. Jh. wurden sie mit ihren eigenen Denkmälern wiederentdeckt.

Den „Seevölkern" ging es nicht nur um Eroberung als Selbstzweck, wie später so manchen Eroberervölkern in diesem Raum, sie begehrten Siedlungsraum. Ihr Ansturm war nicht der einer Völkerflut, die alles überschwemmt, um sich dann über verwüsteten Fluren zu verlaufen. Die Auseinandersetzungen mit vorher dort Ansässigen wurden nicht immer mit Feuer und Schwert ausgetragen, sondern nahmen oft längere Zeit in Anspruch. Es gab auch Handel, politische Bündnisse, kulturellen Austausch und zahlreiche menschliche Verbindungen.

All das, was sich während mehrerer Jahrhunderte an den Küsten Anatoliens, vorwiegend der Westküste, zutrug, wird von einem Mythos geschildert, gedeutet und dem historischen Bewußtsein eingeprägt, der zu den bedeutendsten der Menschheit zählt, dem Sagenkreis um den Trojanischen Krieg. Kraft seiner dichterischen Gestaltung durch *Homer* ist er zugleich ein Zeugnis des Geistes, der die Kunst der Griechen geschaffen hat. Er ist das Morgenlied der europäischen Kultur.

„Die Achäer landen vor Troja" – das ist die mythologisch in einer Hand-

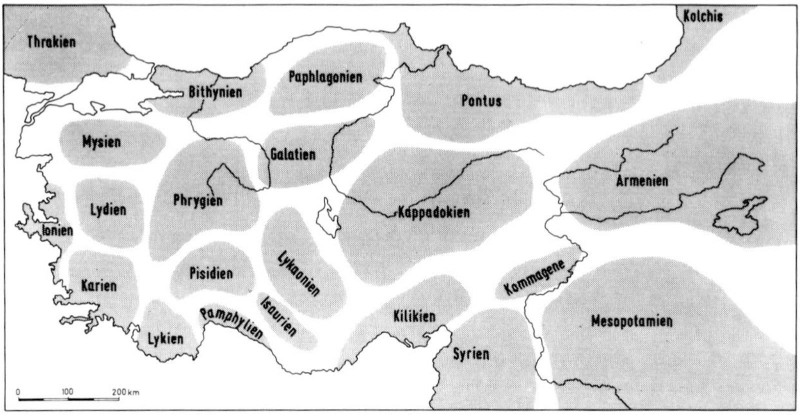

Die antiken Landschaftsnamen Anatoliens , nach Hütteroth

202 lung und an einem Ort festgehaltene geschichtliche Situation. In sie einbezogen sind die von der ›Ilias‹ beschriebenen kriegerischen Unternehmungen und Beutezüge der Eindringlinge ebenso wie die Völker, die auf seiten der Trojaner kämpften. Die Züge der Priesterfürsten Kalchas, Amphilochos und Mopsos und auch die Irrfahrten des Odysseus im Mittelmeer sprechen die Fernziele und die Schicksale der – mykenischen – Griechen an. In diesen Dichtungen nehmen auch die bluttrinkenden Schatten der längst Dahingegangenen Gestalt an – wie es der gedankentiefste 11. Gesang der ›Odyssee‹ schildert –, da klingen Völkernamen Anatoliens auf, die auch in geschichtlicher Zeit noch lebendig sind, aber auch Namen wie der der Amazonen, die man lange für mythische Wesen hielt, bis Funde von Waffen in Frauengräbern bewiesen, daß es sie doch gegeben hat, diese staatlich nach dem Mutterrecht organisierten Frauenbünde, die von erheblicher politischer und militärischer Bedeutung waren und ihren Namen wohl aus „Am" (Frau) und „Azzi" (Land) am Thermodon (Yeşil Irmak) ableiten. Die griechische Volksetymologie hat daraus die „Brustlosen" gemacht. Im Trojanischen Krieg kommt die Amazonenkönigin Penthesilea den Trojanern zu Hilfe und wird von Achilles – den sie liebt – getötet. Penthesilea und die Amazonen waren ein beliebtes
52, 53 Thema künstlerischer Darstellungen bis hin zu den Weihestatuen im Artemision in Ephesos oder den Bilderfriesen am Mausoleum zu Halikarnassos.

In drei großen Völkerwellen sind die Griechen an die ägäische und auch an die Schwarzmeer- und Südküste Kleinasiens gelangt: Im 13./12. Jh. als mykenische (?) „Seevölker"; um 1000 unter dem Druck der „Dorischen Wanderung" als Äoler aus Thessalien und Böotien, die in Mysien ansässig wurden; als Jonier aus Attika, die zwischen Smyrna und Knidos siedelten und dem Land den Namen „Jonien" gaben; und als Dorer aus der Peloponnes in Karien. Die dritte Siedlungswelle im 8./7. Jh. erstreckte sich vor allem auf die Pontische Küste und die Südküste von Pamphylien bis Kilikien; sie war weithin getragen von den bereits in Westanatolien seßhaft Gewordenen, die ihrerseits Kolonien entsandten.

Für die Griechen blieb die Nähe zur See wichtig. Ihre wesentlichen Verbindungen sowohl zum Mutterland als auch untereinander liefen über das Meer. Sie waren stets sehr eng, wenn auch öfter durch Hader, Neid und Machtstreben getrübt, aber gerade darin unlösbar mit dem geschichtlichen Schicksal Griechenlands verbunden. Die Äoler und die Jonier bildeten in Kleinasien Städtebünde, die sich um Heiligtümer scharten (Gryneion, Panionion). Die griechische Polis und ihre administrative Struktur wurde zum entscheidenden Faktor der „politischen" Gliederung Anatoliens. Das fand seinen Widerschein in den Denkmälern der Kunst.

Ein besonders denkwürdiges Ergebnis der Auseinandersetzung mit anderen Völkern und Staaten im östlichen Mittelmeerraum ist, daß die Griechen ein schreibendes Volk wurden, wie vor ihnen schon die Hethiter und die Völker zwischen dem Zweistromland und dem Nil. Sie lernten von den Phönikern die Lautschrift und bildeten sie im 9. Jh. zum griechischen Alphabet um. Daraus sind dann unsere europäischen Schriften gewachsen. In der Kunst hat sich in diesem über 250 Jahre reichenden Zeitraum der geometrische Stil in seinen verschiedenen Stufen als früh-, reif- und spätgeometrischer Stil ausgebildet.

Die orientalischen Staaten, welche das Hethiter-Großreich beerbten, waren ihrerseits auf Machtzuwachs bedacht. Sie sparten die Griechenstädte an den Küsten nicht aus. In Westanatolien waren es nach dem Ende der Phrygerherrschaft, die um 695 v. Chr. dem Ansturm der aus dem Norden kommenden Kimmerier (und der ihnen folgenden Skythen) erlag, die Lyder. 50 Jahre nach dem Tode des Phrygerkönigs Midas fiel auch der Lyder Gyges im Kampf gegen die Kimmerier. Erst sein Nachfolger Ardys konnte die Eindringlinge abwehren. Die Lyder dehnten ihr Herrschaftsgebiet auch über die meisten Griechenstädte aus. Doch waren sie den Griechen freundlich gesinnt und nahmen an ihrer Kultur teil. Besonders der letzte Lyderkönig Kroisos war ein ausgesprochener Philhellene, der sich mit griechischen Beratern umgab – dennoch aber den Orakelspruch aus Delphi nicht richtig zu deuten wußte, was ihm zum Verhängnis wurde.

Der weit im Osten an Iran anstoßende Stamm der Meder drängte gewaltig westwärts, wo er am Halys (Kızıl Irmak) mit Lydien zusammentraf. Der Fluß bildete die Grenze, bis ihn Krösos überschritt, um den Nachfolger der Meder, den Perserkönig Kyros, zu bekriegen – und sein Reich an ihn zu verlieren. Die Perser unter Kyros drangen siegreich bis zu den Küsten Kleinasiens und bis an die Tore Ägyptens vor. Kambyses (529–522) eroberte Ägypten. Darius I. (521–485) baute sein Reich zur Großmacht aus.

In den beiden Jahrhunderten vor 500, in denen das griechische Festland mannigfache innere Kämpfe durchzustehen hatte, wurden auch eine Reihe von Städtekolonien in allen Teilen des Mittelmeers ins Leben gerufen. Sie waren zunächst Außenposten, bald aber schon Ausgangsorte neuer Unternehmungen. Jonien ist daran maßgeblich beteiligt. Milet wird auch im geistigen Leben eine der führenden Städte der Griechen. Die jonischen Naturphilosophen, vor allem *Thales* von Milet (um 600 v. Chr.), entdecken und deuten die Gesetzmäßigkeiten des Kosmos. Der Urstoff der Welt war für *Thales* das Wasser.

Zwischen 700 und 500 entstand auch der archaische Stil. In der Tempelarchitektur von Alt-Smyrna, Erythrai, Larisa und Neandria bildeten sich die äolischen Schmuckformen, die Säulen mit dem Volutenkapitell und dem Pilzkapitell, das auch eine Basisfunktion haben konnte, aus. Der Athenatempel von Smyrna (7. Jh. v. Chr.) war das bedeutendste Heiligtum Joniens. Auf dem Festland wurde die dorische Ordnung entwickelt, die im 6. Jh. zur vollen Entfaltung kam. Doch besitzt Anatolien hier nur noch den Athenatempel von Assos als Beispiel. Das ältere Artemision in Ephesos aus dem 6. Jh. ist schon jonisch. Die jüngeren Elfenbeinstatuetten des Tempelschatzes von Ephesos wurden geschnitzt, als *Thales* und *Anaximander* (610–546) in Milet lehrten. In der Großplastik tritt erst die spätarchaische Zeit mit den Branchidenstatuen von Didyma und der „schönen Milesierin" hervor.

Im Jahre 499 bricht in Milet der Jonische Aufstand aus, der die griechischen Städte an der ägäischen Küste ergreift. Er nimmt 494 ein blutiges Ende. Der persische Sieger zerstört die eroberten Städte.

Dieser Jonische Aufstand ist das entscheidende geschichtliche Ereignis im östlichen Mittelmeerraum vor der Schlacht bei Aktium. Trotz seines Scheiterns löst er die Kräfte aus, die die Weltgeltung des griechischen Geistes begründen. Die Jonier erhoben sich als Griechen gegen die Fremdherrschaft. Sie handelten als Träger gesamtgriechischen Bewußtseins und erfuhren die Unterstützung ihres Volkes auf dem Festland, vor allem der Stadt Athen. In den folgenden Perserkriegen kam diese gesamtgriechische Schicksalsgemeinschaft zum Tragen. Da wurden zu Lande und auf See die Schlachten geschlagen, die den Ruhm der Griechenstädte begründeten: Marathon 490, Salamis 480, Plataä 479, Mykale 479. Diese Taten fanden ihre Krönung im delisch-attischen Seebund. Wahrzeichen seiner kulturellen Bedeutung unter dem Athener Staatsmann Perikles wurde die neu erbaute Akropolis.

Athen brach zwar wieder im Peloponnesischen Krieg (431–404) zusammen. Die Einheit der Griechen spaltete sich in den folgenden 50 Jahren des 4. Jh. weitgehend auf, wobei nach Athen zuerst Sparta, dann Theben und abermals das wiedererstarkte Athen ihre Machtstellung einbüßten. Kleinasien wurde im „Königsfrieden" von 386 wieder persisch. Voraus gingen spartanische Feldzüge und auch der Zug der griechischen Söldner zum jüngeren Kyros, der sich in Ephesos sammelte und dessen ›Anabasis‹ nach glücklosem Kampf der Athener *Xenophon* literarisch berühmt gemacht hat.

Die verschiedenen Bündnisse, in die sich die Griechen einließen, trugen mehr zur Verwirrung als zur Ordnung bei. Unterdes wuchs im Norden, in Makedonien, die Macht heran, der die Zukunft gehörte. Land und Volk der Griechen wurden von dem Makedonierkönig Philipp (353–336) bezwungen (Chäronea 338) und geeint (Korinth 337). Philipps Sohn, Alexander der
160 Große, hat unter der Losung eines nationalen Vergeltungskrieges gegen die Perser einen beispiellosen Feldzug durch den Vorderen Orient angetreten. Er hat eine neue Ordnung geschaffen, die das Griechische zur verbindenden

Klammer und zum kulturellen Wesensmerkmal der Welt um das östliche Mittelmeer machte.

Diese derart bewegten und kampferfüllten 160 Jahre vom Jonischen Aufstand bis zum Alexanderzug haben die Klassische Kunst der Griechen hervorgebracht. Die Namen und Werke ihrer großen Meister finden wir auch in Kleinasien. Hier begegnen wir besonders den Vertretern des „reichen Stils" und der „schönen Klassik" (425–325), *Praxiteles* mit der Aphrodite von Kni- 104
dos, *Bryaxis, Skopas* und *Leochares* am Mausoleum zu Halikarnassos. Aber 52, 53
schon während der Perserkriege, zu Beginn des 5. Jh., haben die Lykier in durchaus griechischer Weise ihre Pfeilergräber zu Xanthos geschmückt, und 203, 204
die großen Bildhauer *Phidias, Polyklet* und *Kresilas* haben Amazonenstatuen für das ephesische Artemision geschaffen.

Mit Alexander beginnt das Zeitalter des Hellenismus. Politisch ist es erfüllt von ungeheuren Spannungen, in denen Welten gewonnen und verloren wurden. Die Nachfolger Alexanders haben sich endlose Streitigkeiten und blutige Kämpfe geliefert. Die meisten dieser Diadochenherrscher sind entweder auf dem Schlachtfeld oder durch Mörderhand gestorben. Das Weltreich Alexanders zu erhalten, waren sie nicht imstande – aber sie haben die Bausteine zu einer neuen Weltmacht geliefert, die sie besiegte und beerbte, zum Römischen Reich.

Der Hellenismus schuf das Zusammengehörigkeitsbewußtsein dieses Reiches. Der griechisch sprechende Mittelmeerraum – und hier besonders die Städte an den Küsten, vom ägyptischen Alexandria über das syrische Antiochia bis zu den anatolischen Griechenstädten Milet, Ephesos, Pergamon – werden Brennpunkte kulturellen Lebens. Hier werden die Bauwerke errichtet, die zu den „Weltwundern" der Antike zählen: der Leuchtturm von Alexandria, der Koloß von Rhodos, das Mausoleum zu Halikarnassos, der Arte- 51–55
mistempel zu Ephesos. Hier entstehen die bedeutenden hellenistischen Tem- 64
pel von Didyma (nach 310), der Tempel von Priene, Werk des *Pytheos* (nach 58–60
335), hundertfünfzig Jahre danach Magnesia, Teos und Sardis, die mit dem 173
Namen des *Hermogenes* verbunden sind (nach 195), und schließlich die Bildwerke des Zeusaltars von Pergamon (nach 180). 157–161

Die philosophische und literarische Bildung sammelt sich in Philosophenschulen. Das Rüstzeug liefern die großen Bibliotheken, voran die von Alexandria, mit der auch Pergamon wetteifert.

Rom und die am Unterlauf des Tiber sich bildende Römische Republik blieben lange am Rande der griechischen Interessensphäre. Erst die in Unteritalien und auf Sizilien entstandenen Kolonistenstädte und deren Beteiligung an Auseinandersetzungen mit Italikern, Sikulern und Karthagern machten Griechen und Römer miteinander bekannt. Sie wurden Vertragspartner, Bundesgenossen oder Feinde. Sie kämpften mit- oder gegeneinander. Der Name des Königs Pyrrhos von Epiros, des Verteidigers des Griechentums, taucht auf. Aber die Griechenstadt Tarent erliegt den Römern im gleichen Jahre 272, in dem auch Pyrrhos fällt. Die von den Römern in Tarent erbeutete goldene Statue der Glücksgöttin auf der Kugel wird in der Kurie auf dem Forum Romanum aufgestellt und ist fortan das römische Staatssymbol.

Der Krieg gegen Pyrrhos und die Griechenstädte in Unteritalien zog weitere Konflikte nach sich. Der Karthager Hannibal brachte im Zweiten Punischen Kriege mit den Schlachten am Trasimenischen See und bei Cannae Rom an den Rand des Abgrunds. Als er 202 auf nordafrikanischem Boden bei Zama unterlag und Frieden schließen mußte, war Karthagos Macht gebrochen. Hannibal fand Zuflucht in Kleinasien, wo er den Römern als Admiral der Seleukiden nochmals 190 vor Side erfolglos entgegentrat. Römische Kaiser haben ihm Jahrhunderte später ein ehrendes Grabdenkmal bei Gebze nahe der Propontis errichtet.

Die Auseinandersetzung mit den drei griechischen Großmächten des Ostens, den Makedoniern, den Seleukiden und den Ptolemäern, war für Rom unausweichlich geworden. Sie begann, gestützt auf die kleinen Staaten und Bünde in Griechenland, auf den Inseln und an der ägäischen Küste mit dem Zweiten Makedonischen Krieg (200–197). Rhodos, Pergamon und Athen hatten die Römer gegen Makedonien zu Hilfe gerufen. König Philipp wurde bei Kynoskephalä in Thessalien geschlagen. Im Frieden wurden die Griechenstädte für frei erklärt. Der römische Feldherr Flaminius ließ sich als Befreier der Hellenen feiern und kehrte mit reicher Beute – auch an Kunstwerken – nach Rom zurück.

Zwischen 192 und 189 fand der (Erste) Syrische Krieg statt, der gegen Antiochos den Großen gerichtet war und mit seiner Niederlage bei Magnesia am Sipylos endete. Den Vorteil hatten Roms Helfer: Pergamon, das auf seleukidische Kosten stärkste Macht Kleinasiens wurde, und Rhodos, das Karien und Lykien erhielt.

Im Dritten Makedonischen Krieg (171–168) wurde Philipps Sohn Perseus, dem die zur Einsicht ihrer falschen Politik gelangten Griechen (außer Athen) beistanden, bei Pydna besiegt und gefangen. Makedonien wurde schließlich, nachdem ein letzter Versuch seitens eines Andriskos, der sich für einen Sohn des Perseus ausgab, gescheitert war, 146 zur römischen Provinz erklärt, die man bis zur Adria ausdehnte. Als Verbindung zwischen Adriatischem und Ägäischem Meer wurde die für das innere Gefüge des Reiches außerordentlich bedeutsame Via Egnatia von Dyrrhachium nach Thessalonich gebaut.

146 war auch der aufsässige Achäische Bund niedergeworfen. Mummius zerstörte Korinth. Bald danach konnte Rom seine Herrschaft auf Kleinasien ausdehnen. König Attalos III. von Pergamon vermachte 133 sein Reich dem römischen Volk. Der Senat nahm nur zögernd an, mußte auch noch einen Thronbewerber ausschalten, bildete dann aber aus der pergamenischen Erbschaft die Provinz Asia mit Pergamon als Hauptstadt (129). Diese neue Machterweiterung forderte von Rom eine Ostpolitik, die zur Überwindung der noch verbliebenen griechischen Staaten zwang. Der Weg dahin führte durch schwere Krisen. Während der Bundesgenossenkrieg Italien verwüstete (91–88), trat König Mithradates von Kappadokien/Pontus, der sich zum Anwalt der Griechen erklärt hatte, den Römern abermals entgegen. Er drang 88 in die Provinz Asia ein und erließ zu Ephesos den berüchtigten Blutbefehl, dem Tausende von Römern zum Opfer fielen. In Rom wütete unterdes der Bürgerkrieg zwischen Marius und Sulla, die beide den Oberbefehl gegen

Mithradates beanspruchten. Sulla erhielt ihn. Er überwand zuerst die Festlandsgriechen, die sich für Mithradates erklärt hatten, danach die in Kleinasien. Mithradates mußte 85 in Dardanos Frieden schließen. Der nach Italien zurückgekehrte Sulla übte dort bis zu seinem Tode (78) eine blutige Diktatur aus. Seine Kampfgesetze wurden erst 70 durch Pompeius und Crassus aufgehoben. Pompeius erhielt 67 den Oberbefehl im Kriege gegen die Seeräuber, die ihre Stützpunkte an der pamphylischen und kilikischen Küste hatten. Inzwischen war der Krieg mit Mithradates wieder aufgeflammt. König Nikomedes von Bithynien hatte, wie 58 Jahre zuvor Attalos III. von Pergamon, sein Reich letztwillig den Römern vermacht (75 v. Chr.). Mithradates fiel 74 in Bithynien ein und schlug ein römisches Heer bei Chalkedon. Den Oberbefehl gegen Mithradates erhielt jetzt der Konsul Licinius Lucullus. Er vertrieb den Mithradates. Lucullus sandte während des Feldzugs von Kerasos/Giresun am Schwarzen Meer Früchte und Schößlinge des veredelten Kirschbaums nach Rom, wo sie in seinen Gärten gepflanzt wurden und prächtig gediehen. Mit ihrem Namen hält die Kirsche ihre Herkunft wach. Lucullus war nicht nur einer der reichsten Römer seiner Zeit, sondern auch ein Förderer von Kunst und Wissenschaft und selber wissenschaftlich als Historiker tätig. In der Politik hatte er jedoch keine glückliche Hand.

Den Oberbefehl im Osten übernahm schließlich Pompeius. Er beendete die verschiedenen Kriege und waltete wie ein Schiedsrichter im klein- und vorderasiatischen Raum. Zum Römischen Reiche kamen 74 Pontus und Bithynien. Syrien mit Antiochia und Kilikien mit der Hauptstadt Tarsus folgten 64/63. Mit der Einnahme Antiochias fand das Seleukidenreich sein Ende. Die
besiegten Seeräuber siedelte er an der kilikischen Küste in Soloi an und gab 13
der Stadt den Namen Pompeiopolis.

Pompeius war in der Nachfolge Sullas aufgestiegen. Er hatte sich als kluger Staatsmann und tapferer Heerführer erwiesen und war längst der Adelspartei entwachsen, aus der er stammte. Die mehrfach geschlagene Volkspartei und die Anhänger der beiden Marius und des Cinna hatten fast nur noch Außenposten im Reich inne. In dieser Partei aber wuchs über die übliche Ämterlaufbahn der Mann heran, der die Verfassungsstruktur des römischen Imperiums entscheidend verändern sollte: Gaius Julius Cäsar. Mit Pompeius und Crassus tat er sich 60 zum Ersten Triumvirat zusammen. Er selbst erlangte Statthalterschaft und Oberbefehl für beide Gallien. Trotz Verlängerung des Bundes kam es nach dem Tode des Crassus, der im verlustreichen Kampf gegen die Perser fiel, zwischen Pompeius und Cäsar zum Krieg, der mit der völligen Niederlage des Pompeius bei Pharsalos in Thessalien (48) endete. Der flüchtige Pompeius wurde bei seiner Ankunft in Ägypten ermordet.

Cäsar griff in den ägyptischen Thronstreit zugunsten der Ptolemäerin Kleopatra ein. Er wandte sich dann gegen Pharnakes, den Sohn des Mithradates, den er in Kleinasien bei Zela besiegte – von diesem Feldzug werden die Worte Cäsars überliefert: „Veni, vidi, vici (ich kam, ich sah, ich siegte)" –, und kehrte nach Rom zurück. Die Reste der Pompeianer schlug er bei Thapsus auf afrikanischem und bei Munda auf spanischem Boden.

Die Siege seiner Soldaten bahnten Cäsar den Weg nach Rom und zur

Alleinherrschaft im Staat. Sie war rechtlich in der Zusammenfassung der wichtigsten Ämter begründet. In zwei Jahren legte er die Grundlagen zur Monarchie. Die Geschichte hat das zu würdigen gewußt, indem sie seinen Personennamen zum bleibenden Titel erhob: Caesar – Καῖσαρ, Kaiser, Zar.

Die Kämpfe nach Cäsars Tod (44), in denen Antonius, Oktavian und Lepidus zunächst 43 das Zweite Triumvirat schlossen, spielten sich hauptsächlich im Osten ab. Die Triumvirn hatten sich ihre Einflußbereiche zugesichert: Oktavian befehligte den Westen, Lepidus Afrika und Antonius den Osten. 42 zogen Oktavian und Antonius gemeinsam gegen die Cäsarmörder Brutus und Cassius zu Felde und vernichteten sie bei Philippi in Makedonien. Zwischen den Triumvirn brachen jedoch immer wieder Gegensätze auf. Obwohl sie noch 40 im Bündnis von Brundisium überwunden und durch die Heirat des Antonius mit Oktavians Schwester besiegelt wurden, war der Kampf um die Macht, wenn die Einheit des Reiches gewahrt bleiben sollte, unausweichlich geworden. Antonius stützte sich auf den Osten. Er wandte sich der Ptolemäerin Kleopatra (VII.) zu. Schon Cäsar hatte sich mit dieser interessanten Frau verbunden und mit ihr einen Sohn „Cäsarion/Καισαρίων". Antonius rief 34 Kleopatra als „Königin der Könige" aus. Doch endete beider Herrlichkeit nach dem Siege Oktavians bei Aktium 31. Antonius und Kleopatra nahmen sich das Leben, als der Sieger in Alexandria landete. Auch das letzte der hellenistischen Reiche ging damit im Imperium Romanum auf. Dieses aber erhielt 27 v. Chr. in Oktavian, durch Beschluß von Senat und Volk mit dem Ehrentitel „Augustus" (der Erhabene) ausgezeichnet, seinen Herrscher, den „Caesar" und den „Princeps".

Die drei Jahrhunderte Hellenismus, die dem Eroberungszug Alexanders gefolgt waren, standen nicht nur im Zeichen kriegerischer Auseinandersetzungen, sondern ebensosehr einer unvergleichlichen kulturellen Entfaltung. Man periodisiert sie in drei Stufen: den frühen Hellenismus 325–230; den hohen Hellenismus 230–160 und den späten Hellenismus 160–100/50, bis Rom den hellenistischen Staaten ein Ende bereitete. Im Hellenismus haben die Griechen siegreich ihre Sprache, ihre Wissenschaft, ihre Kunst nach Osten wie nach Westen getragen. Die Römer, die sich zuerst zögernd und um ihrer Selbsterhaltung willen, dann aber den machtpolitischen Gesetzen ihres werdenden Imperiums folgend, mit den Griechen anlegten, gerieten damit auch in den Lichtkreis der hellenistischen Kultur. Er wurde schon im 4. Jh. sichtbar, als Statuen des Pythagoras und des Alkibiades im römischen Comitium aufgestellt wurden. Die siegreichen Feldherren brachten griechische Götter- und Heroenbilder als Kriegsbeute mit – Kunstwerke aller Art waren immer eine begehrte Kriegsbeute, das ist, wie wir aus leidvollem Erleben wissen, bis zur Gegenwart so geblieben –, die Griechenstädte Tarent und Syrakus und viele andere wurden geplündert. Später traten dann auch die höheren Verwaltungsbeamten als Kunsträuber auf. *Cicero* mußte den Prokonsul Verres verklagen, weil er zahlreiche Kunstschätze aus Kleinasien hatte wegschleppen lassen. In den Villen und Gärten der reichen Römer und später in den Palästen der Kaiser auf dem Palatin und an anderen Plätzen standen die berühmtesten griechischen Bildwerke.

Aber es war offenbar nicht nur bloßes Sammeln von Wertobjekten, sondern man lernte auch den geistigen, den künstlerischen Wert dieser Dinge schätzen. Denn inzwischen war etwas eingetreten, was der bekannte Vers des Horaz (Epod. II, 1, 156) beschreibt: „Graecia capta ferum victorem cepit et artes intulit agresti Latio“ (das besiegte Griechenland besiegte den wilden Sieger und brachte dem bäurischen Latium die Künste). Aber auch die Bücher kamen nach Rom, die Werke der Dichtung und der Wissenschaft wurden in Rom bekannt, gelesen und weitergeführt. Die Römer lernten die griechische Sprache, und sie genossen griechische Bildung. Der Hellenismus als Kulturphänomen zieht auch Rom in sein Magnetfeld.

Die großen künstlerischen Taten des frühen Hellenismus, die Tempelbauten von Didyma und Priene, von Magnesia und Sardes, gipfeln in den Bauten und Bildwerken von Pergamon. Der Bilderfries des Zeusaltars gehört zum 157–161
Bedeutendsten, was die hellenistische Kunst geschaffen hat. Man hat in seiner Nachfolge bisher die berühmte Laokoongruppe gesehen, die im Palast des Titus stand, und sie mit der von den rhodischen Bildhauern *Hagesandros, Athanadoros* und *Polydoros* geschaffenen und von *Plinius* beschriebenen Darstellung gleichgesetzt, doch sind daran seit der Auffindung des Odysseuszyklus in der Grotte des Tiberius zu Sperlonga Zweifel aufgekommen, so daß sie jetzt auch ins 1. Jh. n. Chr. datiert wird.

Vor Aktium war 31 v. Chr. die Entscheidung zugunsten Oktavians gefallen. Sie fiel auch zugunsten der griechischen Kultur im Römischen Reich. Aktium lag auf griechischem Boden und erhielt bald den Namen „Nikopolis“. Das bronzene Bildwerk des Eseltreibers von Aktium, der dem Oktavian seinen Sieg weissagte, stand im Hippodrom zu Konstantinopel, bis es 1204 die Lateiner umrissen und in den Schmelzofen warfen.

Oktavian ließ sich, wie erwähnt, 27 v. Chr. vom Senat zum „Augustus“ erheben. Die innere Politik, die er trieb, stand im Zeichen der Wiederaufrichtung alter römischer Ideale. Aber die Form, unter der das geschah, war griechisch-hellenistisch. Nur die Nutz- und Militärbauten blieben der römischen Tradition verbunden. Die Kunstwerke, die er in Auftrag gab, huldigen einer Neuformung griechischer Klassik, am sichtbarsten im Bildschmuck der Ara pacis zu Rom.

Augustus und die Imperatoren haben auch die Griechenstädte Anatoliens mit Prachtbauten bereichert. Die Sprache und die Kultur des östlichen Mittelmeerraums blieb griechisch. Rom selbst nahm an der hellenischen Geistigkeit teil. *Ludwig Curtius* schreibt hierzu: „Ist es richtig, was *Hegel* in seinen Vorlesungen über die Philosophie der Weltgeschichte von der römischen Welt sagt: ‚Rom hat das Herz der Welt gebrochen‘? Das Herz der Welt war griechisch. Und dies Herz hat Rom der Welt bewahrt.“

Des Augustus Nachfolger, Tiberius (14–38 n. Chr.), mit mehr Kunstverstand begabt, als man seinem zwiespältigen Wesen zutrauen möchte, hat für die Städte Kleinasiens manches getan. Das Erdbeben des Jahres 17 zwang zum Wiederaufbau von Ephesos und Sardis. In Antiochia ließ er die Stadtmauer erweitern und eine Prachtstraße anlegen.

115 wäre Kaiser Trajan in Antiochia fast Opfer eines Erdbebens geworden.

Gestorben ist er 117 an der anatolischen Südküste auf der Heimkehr vom Perserfeldzug. Er hat eine Reihe von Bauten veranlaßt. Auf der Akropolis von Pergamon entstand ein Trajanstempel, in Milet, wo schon der Vater Trajans das Nymphäum gestiftet hatte, wurde das gewaltige Theater erbaut. Zu Ephesos ist die Celsusbibliothek ein Denkmal jener Zeit.

Kaiser Hadrian war, seinen philhellenischen Neigungen folgend, stets dem
43 griechischen Osten verbunden. Wir begegnen ihm vor allem in Aphrodisias, wo er Thermen stiftete und die dortige Bildhauerschule mit Aufträgen versah. Auch seinen Liebling Antinous ließ er dort porträtieren. Als er Antalya be-
3 suchte, errichtete ihm die Stadt ein repräsentatives Säulentor. Zu Andriake in Lykien ließ er die große Fruchthalle am Hafen erbauen und mit seinem Bildnis und dem seiner Gattin Sabina schmücken. Den berühmten Zeustempel von Kyzikos, den ein Erdbeben niedergeworfen hatte, befahl er wiederherzustellen, ebenso den Athenatempel des Augustus zu Troja. Den Tempel des Trajan, der auf der Akropolis von Pergamon dem Kaiserkult diente, hat er vielleicht selbst entworfen.

Marc Aurel, der Philosoph auf dem Kaiserthron, baute 178 das vom Erdbeben zerstörte Smyrna wieder auf. In Milet tragen die von ihm eingerichteten
133 Thermen den Namen seiner Gattin Faustina.

Die großen städtebaulichen Planungen, die Perge oder Side ihr Gepräge
168 gaben, kamen im 2. und 3. Jh. zur Ausführung. Die Wohltäterin von Perge, die
186 Artemispriesterin Plancia Magna, lebte zu Beginn des 2. Jh. Das Theater und die Staatsagora mit dem Kaisersaal in Side entstanden wohl in antoninischer
187 Zeit, das große Nymphäon ist eine Stiftung des 3. Jh. Auch das Theater von Aspendos wurde unter Marc Aurel als Werk des Baumeisters *Zenon* aufgeführt.

196 Die Orpheusmosaiken von Tarsus und Adana oder das Thetismosaik von
27 Anazarbos lassen sich mit den Mosaiken in den Luxusvillen von Antiochia/
4 Daphne einer noch aus späthellenistischen Bildvorstellungen im 3. Jh. gespeisten Tradition zuordnen. Sie reicht in ihren Ausläufern bis in das konstantinische 4. Jh. und wird an der Südküste durch das reizvolle Drei-Grazien-
147 Mosaik von Narlıkuyu vertreten. Poimenios, „Gefährte der Kaiser", hat es dort am Ende der heidnischen Ära in einem vornehmen Badehaus anbringen lassen.

Die politische Entwicklung des ausgedehnten Reiches maß dem Osten ein immer größeres Gewicht bei. Der Westen und Italien selbst gingen mehr und mehr in die Defensive, was sich auch kulturell auswirkte. Zusammen mit dem wachsenden Einfluß orientalischer Kulte und Kulturströmungen erlangte im östlichen Mittelmeerraum das Syrische eine wichtige Rolle.

Das Königreich, das unter Odaenathus mit der in einer Wüstenoase gelegenen Hauptstadt Palmyra entstanden war, und das seine Frau und Nachfolgerin Zenobia weiter vermehrt hatte, brachte bedeutende städtebauliche Leistungen zustande. Auch das römische Syrien, voran Antiochia, nahm an dieser Entwicklung teil. Die syrische Komponente bleibt im kulturellen Leben des östlichen Mittelmeerraums noch jahrhundertelang, auch unter christlichen Vorzeichen, wirksam.

Die Neuordnung des Römischen Reiches, die von den Kaisern aus Illyrien durchgeführt wird und sich im Reformwerk Diokletians (284–305) vollendet, weiß sich dem griechischen Osten in besonderem Maße verpflichtet. Die Tetrarchie Diokletians mit zwei Augusti und ihnen zugeordneten Caesares schuf 12 Diözesen: 5 im Osten und 7 im Westen. Das gut durchdachte System hielt den römischen Gesamtstaat noch über ein Jahrhundert lang zusammen, obwohl es schon unter Konstantin und seinen Nachfolgern einschneidende Änderungen erfuhr. Sie führten schließlich nach dem Tode des Theodosius 395 zur endgültigen Teilung in ein Westreich und ein Ostreich.

Die spätrömischen Kaiser errichteten bemerkenswerte Paläste. Die Residenz Diokletians in Nikomedia ist besonders zu nennen. Ihre genaue Lage und ihr Plan sind noch unbekannt, nur ein kleiner Teil der Fundamente wurde bisher gefunden. Auch ein markanter Porträtkopf des Kaisers konnte 154
geborgen werden. Diokletian besaß weiterhin zu Antiochia auf der Orontesinsel einen Palast. Die Gesamtdisposition dieser Residenzen – zu denen noch die Paläste von Mogorilo in Dalmatien und der Galeriuspalast in Saloniki zu zählen sind – dürfte der von Split an der dalmatinischen Küste ähnlich gewesen sein. Dort hat Diokletian seinen Alterssitz aufgeschlagen, dort ist er 316 gestorben, während Konstantin um die Alleinherrschaft kämpfte.

An den Ufern des Marmarameers standen noch andere römische Paläste, die sämtlich bis auf wenige Ruinen verschwunden sind. In einem von ihnen, zu Ankyron/Hereke, starb Konstantin am 22. Mai 337, nachdem er zuvor noch durch den arianischen Bischof Eusebios von Nikomedien die Taufe empfangen hatte. Dieser erste christliche Kaiser hat entscheidend dazu beigetragen, daß das Römische Reich im Osten fast ein Jahrtausend lang das Westreich überdauerte, Konstantin bestimmte Byzanz, „Neu-Rom", zur Reichshauptstadt. Sie erhielt den Namen Konstantinopolis. Ihre dreifache Grundlage war: der römische Staat, die griechische Kultur und die christliche Religion.

300 Jahre waren seit dem Kreuzestode Jesu Christi in Jerusalem vergangen, als die Einweihung von Konstantinopel zur Reichshauptstadt am 11. Mai 330 vor sich ging. Auch christliche Priester wirkten dabei mit. Die Säule, die das Standbild des Stadtgründers mit dem Strahlenkranze des Sol invictus trug, enthielt in ihrem Fundament – späterer Überlieferung zufolge – auch ausgesprochen christliche Weihegaben, die den Bestand der Stadt und das Leben ihrer Menschen sichern sollten. Unter ihnen war das Salbgefäß der Maria Magdalena. Seine Symbolbedeutung nimmt die Taufe auf den Tod Christi als Zuspruch des neuen Lebens (Röm. 6,3,4.) mit dem Christuszeugnis der österlichen Begegnung (Joh. 20,16–18) mit dem auferstandenen Herrn zusammen.

Das Wort von der Taufe auf Christi Tod schrieb der Apostel *Paulus*. Seine Berufung war, als Missionar die Veränderung der Welt durch das Christentum in Gang zu setzen. *Paulus* stammte aus der jüdischen Diasporagemeinde von Tarsus. Er hatte das Handwerk eines Teppichwebers erlernt und zu Jerusalem an der rabbinischen Hochschule studiert. Er wurde ein Eiferer für das Gesetz und stellte sich dem Hohen Rat zur Verfügung. Nach seiner visionären

Bekehrung vor Damaskus, die aus einem Verfolger einen Bekenner machte, schloß er sich der Gemeinde zu Antiochia an. Sie bestand vorwiegend aus hellenistischen – „heidnischen" – Proselyten. In Antiochia wurde zum ersten Male der Name „Christen" (Χριστιανοί) gebraucht (Apg. 11,26). Antiochia mit seiner Hafenstadt Seleukia wurde Ausgangspunkt der christlichen Heidenmission. *Paulus* ist ihr eigentlicher Begründer; vor ihm gab es nur wenige situationsbedingte Ansätze dazu. Auf der 2. und 3. Reise kam er nach Europa, in die Provinzen Makedonien und Achaia. Als Staatsgefangener trat er seine Reise nach Rom an, wo er unter polizeilichen Auflagen noch einige Jahre lebte, um dann in der großen neronischen Verfolgung den Märtyrertod zu erleiden.

Die Mission des *Paulus* hat die kleinasiatischen Kirchen begründet. Seine weltgeschichtliche Bedeutung liegt darin, daß er das Christentum vom jüdischen Gesetz löste und als eigene Religion in die hellenistisch-römische Kultur einfügte. Seine Theologie bewegte sich auch für die alttestamentlichen Aussagen, die er, der Septuaginta folgend, verwandte, in den sprachlichen Begriffen der griechischen Literatur und Philosophie. Der griechische Geist gehört seitdem zum Wesen des Christentums. Das Neue Testament ist griechisch geschrieben.

Durch die Mission des *Paulus* wurde auch die Gemeinde der bedeutendsten Stadt in der damaligen Provinz Asia, Ephesos, begründet. Später wirkte dort noch der „Theologe" *Johannes*. In der Apokalypse des *Johannes* treten die sieben Gemeinden hervor, denen besondere Aufgaben in der Kirche zufallen. Kleinasien wird mit seinen zahlreichen Gemeinden überhaupt das geistig regste Land des Römischen Reiches vor Konstantin. Hier tagte 325 zu Nikäa das 1. ökumenische Konzil. Von den Leistungen der christlichen Kunst der ersten Jahrhunderte wissen wir jedoch nur sehr wenig. *Paulus* hielt seine Missionspredigten zuerst immer in den Synagogen der jüdischen Diasporagemeinden. Da es aber dort meist zu heftigen Auseinandersetzungen kam, verlegte er seine Wirksamkeit an andere Stätten oder ins Freie. Im allgemeinen haben sich die Christen bald ihre eigenen Versammlungsplätze geschaffen. Man ging in die Wohnungen der Gemeindemitglieder. Daraus hat sich die „Hauskirche" entwickelt. In Dura Europos am Euphrat ließ sich eine solche nachweisen. Auf kleinasiatischem Boden haben christliche Kirchengebäude wohl den Synagogen ähnlich gesehen (Sardis). Hinzu kommen die bei den Märtyrergräbern erbauten Andachtsräume, öfter einfache Rechtecksäle, gelegentlich auch Zentralbauten. Die Basilika, die hellenistische „Königshalle", von den Römern als Markt- und Gerichtshalle verwendet, wurde von Konstantin zum Grundtypus des Kirchenbaus bestimmt. Daneben stiftete er auch Zentralbauten, meist als Grabkirchen. Konstantinische Kirchen entstanden in der neuen Reichshauptstadt und in Antiochia. Sie blieben nicht erhalten, sind aber literarisch überliefert. In Konstantinopel gilt das besonders von drei Kirchen: der Hagia Sophia, der Hagia Irene und der Apostelkirche, die auch das Mausoleum des Kaisers barg. Sowohl die Hagia Sophia als auch die Bischofskirche zu Antiochia wurden erst unter Konstantius II. fertiggestellt und geweiht.

Die konstantinische Hagia Sophia war eine basilikale Anlage mit erhöhtem
Mittelschiff und drei senkrecht zur Mittelachse geöffneten Seitenschiffen.
Die Kathedrale von Antiochia, ein aufwendiges Oktogon, war mit dem Kai-
serpalast verbunden. Märtyrerkirchen wurden oft als Zentralbauten errich-
tet, wie das Oktogon des Philippos oberhalb von Hierapolis in Phrygien. Zu 85
den frühesten an den anatolischen Küsten nachweisbaren Basiliken gehört die
Marienkirche zu Ephesos. Sie ist durch Umbau eines Profangebäudes gegen 75
Ende des 4. Jh. entstanden. In den Tempel von Aphrodisias in Karien wird
eine christliche Basilika eingebaut. Die meisten heidnischen Tempel werden
ja im 4./5. Jh. in christliche Kirchen verwandelt, darunter auch die berühm-
ten Heiligtümer des Apollo in Didyma oder der Artemis in Ephesos. Hierfür
bietet sich die basilikale Bauform an. Kaiser Julian gibt einige Tempel wieder
ihrem ursprünglichen Kult zurück. Als unter seiner Herrschaft der Apollon-
tempel zu Daphne abbrannte, sahen die Christen darin ein Zeichen göttlichen
Zorns.

Antiochia entwickelt gegen Ende des 4. Jh. einen Kirchentyp auf dem
Grundriß des griechischen Kreuzes, wie die Babylaskirche bezeugt. Dieser
Plan, den auch der Kirchenvater *Gregor von Nyssa* in seinem Martyrion ver-
wirklicht hat und den ebenso die vorjustinianische Johanneskirche zu Ephe-
sos vertrat, bleibt im Umkreis der theologischen Schule von Antiochia, die
sich dem Erbe des *Origenes* verpflichtet wußte, länger in Kraft. Er erfährt
eine geistvolle Abwandlung durch vier geöffnete Konchen am zentralen
Raumquadrat, die in der frühchristlichen Architektur öfter angewendet
wurde. Einer der Hauptvertreter antiochenischer Theologie, *Theodor* von
Mopsuhestia, hat seine eigene Bischofskirche als Säulenbasilika gestaltet und
mit kostbarem Mosaikschmuck versehen. Das schöpferische Saeculum der 137
frühbyzantinischen Architektur ist das 5. Jh., die Zeit, in der das oströmische
Reich seine politische, kulturelle und kirchliche Eigenart ausbildet, in der
zwischen 395 und 491 die Kaiser Arkadius, Theodosius II., Markian, Leo I.
und Zenon regieren, in der die Konzile in Ephesos 431 und Chalkedon 451
auf anatolischem Boden tagen. In Ephesos erinnert die Prachtstraße der
„Arkadianè" an die städtebauliche Fürsorge des Kaisers. 8

Die Städte in der Küstenlandschaft, vor allem die der Südküste, erhalten
ihre Kirchenbauten meist in basilikaler Form mit interessanten Variationen
des Altarbereichs zu 2 oder 3 Apsiden, wie in Landkirchen bei Elaiussa-
Sebaste oder in Korykos und in Kanytelis. Auch der quadratische Zentralbau 95–99
ist häufiger im Vorgebirge des Taurus vertreten. Unter den Klöstern ist im 108
Alahan Manastir nahe der Wasserscheide beim Sertavul geçidi ein bedeuten- 17–24
des Werk erhalten. Die pamphylischen Kirchen in Side und Alanya, in Perge
und Aspendos sind durchweg Basiliken. Doch besitzt Side auch Zentralan-
lagen und andere Sakralbauten eigenen Charakters. Die Kirchen Lykiens sind
meist recht massive Quaderbauten auf basilikalem Grundriß. Hervorzuheben
sind die Bischofskirche von Xanthos und die bischöfliche Nikolauskirche 206
von Myra. Kaiser Zenon ist ein großer Förderer der kirchlichen Baukunst an 141–146
der Küste und im Südosten Kleinasiens. Den Berichten zufolge haben Meister
und Handwerker aus seiner Heimatlandschaft Isaurien wesentlich dazu bei-

getragen. Zu den Kirchen, die er erbauen ließ, zählen die der Hagia Thekla in
123–124 Meriamlik bei Silifke und in Seleukia Pieria sowie das große Kloster des *Symeon Stylites*, der bedeutendste christliche Kirchenbau vor der Hagia Sophia. Kalat Seman (Telanissos) stellt die formvollendetste unter den Kirchen auf dem Grundriß des griechischen Kreuzes dar.

Kaiser Justinian I. (527–565) hat das Byzantinische Reich als Weltmacht am Mittelmeer und im Vorderen Orient wiederhergestellt und neu gefestigt. Indem er die Germanenreiche der Wandalen und der Ostgoten zerstörte, erwarb er mit Italien und Nordafrika auch Teile Westroms zurück. Ausdruck seines Strebens nach politischer, kirchlicher und rechtlicher Reichseinheit wurden seine Bauten, voran die Hagia Sophia zu Konstantinopel, die er 532–537 neu erbauen ließ. Seine Architekten, *Anthemios von Tralles* und die beiden *Isidore von Milet,* kamen aus Kleinasien. In Ephesos entstand der
9, 76, 77 Neubau der Kirche des Hagios Johannes Theologos. Ihre Baugestalt entsprach der Apostelkirche in der Hauptstadt, die er ebenfalls völlig erneuert hat. Weitere Kirchen und Paläste, die Justinian errichtete, sind untergegangen, aber noch bewahren die Mosaiken von S. Vitale in Ravenna sein Herrscherbild. Und weit im Osten des Reiches zeugen die Stadtmauern von Zenobia/Halabiye, Sergiopolis/Rusafa oder Amida/Diyabakır von seiner Entschlossenheit zur Sicherung der Grenzen. Die Erschütterung des Imperiums durch Naturkatastrophen und Seuchen konnten sie nicht verhindern. Die Bevölkerung sank mancherorts so stark, daß ganze Städte ausstarben. Sechs Jahrzehnte nach dem Tode Justinians standen die Perser vor den Toren der Hauptstadt. Zwar konnte der tapfere Kaiser Heraklius (613–641) die persische Bedrohung abwenden – aber der neue ideologische Gegner war ihm überlegen. 622 hatte die Hedschra stattgefunden. Der Prophet *Mohammed* verkündete den Islam. 636 wurden die byzantinischen Truppen am Yarmak in Syrien geschlagen. 638 fielen Antiochia und Jerusalem, 642 Alexandria.

Es entstand die Thugur, die Grenzmark zwischen dem Kalifenreich und Byzanz; sie verlief zwischen dem kilikischen Taurus und Obermesopotamien. Von dort aus unternahmen während der folgenden drei Jahrhunderte die Araber, gestützt auf befestigte Städte, ihre Streif- und Beutezüge ins byzantinische Anatolien, 678 und 718 sogar bis vor Konstantinopel. Erst die Feldzüge des Kaisers Nikephoros Phokas zwischen 962 und 969 beendeten für lange Zeit die arabische Bedrohung. Das Reich erlangte unter Kaiser Basileios II. seine größte Ausdehnung. Syrien mit Antiochia und die kilikischen Städte wurden wieder byzantinisch und christlich. Doch an die Stelle der Araber traten die aus dem Inneren Asiens aufgebrochenen Turkvölker. Sie drangen von Osten her gegen Byzanz vor.

Die charakteristischen Bauten dieser Jahrhunderte der kriegerischen Auseinandersetzungen und der Selbstbehauptung waren Wehrbauten. Sie wurden zerstört und wieder errichtet und sind schließlich gänzlich abgerissen worden oder zerfallen. Zu den byzantinischen Festungen in Kleinasien zählten die mit Rundtürmen bewehrten Mauern bei Kütahya. Die kirchliche Architektur ist nur in wenigen Beispielen auf uns gekommen. Die christliche Kunst mußte den Bilderstreit (726–843) durchstehen. Das bedeutete nicht nur Kampf der vom Kaiser gestützten Ikonoklasten gegen die Bilderfreunde, die unter den Mönchen ihren stärksten Rückhalt hatten, sondern auch grundsätzliche Besinnung über das christliche Menschen- und Gottesbild. Die Kirchengebäude wurden Vermittler der sichtbaren Heilsgeschichte und damit zum Ort, an dem die irdische zur himmlischen Liturgie führte. Im Kirchenbau entwikkelte sich die Kreuzkuppelkirche mit ihren Raumteilen und ihren Bildschmuckprogrammen. Auf anatolischem Boden läßt sich das beispielhaft erläutern. Die in der Hauptstadt verfolgten bilderfreundlichen Mönche fanden in Bithynien Zuflucht. Viele Mönche kamen ja aus dem Patriziertum oder der Grundbesitzeraristokratie. Sie besaßen ihre Landgüter, auf denen sie „Eigenklöster" gründeten. Von den Hängen des bithynischen Olympos (Ulu Dag) bis zur Küste der Propontis (Marmara-Meer) entstanden neue Klöster. Die Klöster am Olympos sind nur als „Steinhaufen" auf uns gekommen und archäologisch kaum untersucht. Doch in Sige und in Trilye am Marmarameer sind noch mehrere Klosterkirchen, teilweise profaniert oder als Moscheen, erhalten geblieben.

Das Kreuzkuppelschema wurde auch durch die erst 1922 zerstörte Koimesiskirche von Nikäa vertreten. Ihr Plan stand der um 800 erbauten Hagia 152
Sophia zu Saloniki und auch der ebenfalls zerstörten Hagios-Klemens-Kirche zu Ankara nahe. In Nikäa war vor allem auch der Mosaikschmuck erhalten. Er reichte teilweise noch in die vorikonoklastische Zeit zurück, war dann im 9. Jh. ergänzt und wiederhergestellt und bis ins 11. Jh. hinein vervollständigt worden.

In Lykien ist die Nikolauskirche zu Myra in ihrer heutigen Gestalt das 141–146
Ergebnis langer Bauvorgänge, die man auf 9 Abschnitte verteilen kann. In nachjustinianischer Zeit wurde am Platze des ersten Martyrions eine Basilika errichtet, deren Mittelschiffmauern in spätere Umbauten einbezogen wurden. Die Zerstörung der Kirche beim Arabereinfall 809 machte einen völligen Wiederaufbau notwendig. Die Kirche erhielt die Gestalt einer Kuppelbasilika, die sie durch weitere Erneuerungen im 11. und 13. Jh. beibehalten hat. Im 19. Jh. hat man die eingestürzte Kuppel durch ein Kreuzgewölbe ersetzt. Einen basilikalen Grundriß und eine ausgeprägte Westturmfront besaß noch die Kloster- oder Wallfahrtskirche von Dere Ağzi im lykischen Bergland nördlich von Myra.

Die Malerei ist uns nur in wenigen Zeugnissen zugänglich. Etwa in den Latmosklöstern, die teilweise ins 7./8. Jh. datiert werden, aber zu wesent- 101
lichen Teilen erst aus dem 10. und beginnenden 11. Jh. stammen. Die kappadokischen Höhlenkirchen ermöglichen uns eine Vorstellung vom Bildschmuck mittelbyzantinischer Kirchen in Anatolien. Arbeiten des Kunsthandwerks namentlich in Kupfer, Messing und Silber sind zerstreut auf uns gekommen. Der Kirchenschatz von Korydalla gehört im wesentlichen noch der justinianischen Zeit an.

Als am 19. August 1071 Byzanz die Schlacht von Mantzikert/Malazgirt verlor, wurde den Turkvölkern das Tor Anatoliens aufgestoßen. In mehreren Gruppen besetzten sie zuerst das Hochland, um dann nach der Küste vorzudringen. Das Reich der „Rum"-Seldschuken machte Konya, das griechische

Ikonion, zu seiner Hauptstadt. Die seldschukischen Vorstöße nach Malazgirt erreichen auch die ägäische Küste. 1076 wird Smyrna erobert. Die Hafenstadt dient als Ausgangspunkt weiterer Unternehmungen, die unter dem Emir Tzacha bis zur Belagerung von Konstantinopel von See her führen. Auch Ephesos wird 1090 von den Seldschuken besetzt, Prusa/Bursa haben sie bereits 1075 eingenommen. An der pamphylischen Küste eroberten die Seldschuken den Hafenplatz Antalya. Das reiche Side war schon im 9. Jh. von den Arabern niedergebrannt worden. Die byzantinische Machtstellung in Kleinasien war völlig erschüttert.

Gleichzeitig erwuchs dem Reich im Westen ein neuer tatendurstiger Feind in dem Normannen Robert Guiskard. Bari, der letzte byzantinische Brückenkopf in Italien, mußte 1071 aufgegeben werden. Die Normannen faßten am Ostufer der Adria Fuß und nahmen Dyrrhachium 1083. Auch Venedig trat auf den Plan, zunächst als Bundesgenosse der Byzantiner, für die es die Normannen aus Dyrrhachium vertrieb. Es verlangte dafür Handelskonzessionen, die zu Voraussetzungen für die venezianische Politik im Mittelmeer wurden.

Erst dem Komnenenkaiser Alexios I. (1081–1118) gelang die Wiederaufrichtung des Reiches. Er stammte aus der kleinasiatischen Militäraristokratie. In Anatolien konnte er die Seldschuken aus ihren westlichen Positionen verdrängen. Der slawischen Bedrohung Konstantinopels wurde er Herr und erreichte auf dem Balkan wieder die Donaugrenze. Er wußte sich dabei geschickt der Kreuzzugsbewegung zu bedienen, die im Abendland zur Befreiung des Grabes Christi und des Heiligen Landes entstanden war. Sie hätte zur größten Gefahr für Byzanz werden können – und sie führte ja auch 1204 den Zusammenbruch des Reiches und die Einnahme von Konstantinopel herbei. Kaiser Alexios verlangte von den Führern des Kreuzritterheeres, die 1096 in der Hauptstadt eintrafen, den Lehenseid für die eroberten Gebiete. So gewann er zuerst Nikäa zurück. Um Antiochia, das 1098 eingenommen wurde, gab es Zwist zwischen dem Kaiser und den Kreuzrittern.

Antiochia, 969 zum Byzantinischen Reich zurückgekehrt, war an die Türken verlorengegangen. Die Kreuzfahrer eroberten die Stadt 1098 und gründeten dort das selbständige Fürstentum Antiochien unter Bohemund, dem Sohn Robert Guiskards. Erst Kaiser Johannes II. erzwang 1137 die Anerkennung der byzantinischen Oberhoheit.

In Kilikien hatte der Armenierfürst Rupen nach 1071 ein „Kleinarmenisches" Reich errichtet. Sein Nachfolger hatte es erweitert und durch Anlage mehrerer Burgen befestigt. Er war auch mit den Kreuzfahrern in Verbindung getreten. Obwohl Kaiser Johannes II. dieses Kleinarmenische Reich unterworfen hatte, erstand es wieder unter dem Rupeniden Leo II. (1187–1217). 1190 ging der Weg des 3. Kreuzzugs durch Kilikien, wo Kaiser Friedrich Barbarossa 1190 bei Silifke einen tragischen Tod fand. Leo II. verblieb aber in Verbindung mit den Deutschen und empfing 1197 in Tarsus als Lehensmann Kaiser Heinrichs VI. die Königskrone.

An diese kampferfüllten Jahrhunderte erinnern meist nur noch die Mauern
107 der Burgen. Die große Landburg von Korykos wurde von den Byzantinern
200 nach 1100 begonnen, Toprakkale und Bagras sind Anlagen der Kreuzritter,

Yılankale, Sis und Anemurion wurden hauptsächlich von den Armeniern 207, 30
errichtet. An Sakralbauten blieb wenig erhalten: Zu Tarsus zeigt die von dem armenischen König Oşin (1308–1320) erbaute St.-Paulus-Kirche, die heutige Eski Camii, noch den von der französischen Gotik geprägten Stil der Kreuzfahrer, während die Fassade der Felsenkirche St. Peter zu Antiochien mit ihren 37
transparenten Rosetten recht bodenständig wirkt. In der Stadt Nymphäon (Kemal Paşa) bei Smyrna blieben die Ruinen eines byzantinischen Palastes erhalten, den der letzte Komnene Andronikus I. erbaut hat. Kaiser Johannes II. Dukas Vatatzes hat darin seine Hochzeit mit der Stauferin Konstanze, Tochter Friedrichs II., gefeiert.

Nachdem die „Rum"-Seldschuken Konya zu ihrer Residenz bestimmt hatten, erbauten sie sich auf dem Zitadellenhügel einen Palast. Sultan Alaeddin Kaykubat hat ihn im 12. Jh. mit der heutigen Alaeddin-Moschee versehen. In ihrem Säulensaal tragen antike und byzantinische Säulen die hölzerne Decke. Alaeddin Kaykubat als Bauherrn begegnen wir auch in Antalya, das bereits 1085 in seldschukische Hände gefallen, ihnen dann aber von den Kreuzrittern wieder entrissen worden war. Sultan Keyhusrev I. hatte Antalya erneut 32
erobert. Alaeddin Kaykubat setzte sich auch in Korasion/Alanya fest und erbaute dort einen Sommerpalast. Am Hafen ließ er das Schiffszeughaus und den Roten Turm errichten. 25

An den Karawanenstraßen nach Konya entstanden damals eine Reihe von befestigten Hanen, die mit ihren gewölbten Hallen und ihren geschmückten Portalen noch einen Begriff der untergegangenen Palastarchitektur zu geben vermögen. Bemerkenswert sind vor allem die seldschukischen Leistungen in der Schmuckkunst. Die Motivfülle des Ornamentalen ist unerschöpflich. Die Kunstfertigkeit in der Töpferei, der Fliesenbemalung und im Teppichknüpfen sind orientalische Veranlagungen. Auch die osmanischen Türken haben sie weitergeführt, öfter mit Hilfe deportierter iranischer Handwerker.

Im Moscheebau haben sich nach dem Ende des seldschukischen Großreichs noch mehrere Emirate an der Ägäis hervorgetan. Zu Ephesos/Ayasoluk entstand 1375 auf rechteckigem Grundriß mit Vorhof die Zweikuppelmoschee des Isa Bey, des Emirs von Sasan/Aydin. Auch die Moschee von Milet/ 74
Balat, die der Emir von Menteşe, Ilyas Bey, auf quadratischem Grundriß errichtete und mit einer großen Kuppel versah, gibt samt ihrer Külliye ein gutes Beispiel seldschukischer Baukunst.

Die Kreuzfahrer des 4. Kreuzzugs haben 1204 Konstantinopel überfallen und besetzt. Die Stadt und ihre Kirchen sahen sie als Kriegsbeute an. Sie errichteten ein neues „lateinisches" Kaiserreich, das unter diesem Namen und unter vorwiegend flandrisch-französischen Herrschern bis 1261 bestand. Die Griechen, die sich der lateinischen Fremdherrschaft nicht unterwerfen wollten, zogen sich hauptsächlich nach Kleinasien zurück: nach Nikäa, wo Theodor I. Laskaris zum Kaiser gekrönt wurde, und nach Trapezunt, wo die Großkomnenen einen unabhängigen Staat gründeten. Er überdauerte den Fall von Konstantinopel um 8 Jahre, bis 1461.

Kleinasien und die Stadt Nikäa wurden Ausgangsstellung für die Wiedergewinnung von Byzanz – als Stadt und als Staat. Mit Michael VIII. Paläologos, der 1261 in der Hagia Sophia gekrönt wird, beginnt der letzte Abschnitt der byzantinischen Geschichte. Ihr erstes Jahrhundert bis zum Bürgerkrieg zwischen Johannes V. Paläologos und Johannes VI. Kantakuzenos steht unter dem Zeichen geistiger und kultureller Erneuerung, die man „paläologische Renaissance“ zu nennen pflegt. Unter den Paläologen wurden Kirchen gebaut und Bilder gemalt, kunsthandwerkliche Arbeiten ausgeführt und Bücher geschrieben. Die Hauptstadt war führend. Die dortige Chorakirche mit ihren Mosaiken und Wandmalereien gehört zu den besten Denkmälern christlicher Kunst. Auch in Nikäa, in Prusa und in Magnesia am Sipylos haben die Paläologen gebaut. Davon ist so gut wie nichts geblieben. Nur auf dem Sandık Tepesi oberhalb von Manisa erinnern noch einige Mauerreste der byzantinischen Burg an Kaiser Johannes III. Dukas Vatatzes, der 1222 hier seine Residenz aufschlug und auch hier begraben wurde. Er wurde als Heiliger verehrt.

Als die Mongolen im fernen Ostasien unter Dschingis-Khan 1206 zum Angriff auf Nordchina und seit 1218 auf Mittelasien antraten, kamen alle Völker Asiens, vor allem aber die islamische Welt, in Bewegung. Die Mongolen drangen im nördlichen Iran, in Afghanistan und in Südrußland ein. Der zweite Stoß unter Hülägü traf den Iran, Mesopotamien und Syrien mit voller Wucht und kam erst in Palästina durch den ägyptischen Mamelukensultan Baybars, den Sieger über die Kreuzritter, zum Stehen.

1243 hatten die Mongolen Kleinasien erreicht und sich die Seldschuken unterworfen, sich aber mit der Oberhoheit über die verschiedenen türkischen Emirate begnügt. Doch war dadurch die Macht des Seldschuken-Sultanats aufgelöst worden. Unter den türkischen Fürstentümern hatte sich im Nordwesten Kleinasiens der Stamm der Oğrul ein fest umrissenes Gebiet erworben und lebte dort unter Anführern, als deren erster Ertogrul Gazi (= Glaubenskämpfer) in der 2. Hälfte des 13. Jh. begegnet. Sein Sohn Osman (etwa 1281–1326) begründete die Dynastie der Osmanen. Im Bestreben, ihren Landbesitz und ihre Macht zu vermehren, zerbrachen sie die seit der Wiedereinnahme von Konstantinopel und die daraus folgende stärkere Inanspruchnahme der Byzantiner durch die europäische Politik geschwächte Grenzwehr des Reiches 1300 bei Bileçik. Osman vermählte dort seinen Sohn Orhan mit der gefangengenommenen Griechin Nilüfer (Nilphur). Als Mutter Murads I. wurde sie die Stammutter der Osmanensultane. 1326 fiel Prusa/Bursa, 1331 Nikäa in die Hände Orhans. 1313 bereits war Manisa/Magnesia von dem Emir Saruhan erobert worden. Die Osmanen nahmen es erst 1390 in ihren Besitz.

In Bursa, wo Orhan und nach ihm Murad I. und Beyazit I. Yıldırım residierten, entwickelte sich auch die osmanische Baukunst zu einer ersten Blüte. Die großen türkischen Bauaufgaben waren: die Moschee (mit Külliye), die Koranschule (Medrese), das Bad (Hamam), der Grabbau (Türbe), die Karawansaray mit Warenlager (Han) und der Palast (Saray). Der Wohnbau ist zunächst noch recht bescheiden. Hier, wie auch beim Palastbezirk, wird die Nomadenherkunft der Turkvölker sichtbar. All das besitzt Bursa in guten Beispielen.

Im Moscheebau entstehen drei Typen: der überkuppelte Kubus, die gewölbte Pfeilerhalle und der im Grundriß T-förmige Gebetsraum. Die säulengetragene Vorhalle und der Vorhof mit dem Brunnen für die Waschungen werden allgemein üblich.

In der eigenartigen Murat I. Hüdavendigar Camii zu Bursa von 1366/1389 57
wird versucht, Moschee und Medrese miteinander zu verbinden. Ihr Baumeister war kein Türke, sondern vielleicht ein „Franke". Der Bau bleibt in der osmanischen Architektur ohne Nachfolge.

Die erste Moschee zu Nikäa, die Hacı Özbek Camii, entstand bereits 1333
als kubischer Einkuppelbau. Bedeutender ist die Yeşil Camii von 1378/1391. 151
An das überkuppelte Grundrißquadrat des Betraums ist ein Vorraum angegliedert. Die Vorhalle ist an Türgewänden, Nischenbogen und Schranken geschmückt, wie auch das Minarett, das mit seinen grünglasierten Fliesen der Moschee ihren Namen gegeben hat.

Die Moscheen von Bursa, deren erste 1339 von Orhan gestiftet war – sie wurde nach ihrer Zerstörung 1417 durch Sultan Mehmet I. erneuert –, wenden mehrfach den frühosmanischen T-Grundriß an. Am bedeutendsten ist die Yeşil Camii des Sultans Mehmet I. von 1414/1423; sie besitzt reiche Fliesenausstattung, vorwiegend in grüner Farbe. Neben der Moschee steht die Yeşil Türbe des Sultans, die bedeutendste Form dieses Grabbautypus. Frühere Türben sind die – erneuerten – Türben Osmans und Orhans, die in christlichen Kirchen eingerichtet wurden; eine davon war ein früheres Baptisterium. Die Pfeilerhalle vertritt die Ulu Camii des Sultans Beyazit I.

Unter diesem Sultan ereignete sich der große Mongoleneinfall des Timur Lenk (Tamerlan); in der Schlacht bei Ankara 1402 geriet er in Gefangenschaft und starb darin. Seine Söhne stritten um das Erbe. Als Sieger behauptete sich schließlich Mehmet I. (1402/1413–1421). Ihm gelang auch die Rückgewinnung des türkischen Landbesitzes in Kleinasien und die Wiederherstellung des Zusammenhangs mit den türkischen Gebieten jenseits der Dardanellen.

Bereits 1354 hatten osmanische Truppen den Hellespont bei Kallipolis überschritten. Sie eroberten fast ganz Thrakien und machten 1365 Adrianopel/Edirne zu ihrer Residenz. Von dort aus bereitete Mehmet II. den Angriff auf Konstantinopel vor. Am 29. Mai 1453 fiel die Hauptstadt in die Hände der Türken. Diese Eroberung von Konstantinopel war eines der bedeutsamsten weltgeschichtlichen Ereignisse. Seine Folgen sind bis zur Gegenwart spürbar geblieben. Sultan Mehmet II. Fatih, „der Eroberer", beseitigte danach in Anatolien noch das Komnenenreich von Trapezunt, dann die Fürstentümer des Isfendiyaroğlu und der Karamanoğlu.

Die türkische Kunst in Anatolien blieb auch nach 1453 den Formgesetzen treu, die sie geprägt hatten. Das imperiale Bewußtsein, das den Sultan beseelte, verschaffte sich jedoch in der neuen Hauptstadt monumentalen Ausdruck in dem Auftrag an den Griechen *Christodoulos,* eine Moschee am Platz der Apostelkirche zu bauen, würdig des „Herren zweier Meere und zweier Kontinente", wie sich Mehmet im Freitagsgebet nennen ließ, ein Auftrag, dessen Ausführung ihn jedoch nicht zufriedenstellte. Bemerkenswerte osmanische Festungsbauten entstanden an den Dardanellen und am Bosporus. Kleinasien, wiewohl Kernland des Osmanischen Reiches, tritt in seiner politischen und kulturellen Bedeutung in den Schatten des Halbmonds, der zu Konstantinije-Istanbul über dem vorderen Orient aufgepflanzt wurde. In der Architektur wird die Hagia Sophia zum universalen Vorbild. Sultan Beyazit II., der Sohn des Eroberers, richtete seine Moschee in Istanbul nach ihr aus, ohne sie zu erreichen.

Selim I. Yavuş, der „Gestrenge", der „Wilde", griff im Osten und Südosten Anatoliens die persischen Safaviden (1514) und die ägyptischen Mameluken (1516) an. Er eroberte Kilikien und Syrien mit Tarsus und Antiochia; danach Palästina und Ägypten, was ihm das Kalifat (und die Mohammed-Reliquien im Saray) einbrachte. Seine Moschee, in aussichtsreicher Lage über dem Goldenen Horn, schließt an die ältere Kubusform der osmanischen Baukunst an. Als Selim Statthalter der Provinz Manisa war, hat seine Mutter dort um 1489 die Hatuniye Camii errichten lassen, die bereits ähnliche Baugedanken vorträgt.

Süleyman I., der „Prächtige", oder, wie ihn die Türken nennen, der „Gesetzeskundige" (Kanuni), bedeutet den Höhepunkt osmanischer Macht. Er drang im Donauraum nach der Eroberung von Ungarn bis Wien vor (1529), das er vergeblich belagerte. Im Osten errang er im Kampf gegen die Perser Aserbeidschan und Mesopotamien. In Anatolien beseitigte er zu Bodrum den letzten Brückenkopf des lateinischen Westens (1522) und zwang die Ordensritter von Rhodos zur Kapitulation.

Unter Süleyman konnte auch der größte Baumeister der türkischen Geschichte, einer der genialen Architekten der Welt, *Sinan,* seine Werke schaffen. Geboren um 1490, wahrscheinlich zu Kayseri in Kappadokien, als Sohn einer griechischen oder armenischen Familie, kam er durch die Knabenlese in das Janitscharenkorps, wo er schließlich nach Teilnahme an den Feldzügen gegen Rhodos, in Ungarn und in Persien, Oberst der Leibgarde wurde und den Sultan auf weiteren Feldzügen begleitete, um auch im Militärbauwesen tätig zu werden. 1539 ernannte Süleyman den 50jährigen *Sinan* zum Hofarchitekten. Er hat bis zu seinem Lebensende – er ist fast 100 Jahre alt geworden – gebaut. Ein Werkverzeichnis, das ein ihm befreundeter Dichter aufstellte, zählt 334 Bauten aller Art auf. Seine bedeutendsten Bauten sind die Sehzade und die Süleymaniye Camii in Istanbul, die er selbst als „Lehr- und Gesellenstück" charakterisierte, und die Selimiye Camii in Edirne, das „Meisterstück". Sinan hatte mehrere tüchtige Schüler und Nachfolger, unter ihnen auch den Architekten der „Blauen Moschee" in Istanbul (1609/1616), *Mehmet Ağa.*

Auch in Anatolien machte sich *Sinans* Einfluß geltend. In Izmit läßt der Großwesir Süleymans durch *Sinan* die Pertev Paşa Camii erbauen. Zu Manisa baut im Auftrag Sultan Murats III. der Sinan-Schüler *Ali Ağa* 1583/1586 die Muradiye Camii, einen Kuppelsaal mit achteckigem Tambour, Vorhalle und zwei Minaretten nebst einer Külliye.

Die bewegte Geschichte des Osmanischen Reiches im 17. und 18. Jh. spielt sich außer in der Hauptstadt auch in den Grenzgebieten, vor allem in Südosteuropa ab. Anatolien wird davon wenig berührt. Hier vollzieht sich ein jahrhundertelanger Prozeß der Türkisierung und zugleich Islamisierung der einstigen byzantinischen christlichen Bevölkerung, die die seldschukisch-turkmenischen und die Mongoleninvasionen überlebt hatte. Das geschah mit wechselnder Intensität sowohl in den Städten wie auf dem Lande. Die Lebensgewohnheiten wurden verändert. Im kulturellen Leben blieben die Amtsträger des Staates und des Militärs maßgebend. Die wenigen herausragenden Bauwerke dieser Zeit in den Küstengebieten des Mittelmeers sind Wehranlagen, mit denen die schon vorhandenen Befestigungen an den Dardanellen, in Smyrna, Çeşme, Bodrum, Antalya, Alanya oder Anamur ergänzt werden.

Die große Unruhe, die vom Freiheitsstreben der unterjochten Völker im Osmanischen Reich ausgeht, greift auch auf Anatolien über. Im Freiheitskampf der Griechen, 1821–1829, wird vor der ägäischen Küste die Bevölkerung der Insel Chios durch eine Strafexpedition massakriert, das berüchtigte „Blutbad von Chios". *Eugène Delacroix* hat es 1824 gemalt und ausgestellt. Mit solchen Werken wurde der tief in der Geschichte wurzelnde Antagonismus von Griechen und Türken, von Christen und Moslems, in das zeitgenössische Bewußtsein Europas gerückt. Das politische Philhellenentum jener Jahre war ja seit langem geistig vorbereitet. Die Hinwendung zu griechischen Idealen setzte schon im 18. Jh. ein. Literatur und Wissenschaft taten dazu das Ihre. Aber ihnen war es dabei zuerst um das griechische Mutterland, um „Attika" und „Arkadien" zu tun. Doch sahen manche auch über das Meer zu den Inseln und den jonischen Küsten. Es waren die großen Weltreisenden, Forscher und Gelehrten, die ihre Eindrücke in Wort und Bild festhielten. Da sind die englischen und französischen zu nennen, wie *Richard Pococke* (1745), *Richard Dalton* (1745); die Reisebücher des Diplomaten *Comte Choiseul-Gouffier* (1782) oder die Bilder, die *Joseph von Hammer-Purgstall,* der später die Geschichte des Osmanenreiches schrieb, 1802 in Wien veröffentlichte. Ihnen folgten viele andere: die „Dilettanti" – die „Kunstliebhaber", das Wort hat inzwischen eine Abwertung erfahren –, die Maler *William James Müller, George Scharf* und *Charles Fellow* (1839/41) oder *Charles Texier,* der im Auftrag der französischen Regierung Kleinasien 1833/1837 bereiste. Für die Deutschen kam die Entdeckung der griechischen Landschaft nach ihrer archäologischen Erkundung und beschränkte sich auf das griechische Festland. Der baltische Baron *Otto Magnus von Stackelberg* wird als ihr „Entdecker" gepriesen. *Karl Rottmann,* den König Ludwig I. nach München geholt hatte, schmückte die Arkaden des Münchner Hofgartens auch mit griechischen Landschaften. Bereits 1812 hat *Karl Friedrich Schinkel* in Berlin riesige Diorama-Rekonstruktionen des Artemistempels zu Ephesos und des Mausoleums zu Halikarnassos vorgelegt. Sie waren Phantasieprodukte, aber sie lenkten die Aufmerksamkeit auf diese Werke und auf die kleinasiatische Küstenlandschaft. Von *Stackelberg* ist eine Vedute Konstantinopels bekannt geworden. *Rottmann* dagegen hat die Türkei nicht betreten. Zur landeskundlichen Erschließung Anatoliens haben *Helmuth von Moltkes* „Briefe aus der Türkei" (1841) oder *Jakob Fallmerayers* ›Fragmente aus dem Orient‹ (1845) beigetragen.

Merkwürdig wenig hat sich die europäische Historienmalerei des 19. Jh. mit Ereignissen in Anatolien beschäftigt. Selbst die Kreuzzüge oder die Apostelgeschichte sind selten vertreten. Auch mythologische Themen wie die Irrfahrten des Odysseus, die Amazonen oder die Argonauten, die dort beheimatet sind, spielen etwa bei *Friedrich Preller* und *Anselm Feuerbach* in italienischen Küstenlandschaften. Anatolien selbst hat einen eigenen Beitrag nicht geleistet. Das Bilderverbot des Islam hat Malerei und Plastik auf kunsthandwerkliche und dekorative Arbeiten eingeschränkt. Die Kräfte des Landes waren politisch und militärisch voll in Anspruch genommen. Mehmet Ali Paşa, der sich zum Herrn von Ägypten gemacht hatte, forderte von Sultan Mahmud II. auch Syrien. 1832 besetzte er Aleppo und Antakya und marschierte in Anatolien ein. Durch den Frieden von Kütahya erhielt er 1833 Syrien und Kilikien; doch flammte 1839 der Krieg erneut auf. Die Türken wurden bei Nisibis und Konya geschlagen, aber durch die Viererallianz England–Rußland–Österreich–Preußen gerettet. Sie sprach Ali und seinem Sohn Ibrahim Syrien ab und ließ ihm nur die Statthalterschaft in Ägypten. Der aus den Spannungen zwischen der Türkei und Rußland erwachsene Krimkrieg 1853–1856 zog Anatolien kaum in Mitleidenschaft. Doch wurden zwei Jahrzehnte später in einem neuen russisch-türkischen Krieg die ostanatolisch-armenischen Gebiete um Kars und Ardahan abgetrennt und 1878 Rußland zugesprochen. Sultan Abdülmeçit (1839–1861) vollzieht mit den Erlassen „Tanzimat" (1839) und „Hatt-i-Hümayum" (1856) die Wendung nach Westen.

Die Architektur der Moscheen und Paläste hatte sich schon während des 18. Jh. in eigenen Variationen den abendländischen Stilformen zugewendet, so daß man vom „türkischen Barock" sprechen konnte. Das zeigte sich vor allem in Istanbul. Das beginnende 19. Jh., auch die Zeit Mahmuds II. (1808–1838) brachte mit der einsetzenden Rückbesinnung auf die osmanische Geschichte einen türkischen Historismus zustande. Sultan Abdülmeçit schuf Schlösser, darunter den Dolmabahce-Saray am Bosporus, den ihm die armenische Architektenfamilie der *Balians* baute. Der Schlösserbau wurde auch von den Nachfolgern Abdülmeçits, Abdülaziz (1861–1876) und Abdülhamit II. (1876–1909) ausgiebig betrieben. Doch war Anatolien außer an den Ufern der Meerengen davon kaum betroffen. Abdülaziz baute zu Izmit einen Palast.

Zur Geschichte Anatoliens gehören auch die großen archäologischen Grabungen und die wissenschaftliche Erschließung dieses „Neulandes der Kunstgeschichte" *(Strzygowski)*. Die Nationen Europas und im 20. Jh. auch Amerika sind daran beteiligt. Sie haben an zahlreichen Stätten erlebbare Vorstellungen von den künstlerischen Leistungen und der kulturellen Bedeutung Kleinasiens erbracht. Bei der Beschreibung der einzelnen Orte wird darauf eingegangen.

Die Mittelmeerküsten Anatoliens nahmen wieder am Weltgeschehen teil, als die Türkei 1914 an der Seite des Deutschen Reiches, Österreich-Ungarns und Bulgariens in den Ersten Weltkrieg eintrat. Die englisch-französische Landung an den Dardanellen im März 1915 löste heftige Abwehrschlachten aus, die die Alliierten im Januar 1916 zur Räumung der Halbinsel Gallipoli zwangen. In Bodrum wurde das einstige Johanniter-Kastell, das der verantwortliche Admiral für eine türkische Festung hielt, 1915 durch eine französische Flotte beschossen und stark beschädigt. Russische Truppen drangen im Nordosten Kleinasiens von Armenien her gegen das Innere von Anatolien vor und nahmen Erzerum ein. Als im September/Oktober 1918 die türkische Front in Palästina zusammenbrach, als Syrien verlorenging, mußte die Türkei Waffenstillstand schließen. Die alliierte Flotte fährt durch die Dardanellen und ankert vor Istanbul, die Engländer landen in Batum an der Schwarzmeerküste, die Franzosen marschieren in Antiochia und in Kilikien ein, die Italiener besetzen Antalya und Konya, die Griechen nehmen Teile der ägäischen Küste und ihres Hinterlandes bis nach Manisa und Bursa in Besitz. Smyrna soll Hauptstadt einer geplanten griechischen Provinz werden. Der Friede von Sèvres 1919 wollte die Aufteilung des Osmanenreiches unter die Sieger vollenden. Doch war inzwischen eine nationale Freiheitsbewegung unter Führung des Generals Mustafa Kemal Paşa entstanden, die die Rettung und Erhaltung der Türkei als Volk und Staat auf ihre Fahnen geschrieben hatte.

Der Angriff der griechischen Besatzungstruppen am 20. Juni 1920 löste den Unabhängigkeitskrieg aus. Er führte zu türkischen Abwehrerfolgen im Westen und zum Rückerwerb der 1878 an Rußland verlorenen Gebiete im Osten. Weitere griechische Angriffe 1921 schienen den Weg nach Ankara freizumachen. Doch wurden die Griechen am 29. August 1922 bei Dumlupinar entscheidend geschlagen. Die griechische Armee, die den Hafen von Smyrna zu erreichen suchte, riß auch die griechische Bevölkerung in den Strudel der Flucht. Am 9. September befreiten die Türken Smyrna, wobei die Altstadt in Flammen aufging. Einen Monat später, am 11. Oktober 1922, wurde an der Küste des Marmarameers, in Mudanya, der Waffenstillstand unterzeichnet, dem 1923 der Friede von Lausanne folgte. Er stellte die Souveränität des neuen Staates in neuen Grenzen wieder her. Mit der Räumung ihrer kleinasiatischen Siedlungsgebiete endete die Geschichte der Griechen auf anatolischem Boden. Sie war zugleich das Begräbnis der „Megali Idea“, der „Großen Idee“, der Wiederherstellung des Byzantinischen Reiches mit der Hauptstadt Konstantinopel.

Die türkische Republik wurde am 29. Oktober 1923 ausgerufen. Ihr Staatspräsident wurde Mustafa Kemal, der später den Ehrennamen „Atatürk“ (= Türkenvater) erhielt. Die neue Hauptstadt wurde Ankara. Anatolien gewann neu seine alte Aufgabe, Herzland eines Staates zu sein, der sich aus nomadenhaften Anfängen über monarchisches Sultanat und theokratisches Kalifat zur modernen weltlichen Republik entwickelt hat. Das Staatsgebiet wurde 1939 noch durch den plebiszitär erworbenen „Sancak von Alexandrette (Iskenderun) und Hatay“ mit Antakya/Antiochia erweitert.

Anatolien birgt die monumentalen Zeugnisse und künstlerisch geformten Überbleibsel vieler Völker und Rassen. Seine Geschichte ist nicht gradlinig, sondern in vielen Gegensätzen und Winkelzügen verlaufen – wieweit sie bereits in das Selbstverständnis der türkischen Staatsnation eingegangen ist, dürfte von den Einsichten des Volkes und der für seine geistige Bildung Verantwortlichen abhängen. Wer den Mut hat, sich der Geschichte zu stellen und sie so, wie sie geschehen ist, bejaht, den wird das darin offenbar werdende Schicksal mit Wahrheit und Erkenntnis segnen.

DIE KUNSTDENKMÄLER

Orts- und Denkmälerbeschreibungen

Vorbemerkung

Die Denkmäler werden im Text und im Bildteil nach Orten alphabetisch aufgeführt. Die Orte sind mit Ordnungszahlen versehen, die auch nach jeder Bildunterschrift stehen. Zahlen am Rande des Textes verweisen auf die Abbildungsnummern.

Da alle beschriebenen Orte auf türkischem Staatsgebiet liegen, werden die Ortsnamen in der heutigen türkischen Schreibung gebracht; danach folgt der ältere, meist griechische Name. Ausnahmen bilden die historischen Stätten und Städte, häufig ohne Siedlungskontinuität. Sie erscheinen unter der im deutschen Sprachgebrauch üblichen Benennung (z. B. Troja–Truva; Hierapolis–Pamukkale; Nikäa–Iznik). Aus dem Arabischen und anderen orientalischen Sprachen herrührende Orts- und Personennamen werden so geschrieben, wie sie in der deutschen wissenschaftlichen Literatur eingeführt sind. Biblische Namen folgen der deutschen Übersetzung Luthers, griechische der seit Jahrhunderten gebräuchlichen Transskription.

Dazu siehe im Anhang die Hinweise über Türkisch, Griechisch und die orientalischen Sprachen, S. 267, 269. Dort findet der Leser auch eine Erklärung von Fachausdrücken, S. 273, Tabellen zur Zeitrechnung, S. 271 sowie Herrscherlisten, S. 277.

Nach den Ortsnamen sind die Namen der Provinzen (Vilayet/Il) angegeben. Die Signatur dahinter verweist auf die beigefügte Karte.

Abydos siehe Çanakkale

1 **Acharaka** bei Nysa (Aydın) M 6/7

Karischer Ort, in dem sich ein Heiligtum des Hades (Pluto und Proserpina) befand.

2 **Adana** (Adana) P 25

Stadt in der antiken Cilicia campestris, am Ufer des Seyhan (Saros), in der fruchtbaren Ebene der Çukurova (Alion Pedion) gelegen, heute die viertgrößte Stadt der Türkei, Hauptort einer Provinz.

Die sagenhafte Gründung durch Saros und Adanos, Söhne des Uranos, wird geschichtlich auf König Azitawada (9./8. Jh. v. Chr.) oder die schon im 14. Jh. v. Chr. erfolgte Inbesitznahme durch das alte Hethiterreich zurückgeführt. 715 von den Assyrern erobert, im 6. Jh. an die Perser. 333 führte der Siegeszug

Alexanders d. Gr. über Adana, das nach seinem Tode an die Seleukiden kam. Unter Antiochos IV. Epiphanes (175–164) hieß die Stadt Antiochia am Saros. Im 1. Jh. v. Chr. wurde sie römisch. Pompeius siedelte dort eine Kolonie der von ihm besiegten kilikischen Seeräuber an. In der Kaiserzeit erfreute sie sich zahlreicher Gunstbeweise der Herrscher, die auf ihren Orientreisen und Feldzügen hier durchkamen. In byzantinischer Zeit erneuerte Justinian die große Brücke über den Saros.

Bereits im 7. Jh. fiel die Stadt in die Hände der Araber, wurde 964 von den Byzantinern zurückerobert, gelangte 1064/1071 an die Seldschuken, dann an die Armenier, die zu Byzanz in mehr oder minder enger Verbindung oder auch Feindschaft standen. 1097 wurde Adana, ebenso wie Tarsus und Mamistra (Misis), von den Kreuzrittern besetzt und spielte während der Kreuzzüge als Straßenstation eine wechselnde Rolle. 1266 hat der Mameluken-Sultan Baibars der armenischen Herrschaft den Todesstoß versetzt. 1515 gelangte die Stadt schließlich an den türkischen Sultan Selim I.

Die Römerbrücke (Taşköprü) – 310 m lang, 13 m breit, ursprünglich mit 21, heute noch mit 14 Bogen – geht möglicherweise auf Kaiser Hadrian (117–138) zurück. Völlig erneuert wurde sie durch den Architekten *Auxentius* (Bauurkunde im Museum Adana CIG 4440), der wohl mit einem um 384 in Rom tätigen Brückenbauer gleichzusetzen ist. Auch Justinian (527–565) wird als Bauherr genannt. 1949 wurde die Brücke restauriert.

Römische Funde, besonders Kapitelle, Medaillons des Jupiter und der Roma, vielleicht von Stadttoren, im Museum. Zwei Fußbodenmosaiken wurden 1967 in der Abidinpaşa Caddesi gefunden und in das Museum überführt. Dargestellt sind: Triumph des Neptun, Bestrafung der Dirke und Orpheus inmitten von Tieren. Spätantoninische Zeit; das Orpheusmosaik etwa eine Generation jünger *(L. Budde)* 2. H. 2. Jh. n. Chr. Weitere ornamentale Mosaikstücke im Mus.; ebenso Architekturteile christlicher Kirchen, vorwiegend Kapitelle.

Moscheen – Akça Mescidi, mit schönem Mimber, 1409. – Ramazanoğlu Camii, 15. Jh. – Ulu Camii, überkuppelter Säulensaal mit schwarzweiß horizontal gestreifter Fassade. Achtseitiges, durch Steinbänder und Blenden gegliedertes Minarett, 1503/1508. Medrese mit Dershane; Türbe mit Iznik-Fliesen.

3 Ägä/Nemrut Kalesi (Manisa) H 4

Eine der 12 äolischen Städte (Kyme, Myrina, Pitane, Eläa, Ägä, Temnos, Larisa, Neonteichos, Killa, Notion, Ägiroessa, Grynäon – ursprünglich auch noch Smyrna). Der Kultmittelpunkt dieser Dodekapolis war das Apollonheiligtum von Grynäon. Im geographisch-historischen Wortgebrauch meint die Äolis die Bewohner der kleinasiatischen Nordwestküste vom Hermostal bis zum Hellespont. In der mythischen Ableitung ihrer Herkunft betrachten die Äoler den Äolos, Sohn des Hellen und der Orsais, Enkel des Deukalion, als ihren Stammvater.

Von der Geschichte von Ägä ist nicht viel bekannt. 218 v. Chr. kam die Stadt an Pergamon, 156 v. Chr. wurde sie durch Prusias II. von Bithynien ver-

wüstet. Infolge der pergamenischen Erbschaft Attalos' III. 133 und nach Niederschlagung des Aristonikos-Aufstandes 129 an Rom. Sie wurde von Caesar gefördert; 17 n. Chr. durch ein Erdbeben beschädigt und durch Tiberius wiederhergestellt. In byzantinischer Zeit Bischofssitz.

Die Ruinen von Ägä liegen 35 km südlich Pergamon auf dem Nemrut Kalesi am Tisnäos. Die Anlage der Stadt erfolgte in drei Terrassen auf dem 365 m hohen Bergrücken. Sie besaß mehrere Tempel, ein Demeterheiligtum und ein Theater. Ein Werk pergamenischer Stadtbaukunst war die dreigeschossige hellenistische Markthalle, die rechteckig an das Theater anschließt, mit römischen Ausbesserungen durch den Wiederaufbau nach dem Erdbeben unter Tiberius. Die Reste erreichen bis zu 11 m Höhe (vgl. Assos, Alinda). Der Tempel des Apollon Chrestherios, ein jonischer Peripteros, stand auf einer Terrasse, um die auf zwei Seiten eine Halle gebaut war.

5 km südöstlich der Stadt Schutthügel eines ionischen Apollontempels des 1. Jh., durch einen 6 m hohen Türrahmen gekennzeichnet.

Aegaeae (Ayas) siehe Yumurtalik

4 Ak Han (Denizli) M 9

Seldschukische Karawanserei an der Straße Denizli–Konya. Die rechteckige Anlage von Quadermauern mit runden Ecktürmen umgeben. Das Portal öffnet sich in der Mitte der Ostseite. Im Hof beiderseits Säulenhallen. Ein großer gewölbter Saal mit geschmücktem Tor inschriftlich bezeichnet: Karasungur hat diesen Bau am 23. Sept. 1253 beendet. Der übrige Han wurde 1254 vollendet.

5 Akkale bei Kanytelis (Içel) Q 23

An der Meeresküste zwischen Ayas-Elaiussa und Limonlu gelegen.

Unter den Bauten ein palastartiger Komplex mit drei durch Arkaden verbundenen, in west-östlicher Richtung verlaufenden ehemals gewölbten Hallen. Die Hauptfront geht nach Süden. Neben diesem Palast ein quadratischer Kreuzkuppelbau, ein Speicherbau, ein Bad, eine große dreischiffige Zisterne und eine Öl- oder Weinpresse. In die Küstenfelsen ist ein kleiner Hafen eingeschnitten. Bauzeit der Anlage um 500 n. Chr.

6 Akpınar/Taş Suret (Manisa) K 5

Hethitisches Felsrelief, 6 km ostwärts Manisa oberhalb eines Teiches (Akpınar = weiße Quelle), das eine stark verwitterte, sitzende Figur zeigt. Es wurde seit *Pausanias* (2. Jh. n. Chr.) für das Bild der von Zeus, nachdem ihre 14 Kinder durch Apollon und Artemis getötet worden waren, in Stein verwandelten Niobe gehalten, dürfte aber die „große Mutter Kybele" darstellen. (Ein anderes Naturdenkmal, der „Niobe-Fels", befindet sich 1 km westlich Manisa.) Das Relief von Akpınar wird in das 2. Jt. v. Chr. datiert. (Siehe auch Karabel und Manisa.)

7 Alabanda/Araphisar (Aydın) N 6
Stadt in Karien, von Herodot erstmals erwähnt, in hellenistischer Zeit auch „Antiochia" genannt, unter den Römern eine „urbs libera", Geburtsort des Architekten Hermogenes, *der den Artemis- und den Zeustempel von Magnesia am Mäander erbaute.*
Innerhalb der teilweise noch sichtbaren alten Stadtmauern steht die große Ruine des Bouleuterion, eines mächtigen Quaderbaus. Der massive Erdgeschoßsockel trägt ein fensterreiches Obergeschoß. In den rechteckigen Grundriß ist ein halbrunder Versammlungsraum mit gestaffelten Sitzreihen eingefügt. – Vom Theater, in üblicher Hanglage, ragen die Stirnmauern aus dem Boden. – Die Agora war von Hallen umgeben. Zwischen Agora und Theater befand sich ein Apollontempel, an dessen Bau im 2. Jh. v. Chr. der von *Vitruv* erwähnte Architekt *Menesthes* beteiligt war. – Von einem kleinen dorischen Tempel sind mehrere Säulentrommeln übrig geblieben.

Alacahisar siehe Karabel Kilise

8 Alahan Manastir (früher **Koça Kalesi**) – **Apadnas?** (Içel) P 20
Bedeutende frühbyzantinische Klosteranlage im Taurus, nahe beim 1610 m hohen Sertavul-Paß, oberhalb der Straße Silifke–Konya. Die Ruinen liegen an der Grenze der antiken Provinzen Isaurien und Lykaonien und wurden erst 1852 von A. C. Headlem *für die Wissenschaft entdeckt und von* Michael Gough *1961/1972 freigelegt. Headlem schlug für die Koça Kalesi genannte Anlage den historischen Namen „Apadnas" vor. Er hat die meiste Wahrscheinlichkeit für sich. Doch heißt der Platz heute offiziell Alahan Manastir. In der*
1 *wilden Gebirgslandschaft, hoch über dem Göksu-Tal, haben diese Bauten eine unübertroffene Aussagekraft.*
17–24 Die monastische Besiedlung der Stätte begann wohl im 4. Jh. mit der Aushöhlung eines Felsens, der neben Eremitenzellen eine kleine dreischiffige Kirche enthielt. Um 450 wurde dann ostwärts von dieser Höhlenkirche eine geräumige dreischiffige Säulenbasilika (Naos: 32 m lang, 16 m breit) mit Narthex, halbrunder Apsis und Pastophorien errichtet. Nach den 4 Büsten auf dem Gewände der westlichen Tür nannte *Gough* sie „Evangelistenkirche". Von den je 10 Säulen der Hochschiffwände stehen noch je drei Säulen im Westen (wieder) aufrecht. Ihre Akanthuskapitelle sind in theodosianischer Zeit entstanden. Reich geschmückt ist das Westportal der Kirche. Die beiden

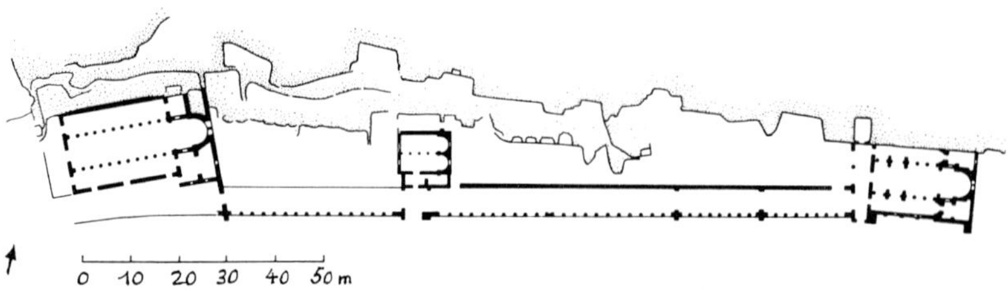

Alahan Manastir, Lageplan des Klosters, nach Gough

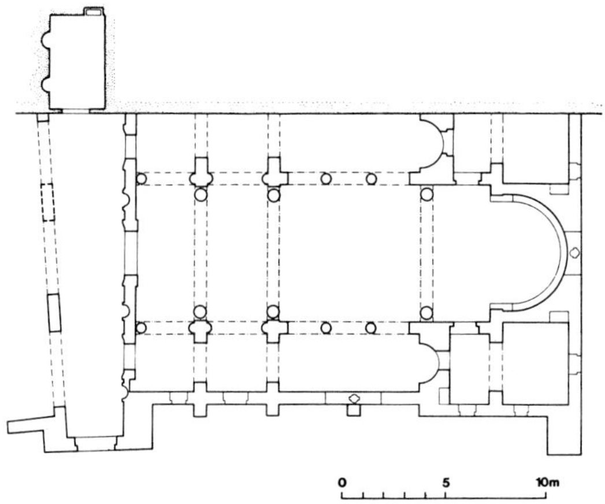

Alahan Manastir, Katholikon, Grundriß, nach Verzone

Türpfosten tragen Blattwerkornamente und zwei der erwähnten Evangelistensymbole (?). Die beiden anderen begrenzen den Türsturz, auf dem zwei Engel ein Christusmedaillon halten, während auf der Unterseite die Vision Ezechiels dargestellt ist. Die Innenseiten der Pfosten zeigen die Erzengel Michael und Gabriel. Die bauplastischen Bruchstücke der Gesimse haben mannigfache Formen. Fürwahr, ein großartiger Auftakt zur Klosteranlage!
In einem zweiten Bauabschnitt wurde im 3. Viertel des 5. Jh. mit dem Bau der Ostkirche, dem Katholikon des Klosters, begonnen. Es folgte eine 130 m lange Bogenreihe zwischen West- und Ostkirche mit einer ädikulaartigen Bildnische in der Mitte. Zwischen den beiden Kirchen eine zweischiffige Taufkirche mit Doppelapsiden. Östlich davon erstreckt sich die Nekropole mit 4 Arkosolgräbern, die in den Felsen gehauen sind. 2 beschriftete Sarkophage tragen die Namen der Äbte Tarasis d. Ä. und d. J.
Die 26,25 m lange und etwa 16 m breite Ostkirche ist in der Anlage eine dreischiffige Emporenbasilika mit Narthex und halbrunder, außen gerade geschlossener Apsis, an die seitlich die Pastophorien angrenzen. Die Seitenschiffe enden in kleinen Apsiden. Das Mittelschiff wird durch 3 auf Säulen eingestellte Bogen unterteilt, denen der Apsisbogen auf Pfeilern entspricht. Über dem Mittelfeld des Naos (6,8 × 6,5 m) erhebt sich ein quadratischer Turm. In seine Ecken sind trompenförmige Träger eingefügt, die ein achtseitiges Dach (wohl hölzerner Aufbau) trugen. Die geringe Mauerbreite macht eine steinerne Kuppel unwahrscheinlich. Die Säulen des Langhauses tragen breitlappige Akanthuskapitelle. Die drei Westportale sind in ihren Gewänden reich ornamentiert, doch wurden nur die Blattranken der Südtür ganz vollendet. Die waagrechten Portalverdachungen werden durch figürliche Konsolen getragen. 5 Konsolen der Westwand dienten wohl für Heiligenstatuen. Die Empore öffnet sich in der Westwand mit einer Dreierarkade, auf der Südseite mit 4 Bogenfenstern. Die Apsis wird durch ein Doppelfenster erleuchtet. Die

säulengetragenen Arkaden im Inneren des Naos und an den Fenstern verleihen der Kirche ihr besonderes Gepräge.
Der Säulengang, der die Mauerblöcke der Westkirche mit der Ostkirche verbindet, schließt die gesamte Baugruppe zusammen und gliedert sie zugleich. Er verlieh einst dem Bergkloster im Tauros einen hohen baukünstlerischen Wert, der auch in den Trümmern noch spürbar ist.
Der jüngste Bau der frühen Anlage ist das zweischiffige und mit 2 Parallelapsiden versehene Baptisterium in der Mitte der Felsenterrasse. Der Nordraum besitzt ein in den Fußboden eingelassenes kreuzförmiges Taufbecken, das von einer Quelle in der Felswand gespeist wurde.
Die Bauarbeiten am Kloster wurden gegen 500 abgebrochen; die Gründe dafür sind uns unbekannt. Baumaßnahmen des 6. Jh., von denen *Prokop* berichtet, können sich auf Außenarbeiten beziehen. Im ausgehenden 7. Jh. hat man das Kloster, vielleicht durch die Arabereinfälle veranlaßt, aufgegeben. Erst 500 Jahre später, im Kleinarmenischen Reich, wurde es nochmals besiedelt. Damals wurde die verfallene Evangelistenkirche als einräumige Kirche unter Benutzung des alten Altarraums wiederhergestellt. Das Katholikon hatte wenig gelitten und wurde kaum verändert übernommen. Wann das Kloster endgültig verlassen wurde, ist ungewiß.
Reste weiterer Klosterbauten sind am nördlichen oberen Berghang erkennbar, z. T. in die Felsen eingearbeitet. Dort befanden sich wohl auch der für die Klostergemeinschaft unerläßliche Speisesaal (Trapeza) und mehrere Zisternen zur Wasserversorgung.

9 Alanya/Korakesion (Kalonoros) (Antalya) R 17

Die Stadt Alanya, zu Füßen eines burgbewehrten Vorgebirges an der kilikischen Küste, wurde im 2. Jh. v. Chr. von dem Piraten Diodoros Tryphon als Hafen angelegt und diente als Stützpunkt seeräuberischer Unternehmungen. Der römische Feldherr Pompeius errang im 3. Mithradatischen Krieg 67 v. Chr. vor Korakesion einen Seesieg, der die Seeräuberherrschaft beendete. Bei der Neuordnung der kleinasiatischen Provinzen 66 v. Chr. kam die Stadt an Rom. Antonius schenkte sie seiner Geliebten, der Königin Kleopatra von Ägypten, die den Exporthafen für Holz aus den Tauruswäldern zum Flottenbau verwendete. Die Byzantiner nannten die Stadt Kalonoros (= schöner Berg). Seit 1207 griffen die Seldschuken die byzantinischen und kleinarmenischen Städte der Südküste an. 1221 wurden Stadt und Burg Alanya an die Seldschuken unter Ala-eddin-Kaykubat (1219–1236) ausgeliefert. Der Sultan nannte die Stadt nach seinem Namen: Alaiye (= Alanya), bestimmte sie zur Winterresidenz, befestigte den Burgberg und legte eine Schiffswerft (Tersane) an. 1471 kam Alanya unter Sultan Mehmet Fatih zum Osmanenreich.

2 Aus byzantinischer Zeit stammt noch die Hagios-Georgios-Kirche in der oberen Festung. Der kreuzförmig angelegte Bau wird von einer durch rundbogige Mauerblenden gegliederten Kuppel überragt, 9./10. Jh. Ein by-
26 zantinisches Kloster stand auf dem äußersten Felssporn (Cilvarde Burun), wo die Ruinen mehrerer Gebäude sowie der seldschukischen Münze (Darbhane) zu sehen sind.

Alanya, Roter Turm (Kızıl Kule), Geschoßgrundrisse und Schnitt, nach Wagner

Bedeutend sind die von dem baufreudigen Ala-eddin-Kaykubat errichteten Bauten. Die Burg (Içkale) wurde neu befestigt. Die weitläufige Anlage umschloß auch einen (zerstörten) Palast und ist durch zahlreiche Türme und mehrere Tore bewehrt. An mehreren Stellen tritt noch der hellenistische Mauersockel zutage. In der Nordwestecke der oberen Zitadelle zeigt man den Hinrichtungsplatz. Hier wurden die Verurteilten hinab ins Meer gestürzt.
Das stärkste Bollwerk am Ufer war der „Rote Turm“ (Kızıl Kule). Das fünfgeschossige Bauwerk auf achteckigem Grundriß wurde 1226 von dem syrischen Baumeister *Abu Ali ibn Abir-Rakka el Kettenu* aus Aleppo ausgeführt. Er ist durch eine raffinierte Geschoßeinteilung und sorgfältige Ausführung des Mauerwerks ausgezeichnet.
Nördlich vom „Roten Turm“ ließ Ala-eddin-Kaykubat die Schiffswerft (Tersane) und das Artilleriearsenal (Tophane) anlegen. Die Werft besteht aus 5 Hallen, die durch Bogen miteinander verbunden sind. Die Galerien reichen bis zu 80 m tief in die Felsen hinein.
Inmitten der Stadt die Süleymaniye Camii, im 16. Jh. erbaut; dabei liegen Han und Bedesten (Basar). Die Akşeki-Türbe ist eine Grabmoschee mit Minarett.

10 Alara-Han (Antalya) Q 16

Seldschuken-Karawansaray an der Karawanenstraße von Alanya nach Antalya. Nach erhaltener Inschrift wurde er 629 H (= 1231) von Ala-eddin-Kaykubat errichtet. Er rühmt sich darin als „Ländereroberer, Sultan über Land und Meer, über Rum, Syrien, Armenien und Franken“. „Rum“ ist das byzantinische Anatolien, „Franken“ das Kreuzritter-Palästina (frz.: „Outre-mer“).

11 Alexandria kat'Isson/Iskenderun (Alexandrette) (Hatay) Q 28

Nach der Schlacht bei Issos 333 v. Chr. ließ Alexander d. Gr. eine Hafenstadt erbauen, der er wie anderen Neugründungen seinen Namen gab; Strabo *(XIV, 21.676) und* Ptolemäos *(5, 14. 2. p. 960) erwähnen sie. In römische Straßenkarten ist sie als Schnittpunkt eingezeichnet; doch spielte sie in der Antike keine große Rolle. Sie wurde Alexandreia kat'Isson genannt. Da Issos aber bald den Namen Nikopolis erhielt, verstand man den Zusatz nicht mehr und machte daraus „Kabissos; scabiosa" oder „Kambysu", 260 n. Chr. wurde die Stadt von den Sassaniden geplündert. Im 7. Jh. gelangte sie in die Gewalt der Araber, die sie „Iskenderun" nannten. Vom Kalifen al Watiq im 9. Jh. befestigt, fiel sie 968 wieder an die Byzantiner. 1097 nahmen sie die Ritter des 1. Kreuzzugs ein. Sie wurde zum Fürstentum Antiochien Bohemunds von Tarent geschlagen. Bischof* Wilbrand von Oldenburg *erwähnt „Alexandreta" 1211 mit einem kurzen Hinweis auf seine legendäre Gründung als Pflegeort des Pferdes Bukephalos. Damals lag die Stadt in Trümmern. 1268 wurde sie vom Mamelukensultan Baibars besetzt.*

1515 gelangte sie durch Sultan Selim I. an das Osmanische Reich. Die Türken bauten ein Uferkastell, das bis etwa 1830 bestand. Der Hafen gewann als Einfuhr- und Ausfuhrhafen an Bedeutung. Es ließen sich dort viele Kaufleute, besonders Griechen und Italiener, nieder.

1918 wurde die Stadt mit dem Sancak von Alexandrette (türk.: Hatay) den Franzosen als Völkerbundsmandat übertragen und kam erst 1939 durch Volksabstimmung wieder zur Türkei. Iskenderun ist heute türkischer Kriegshafen.

Die antike Siedlung lag auf dem Felshügel Esentepe. Außer geringen Mauerresten zwischen den Wohnhäusern sind keine alten Baudenkmäler mehr vorhanden. (Siehe auch Epiphania.)

6 km nördlich von Iskenderun, wo die Ausläufer des Amanos das Meer erreichen, ist heute ein pfeilerartiges Mauerstück zu sehen, der „Jonaspfeiler" (Bab Yunus). Hier wurde, der Seefahrerlegende zufolge, der Prophet Jona vom Walfisch an Land gespien (Jona 2, 11). Dieser Jonaspfeiler ist der Überrest eines Triumphbogens, der in der römischen Kaiserzeit, wohl unter Septimius Severus nach seinem Siege über Piscennius Niger 194, errichtet wurde. Er stand noch im 18. Jh. und wurde von vielen Reisenden erwähnt. 1774, als Pococke hier zeichnete, war der Bogen bereits eingebrochen. Der östliche Pfeiler verschwand noch vor 1902, der westliche blieb bis heute erhalten. Der Bogen trug ein Viergespann (Quadriga) und wurde darum auch Kodrigä (κοδϱίγαι) genannt. Da er den kilikisch-syrischen Straßenpaß überwölbte, hieß er auch Pylä (πύλαι) oder it. Portella. Für die Schiffahrt war er eine weithin sichtbare Landmarke.

Diesem Bauwerk entsprach jenseits des Golfes (34 km Luftlinie) ein anderer römischer Bogen, das Karanlı Kapı, etwas oberhalb des Strandes. Er war in eine Mauer eingefügt und verschloß einst den Zugang zur Ebene von Issos.

12 Alexandria Troas/Eski Stambul (Çanakkale) E/F 2

An der ägäischen Küste der Halbinsel Troas lag die von dem Diadochen Antigonos Monophtalmos im letzten Jahrzehnt des 4. Jh. v. Chr. gegründete und

Antigonäa benannte Stadt. Nach dem Tode des Antigonos in der Schlacht bei Ipsos 301 v. Chr. kam sie an Lysimachos, von dem sie den Namen Alexandria erhielt; nach 381 an Pergamon. Die Römer, an die die Stadt durch die Erbschaft Attalos' III. fiel, beließen ihr wie den anderen Griechenstädten eine gewisse Selbständigkeit bis zum 1. Jh. v. Chr. Der Hafen war vor der Gründung Konstantinopels von großer Bedeutung. Abbruchmaterial aus Alexandria wurde auch 330 für den Aufbau der neuen Hauptstadt verwendet. Daran erinnern noch die beiden zurückgelassenen Granitsäulen am Ufer. In den Missionsreisen des Apostels Paulus *spielte die Stadt eine wichtige Rolle, nahm doch von hier aus die Bekehrung Griechenlands ihren Ausgang. In der Apostelgeschichte wird sie nur Troas genannt (Apg. 16,8.11; 20,5.6; 2. Kor. 2,17; 2. Tim. 4,13).*

Das einstige Stadtgebiet wird durch die Reste einer Umwallung begrenzt. An Bauten lassen sich in dem von Macchia überwucherten Gelände noch Überbleibsel an Tempeln, Bädern und ein Theater ausmachen.

13 Alinda (Karpuzlu) (Aydın) N 6

Die karische Stadtgründung bot auch der letzten Vertreterin der karischen Dynastie, der Schwester des Mausolos, als sie 343 v. Chr. aus Halikarnassos vertrieben war, Zuflucht. 334 übergab sie die Stadt an Alexander d. Gr., der ihr die Verwaltung Kariens übertrug. Zu Ehren des Makedoniers hieß die Stadt Alexandria (am Latmos). Unter den Diadochen kam Alinda zuerst an Ptolemäus, dann an die Seleukiden, um noch einmal unter Olympichos einen eigenen Herrscher zu erhalten; 181 an Rhodos, das mit Rom verbündet war, 129 an Rom. Aus byzantinischer Zeit ist wenig bekannt. Kirchengrundrisse wurden bisher nicht entdeckt. Im 11. Jh., wie die Nachbargebiete, von der islamischen Eroberung erfaßt.

Die antike Stadt lag auf 2 Terrassen beim Dorf Karpuzlu. An der Grenze zwischen Unterstadt und Oberstadt steht die gewaltige, 100 m lange Markthalle aus Buckelquaderwerk. Das in kleine Räume aufgeteilte Untergeschoß hatte mehrere Türen. Über einem spärlich beleuchteten Lagerraum erhob sich eine zweischiffige, durch Pfeiler getragene Halle mit flacher Decke.

Oberhalb der Markthalle am Hang das noch nicht ausgegrabene, wohl römische Theater, dessen obere Sitzreihen ebenso wie die seitlichen Begrenzungsmauern der Cavea zu sehen sind.

Auf dem Berg ein Turm der hellenistischen Stadtbefestigung. Nordwestlich davon liegt eine Burg, deren Anlage mit Mauern und Toren sowie mehreren Bauten innerhalb des Berings sich im Gelände abzeichnet.

Ein hinter dieser Burg liegendes Tal wird durch einen Vier-Bogen-Aquädukt überbrückt. Im Stadtgebiet eine ausgedehnte Nekropole mit Sarkophagen und Felsengräbern.

14 Amos/Asarcık (Muğla) Q 7

Karische Ortschaft am Südufer der Halbinsel Loryma, seit Anfang 5. Jh. v. Chr. zur rhodischen Peräa, dem Festlandsbesitz der Insel, gehörig.

Die Ruinen stammen sämtlich aus hellenistischer Zeit und liegen auf einem Hügel, der von einer Mauer umgeben ist.
Reste eines Tempels, in dem vielleicht der Stadtgott Apollon verehrt wurde, mit einigen Statuenbasen; am Nordende ein Theater mit teilweise vorhandenen Sitzreihen und Stützmauern.
1948 von *G. E. Bean* gefundene Inschriftentafeln enthalten Angaben über Landverpachtung und -anbau mit Strafbestimmungen; ferner ein Tempelinventar.

15 Amuda/Hamde (Adana) O 27

Burg am oberen Ceyhan in beherrschender Lage zwischen Anavarza, Yilan Kale und Toprakkale. Der befestigte Platz Amuda wurde durch den kleinarmenischen König Thoros II. (1145–1168) angelegt, wahrscheinlich 1144/1151. König Leo I. schenkte die Burg mit ihrem Umland dem Hochmeister des Deutschen Ordens, Hermann von Salza, als dieser 1212 mit Wilbrand von

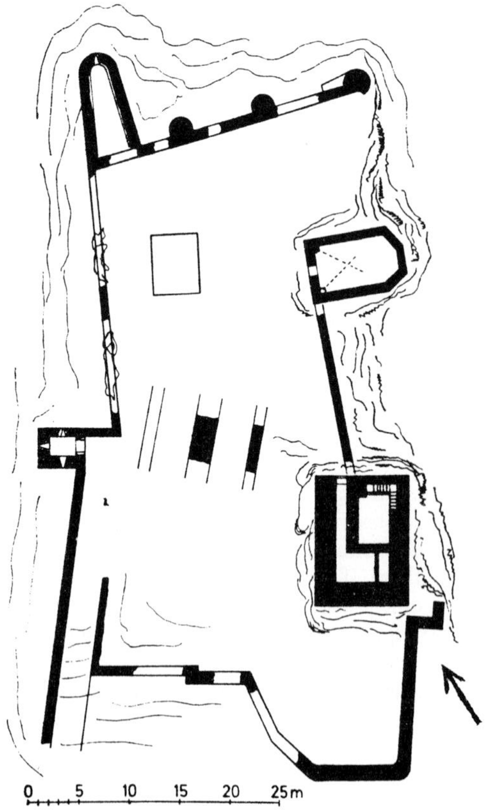

Amuda, Grundriß der Burg, nach Hellenkemper

Oldenburg hier einkehrte. Sie gehörte bis in die 90er Jahre des 13. Jh. zur Ordensballei Armenien. 1266 wird sie von den Mameluken eingenommen, ebenso 1297/1298. Der Orden hat nach dem Fall von Akkon 1291 seine armenischen Besitzungen aufgegeben. Die späteren Schicksale der Burg sind unbekannt.
Die Burganlage auf einer Felsnase über dem Fluß ergänzt sich zu einem Grundrißrechteck. Die Nordseite ist durch eine vorspringende Bastion und 3 massive Halbrundtürme befestigt. Stärkster Bau ist der 9,35 × 12,7 m messende Donjon (vielleicht unter Zugrundelegung des römischen Fußmaßes von 29,58 cm in 32 × 42 Fuß erbaut?). Er überragt die Ostseite. Nördlich davon befand sich die kreuzförmig gewölbte Burgkapelle. Beide Bauten wohl zwischen 1212 und 1220 durch „fränkische", vermutlich deutsche, Baumeister errichtet.

16 Anazarbos/Anawarza (Adana) O 27

Die Stadt tritt nach dem heutigen Forschungsstand erst im 1. Jh. v. Chr. ins Licht der Geschichte, als hier der von Rom abhängige Fürst Tarcondimotus herrschte. Ihren bis heute beibehaltenen Namen trägt sie von dem Berg Anazarbus, dessen Felsenwände die ostkilikische Ebene überragen. Kaiser Augustus verlieh dem erweiterten Platz 19 v. Chr. den Namen Caesarea ad Anazarbum. Auch die Kaiser späterer Dynastien erwiesen der Stadt ihre Gunst. 207 erlangte sie den Rang einer „Metropolis der drei Provinzen Kilikien, Isaurien und Lykaonien". Septimius Severus und sein Sohn Caracalla (211–217) haben sie besucht. Sie hatte eine strategische Schlüsselstellung als Pforte des kilikisch-syrischen Raums inne. In ihren Tempeln entfaltete sie ein reiches kultisches Leben. Sie sah auch das Martyrium der christlichen Blutzeugen Tarachos, Probus und Andronikos, deren Gebeine später nach Mopsuhestia überführt wurden. Aus Anazarbos stammte der Arzt Pedanius Dioskurides, *der im 1. Jh. n. Chr. seine heilkundlichen Werke schrieb (reich bebildert in der Anicia-Juliana-Handschrift in der Wiener Hofbibliothek Cod. med. Gr. 1).*
Zu Beginn des 6. Jh. wurde die Stadt durch Erdbeben verwüstet. Die Kaiser Justin I. (518–527) und Justinian I. (527–565) bauten sie wieder auf. Sie nahm deren Namen an: Justinopolis, danach Justinianopolis. Im 7. Jh. geriet sie in die Hände der Moslems. 796 (180 H) wurde sie von Harun al Raschid und um 850 von Mutawakkil neu befestigt. Sie hieß arabisch Ayn Zarba. In der Reconquista des späteren Kaisers Nikephoros Phokas (963–969) kam die Stadt 961 wieder an das Rhomäereich und wurde von byzantinischen „Strategoi" regiert. Doch dringen um 1089 die Seldschuken hier ein. 1097 nimmt eine Abteilung des gegen Antiochia marschierenden Kreuzritterheeres unter Tankred den Platz, den der Chronist Matthäus von Edessa „das neue Troja" nennt, in Besitz, muß ihn aber an Bohemund, den Fürsten von Antiochia, abtreten. 1110 machte Thoros I. Anazarbos zur Residenz. 1137 wird die Stadt von Kaiser Johannes II. Komnenos genommen, Thoros gerät in byzantinische Gefangenschaft, aus der er 1144 entfliehen kann. Er erobert Anazarbos zurück, doch setzt sich Kaiser Manuel I. 1158 erneut in den Besitz der Stadt. Die Armenier

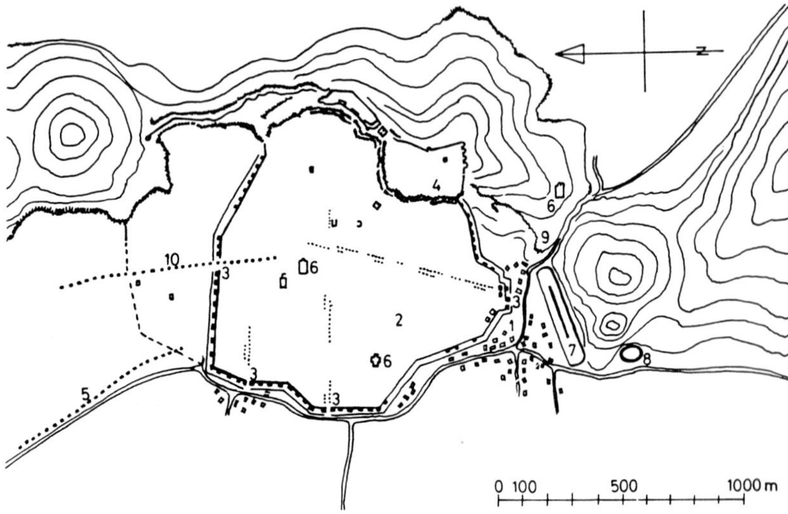

Anazarbos/Anavarza, Lageplan, nach Gough und Hellenkemper
1 Dorf Anavarza, 2 antiker und mittelalterlicher Siedlungsplatz, 3 Stadttore und Stadtmauer, 4 Burg, 5 byzantinischer Aquädukt, 6 Kirchen, 7 Stadion, 8 Amphitheater, 9 antike Nekropole, 10 römischer Aquädukt

kehren zurück, und Thoros wird als „Sebastos“ anerkannt. König Leo I. erbaut 1188 den Donjon der Burg. Er verlegt seine Residenz nach Sis. Von da an spielt Anazarbos nur noch als Festung eine Rolle. Sie wird 1306 von dem Mongolen Bulargi vergeblich belagert. Nach dem Untergang des Kleinarmenischen Reiches 1375 verlor der Platz seine Bedeutung und wurde schließlich völlig aufgegeben.

Die Trümmer der Stadt liegen großenteils innerhalb der Stadtmauer, überragt von der Burg. Diese Mauer steht in Teilen auf einem byzantinischen Sockel. Mutawakkil hat sie nicht nur instand setzen, sondern auch weitgehend neu, mit engerem Durchmesser, bauen lassen. Um 950 errichtet Sayf ad Dawla unter großem Kostenaufwand einen neuen Mauerring mit 4 Toren und einer Reihe von Türmen. Außerhalb der Stadtmauern liegen im Süden das Amphitheater, das Stadion und das Theater, die alle aus der Römerzeit stammen, eine große Nekropole und mehrere suburbane Villen. In zwei von ihnen im Südwestteil der Stadt wurden Mosaikböden gefunden: 1961 am Boden einer Piscina eine Darstellung von Fischen, 1963 als Boden eines Bade-
27 raums eine Darstellung der Meeresgöttin Thetis mit Meerestieren und zwei Eroten innerhalb eines breiten ornamentierten Rahmens. Die Künstler beider in der 2. H. 3. Jh. n. Chr. oder kurz danach entstandenen Bilder kamen aus Antiochien.

Im Stadtplan zeichnen sich zwei Säulenstraßen ab, die in Süd-Nord- und in West-Ost-Richtung geführt waren. Den Zugang zur Süd-Nord-Straße

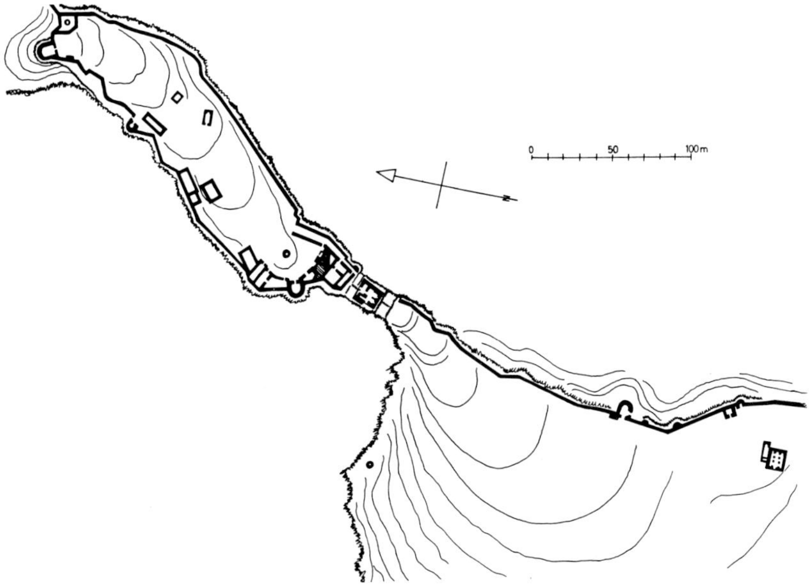

Anazarbos/Anavarza, Burg, Grundriß, nach Hellenkemper

(Cardo) gewährte ein Tor, hinter dem sich der severische dreibogige Triumphbogen erhob. Er ist auf der Feldseite durch korinthische Pfeiler gegliedert: je 2 an den Ecken und beiderseits des mittleren Durchgangs. Sie trugen ein über die Seiten des Bauwerks hinweggeführtes kräftiges Gesims mit Konsolen.

Die römischen Thermen lagen nördlich des Decumanus.

Von byzantinischen Kirchen ist mitten in der Stadt die Apostelkirche (laut Patrozinien-Inschrift) erhalten, eine dreischiffige Basilika von 56,2 m Länge und 28,1 m Breite mit hufeisenförmiger Apsis und Chorumgang. Reiche Bauornamentik und Tierreliefs um 500.

Die Süd-West-Kirche war eine große kreuzförmige 51,8 × 24,2 m messende Basilika mit außerordentlich breitem Querhaus. Sowohl Langhaus wie Querhaus scheinen dreischiffig angelegt zu sein.

Die Burg schließt östlich an die Stadt an. Sie macht sich die Felsenlage zunutze und gliedert sich in 3 Abschnitte: die geräumige Vorburg, den Donjon und die langgestreckte Oberburg. Innerhalb der Vorburg liegt die armenische, teilweise aus byzantinischen Spolien errichtete Georg-und-Theodor-Kirche, eine kleine basilikale Anlage mit 3 Apsiden. Sie wurde von Thoros 1111 erbaut (irrtümlich als Grabeskirche der armenischen Könige angesprochen; diese befand sich jedoch in Tarsus). Thoros hatte sie mit einer aus Kappadokien mitgebrachten Marienikone ausgestattet, die die Byzantiner 1137 nach Konstantinopel brachten. Die durch mehrere Halbrund- und Rechtecktürme verstärkten Ringmauern mit bossiertem Quadermauer-

werk sind sowohl bei der Unterburg wie bei der Oberburg vorwiegend armenisch. Wichtigstes Bauwerk der Burg war der auf einer Felsplatte errichtete dreistöckige Donjon. Gräben schützten ihn auf beiden Seiten. Sein Mauerwerk besteht in den Untergeschossen aus Spiegelquadern, im Obergeschoß aus Buckelquadern. Besondere Beachtung verdient die ausführliche Bauinschrift auf einer gerahmten Tafel. Sie lautet:
„Im Jahr 636 der armenischen Zeitrechnung (1187) verdunkelte sich die Sonne so, daß die Sterne sichtbar wurden, und der Türke eroberte die Heilige Stadt Jerusalem. In jenem Jahr starb Rupen, Sohn des Stephané, und auf seinem Thron folgte der fromme Leon. Unter seiner Herrschaft standen Kilikien mit dem Berge Taurus und dem Schwarzen Berg und die Ufer des Meeres bis Adalia (Antalya), und im zweiten Jahr seiner Regierung begann er diese Burg von Anavarza, der Mutter der Städte, zu bauen. Er spaltete stärker mit Eisen diesen Felsen und baute auf festen Fundamenten die Mauern mit schweren Steinen und festigte sie mit Eisen und Blei; und es wurde binnen eines Jahres vollbracht." (Nach der Übersetzung von Gregoris J. Manian bei Hellenkemper.)

17 Andriake bei Myra **(Demre Kale)** (Antalya) S 11

Die antike Hafenstadt von Myra, die schon um 200 v. Chr. bestand, liegt
28 *beiderseits des Andrakos-Flusses.*

In der Südstadt standen die Lager oder Schiffshäuser am Hafenbecken aufgereiht. Dahinter stieg das Gelände zum Markt „Plakoma" hin an. Er war von einer zweischiffigen, gewölbten Zisterne unterkellert.
Westlich der Plakoma der Kornspeicher (Granarium) mit 65 × 32 m Bodenfläche, der bedeutendste Bau von Andriake. Seine Mauern bestehen auf der Front und an den Seiten aus mächtigen Quadern; die Rückmauer und die Innenwände sind im Polygonverband gehalten. 8 Tore führen in ebenso viele Längsräume des Inneren. Jeder Raum wird über den Toren durch rechteckige Doppelfenster beleuchtet. Über die gesamte Frontbreite erstreckt sich oberhalb der Türen ein von Konsolen unterbrochenes Gesims mit der Bauinschrift. Die seitlichen Giebelansätze sind noch vorhanden, doch ist ein den ganzen Bau überdeckendes Satteldach wenig wahrscheinlich, so daß vielleicht über den mittleren Toren ein erhöhter Giebel angenommen werden kann. In der Mitte des Giebels die sehr verwitterten Büsten des Kaisers Hadrian und der Kaiserin Sabina. Ein weiteres beschriftetes Weihrelief an der Fassade mit Darstellung einer Gottheit sagt aus, daß der Magazinbeamte Herakleon, durch ein Traumgesicht veranlaßt, dieses Bild den Göttern gestiftet habe. Erbaut wurde der Speicher – ebenso wie der von Patara – wahrscheinlich 129 n. Chr. anläßlich der 2. Kleinasienreise des Kaisers Hadrian.
Ein römischer „Apsidenbau" gegenüber der Speicherfassade hat wohl der Götterverehrung gedient.
Die Trinkwasserversorgung von Andriake erfolgte über Kanäle und Aquädukte von Myra her. Davon sind oberhalb der Stadt am Nordhang des Tals die Stücke erhalten, die in einem großen Bogen zu einem Sammelbecken führen.

Ein schöner, zweigeschossiger Quaderbau an der Quelle des Andrakosflusses wird meist als „Nymphäon“ angesprochen, könnte aber auch das Frigi- 29
darium eines Bades gewesen sein. Der rechteckig angelegte Bau öffnet sich nordwärts mit einem Bogen und schließt im Süden mit einer halbrunden Apsis. Die Längswände des Obergeschosses weisen rundbogige Nischen auf, in denen wohl Statuen gestanden haben.
In der antiken Nekropole beiderseits des Tals sind viele Sarkophage zerstört. Ein großer Sarkophag (2,51 m lang, 1,42 m breit, 1,45 m hoch) ist mit Reliefs geschmückt: in den Giebeln Medusenköpfe, auf der Ostseite ein bekleideter Mann mit einem Kranz in Händen.
Im Gelände von Andriake befinden sich die Reste von 6 frühchristlichen Kirchen. Wie die Apostelgeschichte (27, 5) berichtet, ging Paulus im Hafen von Myra als Staatsgefangener auf der Reise nach Rom an Land, weil das Schiff gewechselt wurde. Dort traf er nach den Thekla-Akten mit seiner Schülerin Thekla aus Ikonion zusammen. Doch lassen diese Nachrichten aus dem apostolischen Zeitalter noch nicht auf eine sich bildende Christengemeinde zu Myra schließen. Die Kirchen von Andriake variieren in unterschiedlichen Größen den Bautyp der 3schiffigen Basilika mit mittlerer halbrunder Apsis ohne ausgebildetes Bema. Vorhallen und Vorhöfe können nur an wenigen Kirchen nachgewiesen werden. Mehrere Kapitelle oder Bruchstücke davon zeigen Akanthusmotive und lassen sich um 500 oder 1. H. des 6. Jh. datieren *(O. Feld).*

18 Anemurion/Eski Anamur (Içel) S 19

Dicht am Kap Anamur, der Südspitze Kleinasiens, wurde die Stadt Anemurion (= Ort der Stürme) gegründet. Sie war lange nicht nur durch Seeräuber, sondern auch durch die wilden Bergvölker des Taurus gefährdet. Die Römer, seit dem Ende des Seeräuberkrieges Herren der Küsten, unterstellten die Provinz Cilicia dem abhängigen König Antiochus IV. von Kommagene, der mit den aufständischen Isauriern Frieden schloß und mehrere Städte gründete. Kaiser Vespasian nahm 72 n. Chr. die Provinz wieder in römische Verwaltung. Bis zum Einfall der Sassaniden 260 n. Chr. erlebte das Land eine gedeihliche Entwicklung. Die politischen und sozialen Veränderungen in frühbyzantinischer Zeit, vor allem aber die seit dem 7. Jh. sich häufenden Arabereinfälle führten den Niedergang herbei. Am Ende des 11. Jh. gehörte Anemurion zum Kleinarmenischen Reich. Bis ins 14. Jh. blieb es zwischen Byzanz, den Kreuzrittern und Armenien umstritten. 1375 wurde das Kleinarmenische Reich eine Beute der Mameluken. Die Stadt Anemurion wurde aufgegeben und zerfiel. Erst die kanadischen Archäologen J. Russell *und* T. Boyd *haben sie seit 1966 ausgegraben und ihre beachtlichen Ruinen ans Licht gebracht.*
Die 5 km ostwärts gelegene Burg Anamur/Marmur Kalesi wurde an einem schon von Römern und Byzantinern befestigten Platz im 13. Jh. neu angelegt. Sie war wohl länger im Besitz der fränkischen Könige von Zypern, gelangte dann in seldschukische Hände und gehörte eine Zeitlang den Karamanoğlu, bis sie 1469 ans Osmanische Reich kam.
Im Gebiet der planvoll angelegten Stadt lagen ein Theater, ein Odeon und

mehrere Thermen. Die Badekultur wurde besonders gepflegt, wie aus der Ausstattung der Bäder mit Marmor und Mosaiken zu sehen ist.
Im Westen der Unterstadt erstreckte sich eine weitläufige Nekropole mit vielen gemauerten Grabhäusern. Manche sind noch mit Malereien und Mosaiken ausgeschmückt.

31 Die byzantinische Stadt besaß mindestens 5 Basiliken, von denen eine durch ihre erhaltene Mosaikinschrift als Apostelkirche ausgewiesen ist. Die 3schiffige Basilika mit Säulenportikus im Westen wurde etwa 425 erbaut. – Eine weitere 3schiffige Säulenbasilika liegt in der Nekropole. Sie wurde um 400 erbaut, bis zum 7. Jh. mehrfach umgestaltet und erweitert, um schließlich im 12. Jh. noch einmal im Bemabereich als einschiffige Kirche neu zu erstehen. Vom Ende des 5. Jh. stammt ein Mosaikboden mit Paradiesdarstellung.

30 Die eindrucksvolle Burg am Meeresufer ist in ihrem Architekturbild von den Wehrbauten der Kleinarmenier und der Kreuzritter geprägt. Wieweit sich das Kleinarmenische Reich, das 1197 durch die Krönung Leos I. zum König in Lehensabhängigkeit des deutschen Kaisers Heinrich VI. gelangte, Bauleute aus den „fränkischen“ Gebieten Syriens und Palästinas verpflichtete, ist ungewiß, wenn auch wahrscheinlich. Auch venezianische Baumeister werden später noch am Ausbau von Anamur beteiligt. Die ausgedehnte Burgfläche ist in drei Bereiche unterteilt: den Seezwinger, den Landzwinger und den ringförmigen inneren Zwinger. Das stärkste Bollwerk ist ein 14eckiger Turm am Meeresufer. Zwei turmbewehrte Tore führen in die beiden äußeren Zwinger, eine kleine Pforte ist durch den Felsen zum Hafen hin angelegt. Die 36 Türme und die Mauern werden alle von Zinnen gekrönt.
Die türkischen Herren der Burg haben sie als Wehrbau instand gehalten und dort eine kleine überkuppelte Moschee errichtet.

19 Antalya/Attaleia (Antalya) P 13

König Attalos II. Philadelphos von Pergamon (159–138) gründete 158 v. Chr. an der pamphylischen Küste eine nach ihm benannte Stadt, die dank ihrer günstigen Lage eine wichtige Rolle als Hafen und Ausgangspunkt von Überlandstraßen spielte. Pompeius schlug hier 67 v. Chr. zeitweise sein Hauptquartier im Seeräuberkrieg auf. Der Apostel Paulus *machte hier auf seiner 1. Missionsreise Station (Apg. 14,25). Kaiser Hadrian besuchte die Stadt, die ihm zu Ehren ein Tor erbauen ließ, 130 und erhob sie zum Hauptort einer senatorischen Provinz. 162 soll hier Lucius Verus, der Mitregent von Marc Aurel, zum Kaiser ausgerufen worden sein. Nach Konstantin wurde Attalia Bischofssitz. Vom 7. Jh. an hatte die Stadt, wie die gesamte anatolische Südküste, unter den Arabereinfällen zu leiden. Die Kaiser Leo VI. (886–912) und Konstantin VII. (913–959) verstärkten ihre Mauern. 1085 wurde sie von den Seldschuken erobert, kam aber 1120 wieder an die Byzantiner. Während der Kreuzzüge war sie des öfteren Einschiffungshafen ins Heilige Land. 1207 von Sultan Giyat ad-din Kaihrusran I. belagert und eingenommen, wurde sie seldschukische Winterresidenz, gelangte dann an die Hamidoğullari. Sultan Murat II. (1359–1389) brachte sie unter osmanische Herrschaft. Um 1400 wird sie noch*

Antalya/Attaleia, Hadrianstor, Zeichnung von G. Niemann

von den Mongolen des Timur Lenk geplündert. – Die türkische Stadt Antalya war bis ins 19. Jh. durch Mauern in Viertel für Moslems, Christen und Andersgläubige unterteilt.

Römische Baudenkmale sind das Hadrianstor, Teile der Stadtmauer und der Turm Hidirlik. Das prächtige Hadrianstor, als Ehrenpforte für den Kaiser 3
130 n. Chr. errichtet, ist zwischen zwei viereckige Mauertürme – einer davon mit römischer Widmungsinschrift – eingefügt. Es besteht aus drei rundbogigen Durchgängen zwischen 4 Säulen auf vorgesetzten Sockeln. Die Torgewölbe sind kassettiert und mit Rosetten ausgesetzt. Die Kapitelle der Säulen zeigen jonisierende Mischformen. Die kräftig profilierten Gesimse des Gebälks werden von Blatt- und Blütenornamenten mit Löwenköpfen geschmückt.

Über den Hidirlik Kulesi, der auf quadratischem Unterbau ein zylindrisches Geschoß trägt, sind die Meinungen geteilt. Er wird entweder für einen Leuchtturm gehalten, was sich aus seiner Lage erklären ließe, oder als turmförmiges Grabmal angesehen. Er trägt einen Relieffries mit 12 römischen Rutenbündeln.

Aus christlicher Zeit ist eine später zur Moschee (Çumanün Camii) umgebaute Basilika erhalten. Sie war wohl der Panhagia geweiht und trägt heute nach 33, 34
ihrem „gestutzten" Minarett den Namen Kesik Minare. Der Bau rührt wohl aus dem 5. Jh. her und wurde als 5schiffige Emporenbasilika unter Verwendung antiker Werkstücke aufgeführt. Ein erster Umbau erfolgte 200 Jahre später zu einer emporenlosen Pfeilerbasilika. *Sotiriu* vertritt die Meinung, daß damals eine 5schiffige Kuppelbasilika entstanden sei. Nach anderen Forschern beginnt die Baugeschichte im 6. Jh. mit einer Kirche des halb-

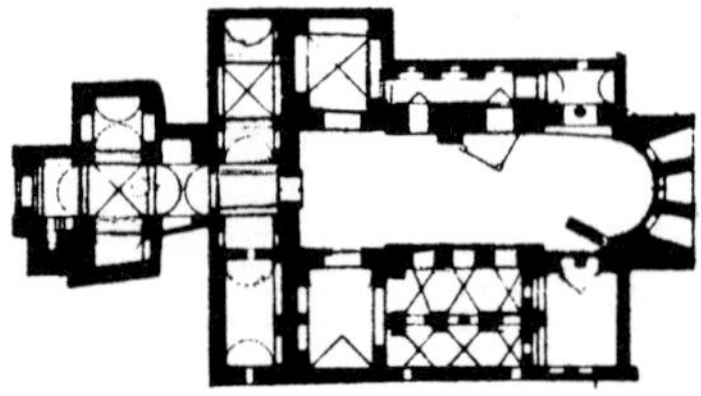

Antalya/Attaleia, Panhagia(?)-Kirche, „Kesik Minare“, Grundriß nach Rott

basilikalen Typus. Die Anlage war jedenfalls vor dem seldschukischen Umbau 3schiffig mit halbrunder, dreifenstriger Apsis, die außen glatt schloß. Vor dem Narthex lag eine kreuzförmige Kapelle, vermutlich ein Baptisterium. Türgewände und Säulenkapitelle sind geschmückt. Die Fensterpfeiler der Chorapsis zeigen ringförmige Blatt- und Blütenranken.

32 Das aus Ziegelsteinen erbaute Yivli Minare (= geriefeltes Minarett) ist das älteste islamische Baudenkmal in Antalya. Errichtet wurde es samt einer
35 durch Umbau einer Kirche entstandenen Moschee um 1220 durch Ala-eddin Kaykubat. Über einem zuerst quadratischen, dann mittels Eckschrägen ins Achteck überführten Sockel erhebt sich der durch 8 Halbsäulen kannelierte Schaft, der eine Aussichtsgalerie und ein oberes Türmchen trägt. In das Backsteinmauerwerk sind blaue Fayencekacheln eingelassen. – Neben dem Minarett mehrere seldschukische Bauten: die Ala-eddin Camii mit einer Medrese, die Türben von Nigar Hatun und Mehmet Bey.

Im Archäologischen Museum zahlreiche Funde aus hellenistischer und römischer Zeit, besonders aus Perge und Lykien; ebenso türkische Volkskunst. Einige christliche Stücke (Ikonen, Altargerät u. ä.).

20 Antiochia/Antakya (Hatay) R 28

Eine der glänzendsten Städte der antiken Welt wurde von dem Diadochenkönig Seleukos I. Nikator im Jahre 300 gegründet und zu Ehren seines Vaters Antiochos benannt. Die Gründung erfolgte bald nach der von Seleukia Pieria, das 30 km südwestlich am Meer lag, und das Seleukos als Residenz ausersehen hatte. Des Seleukos Sohn Antiochos (281–261) vereinigte Antiochia mit dem von Antigonos Monophtalmos (gef. 301 bei Ipsos) gegründeten Antigoneia am Orontes und erhob es zur Hauptstadt des Seleukidenreiches. Die Stadt erstreckte sich auf beiden Flußufern. Hinzu traten weitere Viertel, die von Seleukos II. Kallinikos und Antiochos IV. Epiphanes erbaut wurden, so daß Strabo *die Stadt als „Tetrapolis“ bezeichnete. – 83 v. Chr. wurde Antiochia von dem Armenier Tigranes dem Großen eingenommen. Pompeius entriß sie ihm 64. Von da an war sie römisch. Als Vorort der Provinz Syria wurde sie privilegierte Freistadt. Antiochia war neben Rom, Alexandria und Ephesos eine der volkreichsten, wirtschaftsstärksten und kulturell aufgeschlossensten Städte des Römischen Reiches.*

Sie besaß auch eine große religionsgeschichtliche Bedeutung. Die Kulte des Orients begegneten hier den Gottheiten der griechisch-römischen Welt. Hier wurden die Anhänger der Lehre und Person Jesu Christi zuerst „Christen“ (Χριστιανοί) *genannt (Apg. 11,26); von hier setzte der Apostel* Paulus *seine Missionsreisen ins Werk (Apg. 13,1ff.; 15,36ff.). Hier sammelte sich eine heidenchristliche Gemeinde, deren Vorsteher Barnabas wurde. Die Herausbildung des monarchischen Episkopats in der Kirche wird durch Bischof* Ignatios *um 115 bezeugt. Er gebraucht erstmals die Bezeichnung „katholische Kirche“. Von Antiochia aus gelangt das Christentum nach Edessa und Persien. Unter Bischof* Paul von Samosata *(260–272), der den zur Irrlehre erklärten Adoptianismus vertritt, werden auch Verbindungen zur Königin Zenobia von Palmyra angeknüpft. Nach der Anerkennung der christlichen Kirche 313 durch Konstantin I. wurde die Stadt Sitz eines Metropoliten in der Diözese Syria. Durch die Zusammenfassung von Metropolitanverbänden entstand das Patriarchat. Die antiochenische Schule gewinnt unter* Theodor von Mopsuhestia *und seinem Schüler* Theodoret *hohes theologisches Ansehen. Einer ihrer berühmtesten Vertreter war der Patriarch* Chrisostomos *in Konstantinopel. Hier beginnen sich im Wettbewerb mit Alexandria die dogmatischen Kämpfe um die Christologie abzuzeichnen, die die Konzilien von Ephesos 431 und Chalkedon 451 beschäftigen und zu großen kirchenpolitischen Veränderungen, letztlich auch zum Ausscheiden der Monophysiten aus der Reichskirche führen.*

Diese ersten Jahrhunderte der christlichen Zeitrechnung wurden aber auch von schweren Katastrophen betroffen. Das Erdbeben von 115 zerstörte die Stadt, in der sich gerade Kaiser Trajan aufhielt. Der Perserkönig Schahpur I. eroberte 260 Antiochia, wie auch einer seiner Nachfolger, Chosrau I., 540. In letzterem Jahr war ein beträchtlicher Teil der Stadt niedergebrannt, in der die Erdbeben von 526 und 528 schon schwere Verwüstungen angerichtet hatten. Justinian befreite die Stadt von den Persern, baute sie, Prokop *zufolge, schöner als zuvor wieder auf und gab ihr den Namen „Thëupolis“. Die Perser kehrten 611 wieder und wurden 628 durch Kaiser Heraklios vertrieben. 638 fiel Antiochia, im gleichen Jahre wie Jerusalem, der arabischen Expansion zum Opfer. 969 wurde es von Nikephoros Phokas noch einmal für Byzanz zurückgewonnen. 1079 hielt hier der Armenier Philateros Hof. Ihn lösten 1084 die Seldschuken ab. Im 1. Kreuzzug eroberte es 1098 Bohemund von Tarent und machte es zum Sitz des bis 1268 bestehenden Fürstentums Antiochia. Mit der Einnahme durch Sultan Baybars 1268 blieb es unter der Mamelukenherrschaft bis 1517. Dann nahm es Sultan Selim I. in Besitz. Von da bis 1918 gehörte die Stadt zum Osmanischen Reich; von 1918–1939 war sie mit dem Sancak von Alexandrette französisches Mandatsgebiet. 1939 kam sie durch Volksabstimmung zur Türkischen Republik.*

Die Hinterlassenschaft an Denkmälern dieser bewegten Geschichte ist nur gering, doch durchweg von hoher Qualität. Das gilt vor allem von den Mosaikböden des 1.–6. Jh. im Villenvorort Daphne südlich der Stadt, die zu wesentlichen Teilen im Hatay-Museum aufbewahrt werden, und den ergrabenen Kirchengrundrissen in der Stadt und ihrer Umgebung.

Monumentale Zeugnisse der hellenistisch-römischen Zeit sind: die
Brücke über den Orontes mit mehreren, am Mauerwerk kenntlichen Pfeilern 36
aus Diokletianischer Zeit (um 300) und ein Aquädukt im Osten der Stadt

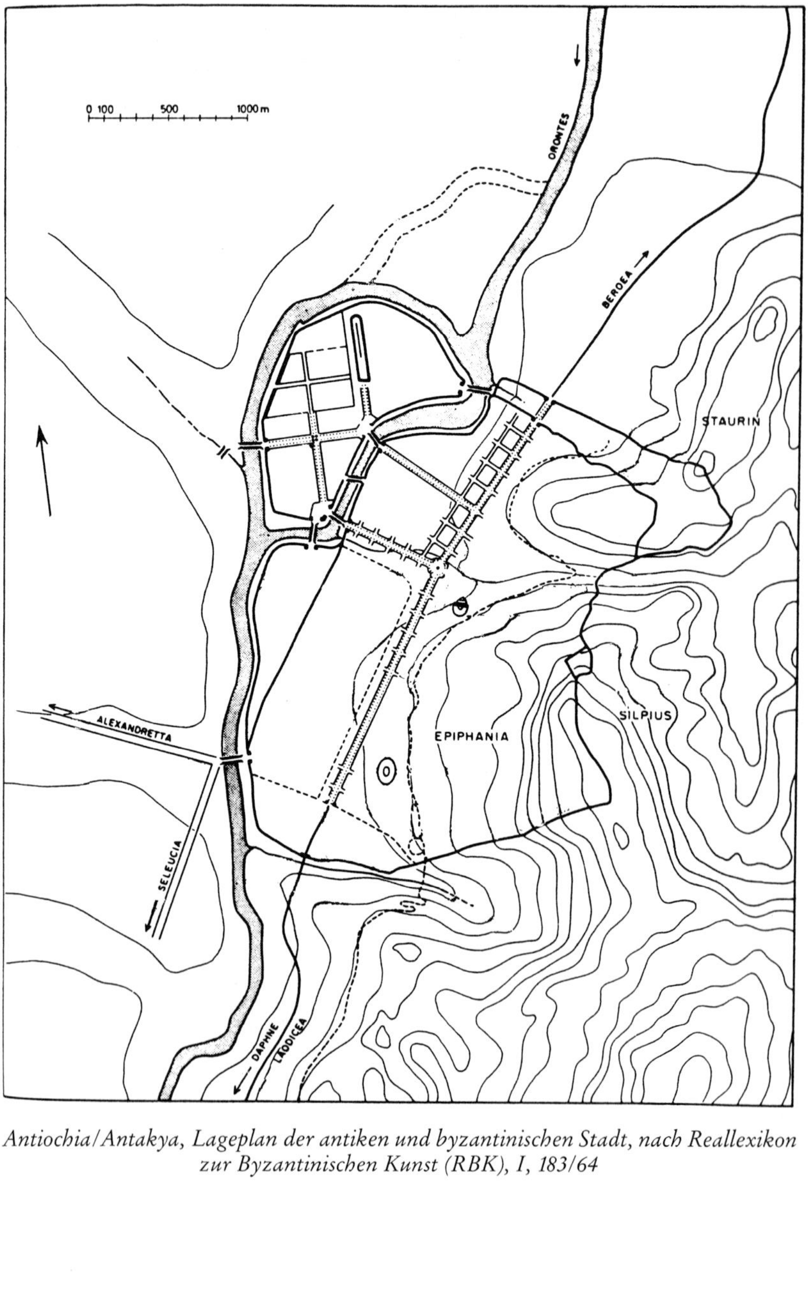

Antiochia/Antakya, Lageplan der antiken und byzantinischen Stadt, nach Reallexikon zur Byzantinischen Kunst (RBK), I, 183/64

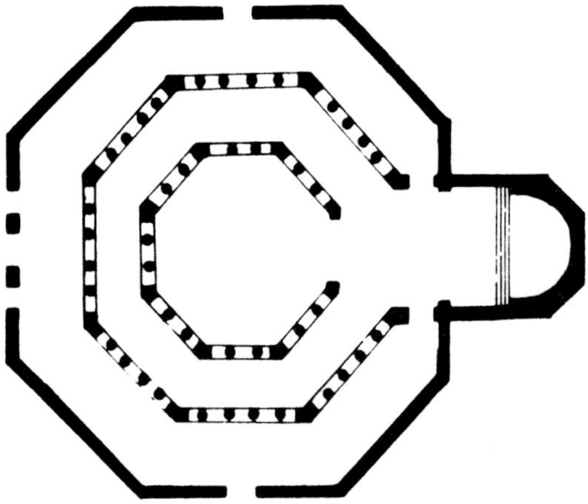

Antiochia/Antakya, Kathedrale, rekonstruierter Grundriß, nach E. B. Smith (RBK I, 189)

(Memekli Köprü) vom Anfang des 2. Jh.; eine Statue des Kaisers Pertinax (193), wahrscheinlich aus der Zeit seiner Statthalterschaft in Syrien 182, wurde im Stadtgebiet gefunden (Museum). Durch Grabungen festgestellt wurde der Verlauf mehrerer hellenistischer Straßen, die sich zu einem rechtwinkligen Gitternetz ergänzen. Kaiser Valens erbaute im 4. Jh. ein Forum in der Stadtmitte, das dem Trajansforum in Rom ähnlich war. In dessen Nähe befanden sich die Basilika Julius Caesars, ein Nymphäon, ein Turm der Winde, die Thermen des Commodus, ein Theater und ein Tempel des olympischen Zeus. Das Amphitheater lag im Südteil der Stadt. Der Kaiserpalast, den Diokletian erbauen ließ, war eine große rechteckige Anlage auf der Orontesinsel. Er glich weithin dem Palast von Salona (Spalato/Split). In seiner Nachbarschaft lag das Hippodrom. Auch der spätere Kaiserpalast von Byzanz erscheint hier in manchen grundsätzlichen Zügen vorgeformt.

Wichtige Aufschlüsse über die antike Architektur von Antiochia erhalten wir aus einer lobenden Stadtbeschreibung des Rhetors *Libanius* von 359/360, die geradezu illustriert wird durch die topographischen Randleisten eines in Daphne gefundenen Mosaiks der Megalopsychia mit Jagdszenen. Dort wird eine Denkmälerfolge gezeigt, wie sie sich dem Besucher auf einem Gang durch die Stadt darbot.

Die Mosaiken der griechisch-römischen Zeit behandeln mythologische
Stoffe: Lapithen und Kentauren, Ganymed, Iphigenie, Narkissos, Dionysos 4 a. b
mit tanzenden Mänaden und Satyrgefolge u. ä. und Genre-Bilder. 38

Die bedeutende Stadtbefestigung von 12 km Länge mit 360 Türmen, die seit Seleukos I. in mehreren Erweiterungen durch Tiberius, Theodosios II. und zuletzt Justinian die Stadt umschloß, stand bis ins 19. Jh. mit der justinia-
nischen Mauer noch aufrecht. Mehmet Ali ließ sie 1838 ff. schleifen, um Bau- 36
material für Kasernen und Straßen zu erhalten. Stehen blieben nur Reste auf

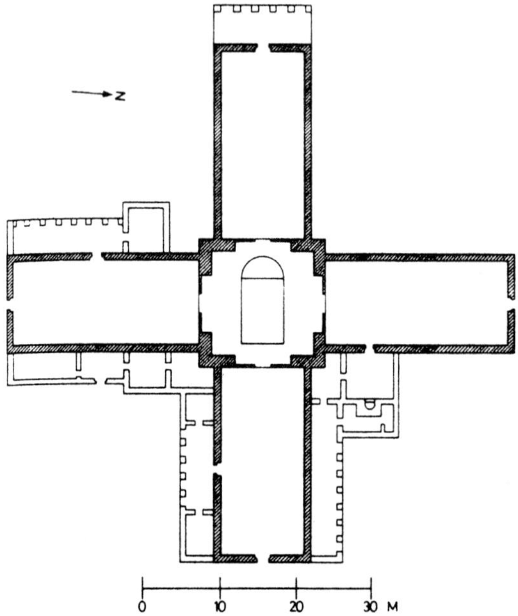

Antiochia, Martyrion des Hagios Babylas, Grundriß, nach Brenk

dem Mons Silpius (Zweischwesternturm). Sockel und oberer Teil bestehen aus Kalksteinquadern, dazwischen ziehen sich in mehreren Ziegellagen Binderschichten hin.

Von den Kirchen des christlichen Antiochia ist im Stadtgebiet nichts geblieben. Die Habib Naccar Camii an der Einmündung der Kemal Ps. Caddesi in die Kurtuluş Cadd. ist eine umgebaute byzantinische Kirche. Daneben soll sich noch eine Krypta befinden. Ob hier die Kathedrale St. Peter der Kreuzritter gestanden hat, in der 1190 in einem Marmorsarkophag das Fleisch von der Leiche des ertrunkenen Kaisers Friedrich Barbarossa beigesetzt wurde, ist ungewiß.

Außerhalb der Stadt, unweit der Straße nach Aleppo, liegt die Höhlen-
37 kirche St. Peter. Sie wird mit dem Aufenthalt des Apostels Petrus in Verbindung gebracht und soll die älteste Versammlungsstätte der Christen in Antiochien sein. Die dreigliedrige Fassade mit in den Stein geschnittenen Rosetten- und Stern-Fenstern stammt aus der Kreuzritterzeit (12. Jh.).

Die alte Kathedrale der Stadt war die „Große Kirche“ in der Nähe des Kaiserpalastes, ein achteckiger Zentralbau mit 2 inneren Säulenumgängen und Bema im Westen. Sie war mit einer hölzernen Kuppel überdacht, deren äußere Schale vergoldet war, sie wurde darum auch „Domus aurea“ genannt. Erbaut wurde sie von Konstantin d. Gr. in den 30er Jahren des 4. Jh. und von seinem Sohn Konstantios eingeweiht. Beim Erdbeben 526 brannte sie ab, wurde wiederhergestellt und 538 neu geweiht. Die Perser beraubten sie 540.

Beim Erdbeben 580 ging sie völlig zugrunde. Mehrere literarische Zeugnisse lassen uns ein Bild ihres Aussehens gewinnen. Sie war ein Hauptbeispiel der oktogonalen Bauweise.
Ausgegraben wurde im westlichen Vorort **Kausiya** die kreuzförmige Kirche des hl. Babylas. Sie war 379/380 begonnen worden und hatte 420/429 Erweiterungen erfahren. Sie gehörte zu den Bauten auf dem Grundriß des griechischen Kreuzes, für die das Martyrion des hl. Gregor von Nyssa und die Wallfahrtskirche des hl. Symeon d. Ä. in Kalat Seman weitere Beispiele liefern.
Im christlichen Antiochia hat sich ein Bild Christi befunden, das hohe Verehrung genoß. Im Martyrion von Seleukia Pieria wurden Flachreliefs mit Engeln und biblischen Szenen entdeckt.
Die Stadt besaß berühmte Werkstätten der Gold- und Silberschmiedekunst und der Elfenbeinschnitzerei. Ihre Arbeiten werden in der Literatur erwähnt. Die großen Katastrophen und Plünderungen haben an Ort und Stelle nichts übriggelassen.
Aus Antiochia soll auch der „Kelch von Antiochia" stammen, der sich 39
heute im Metropolitan Museum zu New York befindet. Seine früher bezweifelte Echtheit ist durch metallurgische Untersuchungen erwiesen. Das kostbare Gefäß ist mit Weinranken überzogen, in die Figuren einbeschrieben sind. Er wird meist ins 4./5. Jh. datiert.
In der Umgebung von Antiochia wird das Bild des frühbyzantinischen Kirchenbaus noch durch Anlagen in Seleukia Pieria und Samandag ergänzt.

Seleukia Pieria:

An der Mündung des Orontes gründete Seleukos I. Nikator gegen 300 eine Stadt, die er zu einer seiner Residenzen bestimmte, und in der er auch 281 v. Chr. bestattet wurde. Sein Standbild im Grabtempel Nikatorion schuf der Bildhauer Bryaxis. *Seleukos' Sohn und Nachfolger Antiochos I. verlegte die Hauptstadt in das nahe Antiochia. 247–219 v. Chr. war Seleukia in Händen der Lagiden. Dem Armenierkönig Tigranes I. widerstand es mit Erfolg (83/69 v. Chr.), wofür es Pompeius mit Freiheiten ausstattete. Bis in die spätrömische Zeit war die Stadt Flottenstützpunkt und einer der wichtigsten Häfen des östlichen Mittelmeers. Erst seit dem 5. Jh. n. Chr. verlor sie durch Kriege und Naturkatastrophen ihre Bedeutung und wurde im 7. Jh. von den Arabern erobert. Sie teilte danach die Schicksale des antiochenischen Landes.*
Die Stadt liegt, etwa 30 km von Antiochia entfernt, am Rand des Koryphäon-Berges (Musa Dağı) und gliedert sich in Ober- und Unterstadt. Das Stadtgebiet wird durch 2 Wildbäche abgeschirmt und war von einer 12,5 km langen Mauer umschlossen. Der Hafen besaß ein Binnen- und ein Außenbecken. Zum Schutz der Unterstadt und des oberen Hafenbeckens vor Überschwemmungen erbauten die Römer einen 1,3 km langen, 6–7 m breiten Kanal, der auf eine Strecke von 130 m durch einen gewölbten Tunnel geführt ist. Diese bedeutende Ingenieurleistung wurde den Inschriften in den Wänden zufolge unter den flavischen Kaisern Vespasian (69–79), Titus (79–81) und Antoninus Pius (138–161) bewerkstelligt.

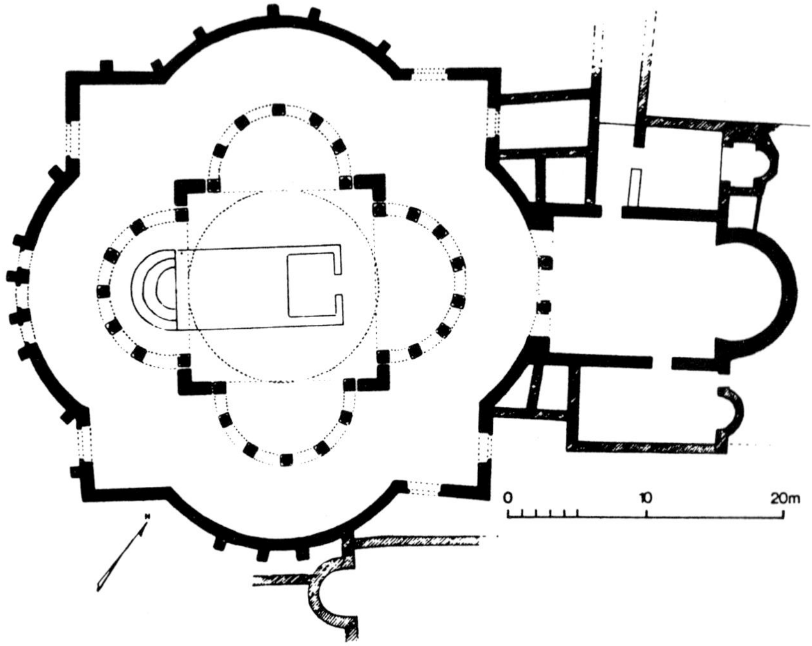

Antiochia, Martyrion in Seleukia Pieria, Grundriß, nach E. B. Smith (RBK I, 187/88)

Von der Stadtbefestigung sind Reste des sog. Markttors mit 2 Rundtürmen auf quadratischen Sockeln erhalten.
Zu einer Nekropole nördlich des Burghügels gehören 2 Felsengräber.
Das Martyrion, das die französisch-amerikanischen Ausgräber 1937/1939 aufdeckten, ist vielleicht mit einer Kirche gleichzusetzen, die Kaiser Zenon (479–491) zu Ehren der hl. Thekla errichtete. Der Zentralbau ist über einem inneren Quadrat, das auch eine Tribüne einschließt, konstruiert. Nach vier Seiten laden halbkreisförmige, durch Säulen geöffnete Nischen aus. Der darum geführte Umgang wiederholt diese Grundrißform. An die östliche Konche schließt ein tiefes Bema, begleitet von Nebenräumen, an.
Die Klosteranlage des jüngeren Symeon Stylites auf dem Mons admirabilis, dem Ὄρος θαυμαστός von Semandağ (= Symeonsberg), 20 km westlich Antiochia, entstand zwischen 521 und 565. Ihr Mittelpunkt ist wie bei Kalat Seman ein achteckiger Hof, in dem die Säule des Heiligen stand. Daran schlossen sich ostwärts 3 Kirchen an, 3schiffige Basiliken mit halbrunden Apsiden. In der südlichen entstand durch Zufügung seitlicher Apsiden an das Bema ein Trichoros. Über den Bauvorgang am Symeonskloster auf dem Mons admirabilis unterrichtet die Heiligenlegende; ihr zufolge haben hier Wanderhandwerker aus Isaurien gearbeitet.

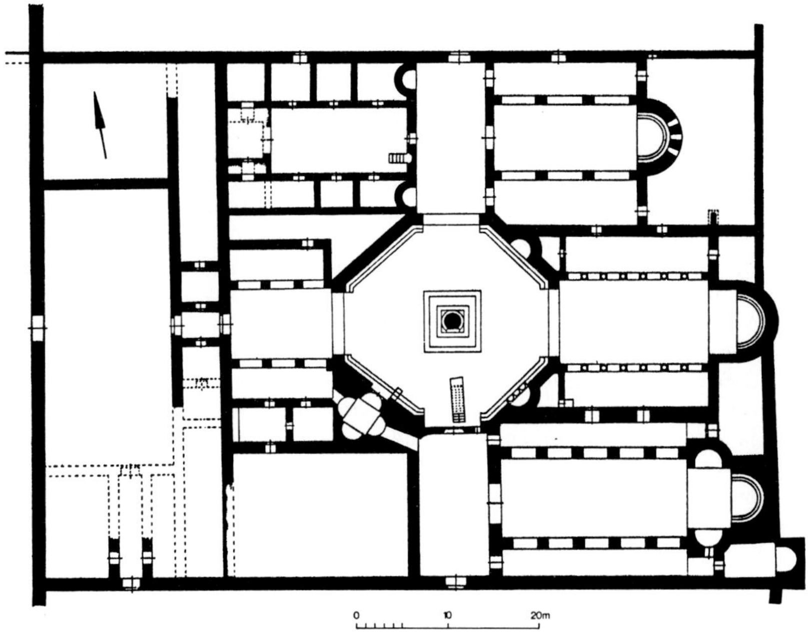

Antiochia, Kloster des jüngeren Symeon Stylites in Semandağ, Grundriß, nach Mango

Daphne/Harbiye:

In der Antike der vornehme Villenvorort von Antiochia, 9 km südlich von Antakya gelegen. Er ist heute noch durch seine landschaftliche Lage an mehrädrigen Wasserfällen, zwischen Gärten und Wiesen, Lorbeerbäumen, Eichen und Zypressen ausgezeichnet. Er trägt den Namen der Nymphe Daphne, die von Apollon begehrt wurde. Auf ihre Bitten hin verwandelte sie Zeus in einen Lorbeerbaum, als die Hände Apollons sich nach ihr ausstreckten.

Der Apollontempel von Daphne, den Seleukos Nikator, der Gründer von Antiochia, erbauen und ausstatten ließ, war ein berühmtes Heiligtum. Obwohl seine Verehrung in der späten römischen Kaiserzeit nachließ, wurde er von Julian Apostata (361/363) im Zuge der Wiederherstellung der heidnischen Kulte zu neuem Ansehen gebracht. Der Neubau wurde von einem Blitz getroffen, was die Christen als ein Gottesurteil ansahen. Nach dem Tode des Kaisers wurde der Bau nicht fortgesetzt.

Im Gebiet von Daphne standen ferner noch Tempel des Zeus, der Aphrodite, der Artemis, der Hekate und anderer Gottheiten. Seleukos II. ließ für den Apollon Daphnäos durch den Bildhauer *Bryaxis* ein Bild des Apollon mit der Zither schaffen, Antiochos IV. Epiphanes ein Bild des olympischen Zeus nach dem Vorbild des *Phidias* aus Elfenbein und Gold. Antiochos stiftete dazu für das Theater musische Wettspiele.

Die Seleukiden residierten häufig in ihrem Palast zu Daphne. Ihre Magnaten, besonders aber die Geldaristokratie des Orients bauten sich dort ihre luxuriösen Villen. Die Ausgrabungen haben ihre komplizierten Grundrisse freigelegt. Villen und Bäder waren durchweg mit Mosaiken geschmückt. Diese
4 a.b Mosaiken von Daphne, wie sie während mehrerer Grabungen, vor allem 1932/1939 durch amerikanische Gelehrte, gefunden und veröffentlicht wurden *(D. Levi)*, weisen Daphne einen bedeutenden Platz in der antiken Kunstgeschichte zu. Die Originale sind heute in mehreren Museen, vor allem aber in Antakya selbst zu besichtigen. Man hat nach ihren Themen die Häuser benannt, in denen sie gefunden wurden, wie das auch an anderen Ausgrabungsstätten üblich ist. Zeitlich sind sie von der frühen römischen Kaiserzeit bis ins byzantinische 6. Jh. zu datieren. In den Motiven der Mosaiken werden Szenen aus der klassischen griechischen Mythologie und Literatur bevorzugt. Außerdem begegnen zahlreiche Personifikationen abstrakter Vorstellungen und philosophischer Weisheiten, darunter die „καὶ σύ – auch du"-Allegorien, von Jahreszeiten und Sternen, von Landschaften, Flüssen und Städten, Tieren und Pflanzen. Genrebilder und Jagdszenen sind beliebt.
In Daphne wurde auch eine christliche Kirche mit basilikalem Grundriß ausgegraben. Der hl. Babylas, dem zu Ehren später eine kreuzförmige Kirche im Vorort Kausiya erbaut wurde, hat in Daphne unter Kaiser Decius das Martyrium erlitten. Auf Befehl Julians mußte sein Leichnam aus dem Grab zu Daphne entfernt werden. – Weitere Kirchen sind literarisch überliefert.

21 Antiochia am Kragos (Içel) S 18

Ruinenstätte an der kilikischen Küste zwischen Anamur und Alanya.

22 Antiphellos/Kaş (Antalya) S 10

Antiphellos war ein lykischer Hafen im Gebiete des heutigen Kaş. Die in der Antike damit verbundene Stadt Phellos liegt etwa 12 km nördlich im Gebirge. In römischer Zeit wurde im Hafen von Kaş vor allem Holz aus den Gebirgswäldern verschifft, heute dient er der Küstenschiffahrt, auch hinüber zur griechischen Insel Meis/Megiste oder Kastelorizo. Auf seiner Kaimauer sind einige Kapitelle korinthischer Art aufgestellt.
Aus lykischer Zeit haben sich mehrere Steinsarkophage erhalten. 1842 waren es noch über 100. Mitten in der Dorfstraße steht ein gegliederter Sarkophag auf hohem Felssockel (Hyposorion). Der gebauchte Deckel trägt auf beiden Seiten Löwenköpfe. Das freistehende Grabhaus wird durch einen quadratischen Block mit Eckpilastern gebildet. Die Grabkammer im Inneren zeigt einen Fries mit tanzenden Mädchen. Andere Gräber sind in die Felsen gehauene Kammern.
Von Bauten der antiken Stadt sind noch die Sockelmauer eines kleinen Tempels, wohl aus dem 1. Jh. v. Chr., und ein Theater erhalten. Es ist halbkreisförmig angelegt, besitzt 26 Bankreihen und öffnet sich auf das Meer. Ein Bühnenhaus ist nicht nachweisbar und war wohl auch nicht vorhanden.

23 Aperlai (Antalya) S 11

Die lykische Stadt an der Küste stand in der römischen Kaiserzeit einer Sympolitie aus 4 Städten: Aperlai, Simena, Apollonia und Isinda vor.
Das unbewohnte Ruinengelände Siçak Iskelesi ist auf der Anhöhe teilweise noch von einer Mauer umgeben; sie besaß 3 Tore. Am früheren, jetzt überfluteten Landesteg sind unter Wasser Gebäudereste ausgemacht worden.

Über die lykische Stadt **Isinda,** beim heutigen Dorf Belenli, ist nur durch Inschriften bekannt, daß sie zur Sympolitie mit Aperlai gehörte. *Bean* hat dort ein lykisches Grab, halb Haus, halb Sarkophag, gefunden und nördlich davon, bei Çardakli, eine große Anzahl kleinerer Besiedlungen, deren Namen unbekannt sind. Der Grabbau heißt „Çindam", d. i. „das chinesische Haus".

24 Aphrodisias/Geyre (Aydın) N 8

Das Gebiet der auf einer Hochebene im östlichen Karien gelegenen Stadt war seit dem 3. Jt. v. Chr. besiedelt. Als früheste Namen sind Ninoë (Νινόη) und Megalopolis (Μεγαλόπολις) überliefert. Seit dem 3. Jh. v. Chr. heißt der Platz Aphrodisias. Hier wurde wohl der Kult der orientalischen Liebesgöttin „Nin" (oder ähnlich) auf Aphrodite übertragen. Ihr Kultbild ist auf Münzen überliefert. Seit dem 2. Jh. v. Chr. erfreute sich Aphrodisias hohen Ansehens. Sein Tempel wurde auch von römischen Kaisern privilegiert. In der Stadt, die erst spät ummauert wurde, entstanden prächtige öffentliche Bauten – außer dem Tempel ein Theater und ein Odeon (Bouleuterion), Thermen, Paläste, Säulenhallen und Stadttore sowie am Stadtrand ein riesiges Stadion. Aphrodisias besaß eine eigene Bildhauerschule, deren Werke bis nach Rom und Nordafrika exportiert wurden. Aus signierten Arbeiten erfahren wir die Namen mehrerer Künstler: Antonianos *(Antinous-Silvanus in Rom, 130/138 n. Chr.);* Aristeas *und* Papias *(Kentaur aus der Villa Hadriana bei Tivoli, 120/130 n. Chr.).*
Im 4. Jh. wurde die Stadt Bischofssitz und erhielt den Namen Stauropolis (Σταυρόπολις). Aus dem Aphroditetempel wurde eine der Himmelfahrt Christi ('Ανάληψις laut Inschrift) geweihte Kirche. Ein Bischofspalast wurde neu erbaut.
Im 11. Jh. war die Stadt den Einfällen der Rum-Seldschuken ausgesetzt. Kaiser Manuel (1143/1180) gewann sie noch einmal für das Byzantinische Reich zurück, doch ging sie ein Jahrhundert später endgültig an die Türken verloren. Sie hieß damals „Karia", woraus der türkische Name des hier entstandenen Dorfes Geyre abgeleitet ist.
Seit Beginn unseres Jahrhunderts wurden in Aphrodisias größere Ausgrabungen in mehreren Kampagnen durch türkische und neuerdings durch amerikanische Archäologen durchgeführt, die reiche Funde erzielten (im Archäol. Museum Istanbul und im Museum Aphrodisias). Aphrodisias ist heute eine der sehenswertesten antiken Ruinenstätten Kleinasiens.
Den repräsentativen Zugang zum Heiligen Bezirk gewährte ein Säulenpropylon, dessen vorderes Tor über 4 Säulen einen Bogendurchgang unter 41

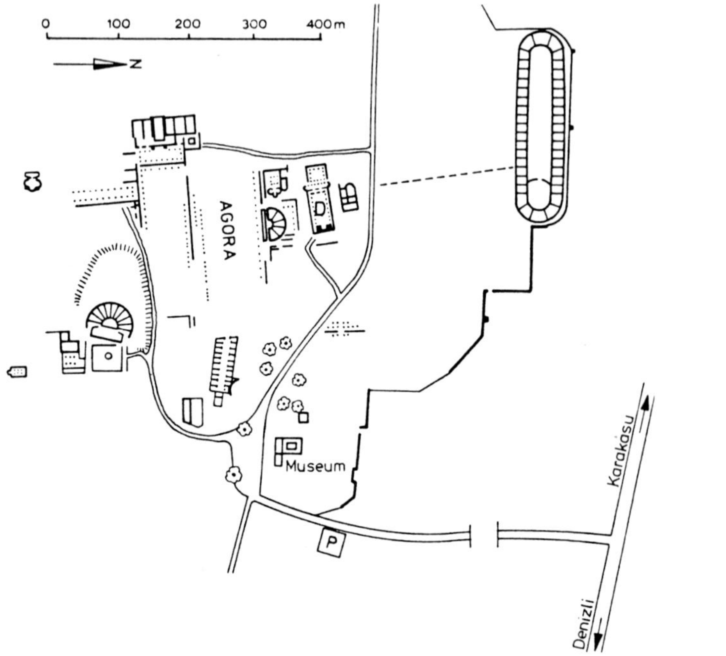

Aphrodisias in Karien, Stadtplan, nach Akurgal

einem Giebel besaß. Dahinter verlief eine Mauer, auf deren Rückseite abermals Säulen in 2 Reihen standen. Sie haben teils senkrecht, teils gewunden kannelierte oder glatte Schäfte und korinthische Kapitelle. Die Schmuckformen weisen auf Hadrian (117–138) als Auftraggeber hin. Er scheint die Bildhauer von Aphrodisias geschätzt zu haben.

5 Der namengebende Aphrodite-Tempel ist ein jonischer Pseudodipteros mit 8:13 Säulen. 14 Säulen stehen noch aufrecht. Sie tragen teilweise noch Architravstücke; auf einer von ihnen war lange Zeit ein Storchennest zu sehen. – Im 4. Jh. wurde der Tempel zu einer 3schiffigen Kirche (62 × 32,5 m) umgebaut. Die mittleren Säulen der westlichen Schmalwand nahm man heraus und versetzte sie in die verlängerten Langseiten, so daß vor der Basilika ein Narthex entstand, an den sich westwärts noch ein Atrium anschloß. Im Herzen des Tempels wurde die Cella völlig herausgebrochen (ihr Grundriß ist noch zu erkennen), und im Osten entstand eine eingebaute Apsis mit Synthronon und einem darunter befindlichen gewölbten Umgang. Seine Wände tragen noch byzantinische Malereien.

42 Im Süden des Atriums erhob sich der Bischofspalast, der wahrscheinlich zugleich der Amtssitz des Metropoliten der Provinz Karien war. Hinter einem Peristylhof liegt ein größerer, von Säulen getragener Saal und ein Trikonchos. Die Bodenmosaiken in opus sectile zeigen geometrisch gegliederte Rundscheiben.

Neben dem Bischofspalast liegt das wohl hellenistische Odeon (oder 44
Bouleuterion) mit marmornen Sitzreihen, die um eine halbkreisförmige Orchestra angeordnet sind. Zwischen Tempel und Odeon wurde eine Bildhauerwerkstatt mit mehreren unvollendeten Arbeiten entdeckt (Museum).

Die Südfront des Odeons und des Bischofspalastes grenzten an die säulenumgebene Agora, an die sich nach Westen hin die umfangreichen Hadriansthermen mit ihren Baderäumen (erst z. T. freigelegt) anschließen. Die Mitte der Anlage bildete wiederum ein von 4 Säulen umstandenes Atrium. Im Bereich der Thermen kamen zahlreiche Bruchstücke von plastischen Ornamenten und mehrere Bildwerke zum Vorschein. Die großen Statuen eines Kaisers,
wahrscheinlich Valentinians II., und die jüngere eines Beamten jetzt im Arch. 45
Museum Istanbul. Die Gruppen Apollon und Melpomene, Achilleus und Penthesilea im Mus. Aphrodisias.

Das große, erst in den 70er Jahren von amerikanischen Archäologen aus-
gegrabene Theater ist im unteren Teil der Cavea wohlerhalten. Der obere, 46
stark zerstörte Rang ruhte auf gewölbten Unterbauten. Die Orchestra wurde unter Kaiser Marc Aurel umgebaut und vertieft, was dem Bühnengebäude zugute kam. An seiner nördlichen Seite ist der Wortlaut der kaiserlichen Privilegien inschriftlich festgehalten. – Vor dem Theater lag ein Platz mit einem Brunnen in der Mitte, an den sich südlich die Theaterthermen anschlossen.

Ein weiterer Platz, das Sebasteion, lag im Norden des Theaters. Er war auf zwei Seiten von Säulenhallen gesäumt. Ein Propylon gewährte Zutritt von der Agora her. Die vierte Seite des Platzes nahm ein Tempel ein, der wohl dem Kaiserkult diente. Er war auf der Front über eine Freitreppe zugänglich. Die beiden Längsseiten waren reich dekoriert.

Am Nordrand der Stadt erstreckte sich das 262 m lange und 59 m breite Stadion. Es ist das größte seiner Art in Kleinasien. Die für 30000 Zuschauer ausreichenden Sitzreihen sind gut erhalten, jedoch in ihren oberen Lagen, wahrscheinlich durch Erdbeben, etwas gestört.

Die byzantinische Stadt Stauropolis besaß außer dem umgebauten Tempel noch mehrere Kirchen, von denen eine gut ausgestattete dreischiffige Säulenbasilika südlich der Theaterthermen entdeckt wurde. Eine weitere Kirche, mit trichoralem Grundriß und Narthex, vielleicht ein Martyrion, liegt im Gelände südlich der Hadriansthermen unweit eines Baus, in dem man eine spätrömische Basilika erblickt.

Für die zahlreichen Funde im Stadtgebiet wurde 1978 ein Museum eröffnet,
in dem recht bemerkenswerte Stücke gesammelt sind. Sie bezeugen vor allem 43
die hier blühenden Bildhauerwerkstätten. Außer den bereits erwähnten Statuen sind eine Reihe von Kaiserbüsten ausgestellt. Zu den frühen Monumentalwerken zählt das „Denkmal des Zoilos“ aus dem 1. Jh. v. Chr. mit figürlichen Reliefs. Der „Doryphoros“ des *Polyklet* (5. Jh. v. Chr.) ist durch eine römische Kopie vertreten, ebenso der Satyr mit dem Dionysosknaben. Die Sarkophage tragen die Bilder der Verstorbenen, öfter in Verbindung mit mythologischen Szenen.

25 Aphrodisias/Ovaçık Burun (Yarımadası) (Içel) S 21/22

Halbinsel an der kilikischen Südküste, die bis in die jüngste Zeit noch „Cap Cavaliere" hieß. Hier bestand eine Burg der Johanniter. Das steil ins Meer abfallende Kap Ovacık ist durch eine schmale Landenge mit dem Festland verbunden.

Die Stadt Aphrodisias war durch eine turmbewehrte Mauer in polygonalem Verband geschützt. Im Siedlungsgebiet zahlreiche Reste von Gebäuden, Zisternen und Gräbern. Auf dem Göktepe, dem östlichen Hügel, stand eine frühchristliche dreischiffige Basilika mit Narthex. Ihre 1972 freigelegten Mosaikfußböden des 4. Jh. zeigen Tiere, Gerätschaften und Ornamente. 4 Inschriften nennen den Reeder Paulos, Sohn des Olympios, den Vorleser Johannes, Sohn des Theodoros, und Sergis, Sohn des Paulos, als Stifter und Vollender der Mosaiken. Die Kirche war dem Hagios Pantaleon geweiht. Sie wurde bereits in justinianischer Zeit, wohl durch die räuberischen Isaurier, zerstört. Doch haben kurz zuvor noch im Narthex durch Münzfunde datierte Nachbestattungen stattgefunden.

26 Apollonia/Sişak (Antalya) S 10

Ruinenstätte im südlichen Lykien, 2 Wegstunden landeinwärts von Aperlai (siehe dort) gelegen. Der Ort gehörte in der römischen Kaiserzeit mit Aperlai, Simena und Isinda zu einem Vierstädtebund. Inschriften und Münzen nennen die Siedlung Apollonia. Der lykische Stadtname ist unbekannt, doch beweisen 6 lykische Pfeilergräber seine vorhellenistische Existenz.

Einer dieser Grabbauten ist rechteckig, mit 4 Giebeln, an den Ecken mit geschmückten Pilastern und auf den Schmalseiten mit Löwenköpfen versehen. Die Stadtmauer und ein als Heroon angesprochener Bezirk sind teilweise noch sichtbar, ebenso die Reste eines Theaters und mehrere Zisternen.

27 Apolyont/Gölyazı (Bursa) D 8

Fischerdorf am Seeufer, früher Apollonia, nach dem der See meist benannt wird (auch Rhyndakos- oder Artynia-See). An seinem Südufer bei **Dorak** wurden 2 Fürstengräber aus dem 3. Jt. v. Chr. gefunden mit kostbaren Beigaben, darunter ein Zepter aus Marmor, verzierte Waffen. Auf einer Klinge sind Schiffe eingeritzt (Privatsmlg. Izmir).

In Apolyont stand ein griechischer Apollontempel des 5. Jh. v. Chr. Überreste von Theater und Stadion sowie der byzantinischen Mauer sind im Gelände wahrnehmbar.

28 Aspendos/Belkis (Antalya) P 14

In der fruchtbaren antiken Landschaft Pamphylien, am Eurymedon (Köprü Çay) gelegen. Der Überlieferung zufolge wurde es vom Priesterkönig Mopsos (siehe auch Perge und Misis-Mopsuhestia) um 1200 v. Chr. gegründet und trug ursprünglich den Namen Estwedia. Die von der Sage berichtete Besiedlung durch Griechen (nach dem Fall Trojas) wurde durch sprachliche Untersuchungen der in den Städten Pamphyliens (außer Side) gesprochenen Mundart bestätigt. Eine geschichtliche Rolle spielte die seit 546 v. Chr. persische Stadt vor den

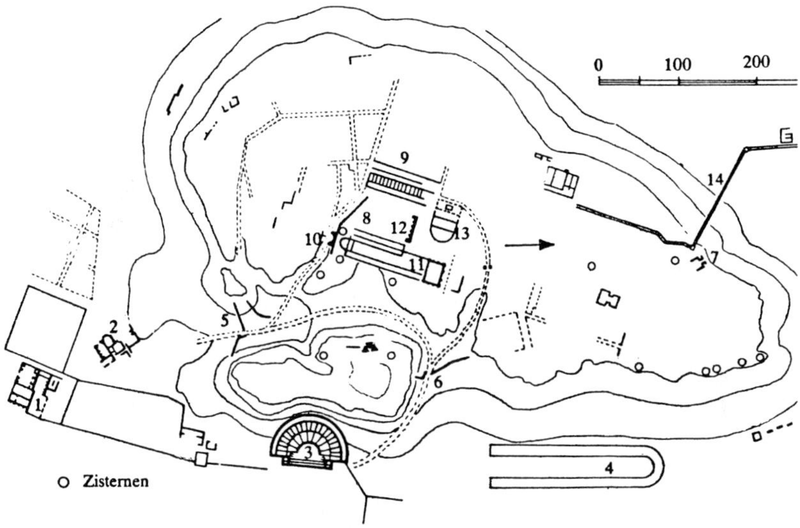

Aspendos, Stadtplan, nach Hausner und Wagner.
1 Gymnasion, 2 Thermen, 3 Theater, 4 Stadion, 5 Stadttor, 6 Stadttor, 7 Stadttor, 8 Agora, 9 Markthalle mit Stoa, 10 Exedra, 11 Basilika, 12 Nymphäon, 13 Bouleuterion, 14 Aquädukt

Perserkriegen nicht. Der in der Antike bis zur Stadt Aspendos schiffbare Eurymedon diente 469 der persischen Flotte als Kriegshafen. Der athenische Feldherr Kimon gewann 468(?) vor der Mündung des Eurymedon eine Seeschlacht gegen die Perser. Seinen Sieg vollendete er am Abend des gleichen Tages durch ein erfolgreiches Landungsunternehmen. Aspendos trat nach dieser Schlacht dem delisch-attischen Seebund bei. Nach dem Peloponnesischen Krieg (404) kam es unter spartanische Herrschaft – doch erlangte 386 Persien durch den Königsfrieden wieder die Oberhoheit über die jonischen und anderen griechischen Städte Kleinasiens. Sie dauerte bis zum Eroberungszug Alexanders d. Gr. 334/333; Aspendos ergab sich kampflos. Nach dem Tode Alexanders zählte Pamphylien bis zur Schlacht bei Ipsos 301 zum Reich des Antigonos Monophtalmos. Danach waren die pamphylischen Städte, die sowohl von den Seleukiden wie von den Ptolemäern beansprucht wurden, weitgehend unabhängig. Gegen Ende des 3. Jh. versuchte jedoch der Seleukide Antiochos III. (223–178), die Städte der Südküste an sich zu bringen. Nach seiner Niederlage 190 bei Magnesia am Sipylos wandte sich Pamphylien dem mit Rom verbündeten Pergamenischen Reich zu. Als Attalos III. 133 n. Chr. starb, gelangte seine Erbschaft an Rom. Doch gestand Rom den pamphylischen Städten manche Freiheiten zu.
Aspendos war damals eine wohlhabende und mit vielen Kunstwerken ausgeschmückte Stadt. Das läßt sich aus dem Prozeß gegen den Prokonsul Gaius Verres ersehen, den Cicero 79 führte. Er wird darin des Kunstraubes u. a.

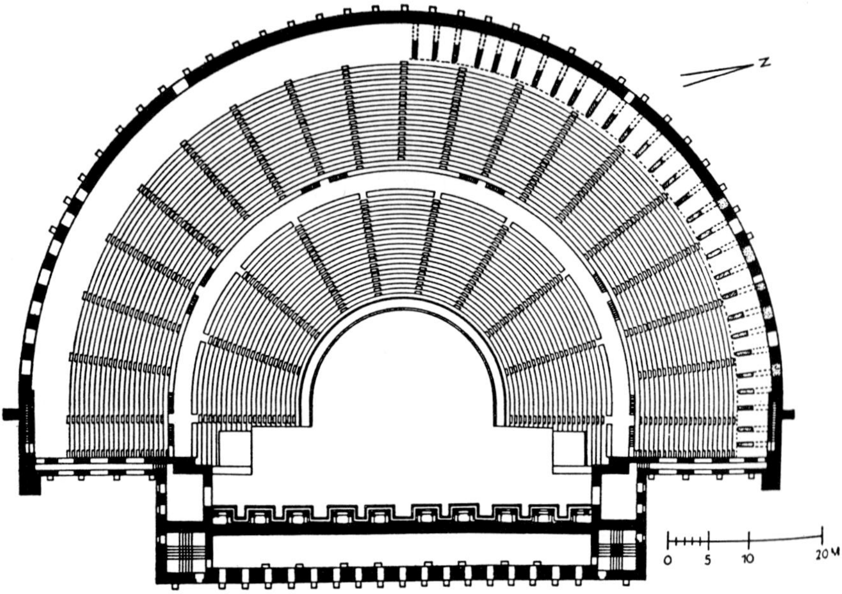

Aspendos, Theater, Grundriß, nach Kraus

in Aspendos beschuldigt. In seiner Anklagerede erwähnt Cicero ausdrücklich den „Harfenspieler von Aspendos", den Verres dort wegschaffen und im Garten seiner römischen Villa aufstellen ließ.

In byzantinischer Zeit ging die Bedeutung der Stadt, die zeitweise den Namen Primupolis trug, zurück. Der Hafen versandete. Bei der Neugliederung der Militärverwaltungsbezirke (Themata), die Kaiser Heraklios durchführte, kam Aspendos zum Thema Kibyräoton.

Vom 7. Jh. an hatte die Stadt unter den Arabereinfällen zu leiden. Im 11. Jh. kam sie an die Rumseldschuken. Die Osmanen nahmen die pamphylische Ebene zuerst 1391 und schließlich 1422 in Besitz.

Die Stadt Aspendos lag auf einem Tafelberg, der die Ebene um etwa 50 m überragt. Seine Ostseite ist durch Erosion aufgespalten. Dort breitete sich die jüngere Unterstadt aus.

Aus hellenistischer oder gar früherer Zeit sind keine aufgehenden Mauern mehr vorhanden. Die meisten Bauten sind römisch, darunter auch der Bau,
47, 48 der dem Besucher zuerst begegnet, das gewaltige Theater. Dank seiner soliden Bauweise und seiner jahrhundertelangen Benutzung als türkischer Han ist es das besterhaltene Theatergebäude der Antike. Es fehlen nur die Säulen an der Innenfront des Bühnenhauses. Nach der Bauinschrift über den seitlichen Eingängen wurde das von den Brüdern Curtius Crispus und Curtius Auspicatus gestiftete Theater unter Kaiser Marc Aurel (163–180) durch den Baumeister *Zenon* errichtet. Sein Zuschauerraum auf halbkreisförmigem

Grundriß, der in den unteren und oberen Sitzreihen etwas über die Basis des Halbkreises hinausgreift und so die Orchestra umschließt, ist in 2 Rängen zu etwa 7000 Sitzen aufgebaut, die durch einen mittleren Umgang unterteilt werden. Dahinter läuft ein gewölbter Umgang entlang. Den Abschluß des Schaurundes bildet eine (teilw. restaurierte) Bogengalerie. Die Außenfront des Theaters wird durch ein monumentales Bühnenhaus dargestellt, das mit seinen kantigen Zweckformen einen wirkungsvollen Gegensatz zu den Rund-Dispositionen des Zuschauerraumes schafft. Das Untergeschoß des Bühnengebäudes mit 5 Türen und 6 Oberlichtfenstern zwischen den Fensterleisten der Treppenhäuser wird durch ein Gesims von den zweireihig angeordneten 9 Fenstern des Mittelgeschosses geschieden. Darüber liegen 2 Konsolenreihen mit 17 kleinen Fenstern. Durch diese Gliederungen wird bereits der Aufbau der Scaenae frons vorbereitet. Die beiden Stockwerke kehren innen wieder. Die oberen Fenster zwischen den Galeriekonsolen entsprechen den Arkaden am oberen Rande der Cavea.

Die Innenraumschöpfung des Theaters vollendete sich in der Bühnenfront, die vor diesem Hintergrund ihre Gliederungen mit säulengetragenen Ädikulen entfaltete. Sie wurden durch Dreieck- oder Segmentgiebel gedeckt und in der Mitte nochmals unter einem größeren Giebel zusammengefaßt. Zahlreiche Statuen in kleinen Bildnischen bevölkerten die Wände. Darüber breitete sich ein pultförmiges Dach, das auch für die Akustik des Raumes wichtig war. Der gesamte Innenraum konnte mit Sonnensegeln überspannt werden.

Die Agora, westlich vom Theater auf dem Berg gelegen, war durch 2 hallenförmige Gebäude auf der Ost- wie der Westseite eingefaßt: die Stoa und die Marktbasilika. Im rechten Winkel dazu stand das Nymphäon und hinter diesem ein Bau, der das Bouleuterion gewesen sein kann. Die 2geschossige Fassade des Brunnenhauses besitzt noch Stücke ihres mittleren Gebälks.

Bedeutend sind auch die Reste des Aquädukts für das Wasser aus den Bergen im Norden der Stadt. Im 2. Jh. n. Chr. wurde er von Tiberius Claudius Italicus gestiftet. Er ist mehrfach gewinkelt und gipfelt in einer Art von „Wassertürmen“, die als Hochdruckbehälter nach dem Prinzip der kommunizierenden Röhren zur Überwindung von Höhenunterschieden arbeiteten.

Weitere Ruinen im Stadtgebiet aus byzantinischer und seldschukischer Zeit sind noch nicht bestimmt.

Die Brücke über den Eurymedon unterhalb der Stadt ist ein seldschukisches Bauwerk, das dem Fluß seinen heutigen türkischen Namen (Köprü Cayı) gegeben hat.

29 Assos/Behram Kale (Çanakkale) F 2

Assos am Nordufer des Golfes von Adramyttion/Edremit ist eine sehr alte Siedlung. Doch liegen ihre Anfänge im Dunkel. Erst im 6. Jh. v. Chr. tritt sie unter den lydischen Königen ins Licht der Geschichte. Von 549–479 v. Chr. gehörte sie zu Persien, kam dann unter den Einfluß Athens bis zum Ende des Peloponnesischen Kriegs und war bis zur Ankunft Alexanders d. Gr. in Kleinasien verschiedenen Herren untertan. 348/345 v. Chr. wohnte hier Aristoteles. *Von 241–133 v. Chr. war die Stadt pergamenisch, dann römisch. In byzan-*

Assos, rekonstruierte Ansicht des Athenatempels, nach Curtius und Dimitriou

tinischer Zeit Sitz eines Bischofs. 1330 von den Osmanen unter Sultan Murat I. eingenommen.

Das von der Akropolis überragte Ruinenfeld liegt in großartiger Küstenlandschaft hoch über der Ägäis. Das terrassenförmig ansteigende Stadtgebiet ist noch von ansehnlichen Resten der antiken Befestigung umgeben. Im Westen, Norden und Nordosten Stadttore und mehrere Türme. Die bis zu 14 m hohen Mauern sind durchweg aus gebuckelten Quadern errichtet.

An höchster Stelle das Fundament eines archaischen Athenatempels. Der Stylobat trug auf einer Fläche von 14 × 31,3 m 6:13 dorische Säulen. Die Schäfte haben 16 flache Kanneluren und breite Kapitelle. Einige liegen noch an Ort und Stelle. Sie trugen das Gebälk eines Architravs, Triglyphen, Metopen und Geison. Nicht nur die Metopen, sondern auch der Architrav waren mit Reliefs geschmückt. Bildmotive waren mythologische Fabelwesen, die Taten des Herakles und Trinkgelage auf dem Fries; Tiere und kämpfende Männer auf den Metopen (die Reliefs in den Museen von Istanbul, Paris und Boston).

Unterhalb des Athenatempels die von 2 Hallen im Norden und Süden gerahmte Agora auf dem Grundplan eines langgestreckten Trapezes. Außer den Hallen, die sich mit Säulen gegen den Platz hin öffneten, ist an der östlichen Schmalseite noch das Tor und ein quadratisches Bouleuterion zu erkennen. Vor der Nordhalle lagen unter dem Pflaster Zisternen. Die

Südhalle am Hang, und dort noch 2 Stockwerke tiefer reichend, war als Markthalle, wie sie uns auf anatolischem Boden etwa in Alinda (siehe dort) begegnet, eingerichtet. An der westlichen Schmalseite der Agora stand ein kleiner Tempel und dahinter ein Tor.
Vom Theater unterhalb der Agora ist im Gelände nur die Lage der Cavea zu erkennen. – Das Gymnasion im Westteil der Stadt umschloß einen offenen Hof, die Palästra. Hier wurde in byzantinischer Zeit eine 3schiffige Basilika, wahrscheinlich die Bischofskirche, eingebaut.
Vor dem turmbewehrten westlichen Stadttor lag eine ausgedehnte Nekropole mit Resten von Grabbauten und vielen Sarkophagen.
Eine einfache würfelförmige Moschee wurde bald nach der Eroberung der Stadt durch Sultan Murat I. im Norden der Akropolis erbaut.

Ayasoluk siehe Ephesos

Aya Thekla / Ayatekla siehe Meriamlik

Aydın siehe Tralleis

30 Bağras (Hatay) R 28

Die auf einem Ausläufer des Amanos-Gebirges gegen die Ebene um den Amik-See auf steilen Felsen gelegene Burg war wahrscheinlich schon in byzantinischer Zeit angelegt worden. Beim 1. Kreuzzug wird sie 1097 während der Belagerung von Antiochia besetzt. Die Franken nennen sie Gastun oder Gastin. 1153 gelangt sie an den Templerorden, der wohl ihren Ausbau durchführt. 1188 wird sie von Saladin erobert, der sie aber auf die Nachricht vom Anmarsch des Kreuzritterheeres unter Kaiser Friedrich Barbarossa zerstört und räumt. 1191 besetzen die Armenier die Burg und stellen sie wieder her. Als Feste an der Straße vom östlichen Kilikien über die Pylai Syriae, den Belen-Paß, nach Antiochia ist sie von besonderem militärischem Wert. 1216 beziehen die Templer abermals die Burg und verstärken ihre Befestigungen. 1268 erobert der Mamelukensultan Baybars nach dem Fall von Antiochien auch die Burg Bağras. Sie erfüllt noch jahrhundertelang bis zur Eroberung Syriens durch die Osmanen unter Sultan Selim I. ihre Aufgabe.
Die eindrucksvolle Burg ist nach französischer Art um 2 Höfe gebaut. Ihre Mauern bestehen durchweg aus grob behauenen Quadern, nur Ecken und Gewände sind sorgfältiger bearbeitet. Der Torweg zur Unterburg ist winklig geführt und wird vom großen Turm beherrscht. Die besonders starke Südflanke konnte durch eine große gewölbte Galerie verteidigt werden. In der Oberburg befanden sich 2 große Saalbauten, vielleicht auch eine Kapelle und Magazinräume. Ein Aquädukt im Südwesten diente der Wasserversorgung.

Balat siehe Milet

Belevi, Mausoleum, Wiederherstellungsversuch von Theurer und Fossel

31 Bargylla/Varvil (Muğla) O 5

Am Golf von Gülük auf einer Halbinsel gelegen. Die Sage führt seine Gründung auf den lykischen Heroen Bellerophon zurück.

Das Stadtgebiet ist von einer Mauer umschlossen und begreift zwei Hügel ein, deren einer einen Tempel mit Theater und Odeon trug, während auf dem anderen eine byzantinische Burg stand. Zwischen beiden wurden Reste einer Säulenhalle gefunden. Eine Kirche lag im Südwesten, die Nekropole im Norden und Nordosten.

Bayrakli siehe Izmir

32 Belevi (Izmir) L 5

Bei Belevi liegen die stattlichen Überreste eines hellenistischen Grabbaus, in dem wohl der Leichnam eines Diadochenherrschers bestattet war. Es

wird vermutet, daß Lysimachos (361–281) das Bauwerk in Auftrag gegeben hat und daß es nach seinem Tode bei Magnesia 281 von König Antiochos II. fortgeführt und er selbst nach seiner Ermordung durch seine verstoßene Gemahlin Laodike darin beigesetzt wurde. Die Hypothese, daß es das Grabmal für den in der Schlacht bei Magnesia 190 v. Chr. gefallenen Antiochos III. gewesen sei, ist weniger wahrscheinlich.
Der Grabbau ist in seinem quadratischen Kern von 24 m Seitenlänge und 12 m Höhe aus dem Felsen gehauen. Er war mit Marmor verkleidet und besaß eine Scheintür. Er enthielt eine zweiteilige gewölbte Grabkammer mit dem Marmorsarkophag, auf dessen Deckel der Tote aufgestützt liegend dargestellt ist (die sehr beschädigte Plastik im Mus. Ephesos). Den Abschluß des Sockelgeschosses bildete ein Gebälk, über dem sich das repräsentative Obergeschoß mit einem Peripteros aus korinthischen Säulen (8 auf jeder Seite) erhob. Der darüber hinziehende Architrav schloß mit einem Gesims und Geison ab. Es trug frei stehende Tierfiguren und kugelige Vasen. Die abschließende Pyramide wurde von einem Viergespann bekrönt (figürliche Teile im Museum). Das Denkmal setzt formal das Mausoleum in Halikarnassos voraus.
In einiger Entfernung von diesem Grabbau befindet sich ein Tumulus. Eine Stützmauer aus großen bossierten Steinen in mehreren Lagen grenzt ihn ab. Das Innere des Hügels enthält zwei in den Felsen gehauene Kammern. Die vordere ist flachgedeckt, die hintere gewölbt. Die Anlage verweist wohl auf einen Totenkult, der hier, etwa für den Epheser Pixodaros, ausgeübt wurde.

Bergama siehe Pergamon

33 Biga (Çanakkale) D 5

Am Granikos errang Alexander d. Gr. 334 den ersten Sieg über das Heer des Perserkönigs Darios. Damit begann sein einzigartiger Siegeszug, in dessen Verlauf noch die Schlachten bei Issos 333 und Gaugamela 331 geschlagen wurden. Er vernichtete das Perserreich, befreite die jonischen Städte, eroberte Kleinasien, Syrien, Palästina und Ägypten, danach ganz Persien, verbrannte Persepolis und gelangte bis an den Indus. Damit schloß er den Orient für das Griechentum auf und begründete das Zeitalter des Hellenismus. Das Griechische wurde eine Weltsprache, die griechische Kultur wurde Weltkultur. Ihr Herz schlug auch im Imperium Romanum. Dies alles begann mit dem Sieg am Granikos.
Das Schlachtfeld liegt in der Ebene zwischen Biga und Karabiga am Koca Çay, etwa 10 km von der Mündung des Flusses ins Marmarameer. Das Städtchen Biga am Çan Çay, wie heute der Granikos heißt, besitzt keine antiken Reste mehr, Karabiga jedoch Ruinen einer byzantinischen Burg.

34 Bilecik/Belikoma (Bilecik) D/E 11

Die byzantinische Stadt Belikoma wurde gegen 1300 von Osman I. erobert. Die mit der Burgbesatzung gefangengenommene Griechin Nilphur wurde die Gemahlin von Orhan und als Nilüfer Hatun die Mutter Murats I.

Die Stadt besitzt mehrere Moscheen. Aus dem 14. Jh. stammt die Orhan Camii, eine frühosmanische Kuppelmoschee. – Türbe des Edebali.
Die spärlichen Reste der byzantinischen Burg liegen auf einem Felsvorsprung zwischen 2 Tälern.
Bei Bilecik wurde durch deutsche Ausgrabungen 1937/1939 im Hügel Demirci Höyük eine bronzezeitliche Siedlung entdeckt.

35 Birgi (Izmir) L 6

Türkisches Landstädtchen, in den Bergen südlich von Sardis/Sart gelegen. Eine lydische Siedlung, von der der griechische Name Dios Hieron überliefert ist, hieß als byzantinischer Bischofsitz Christupolis und später Pyrgion. Anfang 14. Jh. vom Emir von Aydın besetzt. 1391 vorübergehend, 1425 endgültig osmanisch.

Die Ulu Camii, bez. 712H/1312–1313, durch Mehmet Bey unter Verwendung vieler antiker Spolien aus Hypäpa (Dabbey), einer untergegangenen Siedlung, erbaut, ist ein mehrschiffiger Rechteck-Säulensaal. Hölzerner Mimber von 722H/1322. Neben der Moschee Türbe der Aydınoğlu 734H/1333/4, ein quadratischer, von einer Kuppel bekrönter Bau mit blauer und schwarzer Fliesentäfelung.
Das Bild der Straßen wird durch alte türkische Wohnhäuser des 18./19. Jh. mit ihren Erkern und weit vorspringenden Dächern geprägt. Bemerkenswert das 3stöckige Holzhaus des Çakırağa Konağı.

36 Bodrum/Halikarnassos (Muğla) P 5

49 *Die karische Hafenstadt Halikarnaß heißt heute trotz ihrer wundervollen landschaftlichen Lage „Bodrum“ (= Kellerloch). Der Name ist volksetymologisch abgeleitet von der beherrschenden Johanniterburg auf der weit ins Meer vorspringenden Halbinsel Zephyrion, die Petros geweiht war (Petronion) und lateinisch „ad Petrum“ hieß.*

Die griechische Besiedlung erfolgte durch Dorer aus der Argolis. Die Stadt, in der auch karische und jonische Bevölkerung wohnte, gehörte im 7. Jh. v. Chr. zu einer um das Heiligtum von Knidos (siehe dort) gebildeten dorischen Hexapolis, aus der sie aber im 6. Jh. ausschied. König Krösos vereinte sie mit dem Lydischen Reich. Danach wurde sie von den Persern erobert, behielt aber unter einheimischen Fürsten eine weitgehende Selbständigkeit. Die „Königin“ Artemisia I. beteiligte sich am Feldzug des Königs Xerxes gegen Griechenland und kämpfte mit ihren Trieren in der Seeschlacht bei Salamis 480 v. Chr. mit. Die Athener hatten einen Kopfpreis auf ihre Ergreifung gesetzt. Xerxes vertraute dieser intelligenten und energischen Frau, die als einzige im Kriegsrat der Annahme einer Seeschlacht widerraten hatte, auch den Rücktransport der königlichen Prinzen nach Kleinasien über die Ägäis an, während er selbst den Landweg wählte. Artemisia vererbte ihre Herrschaft ihrem Sohn Pisindelis und dieser seinem Sohn Lygdamis. Unter ihm kam es zu Unruhen, die damit endeten, daß die Stadt von den Athenern zur Mitgliedschaft im delisch-attischen Seebund genötigt wurde. Was weiter geschah, wissen wir nicht; doch geriet Halikarnaß gegen Ende des 5. Jh. wieder unter persische Oberhoheit.

Halikarnassos ist die Heimat des Historikers Herodot, *den man den „Vater der Geschichtsschreibung" genannt hat. Er ist dort wahrscheinlich 484 v. Chr. als Sohn des Lyxes geboren und war wohl karischer Abkunft. Er nahm früh am politischen Leben seiner Vaterstadt teil und wurde in die erwähnten Kämpfe um den Tyrannen Lygdamis verwickelt, die ihn schließlich zur Auswanderung veranlaßten. Nach längeren Forschungsreisen, die ihn nach Ägypten, Mesopotamien und zu den Skythen führten, ist er im unteritalischen Thurioi Bürger geworden und dort auch um 425 gestorben.*

Maßgebend für den Neubeginn zu Halikarnaß im 4. Jh. wurden die „Satrapen" Hekatomnos von Mylasa und seine Kinder. Von diesen verlegte Maussolos um 367 v. Chr. seine Residenz von Mylasa nach Halikarnassos und ließ dort um das Halbrund des Hafens eine neue Stadt anlegen. Sie war flankiert von den Tempeln der Aphrodite und des Hermes im Westen und dem Herrscherpalast im Osten. In der Mitte lagen am Meeresufer die Agora und bergwärts der Tempel des Ares. Dazwischen ließ sich Maussolos sein Grabdenkmal errichten, das seine Gattin und Schwester, Artemisia II., und ihrer beider Bruder Idrieus vollendeten und das zu den „Sieben Weltwundern" des Altertums gezählt wurde.

Halikarnassos wurde 334 v. Chr. von Alexander d. Gr. erobert. Nach seinem Tode kam es 313 an Antigonos Monophtalmos; nach der Schlacht bei Ipsos 301 war es im umstrittenen Besitz der Seleukiden, bis es 190 nach der Schlacht bei Magnesia unter die Herrschaft von Rhodos geriet, um schließlich, nach mehrfachem Wechsel, in die römische Provinz Asia eingegliedert zu werden (58 v. Chr.).

Im Byzantinischen Reich spielte die Stadt nur eine bescheidene Rolle. Im 11. Jh. war sie, wie die gesamte Küstenlandschaft, den Überfällen der Seldschuken ausgesetzt, im 13. Jh. wurde sie von Byzanz endgültig aufgegeben und um 1300 in das Emirat Milas eingegliedert. Die Johanniter nahmen von Rhodos her 1402 Halikarnassos in Besitz und erbauten auf dem Zephyrion eine Burg, das Kastell Sankt Peter oder Petronion, die ihnen erst Sultan Süleyman I. 1522 entriß. Mit ihr fiel der letzte abendländische Brückenkopf in Kleinasien. Unter den Türken behielt die Stadt ihren Charakter als Festung und Hafen. 1915 wurde die Burg von alliierter Schiffsartillerie unter Feuer genommen und beschädigt.

Das bedeutendste Bauwerk der Antike in Halikarnassos war das Mausoleum. Es stand etwas oberhalb der Agora und wurde auf Befehl des Maussolos durch die Architekten *Pytheos* und *Satyros* um 350 v. Chr. begonnen, durch Artemisia die Jüngere fortgeführt, und erst unter Idrieus oder gar Ada und Pixodaros, allesamt Geschwister, vollendet. Seine figürliche Ausstattung erfolgte durch die Bildhauer *Skopas, Leochares, Timotheos* und *Bryaxis.* Der über 50 m hohe Bau stand wahrscheinlich bis ins Mittelalter aufrecht, war aber schon in römischer Zeit durch Erdbeben beschädigt und schließlich als Steinbruch benutzt worden. Das geschah besonders gründlich durch die Johanniter für den Bau ihrer Befestigungen. In der großen Nordbastion der Burg, die 1506/1513 erbaut wurde, kamen viele Spolien zum Vorschein. Dort fand 1791 der englische Maler *Richard Dalton* die ersten Reliefs, zeichnete sie

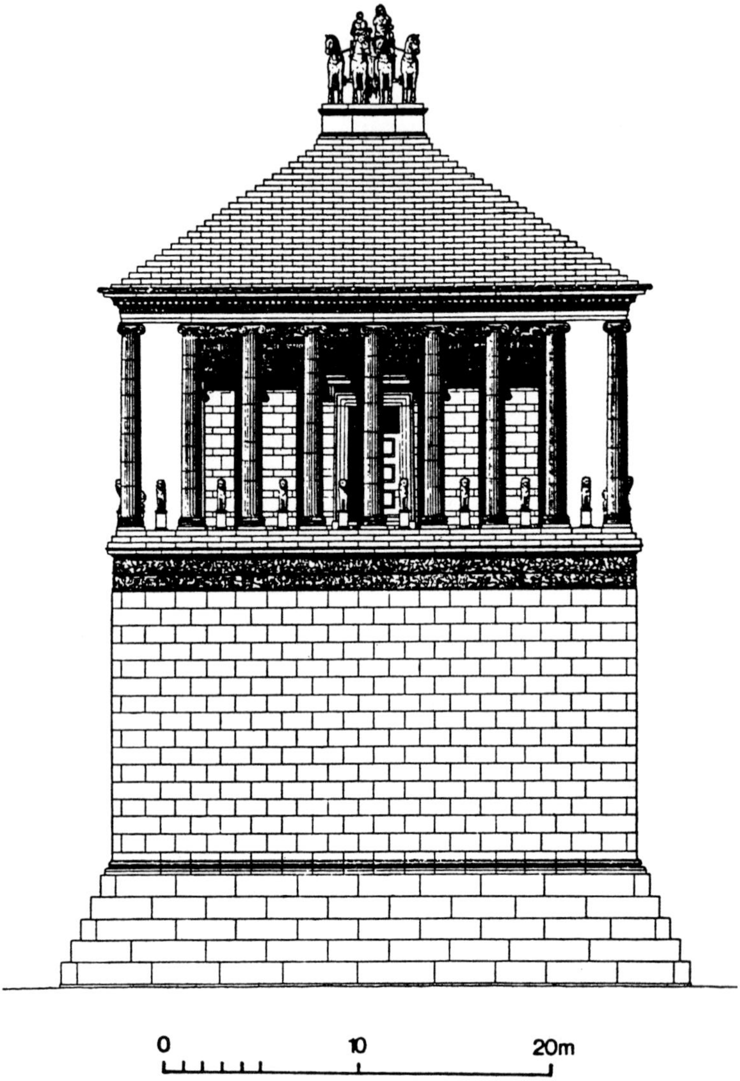

Bodrum/Halikarnassos, Mausoleum, Wiederherstellungsversuch von Krischen

ab und veröffentlichte sie. 1846 gestattete der Sultan Abdülmeçit dem englischen Botschafter Stratford Canning den Ausbau dieser Platten. Sie kamen ins Brit. Museum in London. 1856 fand der Kurator des Museums, Charles T. Newton, durch Grabungen den Platz des Mausoleums. Die späteren Grabungen hatten wenig Erfolg, jedoch wurden die Funde eingehend unter-

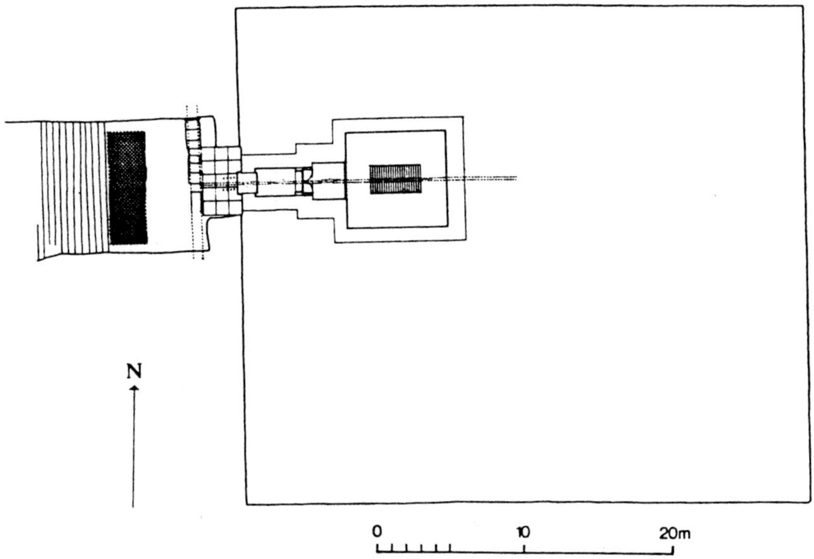

Bodrum/Halikarnassos, Grundriß des Mausoleums, nach Jeppesen

sucht, so daß eine Vorstellung von der Gestalt des Denkmals gewonnen werden konnte. 1966/1967 wurden nochmals Grabungen am Standort des Mausoleums von dänischen und türkischen Archäologen unter Leitung von *Kristian Jeppesen* durchgeführt, deren Ergebnisse ein recht zuverlässiges Gesamtbild des Bauwerks vor Augen stellten.

Die antiken Architekten *Pytheos* und *Satyros* haben seinerzeit eine Schrift über das Mausoleum verfaßt. Sie ist zwar verschollen, aber ihre Maßangaben haben vermutlich dem römischen Naturforscher *Gajus Plinius Secundus d. Ä.* (23–79 n. Chr.) vorgelegen, als er seine Beschreibung (Naturgesch. 36, 3. 4) abfaßte. Sie stellt die wichtigste literarische Quelle für die Rekonstruktionsversuche dar, die seit dem 16. Jh. immer wieder unternommen wurden. Die für unsere heutige Erkenntnis wichtigsten Wiederherstellungen haben *Fr. Krischen, H. W. Law* und *K. Jeppesen* entworfen. Des letzteren Zeichnungen dürften dem ursprünglichen Aussehen am nächsten kommen. In ihnen sind die jüngsten Grabungen ebenso wie die kunstgeschichtlichen Forschungen über den Skulpturenschmuck verarbeitet.

Das Mausoleum stand auf einer 243 × 105 m großen Terrasse. Sie war mit einer Mauer umgeben und von Osten her durch ein großes Tor zugänglich. Das Grabdenkmal selbst stand vor dem östlichen Drittel der Nordwand dieses Temenos. Man vermutet, daß auf dem freien Teil der Terrasse Leichenfeiern und die von Artemisia ausgeschriebenen Wettspiele zu Ehren des Verstorbenen stattgefunden haben. Das Gebäude selbst stand, wie aus mehreren Gängen und Kammern zu ersehen war, auf einer schon vor Maussolos benutzten Begräbnisstätte.

51 Die Fundamente des Denkmals, 32,8 × 32,4 m, sind aus dem Felsen gehauen. Sie liegen heute frei. Eine Grabanlage kam im Untergrund, etwas gegen Norden aus der Achse gerückt, zum Vorschein. Sie bestand aus einem größeren Raum und zwei Vorkammern. Eine Treppe führte zum Eingang, den ein schwerer, heute noch vorhandener Stein verschloß. Zwischen Treppe und Eingang fand sich eine Schicht Tieropferfleisch (Ochsen, Schafe, Lämmer, Ziegen, Hühner, Tauben, Eier). Es kann als Totenspeise gedeutet werden.

Das Mausoleum als Ganzes war dreistufig aufgebaut. Auf einem würfelförmigen, etwa 32 m hohen Sockel erhob sich ein etwa 11 m hoher Säulenumgang zu 4 × 9 Säulen. Den oberen Abschluß bildete eine etwa 8 m hohe Pyramide, die von einem Viergespann gekrönt wurde. (Die Maßangaben des Entwurfs *Jeppesen* weichen von den seitherigen in der Höhe ab.) Der untere Block des abermals dreistufigen Sockels war mit großen Figuren und Relieffriesen geschmückt. Ihr genauer Platz ist ungewiß. Erhalten sind nur Bruchstücke sowohl der Rundplastiken als auch der Reliefs. Am meisten ist vom Fries der
52, 53 Amazonenschlacht übrig geblieben. Als Themen waren außerdem der Kampf zwischen Kentauren und Lapithen und Wagenrennen behandelt. Überliefert ist die Beteiligung der Bildhauer *Skopas, Leochares, Timotheos* und *Bryaxis.* Die Scheidung ihrer Hände wurde oft versucht, hat aber zu keinem allgemein anerkannten Ergebnis geführt.

Der Säulenumgang umschloß eine mittlere Cella, in der einige Forscher die Grabkammer des Maussolos vermuteten. Die Säulen waren jonisch, wie aus vielen gefundenen Bruchstücken zu ersehen ist. Die Zahl konnte errechnet werden, weil ein Architravfragment das Nachmessen des Säulenabstandes gestattet. Zwischen den Säulen standen wahrscheinlich Tier-(Löwen?)Skulpturen.

Die Dachpyramide über dem Gebälk des Säulenumgangs war wohl stufenförmig auf den Sockel des krönenden Viergespanns hin aufgebaut. *Jeppesen* setzt die eben erwähnten Löwen an den Fuß der Pyramide und an ihre Spitze, unter die Quadriga, den Kentaurenfries. Man nahm lange Zeit an, daß auf dem
54 Rennwagen in 50 m Höhe die Riesengestalten des Maussolos und der Artemisia standen. Man hat die beiden im Brit. Museum befindlichen Figuren darum auch so benannt. An dieser Identifizierung sind begründete Zweifel laut geworden; an ihrer Zugehörigkeit zum Mausoleum und ihrer künstlerischen Bedeutung jedoch nicht. Sie geben mit Sicherheit jenen Herrschertypus wieder, den Maussolos und seine Geschwister verkörperten. Der 3 m große „Maussolos“ und die 2,7 m große „Artemisia“ sind vielleicht von einem Bildhauer *Pythis* geschaffen, den man mit dem Baumeister *Pytheos* gleichsetzen wollte.

Das Mausoleum als Bauwerk stellt uns vor eine Reihe von Fragen. Wo stammt diese Grabmalform her? Die Griechen bauten ihren Herrschern und Heroen meist Ehrenmale in Tumulusgestalt, mit Grabkammern und Gewölben. Die hochgestellten Sarkophage, die auch die Römer kennen, und die Pfeilergräber sind in dieser kleinasiatischen Küstenlandschaft lykischen Ursprungs (siehe vor allem unter Xanthos). Der Turmgedanke des Mausoleums ist am ehesten von dort ableitbar. Man hat auf das sog. Nereidendenkmal von

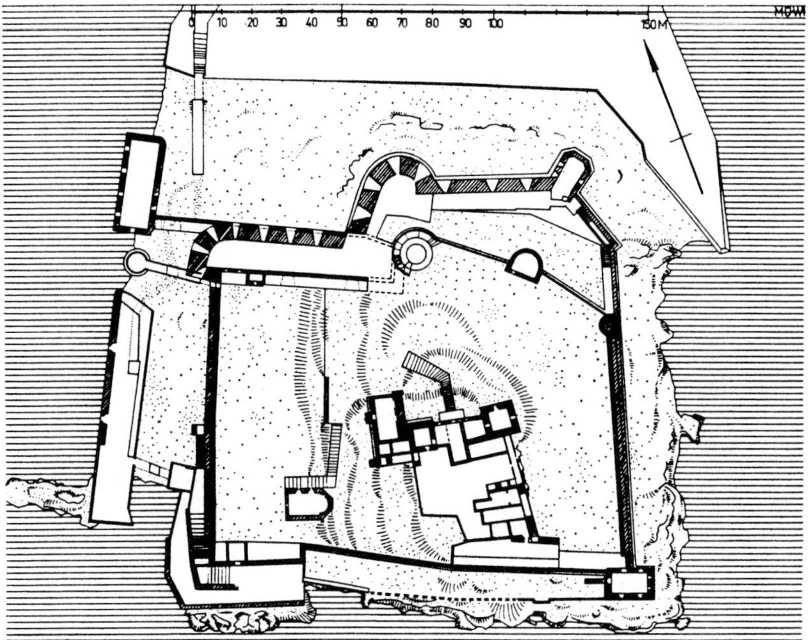

Bodrum/Halikarnassos, Grundriß der ehem. Johanniterfestung, nach Müller-Wiener

Xanthos verwiesen, das einen ähnlichen dreistufigen Aufbau wie das Mausoleum und auch im Formalen verwandte Relieffriese – jedoch kein Pyramidendach, sondern Giebel – besitzt. Nachfolgebauten des Mausoleums und offensichtlich von ihm angeregt sind der „Gümüşkesen“ in Milas (siehe dort) und das Grabmal von Belevi (siehe dort).

Auch das Theater ist ein antiker Bau. Es liegt über der Stadt am Hang und war ein Richtpunkt bei der Neuplanung des Maussolos, die in den Händen des Baumeisters *Pytheos* lag. *Vitruv* hat ja die Gesamtanlage von Halikarnassos am Halbrund der Hafenbucht mit einem römischen Theater verglichen. – Vom Schaurund des aus dem 4./3. Jh. v. Chr. stammenden Theaters sind noch die unteren Sitzreihen erhalten. Das zerstörte Proskenion war zweigeschossig und durch Säulen gegliedert. Über dem Theater befinden sich mehrere Felsengräber.

Die Johanniterburg am Hafen, an der Spitze der Halbinsel Zephyrion, 49
beherrscht das Stadtbild von der Land- und Wasserseite. Die älteste Anlage
auf der höchsten Stelle besaß 2 quadratische Türme: „Frankreich“ und „Ita- 50
lien“, mit einem gewölbten Saalbau auf der Nordseite und einen südlich anschließenden Hof. Sie wurde 1415 unter Leitung des deutschen Ritters *Heinrich Schlegelholt* errichtet. Nach 1440 entstand in einem weitgespannten Viereck mit rd. 80 × 140 × 90 m von Osten über Süden nach Westen eine mächtige Ringmauer. Sie erhielt eine innere Toranlage an der Südwestecke

und wurde an der Südecke durch einen rechteckigen Turm, „England", verstärkt. Die Landseite wurde durch einen Schalenturm, den „Schlangenturm", und den benachbarten „Deutschen Turm" verteidigt. 1480 hielten diese Befestigungen einem ersten türkischen Angriff stand. 1501/1522 entstanden der Große Ravelin, die Hafenbatterie und der gewaltige, auf Artilleriekampf eingerichtete Nordgraben mit den „Carretta"- und „Gatineau"-Bastionen. Hierfür wurden viele Steine vom Mausoleum verwendet. 1519 erbaute man am Zugang zur Oberburg über einer unterirdischen Zisterne eine gotische Kapelle. Über den Toren und an den Mauern sind mehrere Wappentafeln angebracht, darunter die des Johanniterordens, des Großmeisters Peter von Aubuisson (1476–1503) und des Kommandanten von 1492.

56 Die Burg ist heute Museum. Die Schäden der Beschießung von 1915 sind ausgebessert. Die Sammlungen enthalten frühe Keramik, Bruchstücke von Bildwerken und Architekturgliedern aus Karien, ein Amazonenrelief vom Mausoleum und interessante Unterwasserfunde.

Im Westen der Stadt sind noch Reste der antiken Stadtmauer und des Tores nach Myndos (Gümüşli Kapı) sichtbar.

Von ehemaligen Kirchen liegen der Hag. Nikolaos an der Kalek-Bucht; außerhalb der Stadt im Osten der Hag. Georgios.

37 Bursa/Prusa (Brussa) (Bursa) D 9

In schöner Hügellandschaft am Nordwestfuß des Ulu-Dag, des mysischen oder bithynischen Olympos, liegt die schon im Altertum vielbesuchte Bäderstadt Bursa. Gegründet wurde sie, wie Plinius d. J. *berichtet, auf Anregung des karthagischen Feldherrn Hannibal im Jahre 186 v. Chr. durch König Prusias I. von Bithynien. Er soll ihr auch seinen Namen gegeben haben. Dieses „Prusas ad Olympum" lag auf dem heute „Hisar" genannten Zitadellenhügel und war von Mauern umschlossen. 74 v. Chr. fiel Bithynien infolge des Testamentes Nikomedes' III. an die Römer, wurde aber von König Mithradates von Pontus besetzt, dem es der römische Feldherr L. Licinius Lucullus wieder abnahm.* Plinius d. J. *(62–114 n. Chr.) residierte als Statthalter der Provinz Bithynien in Prusa und erbaute hier nach eigenem Zeugnis Thermen und eine Bibliothek. Von hier schrieb er auch die meisten seiner berühmten Briefe an Kaiser Trajan.*

Die christliche Überlieferung nennt Andreas, den Bruder des Petrus, als Apostel der Stadt. In byzantinischer Zeit war sie Bischofssitz. Kaiser Justinian erneuerte die Stadtmauern und ließ einen Palast errichten.

Die Vorstöße der Perser und dann der Araber im 7./8. Jh. durch Kleinasien wurden von Prusa abgewehrt. Doch konnte sich Seif ed-Dauled von Aleppo 950 der Stadt bemächtigen. Vor seinem Abzug zerstörte er sie. 1075 fiel sie in die Hände der Seldschuken. 1097 nahmen sie die europäischen Ritter des 1. Kreuzzugs in Besitz. Unter Kaiser Alexios Komnenos (1081–1118) kam sie wieder unter byzantinische Herrschaft. Nach der Einnahme von Konstantinopel im 4. Kreuzzug 1204 gehörte sie zum Restgebiet des Rhomäerreiches, in dem Theodor Laskaris mit Erfolg den Widerstand gegen die Lateiner von Nikäa aus organisierte.

Sultan Osman Gazi (1299–1324) begann bald den Angriff auf Prusa. 1326 fiel die Stadt nach langer Belagerung in die Hände seines Sohnes Orhan Gazi. Er machte Prusa zur Hauptstadt seines jungen Reiches. Bis 1413 behielt sie diesen Rang, dann wurde sie von Edirne abgelöst, dem 1453 Konstantinopel folgte. Doch wurde Prusa 1402 von den Mongolen nach der Schlacht bei Ankara, in der sie Sultan Beyzait I. besiegten und gefangen nahmen, erobert und bald darauf von den Karamanoğlu zerstört. Sultan Mehmet I. stellte es wieder her. Obwohl er 1413 Edirne zur Hauptstadt erkor, blieb er Bursa verbunden und erbaute dort mehrere Moscheen.

Bursa wurde des öfteren, besonders 1855, von Erdbeben heimgesucht. 1801 verwüstete ein großer Brand die Stadt. 1920/1922 war sie von den Griechen besetzt. Infolge des Bevölkerungsaustausches nach dem Frieden von Lausanne 1923 ist das griechische Element völlig aus ihr verschwunden.

Überreste aus hellenistischer und römischer Zeit sind nur im Archäologischen Museum als Architekturfragmente und Einzelstücke an Plastik (Herakleskopf, Panzerstatue eines röm. Kaisers, Kaiserkopf, beide vermutlich Hadrian darstellend, Satyrknabe, Büstenrundbild eines Römers, Grabreliefs, Bruchstücke von Säulen-Sarkophagen) zu finden. Ein Teil der Mauern des Zitadellenhügels geht noch auf römische und byzantinische Befestigungen zurück. Eine Porphyrsäule mit korinthischem Kompositkapitell steht im Türbengarten der Muradiye Camii.

An byzantinische Bauten erinnern im Stadtteil Hisar die beiden Türben Osmans und Orhans, die 1855 beim Erdbeben einstürzten und durch Sultan Abdülaziz 1868 wiederhergestellt wurden. Osman Gazi war 1324 in Sögüt gestorben. Der Sohn und Nachfolger Orhan ließ den Leichnam des Vaters, seinem Wunsch entsprechend, in das eroberte Prusa bringen und dort im Baptisterium der Kirche Hosios Elias beisetzen. Der heutige Bau stammt von 1869. Orhan, der 1359 starb, wurde in der benachbarten Eliaskirche, die inzwischen in eine Moschee verwandelt worden war, bestattet. Auch die Türbe Orhans und seiner Gemahlin Nilüfer Hatun ließ Abdülaziz 1869

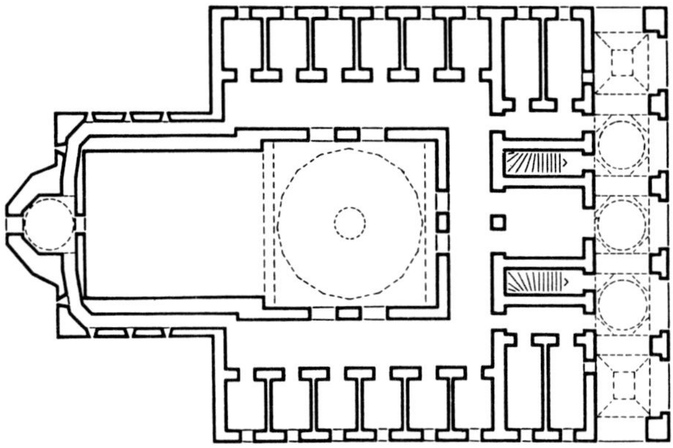

Bursa, Murat I. Hüdavendigar Camii, Grundriß, nach Gabriel und Vogt-Göknil

erneuern. Von der Eliaskirche sind noch Teile des Marmorfußbodens (12. Jh.) zu sehen.
Sultan Orhan ließ 1239/1240 in Bursa die erste Moschee – und auch das erste türkische Bad – erbauen. Sie wurde 1413 durch den Fürsten von Karaman zerstört. An ihrer Stelle steht die Orhan Camii, welche 1417 von Sultan Mehmet I. wiederhergestellt wurde. Ihr Grundriß zeigt das frühosmanische umgekehrte T: an eine breite 5jochige Vorhalle mit 2 antiken Säulen schließt sich mit 2 überkuppelten Jochen der Betraum an.
57 Die Moschee Murats I. (Murat I. Hüdavendigar Camii) im Vorort Çekirge, von 1366/1389, ist der älteste erhaltene frühosmanische Moscheebau. Der Architekt, von dem man annimmt, daß er kein Türke und kein Byzantiner, sondern „Franke" war *(Ulya Vogt-Göknil)*, versucht hier, Moschee und Medrese miteinander zu verbinden und legt damit einen ersten Entwurf zur

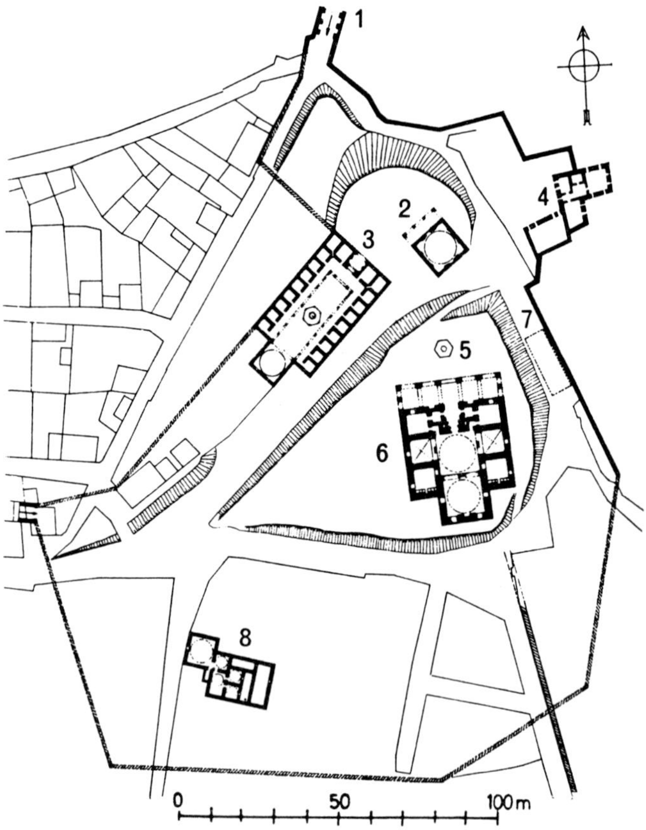

Bursa, Yıldırım Beyazıt Külliyesi, Plan nach Vogt-Göknil
1 Tor, 2 Türbe Beyazıts, 3 Medrese, 4 Saray, 5 Brunnen, 6 Moschee, 7 Armenküche, 8 Hamam

Külliye vor. Er blieb in der türkischen Architekturgeschichte ohne Nachfolge. Der im Ganzen auf rechteckigem Grundriß stehende Bau mit ausladendem, tonnengewölbtem Mihrabraum und Apsis ist auf drei Seiten zweigeschossig angeordnet. Die Fassade wird durch 3 Spitzbogentore und je ein Doppelfenster im Untergeschoß sowie 5 große Doppelfenster in spitzbogigen Wandblenden im Obergeschoß gegliedert. Das Mauerwerk mit seiner durch den Ziegeldurchschuß bewirkten Farbschichtung nimmt byzantinische Gepflogenheiten auf. Vor der Moschee steht die Türbe des 1389 in der Schlacht auf dem Amselfeld gefallenen Sultans Murat I. (1741 errichtet, 1905/1906 erneuert), umgeben von Gräbern serbischer Magnaten, denen man die Schuld an seinem Tode gab, und die man hier enthauptete.

Sultan Beyazit I. Yıldırım (1389–1402) gründete in Bursa die Ulu Camii, die Große Moschee. Ihr Bau begann bereits 1396 nach dem Sieg bei Nikopolis. Mehmet I. hat die Arbeiten nach dem Mongolensturm weitergeführt und vollendet; fertiggestellt wurde sie vielleicht schon 1399/1400. Sie ist eine 5schiffige Pfeilerhalle mit 12 Pfeilern und 20 Kuppeln. Eine davon ist offen (verglast) und gibt einem kleinen Binnenhof mit Brunnen Licht. Sie besitzt 2 niedrige, in den Spitzen öfter erneuerte Minarette (1855 schwer beschädigt).

Eine weitere Gründung Beyazits I. ist die gegen 1390/1391 jenseits des Gök-Dere im Osten der Stadt begonnene Moschee, die seinen Namen trägt, die Yıldırım Beyazit Camii. Sie folgt wieder dem frühosmanischen T-Grundriß. Der Betraum ist über 2 Stufen von der breit geöffneten, mit 5 Kuppeln überdeckten Vorhalle her zugänglich. Eine Treppe führt zum Mihrabraum hinauf. Die Seitenräume dienen als Medrese, auch eine ursprüngliche Derwischherberge wollte man darin erblicken. Die Külliye war ursprünglich von einer Mauer umschlossen. Sie enthält die Türbe des Yıldırım, der 1402 von den Mongolen des Tamerlan bei Ankara gefangen und 1403 in der Gegend des heutigen, nach ihm genannten Doğubeyazit gestorben ist. Die gesamte Anlage wurde 1406 unter Süleyman Çelebi vollendet. Sie besitzt 2 Minarette. Unter dem Erdbeben von 1855 hat sie sehr gelitten und wurde nur zu Teilen wiederhergestellt. Die Verkleidung der Innenräume mit Fayencekacheln ist damals fast gänzlich verschwunden.

Die Grüne Moschee, Yeşil Camii, und die Grüne Türbe, Yeşil Türbesi, wurden von und für Sultan Mehmet I. (1413–1421) erbaut; die Yeşil Camii 1414 bis Dezember 1419/Januar 1420, die Yeşil Türbesi im Todesjahr des Sultans 1421. Am Platz der Moschee stand eine byzantinische Kirche. Der Yeşil-Bezirk gibt die beste Anschauung von frühosmanischer Architektur. Die Moschee besitzt den T-Grundriß erweitert durch je 2 überkuppelte Nebengelasse beiderseits des 2jochigen Betraums. In der von 2 Minaretten flankierten Eingangsfront ist im 2. Stockwerk eine Sultansloge eingerichtet, Portal und Fenster tragen eine reiche Gliederung sowohl in der Profilierung als auch in den aus seldschukischer Schmucktradition herrührenden ornamentalen Ranken mit dazwischen angebrachten Schriften zur Schau. Das Hauptportal wird von einer Mukarnas-Nische überhöht. Darunter ist die Stiftungsinschrift von 1419 angebracht.

Der Ruhm der Yeşil Camii ist ihre Fliesen-Ausstattung. Sie ist die schönste

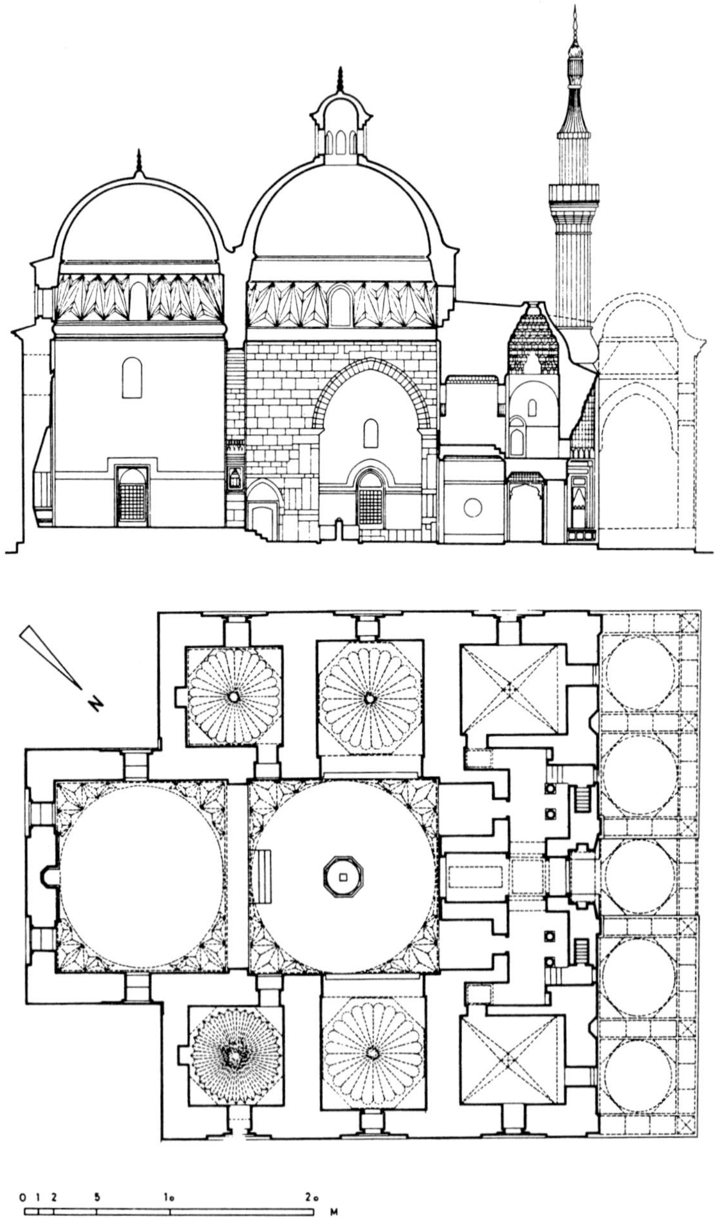

Bursa, Yeşil Camii, Grundriß und Schnitt, nach Vogt-Göknil

ihrer Art. Der Inschrift über der Sultansloge zufolge wurde sie bis 1424 durch persische Meister geschaffen. Einige Arbeiten sind signiert. Bei der Restaurierung durch *Parvillé* 1864 wurden Fliesen aus Kütahya verwendet.
Die südwestlich der Moschee gelegene Medrese ist heute Museum für islamische Kunst und Völkerkunde. Sie besteht aus einem rechteckigen Arkadenhof mit anschließenden Zellen und einem großen Dershane. Erbaut wurde sie wohl 1419, gleichzeitig mit der Moschee, in deren Stiftungsurkunde sie genannt wird.
Die Yeşil Türbe ist „der erste, gleichzeitig aber auch der letzte Grabbau in der türkisch-osmanischen Baugeschichte, der neben der Moschee als selbstherrlicher, gleichrangiger Bau errichtet wurde“ *(Vogt-Göknil).* Diese Charakteristik verdankt er auch seinem Standort auf einer schräg gegenüber der Moschee liegenden Terrasse. Im Stadtbild wird dieses Gegenüber – unter Vermeidung von Achsen – deutlich. Durch seine achteckige, kuppelüberdachte Form und seine grüne Farbe setzt sie den Akzent in das Auf und Ab der Dächerumrisse. Die Kachelverkleidung freilich ist nur noch im Inneren vollständig erhalten. Leiter der Arbeiten war der damalige Gouverneur Haci Ivaz bin Akhi Bayezid. Er wurde trotz seiner Verdienste in der Verteidigung der Stadt von Murat II. abgesetzt und ist 1428 gestorben. Er wird auch in der Bauinschrift auf den Türflügeln der Yeşil Türbe genannt. Es wird außerdem ein Ali bin Haci Ahmad aus Täbris erwähnt, der wohl für die Fliesen-Ausstattung verantwortlich war.
Die Yeşil Türbe wurde durch ihre gerahmten und plastisch reich gegliederten Wandfelder vorbildlich für eine große Anzahl osmanischer Türben des 15. und 16. Jh., etwa der Mahmut Paşa Türbe in Istanbul von 1474. Der prachtvolle Mihrab von 1421 und das Kenotaph des in Edirne verstorbenen Sultans, ebenfalls ganz mit farbigen Fliesen verkleidet, sind besonders bemerkenswert.
Im Stadtviertel Muradiye, das sich westlich vom Cilimbos erstreckt, liegt auch die Moschee Murats II., die Muradiye Camii, die 828/830H = 1425/1426 ausgeführt wurde. Es ist die letzte Sultansmoschee von Bursa. Die 5jochige Vorhalle führt wieder auf den Gebetsraum mit T-Grundriß, der mit 2 Kuppeln überdacht ist und von 2 kleineren Räumen begleitet wird. Im Mauerwerk wird das byzantinische Vorbild der „Kästelung“ sichtbar. Das Mukarnaswerk ist sowohl in der Mittelkuppel als auch in den Eckzwickeln und den großen Konsolen angewendet. Zur Ausstattung wurden auch hier blaue oder türkisfarbene Fliesen verwendet, die aber nicht alle erhalten sind. Die Wiederherstellung der Moschee nach dem Erdbeben hatte einige Veränderungen zur Folge. Ein zweites Minarett wurde hinzugebaut.
Die Medrese liegt westlich der Moschee. Sie ist, wie üblich, quadratisch angelegt mit Zellen hinter den Hofhallen. Die Fassade ist schmuckbetont. Das gegenüber liegende Dershane ist überkuppelt.
Die Türbe Murats II. († 1451) umschließt mit einer oben offenen, auf Säulen (3 davon mit umgedrehten byzantinischen Kapitellen als Basen) ruhenden Kuppel einen einfachen, grasbewachsenen, von Marmorplatten eingefaßten Hügel. Der Sultan hatte bestimmt, daß sein Grab vom Regen des Himmels benetzt werden solle.

Im Garten weitere 12 Türben, darunter die des Musa, der 1413 von seinem Bruder Mehmet getötet wurde; die des Prinzen Cem, in Europa Zizim genannt, der vor seinem Bruder Beyazit II. geflohen war und zu Neapel 1495 verstarb (vergiftet?). Seine sterblichen Überreste wurden 1499 nach Bursa überführt; die des Prinzen Mustafa († 1474), des jüngsten Sohnes von Mehmet II. Fatih (im Inneren Reste der roten und grünen Fliesenausstattung); die des Prinzen Mahmut († 1507), eines Sohnes Beyazits II.; die des Prinzen Mustafa, des Sohnes Süleymans des Prächtigen, der 1552 auf Grund einer Intrige, hinter der die Sultanin Roxolane steckte, erdrosselt wurde (in dieser Türbe sind außerdem die bei der Thronbesteigung Selims I. 1513 ermordeten Brüder des Sultans und andere Prinzen beigesetzt; die Fliesenausstattung stammt von 1573/1574); ferner die Türben mehrerer Sultaninnen und eine Türbe, in der Sklavinnen und Haremsfrauen bestattet wurden.

Die Şehadet Camii im Hisar-Bereich wurde erbaut zum Gedächtnis an den Tod Murats I. 1389 auf dem Amselfeld. Doch ist sie wahrscheinlich schon von Murat selbst begonnen worden. Nach einer Inschrift, wohl einer Spolie, wurde sie sogar bereits von Orhan 1337/1338 gestiftet. Sie wurde mehrfach restauriert, 1614, 1844 und nach dem schweren Erdbeben von 1855, ebenso 1963. Das Äußere zeigt durch die Polychromie des Wechsels von Haustein- und Ziegelschichten und verschiedentlich angebrachte Blendbogengliederungen „den stark byzantinisierenden Charakter der osmanischen Architektur in der Zeit Murats I.“ *(Marcell Restle).* – Das Innere wird von 2 Kuppeln auf Wandpfeilern überwölbt.

Ein Heerführer Murats I., Kara Timurtaş Paşa, verst. 1404, hat um 1400 die Timurtaş Camii gestiftet. Sie vertritt den T-förmigen Grundriß in verkürzter Form ohne Vorhalle. Das Minarett steht über einen 6eckigen Brunnenhaus vor der Moschee.

Die Emir Sultan Bey Camii im Osten der Stadt wurde im frühen 19. Jh. durch Sultan Selim III. an der Stelle einer Moschee des 1429 an der Pest verstorbenen Emir Sultan erbaut. Emir Sultan stammte aus Buchara und war engster Vertrauter und Schwiegersohn Sultan Beyazits I. Ihm zum Gedächtnis hatte seine Frau Hundi Hatun die Moschee gestiftet. Der Bau von 1804 verwendet frühosmanische und barocke Formen. Mit ihrer Kuppel und ihren beiden Minaretten stellt die auf einem Hügel gelegene Moschee eine Besonderheit im Stadtbild von Bursa dar. – Die Türbe des Emir Sultan und seiner Familie wurde 1868 von Sultan Abdülaziz erbaut.

Seit der Antike war Bursa durch seine Thermalbäder berühmt. Die warmen Wasser kommen vom Ulu-Dağ und treten im Westen der Stadt und im Vorort Çekirge in Badegebäuden zutage. Schon in der römischen Kaiserzeit waren dort Thermengebäude vorhanden. Die byzantinischen Bäder erfreuten sich auch des Besuches der Kaiserin Theodora. Ihr Gemahl Justinian hatte dort, dem Bautenverzeichnis Prokops zufolge, eine Thermenanlage errichten lassen. Diese Bauten sind alle untergegangen. Das älteste türkische Bad in Bursa, das Sultan Murat I. erbauen ließ, ist das Eski Kaplıça. Es steht wahrscheinlich am Platze eines byzantinischen Bades und enthält auch eine Anzahl byzantinischer Spolien. Der Name „Altes Bad“ begegnet zuerst 1456.

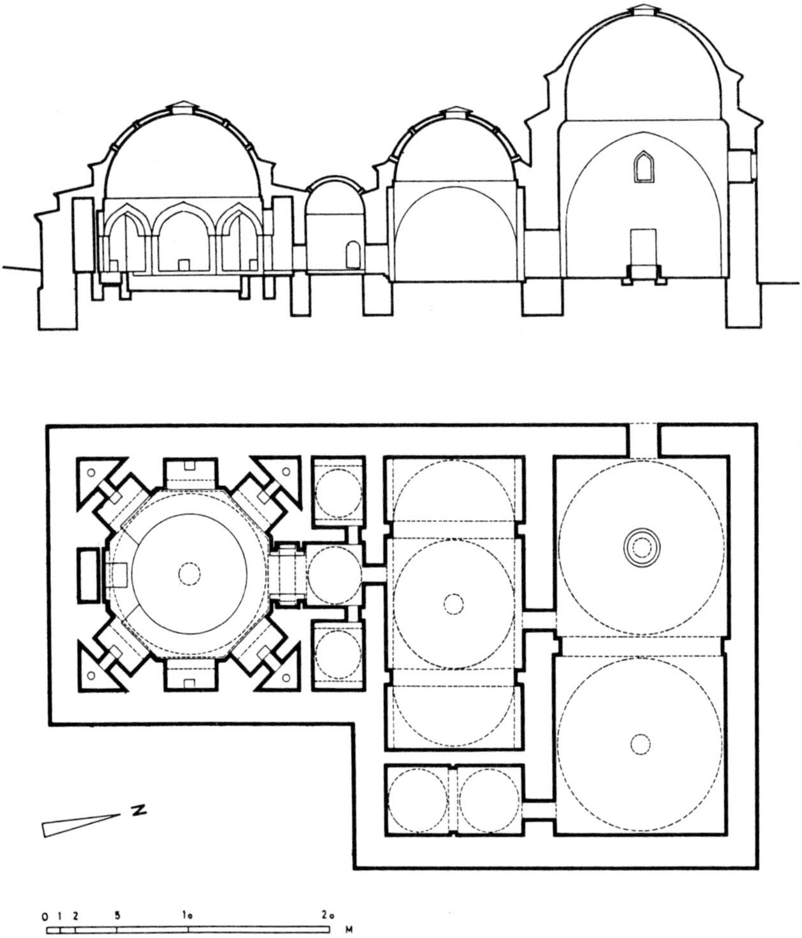

Bursa, Yeni Kaplıca, Grundriß und Schnitt, nach Vogt-Göknil

Eine Portalinschrift von 1511 vermeldet eine Restaurierung unter Beyazit II. Sie betraf die Eingangshalle mit ihren beiden Kuppeln, die von Halbkuppeln abgestützt werden. Die Raumfolge Eingangshalle (Camekan), Kaltraum (Soğukluk), Schwitzraum (Hararet) entspricht dem türkischen Hamam. Die architektonische Form dieser Anlagen ist davon bestimmt, daß der türkische Steinbau gern den Würfel mit einer Kuppel verwendet, so daß auch die Kaplıça-Bäder aus Würfelräumen zusammengesetzt sind, wobei jede Art von Achsensymmetrie tunlichst vermieden wurde.

Das Yeni Kaplıça zwischen Bursa und Çekirge ist eine Stiftung des Groß- wesirs Rütem Paşa, bez. 959H/1552. Die Räume in üblicher Anordnung sind

mit Marmor und Fliesen belegt. Der Grundriß ist detailreicher als am Eski Kaplıça. Farben und Glasuren haben unter den Schwefeldämpfen sehr gelitten. *Hammer-Purgstall* beschrieb das Yeni Kaplıça 1827/1835 wie folgt: „... das neue Bad, das prächtigste und herrlichste von allen ... die Kuppeln desselben sind, wie die des alten Bades, alle mit Blei gedeckt, aber die Bekleidung der Wände und das Pflaster des Bodens, welche sich gegenseitig die von oben einfallenden Lichter und den Glanz des Wasserbeckens zurückspiegeln, erheben es zum Einzigen seiner Art ... Das große Becken hat nicht weniger als siebenzig Schuhe im Umfang, und der Wasserstrahl der Hauptquelle nicht weniger als drei Zoll im Durchmesser. Er ergoß sich ehemals aus dem Rachen eines marmornen Löwen, der heute nicht mehr da ist. Vielleicht war dieser eine Nachahmung des berühmten Löwenbrunnens zu Granada, mit dessen Pracht sich die Fontainen Bursas nicht messen können ..."
Hammer-Purgstall weist auch auf eine der in der Kleiderablage angebrachten Spruchweisheiten hin, wie sie sich an Bädern und Hanen des öfteren finden: „Auf Kleider sei nicht stolz, denn was ist wohl das Leben? Ein Saal, wo jeder muß des Leibes Kleid abgeben."
Aus der Zeit Murats I. stammt noch das Kükürtlü Hamamı, Beyazit II. hat es, wie das Eski Kaplıça, mit einer Vorhalle versehen.
Weitere Bäderbauten:
Orhan Gazi Hamamı ist ein Doppelbad, dessen Hararet auf kreuzförmigem Grundriß steht (1958 wiederhergestellt).
Demirtaş Hamamı wurde unter Sultan Beyazit I. um 1400 erbaut. Es mußte einen Teil seiner Ausstattung an das Yeni Kapliça abgeben, wurde jedoch 1567 restauriert. Heute eine Ruine.
Şengül Hamamı ist ein kleines, von Beyazit I. bei der Ulu Camii errichtetes Bad.
Das Mahkeme Hamamı wurde von Ibrahim Paşa, dem Großwesir Murats I., 1421 gestiftet. Das Doppelbad besitzt eine reiche Ausschmückung an Mukarnaswerk, das bis hoch hinauf in die Kuppel reicht.
Aus gleicher Zeit stammen die diesem reichen Stil verpflichteten Bäder Emir Sultan Hamamı und Tavuk Bazar Hamamı, letzteres verdient auch durch seine ineinandergreifende Raumanordnung Beachtung.
Der bereits genannte Großwesir Ibrahim Paşa (1411/1428) hat noch ein Bad in der Burg erbauen lassen, das jetzt Ruine ist.
Das Bit Bazar Hamamı (auch Davut Ps. Hamami) aus der 2. Hälfte 15. Jh. besitzt einen großen überkuppelten Çamekan auf achteckigem Grundriß, von dem ein Gang zum kleineren Oktogon des Schwitzraums führt. Hier werden die „klassischen" Bäder des 16. Jh. in Istanbul bereits angedeutet.
Das Marktviertel nördlich der Ulu Camii war das alte Handelszentrum der Stadt. Es besaß Markthallen, Hane, Ladenstraßen und Medresen. Sein Bestand an Bauten wurde durch das Erdbeben von 1855 und durch einen Großbrand 1957 stark betroffen. Doch ist seitdem eine weitgehende Wiederherstellung erfolgt.
Der maßgebliche Bau des Viertels war der 1400 von Sultan Beyazit I. gestif-

tete Bedestan, der als Vorbild für den Bedestan Sultan Mehmets Fatih in Istanbul angesehen werden kann. Er ist rechteckig angelegt mit 6 Mittelpfeilern und 14 Kuppeln. An den Wänden sind innen wie außen Ladennischen angebracht.
Die Hane folgen durchweg dem gleichen Schema: 4flügelige Anlage um einen Hof, auf den sich mehrgeschossige Arkaden öffnen. – Der Emir Han, zwischen Bedestan und Ulu Camii, geht wohl auf Orhan in das 14. Jh. zurück. Er wurde mehrmals durch Erdbeben und Brände zerstört, jedoch 1962/1963 wiederaufgebaut. Die 2geschossige Anlage besitzt umlaufende Hofbogengänge.
Der Fidan Hanı (Mahmut Ps. Han), der größte Han von Bursa, wurde durch den Großwesir Sultan Mehmets II. Fatih, Mahmut Paşa, um 1460 erbaut. In seiner Hofmitte über einem Brunnen eine kleine 12eckige Moschee. Ähnlich disponiert ist auch der Koza Hanı, den unter Beyazit II. der Baumeister Abdullah bin Pullalatşah errichtete und mit einem 8eckigen Mecit über einem Brunnen versah.
Bedeutend ist auch der Pirinç Hanı, den Beyazit II. durch die Architekten Yakup Şah bin Sultanşah und Ali bin Abdullah aufführen ließ.
Überkuppelte Ladenstraßen stellen die nebeneinander liegenden Sipahi und Gelencik Çarşelari dar, beide aus der Zeit von Mehmit I. Fatih.
Der Geyve Hanı und der Ipek Hanı gehen noch auf Mehmet I. zurück. Der Ipek Hanı hat sehr unter dem Brand von 1957 gelitten. – Vom Kapan Hanı, der von Murat I. erbaut wurde, sind nur noch Ruinen übrig.

38 Bybassos (Muğla) Q 5

Abgelegene Ruinenstätte am Ende des Golfs von Syme, in hellenistischer Zeit zur rhodischen Peräa gehörend. 167 v. Chr. kam sie an die Römer und teilte die Schicksale der Landschaft auch unter Byzanz. Damals stand dort wohl eine Irenenkirche, deren Name in dem türkischen Dorfnamen Hisarönä fortlebt (Bean).
Das nahe **Pazarlik** wird mit dem Ort **Kastabos** identifiziert. Dort befand sich auf dem Eren Dag ein Tempel der Heilgöttin Hemithea, der zwei Jahrhunderte lang von vielen Pilgern aufgesucht wurde. Geringe Reste eines jonischen Peripteros mit 6:12 Säulen des 4. Jh. wurden gefunden, ebenso 2 Inschriften.
Es wird von einem Fest berichtet, das zu Ehren der Hemithea gefeiert wurde, nicht nur durch Darbietungen für Augen und Ohren, sondern auch durch Tempelschlaf. Vielleicht wurde dafür auch das Theater, dessen Stelle noch sichtbar ist, in Anspruch genommen.

39 Çanakkale und die **Dardanellen** (Çanakkale) D 2

Bezirkshauptstadt an der Mündung des Koça Çay (Rhodion) in die Dardanellen. Diese berühmte Meerenge, in der Antike Hellespont geheißen, erstreckt sich in etwa 65 km Länge und 1,22–6 km Breite zwischen Europa und Asien, dem thrakischen Chersones und der Halbinsel Troas, vom Marmarameer zum Mittelmeer. Ihre engste Stelle, die sich auch der heutige Fährverkehr

Çanakkale/Dardanellen, Burg Kılıtbahir auf dem europäischen Ufer, Grundrißskizze, nach Ebhardt

nutzbar macht, liegt zwischen Çanakkale und Eceabat (Maydos). Auf dem europäischen Westufer wird sie von der türkischen Sperrburg Kılıtbahir (= Schlüssel des Meeres) beherrscht. Der mächtige Bau geht auf Sultan Mehmet II. zurück, der ihn 1462/1463 durch Yakub Bey *aufführen ließ. Das Kernwerk besteht aus 3 ineinandergreifenden Rundtürmen und ist neben dem Rumeli Hisar am Bosporus das Hauptbeispiel der hochentwickelten Festungsbaukunst unter Mehmet II., dem Eroberer von Konstantinopel.*
Die Dardanellen, auch Çanakkale Boğazi genannt, leiten ihren Namen von der griechischen Siedlung Dardanos und diese wiederum von dem sagenhaften König Dardanos ab. Sein Grabtumulus Eski Dardanos, südwestlich von Çanakkale, wurde 1959 ausgegraben. Man fand darin 2 unversehrte Grabkammern mit 25 Bestattungen und reichen Beigaben (im Museum). Bemerkenswert eine kleine Aphroditefigur aus Ton mit aufgemaltem Schmuck und Schlangenarmbändern (1. Jh. v. Chr.).
Der griechische Name Hellespont (ὁ Ἑλλήσποντος) weist auf die Sage von Helle und Phrixos, die auf einem Widder mit goldenem Vlies nach Kolchis unterwegs waren. Beim Überfliegen der Meerenge stürzte Helle ab. Sie fand ihr Grab auf dem thrakischen Chersones. – Am Hellespont spielt auch die tragische Liebesgeschichte von Hero und Leander, die in hellenistischer Zeit ihre literarische Form fand und von Ovid *und später* Musäos *überliefert ist. Hero war Priesterin der Aphrodite auf Sestos und liebte Leander auf Abydos. Eine Fackel, die Hero ausstreckte, zeigte Leander, wie er zur Nachtzeit schwimmend den Weg zur Geliebten finden konnte. Doch als ein Sturm die Fackel auslöschte, ertrank er. Noch in römischer Zeit wurde zu Sestos der Turm der Hero gezeigt. Die Sage wurde von verschiedenen Orten erzählt, u. a. auch vom Leanderturm (Kız Kulesi) bei Istanbul.*
Die Sagen vom Trojanischen Krieg, in denen uns in der dichterischen Gestaltung durch – den wohl aus Jonien gebürtigen – Homer griechisches Wesen auf kleinasiatischem Boden begegnet, haben ihren Schauplatz unmittelbar südlich des Hellespont, in der Königsstadt Troja.

In der Geschichte spielen die Dardanellen eine hervorragende Rolle. Hier überschritten 1200 v. Chr. in der Ägäischen Wanderung Volksstämme aus Thrakien die Meerenge. Auch eine zweite Wanderwelle thrakischer Völker gelangte im 7. Jh. nach Kleinasien. Die griechische Kolonisation der Dorer, Äolier und Jonier kam auf beiden Ufern des Hellespont zu Stadtgründungen, von denen auf der europäischen Seite Kallipolis, Sestos, Madytos und Eläos, auf kleinasiatischer Päsos, Abarnos, Lampsakos, Abydos, Dardanos, Rhotion und Neu-Ilion genannt seien. Auch die Perser, die im 6. Jh. v. Chr. an den Ufern des Hellespont erschienen, waren sich seiner Wichtigkeit bewußt. 493 überquerte Mardonios mit einer Flotte, 480 König Xerxes von Abydos nach Sestos auf einer Schiffbrücke die Meerenge. Im Peloponnesischen Krieg verloren die Athener 405 gegen die von Lysander geführte spartanische Flotte die Seeschlacht von Aigospotamoi. Das Heer Alexanders d. Gr. setzte 334 an der gleichen Stelle wie Xerxes, nur in entgegengesetzter Richtung, über. 278/277 v. Chr. kamen die keltischen Galater über den Hellespont, 190 v. Chr. das römische Heer, das gegen Antiochos III. kämpfte und ihn bei Magnesia am Sipylos besiegte. 84 v. Chr. schloß König Mithradates von Pontus in Dardanos Frieden mit den Römern. Unter den römischen Kaisern erfreuten sich die Hellespont-Städte, besonders Abydos und das nahe Troja, kaiserlicher Gunsterweise. Unter den Byzantinern wurden, wie überall im Rhomäischen Reich, Kirchen, Klöster und Burgen gebaut. Araber und Perser drangen im 7. und 8. Jh. bis zu den Küsten der Propontis vor. Doch erst in den vom Abendland ausgehenden Kreuzzügen, als der seldschukisch-türkische Vormarsch vom Osten her schon die Hauptstadt zu bedrohen begann, gewann die Meerenge wieder strategische Bedeutung. Die Heere des 1. und 2. Kreuzzugs wählten 1097 und 1147 den Bosporus bei Konstantinopel als Übergangsstelle. Das deutsche Heer Friedrich Barbarossas ging 1189 bei Kallipolis über die Dardanellen. Der 4. Kreuzzug, den der venezianische Doge Dandolo nach Konstantinopel umgeleitet hatte, fuhr mit seiner Flotte 1203 durch die Dardanellen nach Abydos und von dort bis vor die Mauern von Konstantinopel.

Kaiser Andronikos II. (1282–1328) rief die katalanischen Söldner unter Roger Flor zur Verteidigung der Reichsgrenze nach Kallipolis. Doch wurde die Stadt 1356 von Süleyman, dem Sohn des Sultans Orhan, erobert. Ein Erdbeben, das starke Zerstörungen anrichtete, kam den Türken zustatten. Die Osmanen faßten rasch Fuß in Thrakien und belagerten bereits 1360 Adrianopel. 1365 machte Sultan Murat I. das eroberte Edirne zur Hauptstadt seines Reiches.

Als 1453 Konstantinopel in die Hände Mehmets des Eroberers fiel, gelang dem venezianischen Befehlshaber der Flotte im Goldenen Horn, dem sich einige genuesische und byzantinische Schiffe anschlossen, der Durchbruch durch die Dardanellen in die Ägäis. 1499 und 1657 erkämpfte sich die venezianische Flotte die Durchfahrt durch die Meerenge; doch wurde ein weiterer Versuch 1694 abgeschlagen. Im 18. Jh. wollten die Russen die Durchfahrt erzwingen. 1774 gelang ihnen das für die Handelsschiffahrt. 1807 passierte ein englischer Flottenverband und gelangte bis vor Konstantinopel. Doch wurden 1809 und 1841 die Dardanellen vertraglich für alle nichttürkischen Kriegsschiffe gesperrt.

Im Krimkrieg 1853 wird Gallipoli Hauptquartier der britisch-französischen Armee. Zu neuzeitlichem Kriegsruhm kamen die Dardanellen im Ersten Weltkrieg. Am 3. Dezember 1914 beschossen englische und französische Kriegsschiffe die Forts an der Mündung der Meerenge: Kumkale und Seddülbahir. Es war der Auftakt zu der großen Landungsoperation, die der damalige Erste Lord der britischen Admiralität, Winston Churchill, in Szene setzte. Sie wurde am 19. 2. 1915 mit einer weiteren Beschießung der türkischen Küstenfestungen fortgesetzt und führte am 18. 3. zu einem ersten großen Artilleriekampf zwischen Schiffen und Küstenbatterien. Drei alliierte Schlachtschiffe wurden am 12. 5. versenkt. Am 25. 4. landeten die Franzosen bei Kumkale und die Engländer bei Seddülbahir sowie bei Ari Burnu Kabatepe, am 6. 8. die Engländer bei Gallipoli. Alle Landungsversuche liefen sich fest. Die verlustreichen Stellungskämpfe zogen sich bis zum 10. 1. 1916 hin. Die Räumung der Halbinsel Gallipoli durch die Alliierten beendete den mit großen Erwartungen begonnenen Dardanellenfeldzug. Deutscher Oberbefehlshaber war Feldmarschall Liman v. Sanders, auf türkischer Seite zeichnete sich der Kommandeur Mustafa Kemal Paşa, der spätere Gründer der neuen Türkei und Staatspräsident Atatürk, besonders aus. Das türkische Siegesdenkmal bei Kritiya, das Grabmal des unbekannten türkischen Soldaten auf Höhe 41 bei Morto/Hisarlik. Weitere englische und französische Denkmäler und Soldatenfriedhöfe bei Seddülbahir und im Raum Çanakkale. Am 30. 10. 1918 muß die Türkei auf Mudros um Waffenstillstand nachsuchen. Die alliierte Flotte fährt durch die Dardanellen und ankert am 13. 11. vor Istanbul.

In Çanakkale liegt die Burg Mehmets II., das Sultaniye Kale, eine Anlage mit Ecktürmen und mittlerem Hauptturm (836H/1452 erbaut, unter Süleyman 1551 restauriert) und ein Bedestan mit 6 Kuppeln. An der Anlegestelle der Uhrturm. Der Name Çanakkale („Topfburg") ist erst im 19. Jh. aufgekommen und nimmt Bezug auf die dortige Töpferei. Die Meerenge ist bei Çanakkale 1950 m breit. Im Mai 1810 durchschwamm der englische Dichter *Lord Byron* von Eceabat nach Çanakkale die Dardanellen.

Die bedeutende antike Stadt **Abydos/Nara,** eine Gründung Milets nördlich von Çanakkale, ist nur noch im Gelände auszumachen.

Lapseki nimmt den Platz des antiken Lampsakos, einer im 7. Jh. v. Chr. gegründeten Kolonie des jonischen Phokäa, ein. Die antiken Bewohner waren als Vertreter libertinistischer Lebensweise verrufen. Hier war der Gott der Zeugung und der Fruchtbarkeit, Priapos, als Sohn des Dionysos und der Aphrodite geboren und wurde kultisch verehrt. Aber auch die Weine von Lampsakos wurden gerühmt. Jahrhundertelang blühte die Goldschmiedekunst. Ihre kostbaren Erzeugnisse wurden an auswärtige Fürstenhöfe exportiert. Der Perserkönig Artaxerxes gab 471 die Stadt zusammen mit Magnesia am Mäander dem athenischen Feldherrn Themistokles, dem Sieger von Salamis, den der Parteienneid aus Athen verbannt hatte, als Satrapie. Wenig später wurde Lampsakos Mitglied des delisch-attischen Seebundes, wurde aber 405 von Lysander unter spartanische Herrschaft gebracht. Im 4. Jh. wechselten die Oberherren und die Bündnisse mehrfach, bis es 334 von Alexander d. Gr. erobert wurde. Von da an teilte es das Schicksal der Städte in der Troas bis zur

Ankunft der Römer. Aus dem Prozeß *Ciceros* gegen Verres 80 v. Chr. erfahren wir, welchen Bedrückungen die Stadt ausgesetzt war. In byzantinischer Zeit wurde es Bischofssitz. Als monumentale Zeugnisse haben sich die Ruinen der Stadtmauer und eine große Nekropole erhalten.
Von Lapseki geht eine Fähre hinüber nach **Gelibolu,** dem als Gallipoli/Kallipolis in der neueren Geschichte wichtigsten Ort der Dardanellen. Seine Gründung am nordöstlichen Eingang zum Hellespont erfolgte im 5. Jh. v. Chr. durch Athen. Seine Lage auf dem Steilufer einer kleinen Landzunge spiegelt sich in seinem Namen „Kallipolis (= schöne Stadt)“. Im Peloponnesischen Krieg bemächtigte sich seiner der spartanische Feldherr Lysander. Die Seeschlacht von Ägospotamoi, vor der Mündung des „Ziegenflusses“, des heutigen Karaova Deresi zwischen Gelibolu und Eceabat 405 v. Chr., die der athenische Nauarchos Konon verlor, brachte die Entscheidung des Krieges. In Gelibolu betraten 1356 die Osmanen unter Süleyman Paşa europäischen Boden. – Aus byzantinischer Zeit rührt noch ein quadratischer Turm mit geböschtem Sockel her. Mehrere Türben und eine Namazgah erinnern an die frühosmanische Zeit. Die Stadt erlitt 1912 durch ein Erdbeben schwere Schäden.
Bei **Bolayir** oberhalb von Gelibolu steht der geschmückte Sarkophag des türkischen Dichters Orhan Gazi Namik Kemal (?). An der Schmalstelle des Chersones, am Golf von Saros/Melas Kolpos, gründete 309 der makedonische Feldherr und nachmalige König Lysimachos die Stadt Lysimachia (Orta Köy). Sie überwachte die Große Mauer (Μακρὸν Τεῖχος), die schon Miltiades d. Ä. dort zum Schutz gegen die Thraker erbaut hatte. Die Mauer wurde bis in die byzantinische Zeit hinein instand gehalten.

In Lysimachia wurde der Sieger über Lysimachos, Seleukos I. Nikator, 280 von Ptolemäos Keraunos ermordet. Die Stadt erlitt in den Diadochenkriegen wechselvolle Schicksale und wurde um 144 von den Thrakern zerstört.

40 Çandarlı/Pitane (Izmir) H 4

Äolische Auswanderer gründeten im 11. Jh. v. Chr. die Stadt Pitane an der ägäischen Küste des Elaitikos Kolpos, des Golfes von Çandarlı. Sie gehörte dann zu einer äolischen Dodekapolis, einem Zwölfstädtebund. Die Sage führt jedoch die Gründung der Stadt auf eine gleichnamige Amazone zurück. Unter den Attaliden war Pitane die Hafenstadt von Pergamnon.
In der archaischen Nekropole wurden vor allem Vasen ausgegraben (Museen Izmir und Istanbul). Ein Kuros im Museum Pergamon.
Die Venezianer erbauten im 13. Jh. ein Uferkastell auf quadratischem Grundriß mit Ecktürmen (1955 restauriert).

41 Cennet ve Cehennem/Korykion Antron/ Korykische Grotten

(Içel) R 22

Die Schluchten, Aushöhlungen und haustiefen Löcher des Kalkgebirges oberhalb von Korykos in Kilikien gehörten im Altertum zu den Orten, welche das Wirken vergöttlichter Naturgewalten offenkundig machten. Derartige Plätze

luden zur Kultbildung ein. Dämonenfurcht und Gottesverehrung haben gleicherweise zur architektonischen Ausgestaltung in Tempelbauten und Kirchen beigetragen. Der Mythos des Ungeheuers Typhon wird hier angesiedelt, auch die Totenbefragung durch Odysseus, wie sie Homer *schildert, ist hier genauso wie an anderen vorgeschlagenen Orten denkbar.*
Nachgewiesen ist hier für die hellenistische und die römische Kaiserzeit ein Heiligtum, das in weitem Umkreis von Häusern und Grabstätten umgeben war. Der hellenistische Tempel lag innerhalb eines Peribolos und wurde gegen Ende des 6. Jh. n. Chr. in eine 3schiffige Säulenbasilika verwandelt. Sie besaß einen 2geschossigen Narthex, Emporen über den Seitenschiffen und Pastophorien beiderseits der halbrunden Apsis.
In der großen Höhle, deren tiefster Punkt 200 m unter der Erde liegt, steht am Beginn des unteren Schlundes eine einschiffige Kirche mit einem 3gliedrigen Altarraum, die von einem Paulos zu Ehren der Gottesmutter Maria gestiftet wurde. Um dieser Kirche willen heißt der Abgrund „Himmel“ (Cennet), der ausweglose benachbarte Felskessel aber „Hölle“ (Cehennem).
Nahe Çennet gibt es noch eine Tropfsteinhöhle mit mehreren Kammern. Das Wasser aus den Höhlen fließt unterirdisch zum Meer. Dort am Ufer liegt das Dorf **Narlıkuyu** („Granatapfelbrunnen“) mit einem mosaizierten Badehaus der römischen Kaiserzeit (siehe dort).
Von den korykischen Grotten führt eine antike Straße ins Gebirge. Sie trifft auf das Dorf **Hasanaliler.** Dort liegt inmitten verbauter antiker Häuser die Ruine einer stattlichen byzantinischen Kirche, einer 3schiffigen Pfeilerbasilika mit Haupt- und nördlicher Nebenapsis, Narthex und umbautem Chor. Von der Kirche steht noch die gewölbte Apsis und die südliche Pfeilerreihe im Naos aufrecht. Laut Inschrift auf einem verschleppten Türsturz wurde sie von einem Paulos gestiftet. Ihre Bauzeit dürfte im 6. Jh. liegen.
Im Gebirge, 1½ Stunden westlich Hasanaliler (besser von Nordosten her über Ovacik-Tekkadin zu erreichen) liegt die **Mezgit Kale** (Dorfmark von Türkmenuşağı). Sie besitzt einen der größten Grabtempel Kilikiens (9,24 × 7,73 m). Ein 4säuliger Prostylos führt zu einer quadratischen Grabkammer. Die Säulen haben vorkragende Konsolen, auf denen die Büsten der hier Bestatteten standen. Da der Tempel neben einem römischen Gehöft liegt, war die Grablege wohl für die Familie des Gutsbesitzers bestimmt.

42 Çeşme/Cissus (Izmir) K 2

In der Çeşme-Bucht fand 1770 eine Seeschlacht zwischen der russischen und der türkischen Flotte statt, in der die Türken die Mehrzahl der eingesetzten Schiffe verloren.
Die Badestadt auf der weit gen Westen vorspringenden Halbinsel gegenüber der griechischen Insel Chios besitzt ein mittelalterliches Kastell, das im 14. Jh. von Venedig erbaut wurde. Mit seinen gedrungenen Rundtürmen beherrschte es die Meerenge. Die Osmanen bauten es aus und errichteten dort eine Moschee. Die heute sichtbaren Befestigungen sind osmanisch.

43 Chryse/Gülpınar (Çanakkale) F 1

Auf der Halbinsel Troas, nahe ihrer Südspitze, lag der Tempel des Apollon Smintheos. Der neuerdings wieder freigelegte Stylobat gehörte zu einem Pseudodipteros und trug 8 : 14 Säulen jonischer Ordnung. Er wurde in der 2. Hälfte des 3. Jh. v. Chr. von *Hermogenes* aus Alabanda, dessen berühmteste Tempel in Magnesia stehen, erbaut. Die Säulen trugen prächtige Volutenkapitelle. Auch die kannelierten Schäfte waren noch mit Reliefbändern unterhalb der Kapitelle geschmückt. Im Gebälk dürfen ein Figurenfries und ein Zahnschnitt angenommen werden.

Chytrion siehe Klazomenä

Ciftlikköy siehe Yalowa

Claudiopolis siehe Mut

44 Dağ Pazarı/Koropissos (Içel) Q 21

Im Tauros bei Mut gelegenes Dorf, das wohl die Stelle des antiken Koropissos einnimmt.

Innerhalb der noch feststellbaren Mauern lagen 2 byzantinische Kirchen. Die eine von ihnen, die „Umgangskirche“, wird als Zentralbau um ein mittleres Quadrat entwickelt. Der quadratische Turmraum, der mit einem hölzernen Dach (Pyramide oder Kuppel) gedeckt war, ist durch Arkaden mit je

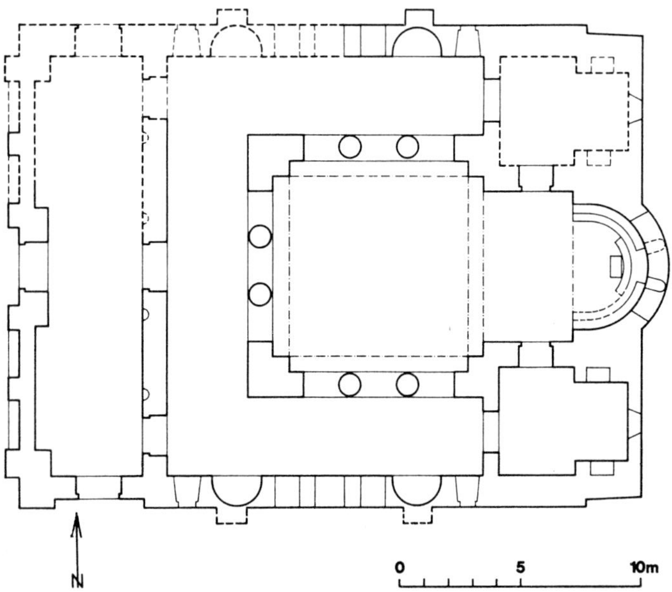

Dağ Pazarı/Koropissos(?), Kirche, Grundriß, nach Gough

2 Säulen in einen Umgang und im Osten in ein Bema mit halbrunder Apsis geöffnet. Im Westen ist ein Narthex vorgelagert. Die Apsis wird beiderseits von Pastophorien begleitet. Die Schmuckformen der Kapitelle des Mittelraums und der Wandpfeiler mit 2 Akanthusreihen sind denen der Grabeskirche in Korykos (siehe dort) ähnlich. Im Entwurf ist die Kirche auch mit der Ostkirche von Alahan Manastir (siehe dort) verwandt und wie diese Ende des 5. Jh. zu datieren.
Die zweite Kirche, eine 3schiffige Säulenbasilika mit Narthex, war wahrscheinlich die Bischofskirche. Nördlich davon lag eine kleine Taufkapelle. Im Narthex hat *M. Gough* bei den Ausgrabungen 1957/1958 zwei Mosaikfelder mit Inschriften aufgedeckt. Das nördliche Mosaik nennt den Bischof Johannes Elpidios, der die Vorhalle habe erbauen lassen, das südliche den Bischof Longinos als Erneuerer des Mosaiks. – Aus dem Narthex führten 3 Portale in den Naos. Sein Boden war z. T. im opus sectile gearbeitet. Im Schutt des Kircheninneren kamen Reste der Bauplastik zum Vorschein, aber auch verbrannte Balken und Dachziegel, woraus eine Zerstörung der Kirche durch Feuer – wahrscheinlich um 600 bei einem Arabereinfall – bewiesen wird. Die Bauzeit der Kirche ist auf das ausgehende 4. oder beginnende 5. Jh. anzusetzen, ihre Erneuerung gegen Ende des 5. Jh.
Die dritte Kirche, ebenfalls eine 3schiffige Säulenbasilika mit Narthex und halbrunder Apsis, lag außerhalb der Mauern. Es wurden in der Apsis mehrere Erneuerungen, die sich vielleicht auch auf die übrige Kirche erstreckten, nachgewiesen. Sie sind durch Stiftungsinschriften belegt. Die Datierung der Kirche wird teils ins späte 5., teils in die 1. Hälfte des 6. Jh. angenommen. Im Gelände sind noch die Reste eines Stadions erkennbar.

Dardanellen siehe Çanakkale

45 Daskyleion (Balıkesir) D 6

Ruinenstätte am Südufer des Manyas Gölü oder Kuş Gölü. Hier residierten persische Satrapen vom 6.–4. Jh. v. Chr. 404 floh der athenische Staatsmann Alkibiades zu Pharnabazos nach Daskyleion. Der ließ ihn im phrygischen Melissa ermorden.
Vom Satrapenpalast (Kalehisar) des Pharnabazos (um 400) ist noch ein Sockel aus großformatigen Quadern mit Tierskulpturen erhalten. Die gefundenen Grabstelen (Museum Istanbul) zeigen griechische Meister unter persischen Auftraggebern am Werk. *Ekrem Akurgal* hat hier Hunderte von achämenidischen Bullen gefunden, die in das Museum zu Ankara gelangten.

46 Demircili (Içel) R 22

6 An der Straße Silifke–Uzunçaburç liegt eine ausgedehnte Nekropole der römischen Kaiserzeit mit schönen Grabtempeln. Sie haben sämtlich Säulenfronten, mehrere sind 2geschossig. Der bedeutendste dieser kilikischen Grabtempel steht auf der Mezgit Kale (siehe unter Cennet ve Cehennem).

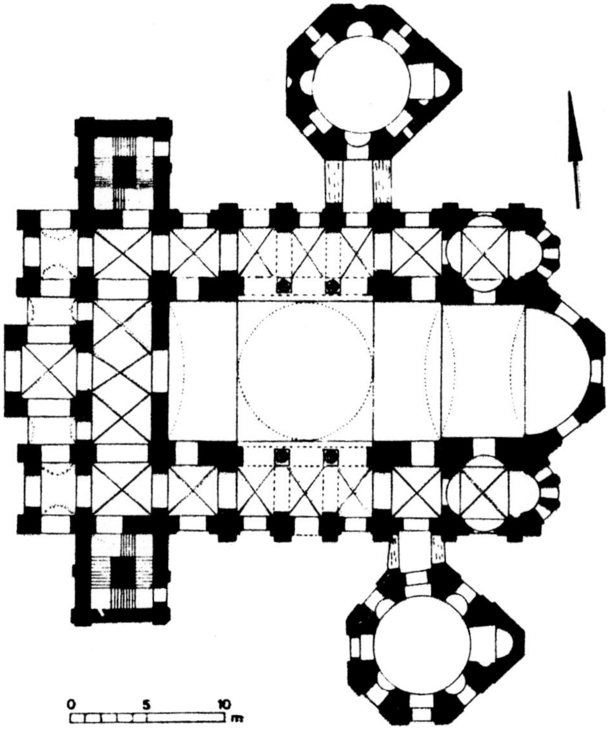

Dere Ağzı, Kirche, Grundriß, nach Rott und Mango

47 Dere Ağzı (Antalya) R 11

Stattliche Ruine einer byzantinischen Kirche im lykischen Gebirge nördlich von Myra. Ihr Patron ist ebenso unbekannt wie der Name der zugehörigen Siedlung. Sie kann auch als einzelstehende Wallfahrtskirche erbaut worden sein. Vielleicht ist sie mit dem anderen lykischen Nikolaos, dem Abt von Sion, der im 6. Jh. lebte, in Verbindung zu bringen? Der Bau ist eine 3schiffige Basilika mit „Vierungskuppel" über mächtigen Bogen und Pfeilern. Das Mittelschiff mit Bema und Synthronon mündet in eine innen halbrunde, außen dreiseitige Apsis, an die sich seitlich die Apsiden der auf Vierkonchengrundriß errichteten Pastophorien anschließen. Im Westen ein doppelter Narthex, der mit 2 Treppentürmen über die Längsfronten auslädt. Beiderseits der Kirche 2 achteckige Bauten mit rechteckigen oder halbrunden Mauernischen und Ostapsiden, wohl Märtyrergräber. Man war lange geneigt, die Kirche noch in die justinianische Zeit zu datieren und hat dabei auf ihre Verwandtschaft mit der Hagia Irene in Konstantinopel verwiesen, doch nimmt man jetzt eine Bauzeit im 9. Jh. an, als die lykischen Küsten schon unter den Arabereinfällen zu leiden hatten. Sie wäre dann etwa gleichzeitig mit dem 4. Bauzustand von Hagios Nikolaos in Myra.

48 Didyma/Didim (Aydın) N/O 4

Der vorgriechische Name Didyma ist jetzt wieder auf das an der Stelle des einstigen Apollonheiligtums liegende Dorf übertragen worden. Als die Ausgrabungen 1872 begannen, hieß es noch Yenihisar oder Yeronda. Daß hier ein großer Tempel stand, konnte nie in Vergessenheit geraten. Seine drei Säulen waren die einzigen antiken Säulen der gesamten ägäischen Küste, die durch alle Jahrhunderte hindurch sichtbar stehen blieben, während alle anderen erst der archäologischen Denkmalpflege ihre Wiederaufrichtung verdanken.
Der Platz des Didymäons, dessen Besiedlung bereits um 1500 v. Chr. jüngste Forschungen erwiesen haben, war ein vorgriechisches Orakel an einer Quelle unter einem Lorbeerbaum, von der Göttersage als der Platz bezeichnet, an dem Zeus und Leto die Zwillinge Apollon und Artemis zeugten. Dieser heilige Ort wurde von einem Priestergeschlecht, den von einem Branchos abstammenden Branchiden, betreut. Die jonischen Einwanderer haben die kultische Überlieferung fortgeführt. Die Stadt Milet hat das Heiligtum unter ihren Schutz genommen und mit Einsatz großer Mittel ausgestaltet. Für den Tempel wurden berühmte Baumeister tätig. Die steinernen und ehernen Bildwerke, die reich mit Gold geschmückt waren, haben bedeutende Künstler und Handwerker geschaffen, so daß hier eines der größten Werke griechischer Kunst entstand.
Von Milet her führte eine 20 km lange Prozessionsstraße nach Didyma. Sie berührt auch den Hafenplatz Panormos, der sowohl als Ausladestelle für den vom Grion-Gebirge südlich des Bafa Gölü – der damals noch eine Meeresbucht war – herangeführten Marmor, als auch als Landeplatz für Pilger verwendet wurde. Die Straße zum Heiligtum war besetzt mit großen Statuen, auch Tierfiguren standen hier als Weihegeschenke, wie aus ihren Inschriften hervorgeht. Halbwegs zwischen Didyma und Milet konnte jüngst erst durch das Deutsche Archäologische Institut ein Temenos entdeckt werden, der schon in klassischer Zeit gewaltsam zerstört und nicht wiederaufgebaut worden war – wahrscheinlich eine Erinnerung an den Jonischen Aufstand (499/494), der von Milet ausgegangen war.

Der erste Tempel des Didymäons, ein Naiskos, war eine bescheidene Anlage: ein Haus mit 2 Säulen zwischen Anten auf der Giebelseite. Er stand in einem ummauerten Bezirk, dem Sekos. – Ein zweiter Naiskos mit einem Kultbild des Apollon von *Kanachos* hatte schon größere Ausmaße und
58 einen Hofraum, das nur für Priester betretbare Adyton, um sich. Er war von starken Mauern umgeben und besaß im Osten eine Vorhalle von 2 × 4 Säulen. Darum wurde eine Ringhalle mit doppeltem Säulenkranz von 8 : 21 Säulen angelegt. Den 8 Säulen im Osten entsprachen 8 im Westen. Die einzelne, 15,5 m hohe Säule stand auf reichprofilierter Basis und trug ein jonisches Kapitell. Der Schaft war mit 36 Kanneluren versehen. Im Pronaos wurde die Basis noch von stehenden Mädchenreliefs umgeben. Der Architrav trug Tierbilder und Fabelwesen. Das Dach war flach oder nur leicht geneigt und mit Ziegeln gedeckt. Giebel wurden nicht ausgebildet. In dieser um 540 vollendeten Bauform stand das „ältere Didymäon“ bis zum Ende des Jonischen Aufstandes 494. Damals fiel es, ebenso wie Milet, der Zerstörung durch die Perser anheim. Das Kultbild wurde nach Susa verschleppt.

Didyma, Jüngeres Didymäon, rekonstruiertes Schaubild der Ostseite, nach Gruben

So wie Milet wiederaufgebaut wurde, nahm man auch die Wiederherstellung des Apollonheiligtums von Didyma in Angriff. Sie scheint jedoch nicht weit gediehen zu sein. Das Orakel von Didyma schwieg. Erst als Alexander d. Gr. nach Didyma kam, erhob es wieder seine Stimme und prophezeite dem Makedonier Siege und Glück. Es fand in ihm, wie alle Griechentempel

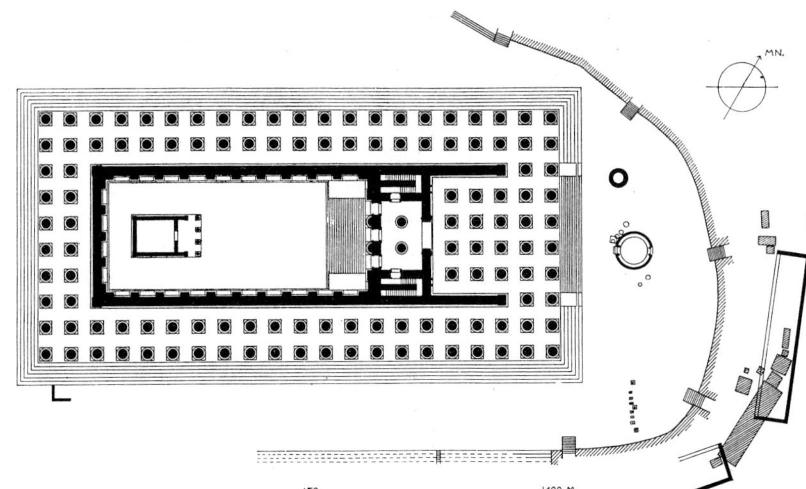

Didyma, Jüngerer Apollontempel, Grundriß, nach Gruben

Kleinasiens, den königlichen Schirmherrn – und seine Nachfolger hielten
sich an dieses Vermächtnis.
Der Apollontempel wurde von neuem errichtet, größer und schöner, als er
vorher ausgesehen hatte. Der Neubau begann um 300 unter Seleukos I. Nika-
tor. Er brachte das alte Kultbild aus Ekbatana zurück. Man berief für den
Neubau die Architekten *Päonios von Ephesos* und *Daphnis*. Sie hielten sich an
den vorgegebenen Grundriß, erweiterten aber die Anlage nach allen Seiten.
Der neue Tempel, das „jüngere Didymäon", wurde auf einen 7stu-
58 figen Unterbau gestellt. Das Adyton, dessen ursprüngliche, durch Kultüber-
lieferung festgelegte Bodenhöhe beibehalten werden mußte, wurde durch
abwärts führende Treppentunnel zugänglich und mit einer mächtigen Begren-
zungsmauer umgeben. Aus dem Adyton führte eine 24stufige Freitreppe
empor zu einer 2-Säulen-Vorhalle, aus deren nicht durchschreitbarer Tür
– 1,50 m Schwellenhöhe – wohl die Orakelsprüche verkündet wurden. Der
7 anschließende Pronaos war 5schiffig mit 12 Säulen ausgestattet, und darum
legte sich der doppelte Säulenring mit 108 Säulen. Jede Säule war 19,70 m
hoch. Insgesamt besaß der Tempel im Stylobat eine Länge von 109,34 m und
eine Breite von 51,13 m. Diese Maße entsprechen auch in der Höhe und der
Raumproportionierung den Grundsätzen der jonischen Spätklassik des *Pytheos
von Priene,* wie sie in Priene und in Halikarnassos angewendet wurden. Mit
diesen Maßen zählt das Didymäon zu den größten Tempeln der griechischen
Welt:

Heräon auf Samos: 55,16 × 112,20 m	9 : 24 Säulen
Ephesos, Artemision: 55 × 115 m	8 : 22 Säulen
Sardes, Artemis-Tempel: 44,6 × 97,7 m	8 : 20 Säulen
Didyma, Apollon-Tempel: 51,13 × 109,34 m	10 : 21 Säulen
Athen, Olympieion: 41,11 × 107,89 m	10 : 20 Säulen

L. Haselberger entdeckte 1979 auf einem großen Teil der Adytonwände feine
Ritzzeichnungen aufgehender Bauteile; Grundrisse fehlen. Die sensationellen
Planzeichnungen im Maßstab 1:1 stammen aus der Bauzeit des Tempels
um 250 v. Chr. Auf einer Reihe von Marmorblöcken finden sich Buchstaben,
die als Bauabrechnungen zu verstehen sind.
Neben den Baumeistern kam den Bildhauern am Didymäon eine hervor-
59 ragende Beteiligung zu. Die Säulenbasen und Kapitelle sind ornamental, vor
allem mit vegetabilen Motiven und Fabelwesen geschmückt. Im Gebälk läuft
über den Faszien eine riesige Rankengirlande mit eingeschlossenen Kolossal-
masken, von denen einige erhalten sind, darunter ein schlangenumringeltes,
60 geflügeltes Gorgonenhaupt. Einen Giebel hat der Tempel nicht besessen. Die
Aussage von Giebelfiguren für die kultische Verkündigung mußte hier auf
Weihgeschenke und Bildwerke an der Prozessionsstraße übertragen werden,
von denen nur vereinzelte Bruchstücke auf uns gekommen sind. Das bron-
zene Kultbild des stehenden Apollon, das *Kanachos aus Sikyon* geschaffen
hatte, ist untergegangen. Sein Aussehen ist unbekannt. *Curtius* ordnet es dem
Typ des Apollon von Piombino im Louvre (gegen 500 v. Chr.) zu.
Vollendet wurde das Didymäon nie. Auch die südliche der 3 aufrecht stehen-
den Säulen ist unvollendet, weitere Bruchstücke roher Säulen liegen noch auf

der südlichen Längsseite. Einige Säulen waren nicht einmal über die Basen oder die Plinthen hinaus gediehen. Die Arbeiten erwiesen sich als außerordentlich kostspielig. Man hat berechnet, daß eine vollständig bearbeitete und gesetzte Säule etwa 20000 Tagessätze zu 2000 Drachmen, in DM 2 Millionen, kostete. – Auf der Ostseite des Tempels das ringförmige Fundament des antiken Opferfeuerplatzes und ein runder Brunnenschacht. – Die römischen Kaiser Caligula (37/41) und Hadrian (117/138) förderten die Bauarbeiten am Tempel. 262 mußte man ihn zur Verteidigung gegen gotische Streifscharen herrichten. Im 4. Jh. wurde in den Tempel eine Kirche eingebaut, die Kaiser Julian, im Bestreben, den Götterkult wiederherzustellen, beseitigen ließ. Nach seinem Tode wurde sie von neuem errichtet. Das ganze Gebäude wurde unter Justinian befestigt.

Noch einmal, im 15. Jh., hören wir vom Tempel in einem Reisebericht des *Cyriakus von Ancona* (1446). Doch stürzte der Bau 1493 infolge eines Erdbebens in sich zusammen. Auf seinen Trümmern entstand das Dorf Yenihisar. Zwischen seinen Häusern und Hütten fanden 1872 und 1895 die ersten französischen Grabungen statt. Erst bei Beginn der deutschen Grabung unter *Theodor Wiegand* 1905 wurde das Dorf abgebrochen und an seinen jetzigen Platz versetzt. Der Tempelbezirk wurde 1905/1913 und 1924/1925 völlig freigelegt. Die archäologischen Arbeiten am Didymäon und die Ausgrabungen in der Umgebung und an der Heiligen Straße dauern, wie oben erwähnt, noch an.

49 Diocaesarea/Uzuncaburç (Içel) Q 22

Die antike Doppelstadt Olba/Ura/Diocaesarea, im Taurusgebirge oberhalb von Silifke/Seleukia gelegen (und von dort am besten zu erreichen), war zu hellenistischer Zeit die Residenz eines halbautonomen geistlichen Fürstentums der Teukriden. Die ersten römischen Kaiser ließen ihr ihre Sonderstellung. Tiberius erhob sie zur Polis. Seit Vespasian führte sie den Namen Diocaesarea. Damals wurde die Stadt mit prächtigen Tempeln und anderen repräsentativen Gebäuden ausgestattet.

Aus dem 2. Jh. v. Chr. stammt noch der 5geschossige Turm, der für den heutigen türkischen Namen Uzuncaburç („Hoher Turm") bestimmend wurde.
Ein zweiter Turm mit Pyramidendach diente als Grabturm. – Das **obere**
Stadtgebiet wurde gegliedert durch eine Säulenstraße, die von einem Thea- 62
ter über ein Propylon zu einem abschließenden Tychäon führte. Das Theater läßt sich genau auf 164/165 n. Chr. datieren. Die Propyläen und der inschriftlich bezeichnete Tychetempel mit 5 Säulen, die einen Architrav tragen, gehören beide dem 1. Jh. n. Chr. an.

Das bedeutendste Bauwerk indes ist der Tempel des Zeus Olbios, ein 61
Peripteros mit 8 : 12 Säulen. Von den ursprünglich 36 Säulen stehen noch 24, davon 3 mit korinthischen Kapitellen. Der Säulenschaft ist nur im oberen Teil kanneliert. Als Bauherr des Tempels gilt Seleukos I. Nikator (305/304–281), doch wird jetzt auch Antiochos IV. Epiphanes (175–163) erwogen. Im 5. Jh. n. Chr. wurde er in eine 3schiffige Kirche verwandelt. Das geschah durch Vermauern der Interkolumnien, Einbau eines Narthex im Westen und Schaf-

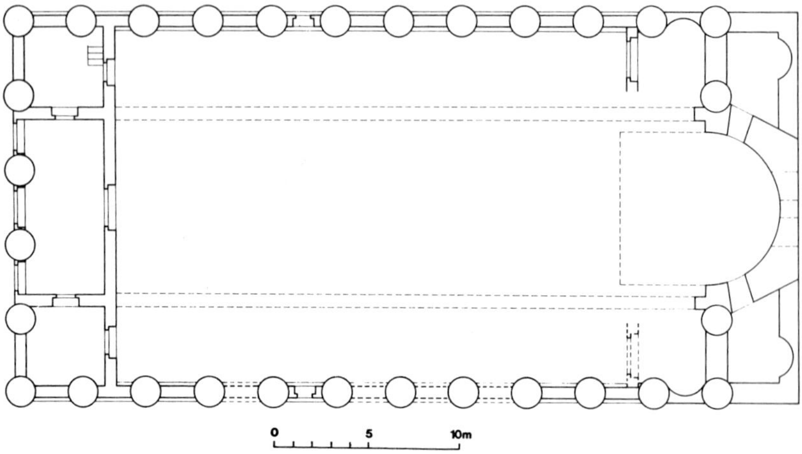

Diocaesarea/Uzuncaburç, Tempel des Zeus Olbios, zur Kirche umgebaut, Grundriß, nach RBK IV, 245/46

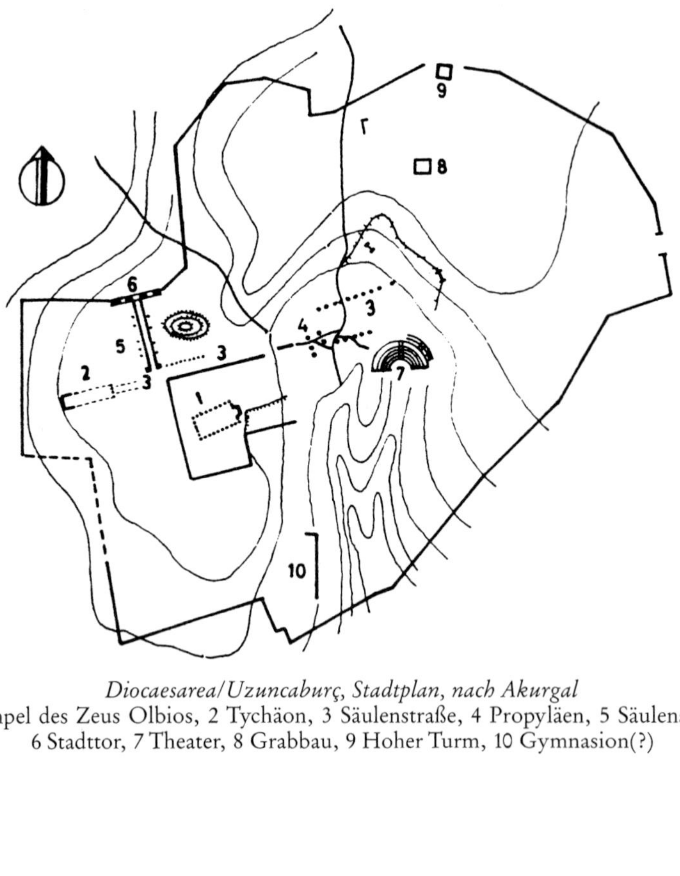

Diocaesarea/Uzuncaburç, Stadtplan, nach Akurgal
1 Tempel des Zeus Olbios, 2 Tychäon, 3 Säulenstraße, 4 Propyläen, 5 Säulenstraße, 6 Stadttor, 7 Theater, 8 Grabbau, 9 Hoher Turm, 10 Gymnasion(?)

fung eines Bema mit Pastophorien im Osten. Die durch Ausbruch zweier Säulen geschaffene halbrunde Altarapsis war außen eckig ummantelt. Der Fußboden im opus sectile ist teilweise erhalten. Vom basilikalen Aufbau des Inneren ist nichts übrig geblieben. Einige ornamentierte Gebälkstücke und ein Bildwerk mit 3 Tänzerinnen gehören noch der hellenistischen Ära an.

Die römische Tempelstadt besaß ein triumphbogenartiges Tor mit einem 63
großen mittleren Durchgang zwischen 2 kleineren Seitentoren. Die Bogen sind profiliert. Konsolen an den Wänden und über dem Abschlußgesims deuten an, daß hier Statuen aufgestellt waren.

Der Weg nach der (unteren) Wohnstadt **Olba** führt durch eine Nekropole mit kleinen Grabhäusern, Sarkophagen oder in die Felsen gehauenen Reliefs.

In frühbyzantinischer Zeit wurden noch weitere Kirchen im Stadtgebiet errichtet; davon konnten festgestellt werden: in Diokäsarea eine 3schiffige Basilika beim Theater und im Nordosten der Stadt eine wohl ebenfalls 3schiffige große Säulenbasilika, wahrscheinlich die Bischofskirche. In der Bauinschrift werden der Bischof Johannes Letoios und der Baumeister *Stephanos Lukas* genannt. Die vorgeschlagene frühe Datierung in die 2. Hälfte des 4. Jh. ist nicht gesichert. In Olba/Ura stand eine Säulenbasilika und eine Bautengruppe mit Kirche, die vielleicht als Kloster diente.

Im Gelände sind die Pfeiler und Bogen eines römischen Aquäduktes (Ende des 2. Jh.) zu erkennen.

Dorak siehe Apolyont

50 Elaiusa-Sebaste/Ayas (Içel) R 23

Ausgedehntes Stadtgebiet an der kilikischen Küste, ursprünglich aus Insel- und Festlandsiedlung bestehend; doch ist die Insel durch Sandverwehungen mit dem Ufer verbunden worden. Ob die Siedlung mit dem hethitischen Vilusa gleichgesetzt werden kann, ist ungewiß. Im 1. Jh. v. Chr. war es ein Hauptstützpunkt der „Seeräuber“, die Pompeius 64 v. Chr. besiegte (siehe auch unter Soloi). 20 v. Chr. gab König Archelaos von Kappadokien der Stadt den Namen Sebaste, womit er dem Kaiser Augustus huldigen wollte. 38 n. Chr. regierte dort noch Antiochos IV. von Kommagene – doch ordnete Vespasian 74 n. Chr. das gesamte Gebiet der römischen Provinz Kilikien zu. Bei der Teilung im 4. Jh. in Kilikia I und Isauria gehörte Elaiussa-Sebaste zur Kilikia prima.

In frühbyzantinischer Zeit war Elaiussa-Sebaste Bischofssitz. Im 8. Jh. wurde es zur Abwehr der Araber in die Befestigungslinie am Lamos einbezogen und teilte dann die Schicksale des Küstenlandes zwischen Tarsos und Seleukia. Nach dem Ende des Kleinarmenischen Reiches gelangte der Platz an die Seldschuken. Ob er damals noch eine Bedeutung hatte, ist nicht bekannt.

Das Gebiet von Elaiussa war von einer Stadtmauer umgeben, von der an der Nordwest- und Südwest-Spitze der Insel noch Reste aus hellenistischer und römischer Zeit sichtbar sind.

An der steilen Ostseite lag eine 3schiffige Basilika (Basilika A). Ihre Mauern sind großenteils abgestürzt, doch kann aus dem Befund ihr Charakter als

Säulenbasilika mit halbrunder, außen gerade geschlossener Apsis mit Priesterbank und ihre Ausdehnung, etwa 35 × 20,5 m, erschlossen werden.
Eine zweite Säulenbasilika (Basilika B) lag auf der Südspitze der Insel. Mehrere korinthische Marmorkapitelle lassen sich auf die 2. Hälfte des 5. Jh. datieren.
Auf der höchsten Stelle der Insel sind die Quadermauern der Basilika C vom Flugsand verschüttet. Sie war nach Nordosten ausgerichtet und besaß ebenfalls eine außen gerade geschlossene Apsiswand. An die Basilika grenzte südwestlich ein mehrräumiges Gebäude an, das man für eine Therme halten kann.
Die zahlreichen Ruinen im Stadtgebiet sind meist Grabbauten in Haus- oder Kleintempelform. Sichtbar ist auch die Cavea eines Theaters, dessen Sitzstufen fehlen.
Auf einem Hügel stand ein größerer Tempel (Stylobat 17,6 × 32,9 m), ein korinthischer Peripteros, in den wohl im 5. Jh. eine Kirche, wahrscheinlich die Kathedrale, eingebaut wurde. In ihrer Apsis fand man 1952 ein Mosaik mit einer Paradiesesdarstellung (leider zerstört).
Aus türkischer Zeit stammt die viereckige Paşa-Türbe von 1505 oder 1515 an der Straße.
Nordöstlich außerhalb von Elaiussa-Sebaste stand im Vorortbereich des heutigen **Yemişkum** eine große Basilika von etwa 30 m Naos-Länge. Die durch Pfeiler verstrebte halbrunde Apsis mit 3 Fenstern ist der Thekla-Kirche des Kaisers Zenon in Meriamlik vergleichbar und wurde wie diese gegen Ende des 5. Jh. errichtet.
Die alte Straße von Elaiussa-Sebaste in die Taurus-Vorberge führt steil aufwärts. Der Weg ist teilweise von Sarkophagen und Grabbauten begleitet. Sie sind auch in **Kızılbağ** anzutreffen, wo sich außerdem Ruinen eines römisch-byzantinischen Weilers mit Kirche befinden.
Die folgende Ruinenstätte **Çatıören** besitzt noch einen hochgelegenen kleinen Antentempel, dessen Weihinschrift an Hermes erhalten ist. Die Wände bestehen aus Polygonmauerwerk. In seiner Nachbarschaft liegen ein ähnlich beschaffener hellenistischer Turm und mehrere Häuser. Eine frühbyzantinische Kirche erweist sich als 3schiffige Säulenbasilika mit Emporen.
Auch das weiter nördlich im Taurus-Vorland gelegene Dorf **Hacıömerli** besaß eine 3schiffige Säulenbasilika aus frühbyzantinischer Zeit. Im Doppelfenster der Hauptapsis stand eine mittlere Säule mit einem Blätter-Voluten-Kapitell. Der Nebenraum der Nordapsis war als Baptisterium mit einem kreuzförmigen Taufbecken ausgestattet.
Im Dorf **Öküzlü** bestanden mehrere byzantinische Kirchen. Unter ihnen ist eine 3schiffige Säulenbasilika mit Narthex, Seitenschiffemporen, Querschiff, halbrunder, außen gerade geschlossener Apsis mit vorspringenden Pastophorien bemerkenswert. Sie ist mit benachbarten Anlagen in Kanytelis und Korykos verwandt und wie diese um 500 entstanden.
Südöstlich Öküzlü liegt die Siedlung **Şamlıgöl.** Der Name „syrischer See" wird von einem runden Karst-Einbruch, der mit Wasser gefüllt ist, abgeleitet, in dessen Nähe ein moslemischer (syrischer) Friedhof liegt. Dort stehen die Ruinen von etwa 15 römisch-byzantinischen Häusern.

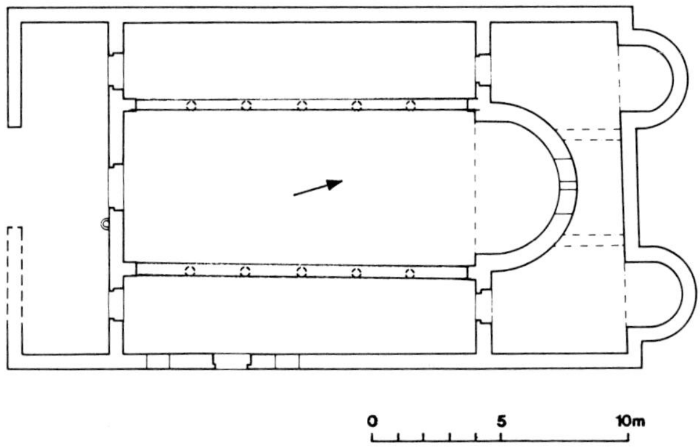

Elaiussa-Sebaste, Basilika in Yanık Han, nach Hellenkemper

Das nächste Dorf **Batısandal** besaß eine kleine einschiffige Kirche aus frühbyzantinischer Zeit. Die Apsiswand, innen halbrund, außen gerade geschlossen und mit einem säulengekuppelten Doppelfenster versehen, steht noch aufrecht.

Die bedeutendste dieser Siedlungen im Taurusvorland von Elaiussa-Sebaste war das heutige **Yanık Han** („verbrannter Han") genannte Dorf. Es besitzt außer den Ruinen von etwa 30–40 antiken Häusern noch 2 frühbyzantinische Basiliken: Das Martyrion für Georgios, Konon und Christophoros (Südkirche, Basilika A) war 3schiffig mit querrechteckigem Vorhof, Narthex, Naos und gut erhaltener halbrunder Apsis. Dahinter lag ein Raum mit 2 seitlichen Apsiden. Ein (zerbrochner) Türsturz nennt die 3 Märtyrer und den Stifter Komitas (?) Matronianos. Die kleinere Basilika B, Nordkirche, ist ebenfalls 3schiffig angelegt und besitzt hinter der Apsis einen Raum mit 2 Apsiden.

Die Wasserleitung vom Lamas nach Elaiussa-Sebaste und Korykos lief parallel zur Küste von einem Seitental bei Limonlu über 6 Aquädukte auf den Felsrücken von Elaiussa-Sebaste, und von dort über 2 Teilbrücken bis zur Stadtmauer von Korykos. Sie hatte eine Gesamtlänge von fast 18 km. Die Brücken, zu einem großen Teil erhalten, wurden wohl im 1. Jh. n. Chr. errichtet und bis ins 6. Jh., mehrfach ausgebessert, unterhalten. Ihre Pfeiler und Bogen prägen das Landschaftsbild.

Elegmi siehe Kurşunlu bei Mudanya

51 Elmalı (Antalya) Q 11

Stadt inmitten von Obstgärten auf einer fruchtbaren Hochebene im nördlichen Lykien.

Die engen Gassen werden von alten Holzhäusern gesäumt. Neben mehreren bescheidenen Moscheen in Holzbauweise eine größere Moschee aus Stein,

die Ömer Paşa-Camii aus dem 15. Jh. Kuppelbau über Kubus. Das Minarett ist mit glasierten Ziegeln verkleidet.
In Kızılbel reich ausgemaltes Tumulusgrab um 525 v. Chr.

52 Ephesos/Selçuk (Izmir) M 4

Der türkische Name für Ephesos ist Efes. Selçuk heißt seit 1914 die Nachfolgestadt von Ayasoluk (= Hagios Theologos) am Zitadellenhügel, auf dessen Südhang die Johanneskirche stand. Bei den Venezianern, italienischen Kaufleuten, die dort eine Niederlassung besaßen, hieß der Platz Altoluogo.

Das Ruinenfeld der antiken Stadt gliedern wir in 3 Bereiche:

1. den Bezirk des Artemistempels,
2. den Bezirk der hellenistisch-römischen Großstadt Ephesos,
3. den Bezirk der Johanneskirche mit der Burg.

Die Geschichte der Stadt Ephesos beginnt mit der des Artemisions in einer heute versumpften, meernahen Niederung, durch die der Kleine Mäander, der Kaystros, seinen wechselnden Lauf nimmt, zwischen den Bergen, die später die Neustadt des Lysimachos und die Johannesbasilika tragen. Hier wurde schon zu Anfang des 1. Jt. durch die karischen oder lelegischen Ureinwohner eine weibliche Gottheit verehrt, in der man die große kleinasiatische Göttermutter erblicken darf. Die griechischen Kolonisten, die unter Führung des athenischen Prinzen Androklos im 7. Jh. dort siedelten, übertrugen den Kult auf Artemis, die Tochter des Zeus und der Leto, die Zwillingsschwester des Apollon. Sie bauten ihr am Gestade des Meers einen Tempel. Dieses erste Artemision wurde um 685 v. Chr. von den Kimmeriern, die Kleinasien verwüsteten, geplündert und zerstört. Ihrer Beutegier entging allerdings der Schatz an Weihgaben im Grundstein des Kultbildes (er konnte 1905 durch Hoghart *geborgen werden).*

Der Tempel wurde wieder errichtet, größer und schöner als sein Vorgänger. Er war noch im Bau, als der neue Herrscher über die ägäische Küste, der lydische König Krösos (560/546 v. Chr.), die Stadt einnahm, wobei sich die Stadt der Immunität des Artemisions unterstellt hatte. Der Philhellene Krösos spendete die Mittel für die Ausführung des Neubaus – die Grabungen haben 3 Säulentrommeln mit der Widmung des Krösos zutage gebracht. Damit ist der Baubeginn auf das Jahrzehnt zwischen 560 und 550 zu bestimmen. Krösos wirkte als Schirmherr nur wenige Jahre. 546 verlor er sein Reich an den Perserkönig Kyros, nachdem er die Warnung des delphischen Orakels vor einem Überschreiten des Grenzflusses Halys falsch ausgelegt hatte. Aber auch die Perser waren Ephesos freundlich gesinnt, was sich bewährte, denn Ephesos hat sich als einzige griechische Stadt des Küstengebietes nicht am Jonischen Aufstand von 499/494 beteiligt und entging darum auch dem Strafgericht der Sieger. Die Zerstörung der mächtigen Nachbarin Milet kam Ephesos zugute. Aus Ephesos stammte Heraklit *(etwa 520–460 v. Chr.), der Philosoph des ewigen Wandels, der den Krieg zum Vater aller Dinge und das Feuer zum Urstoff der Welt erklärte. Er unterhielt politische Beziehungen zu König Darius I. Im Laufe des 5. Jh. schloß sich die Stadt jedoch dem delisch-attischen Seebund an. Im Peloponnesischen Krieg stand sie zunächst auf seiten Athens, ging aber 412* zu Sparta über. Lysander schlug hier sein Hauptquartier auf und besiegte vor den Toren der Stadt ein athenisches Heer. Sein Nachfolger Agesilaos konnte sich aber nicht behaupten und kehrte 394 nach Sparta zurück. 386 kam Ephesos wieder unter persische Herrschaft. Um 420 war der Artemistempel vollendet worden; doch fiel dieses ältere Artemision 356 der Wahnsinnsidee des Herostratos, der sich berühmt machen wollte, zum Opfer: Er steckte den Tempel in Brand.

Man beschloß abermals einen größeren und schöneren Wiederaufbau. Und wiederum meldete sich ein König, der dieses Werk fördern und vollenden wollte: Alexander von Makedonien, der 334 in Ephesos erschien und der Artemis opferte – er soll ja in der Brandnacht des Tempels zur Welt gekommen sein. Doch die Epheser lehnten das Angebot des Eroberers ab. Sie gebrauchten dafür die diplomatische Formulierung: es zieme einem Gott nicht, einer Göttin das Haus zu weihen. Dennoch blieb Alexander dem Tempel gewogen. Er erweiterte seinen Asylbereich und ließ ihm staatliche Geldmittel zukommen.

Auch die Nachfolger Alexanders, die Diadochen, wußten sich dem Artemision und der Stadt Ephesos verpflichtet. Lysimachos verlegte die Stadt aus der Ebene wieder in das Gebiet, das Androklos einst besiedelt hatte, auf die Hügel Pion und Koressos, und umgab die neue Stadt mit einer 8 km langen Mauer. Dieses hellenistische Ephesos entwickelte sich zu hoher Blüte. Auch die Kämpfe zwischen Seleukiden und Lagiden taten ihm keinen Abbruch. Zwar besetzte Antiochos d. Gr. 196 die Stadt, mußte sie aber nach seiner Niederlage durch die Römer bei Magnesia wieder räumen. Sie gelangte an Pergamon, dessen letzter Herrscher, Attalos III., sie 133 mitsamt seinem Reich an Rom vermachte. Die Römer teilten sie der neugeschaffenen Provinz Asia zu. In die Pläne, die König Mithradates von Pontus gegen Rom hegte, wurde auch Ephesos verstrickt. Von Ephesos ging 88 v. Chr. der Blutbefehl aus, nach dem die meisten Römer und Italiker Kleinasiens ermordet wurden. Doch vermochte sich die Stadt bald wieder mit Rom auszusöhnen. Als Antonius nach Ephesos kam, erweiterte er die Bannmeile des Artemisions bis zum Rand der lysimachischen Stadt. Doch stellte Augustus das frühere Verhältnis wieder her, unterdrückte einige Auswüchse des Kultus und umgab das Heiligtum mit einer Schutzmauer. Er erhob Ephesos zur Hauptstadt der Provinz Asia.

In dieser Eigenschaft hat Ephesos seine größte Zeit erlebt. Es wurde neben Rom, Alexandria und Antiochia eine der bedeutendsten Städte des Römischen Reiches. Ein Erdbeben 17 n. Chr. konnte diese Entwicklung nur kurz unterbrechen. Tiberius und die meisten seiner Nachfolger blieben Ephesos wohlgesinnt und verschönten die Stadt mit prachtvollen Bauten.

Auch die christliche Mission gelangte nach Ephesos. Der Apostel Paulus besuchte es kurz auf seiner 2. Reise, hielt sich aber erst auf seiner 3. Reise länger dort auf und entfaltete eine erfolgreiche Tätigkeit. Sie führte zum Aufstand der Goldschmiede unter ihrem Zunftmeister Demetrios, von dem die Apostelgeschichte einen anschaulichen Bericht gibt (Apg. 18, 19–21; 19, 1–20, 1). Der Epheserbrief im Kanon des Neuen Testaments wird zwar als echtes Schreiben des Paulus angezweifelt, gibt aber ein zutreffendes Bild der äußeren und inneren Lage der jungen Christengemeinde in dieser Großstadt. Der Paulus-

schüler Timotheus *aus Lystra in Lykaonien wurde nach der Überlieferung der erste Bischof von Ephesos. Außer Paulus wird noch ein anderer Apostel, die neben Petrus und Paulus wichtigste Persönlichkeit des Urchristentums,* Johannes, *der Verfasser des 4. Evangeliums und der „johanneischen Literatur" im Kanon des Neuen Testaments, mit Ephesos in Verbindung gebracht. Sein Aufenthalt, auf den die Apokalypse verweist, soll um das Jahr 60 begonnen haben. Unter Domitian (81–86) nach der Insel Patmos (Offb. 1,9) verbannt, sei er unter Nerva (96–98) wieder nach Ephesos zurückgekehrt und dort unter Trajan (98–117) gestorben. Er habe auch Maria, die Mutter Jesu, zu sich genommen und bis zu ihrem Tode versorgt. Seine Vita, wie sie die apokryphen Johannesakten, byzantinische Menologien und die Schriftsteller von* Eusebios *bis zur Legenda aurea berichten, kennen noch eine Reihe von wundersamen Ereignissen seines Lebens und Sterbens. Sie spielen sich an verschiedenen Orten, auch in Rom, ab. An einer Lokalisierung der letzten Lebensjahre Mariens und ihres Todes in Ephesos ist dem frühen Schrifttum nicht gelegen.*
Damals lebte in Ephesos auch ein Presbyter Johannes. *Er gilt für viele Theologen als der Verfasser der Apokalypse mit ihren 7 Sendschreiben an die Gemeinden Asiens, deren erstes an Ephesos gerichtet ist, und auch der 3 Johannesbriefe des Neuen Testaments. Die damit der Wissenschaft gestellte „Johanneische Frage" besteht bis heute fort. Die Tradition kennt jedoch nur einen personengleichen Apostel und Evangelisten Johannes, dem die Ostkirche den ehrenden Beinamen „der Theologe" gab.*

Die glanzvollen Tage der Römerherrschaft währten bis ins 3. Jh. 263 brandschatzten gotische Streifscharen die Stadt und das Artemision. Man stellte sie wieder her, wenn auch mit weniger Aufwand. Das Artemision diente noch bis zu Kaiser Theodosios I. dem heidnischen Kult. Dann wurde, wie bei zahlreichen anderen Tempeln, in seinem Inneren eine Kirche eingerichtet. Wie lange sie bestand, ist nicht bekannt.

Bereits unter Konstantin I., als die staatliche Anerkennung der christlichen Religion erfolgte, besaß Ephesos eine führende Stellung in der Kirche Kleinasiens. Bischöfe amtierten dort seit dem apostolischen Zeitalter. In einem Brief, den Bischof Polykarp von Ephesos an den Bischof Auctor in Rom anläßlich des Osterstreites 190/191 schrieb, kam das christliche Selbstbewußtsein der Stadt als „Trägerin der großen Erinnerungen der asiatisch-phrygischen Kirchen ... durch welche diese der römischen mindestens ebenbürtig sind" (A. v. Harnack) *zum Ausdruck. Ephesos rühmte sich auch des Grabes des hl.* Lukas, *des Evangelisten.*

Konstantin hatte in der Stadt einige Staatsbauten erneuern lassen, darunter die prunkvollen Hafenthermen, die 2 Jahrhunderte später Justinian für die Hagia Sophia zu Konstantinopel ausschlachtete. Wahrscheinlich ist er auch für den Kirchenbau tätig geworden. Ob die 3schiffige Säulenbasilika am Magnesischen Tor, die für die erste Bischofskirche gehalten wird, dazu gehörte, ist ebenso ungewiß wie seine Mitwirkung bei der Marienkirche – der Konzilskirche von 431 – oder dem Martyrion über dem Johannesgrab unterhalb der Burg. Die schweren Erdbeben von 358 und 365 und der anschließende Wiederaufbau der Stadt mit staatlicher Hilfe haben etwaige konstantinische Kir-

chenbauten stark verändert. An die Munifizenz der Kaiser erinnert bis heute die Arkadianè, die Prachtstraße, die Arkadios (395–408) vom Theater zum Hafen anlegen ließ.

Im 5. Jh. erreichte die kirchliche Bedeutung von Ephesos ihren Höhepunkt. 431 tagte hier das 3. ökumenische Konzil. Es kam auf Einladung des Kaisers Theodosios II. zustande und sollte den christologischen Streit der Patriarchen von Alexandria und Konstantinopel, Kyrillos *und* Nestorios, *schlichten. Dahinter standen schon seit langem kirchenpolitische Gegensätze, als deren Wortführer die theologischen Schulen von Antiochia und Alexandria auftraten. Sie spitzten sich in den Aussagen über die göttliche und menschliche Natur Jesu Christi und die Rolle und den Rang Mariens bei der Fleischwerdung des Erlösers zu. Kyrill vertrat die völlige Einheit beider Naturen und formulierte entsprechend die „Gottgebärerin" (θεοτόκος), während Nestorios eine radikale Zweinaturenlehre vertrat und Maria als „Christusgebärerin" (Χριστοτόκος) bezeichnete. Der Streit endete nach dramatischen Auftritten und vorübergehenden Inhaftierungen beider Patriarchen durch den Kaiser mit dem Siege Kyrills, dem jedoch 433 ein antiochenisch beeinflußter Kompromiß auferlegt wurde. Damit war die Sache noch nicht ausgestanden. 449 kam abermals in Ephesos eine Synode unter dem gleichen Verhandlungsgegenstand zusammen. Dort setzte sich der Nachfolger Kyrills, Dioskur von Alexandria, mit Hilfe gewalttätiger Mönchshaufen, die er mitgebracht hatte, durch, ließ den Patriarchen Flavian von Konstantinopel absetzen und die Häupter der antiochenischen Theologie als Irrlehrer verdammen. Diese Synode hat der damals durch den Sturz Flavians mitbetroffene römische Papst Leo d. Gr. als „Räubersynode" bezeichnet. Sie gilt nicht als ökumenisches Konzil. Diese Bezeichnung kam erst wieder dem folgenden Konzil von Chalkedon 451 zu, das die Dinge ins Lot brachte und den e i n e n Christus als vollkommenen Gott und als vollkommenen Menschen, in zwei Naturen weder miteinander vermischt noch scharf getrennt, bekannte – die Lehre, wie sie in den großen Kirchen der Christenheit bis heute gültig geblieben ist. Damit war auch die Theotokos, wie sie in der Marienkirche zu Ephesos 431 formuliert wurde, anerkannt.*

Große Bedeutung für Ephesos erlangte die Bautätigkeit Justinians (527–565). Er ließ vor allem die W a l l f a h r t s k i r c h e über dem Grabe d e s h l. J o h a n n e s durch einen Neubau ersetzen, der zu den besten Werken christlicher Baukunst zählte. Der Kaiser machte diese Kirche zum Mittelpunkte einer neuen Stadt, die sich nach Johannes, dem Hagios Theologos, nannte (was sich, wie schon erwähnt, zu Ayasoluk abschliff). Das hatte aber zur Folge, daß das Gebiet der Stadt des Lysimachos mehr und mehr verödete. Der Hafen war ohnehin von Versandung und Verlandung bedroht. Der sich ausbreitende Sumpf wurde zur Brutstätte der Malaria, die so manche antike Stadt erwürgt hat. Vom 7. Jh. an kamen äußere Gefahren hinzu. Die Araber überfielen auf ihren Beutezügen entlang der Küsten Kleinasiens das immer noch wohlhabende Ephesos. 668 wurde es von Muawija geplündert. 716/717 schlug Maslama dort seine Zelte auf. Byzanz gab jedoch die ägäische Metropole nicht verloren. Kaiser Leo III. (717/741) machte sie zum Behördensitz des Themas Thrakesion. Erst durch Leo VI. wurde es 886 von Smyrna abgelöst.

Der Seldschukensieg über Kaiser Romanos Diogenes bei Malazgirt/Mantzikert 1071 wirkte sich auf ganz Kleinasien aus. 1090 wurde auch Ephesos besetzt. Es bildeten sich die Emirate Tangriparmak und Marak. Doch gewann Kaiser Alexios I. im Zusammenhang mit dem 1. Kreuzzug und der Einnahme von Nikäa 1097 Ephesos und das westliche Kleinasien wieder für Byzanz. Im 2. Kreuzzug zogen sich die deutschen und französischen Heere mit ihren Königen auf Ephesos zurück, von wo sich 1147 Konrad III. nach Konstantinopel einschiffte. Als die Kreuzfahrer des 4. Kreuzzugs 1204 unter venezianischer Führung Konstantinopel besetzten, blieb Ephesos mit anderen Städten Kleinasiens der byzantinischen Sache und dem Kaiser von Nikäa verbunden. Unter Johannes Dukas Vatatzes (1221/1254) wurde die Stadt des Johannes Theologos neu befestigt. Erst 1307 gelangten die Seldschuken nach längeren wechselvollen Belagerungskämpfen in den Besitz der Stadt und der Burg. Sie bildeten mit der Nachbarlandschaft das Emirat Sasan, das vom Emirat Aydın abgelöst wurde. Die Johannesbasilika wurde in eine Moschee verwandelt, die Zitadelle ausgebaut. 1375 erbaute Isa Bey, Sohn des Mehmet Bey, eine große Moschee unterhalb von Hagios Theologos. 1380 zogen die Osmanen unter Sultan Beyazit I. Yıldırım in Ayasoluk ein. Die Mongolen des Timur Lenk, die den Sultan 1402 bei Ankara besiegten und gefangennahmen, drangen bis Ephesos vor. Sie zerstörten die Johanneskirche vollends.

Sultan Murat II. nahm 1476 wiederum von Ephesos Besitz. Als türkisches Landstädtchen Ayasoluk führte es bis ins 19. Jh. ein bescheidenes Dasein, in dem auch die Erinnerung an die hellenistisch-römische Weltstadt, die „Stadt der Artemis und des Johannes" (Miltner) so sehr verblaßte, daß man ihre Stätte nicht mehr kannte.

1863 machte sich der englische Architekt John Turtle Wood (1821/1890) auf die Suche nach dem Artemision, von dem niemand zu sagen wußte, wo es lag. Nach gründlichem Quellenstudium antiker Autoren und nach entbehrungsreichen Jahren vergeblicher Bemühungen stieß er im Mai 1869 auf die Temenosmauer des Heiligtums. Bis 1874 legte er dort mühsam Teile der Fundamente des Tempels samt vielen Säulen- und Skulpturenbruchstücken frei. Nach ihm taten es seine Landsleute Murray und Hogarth (bis 1905). Die Funde gelangten in das Britische Museum London. 1894 erhielt das Österreichische Archäologische Institut Wien die Grabungserlaubnis für Ephesos. Sie umfaßte das gesamte antike Stadtgebiet. Die in englischem Besitz befindlichen Grundstücke mußte sie aber aussparen. Nun wurde 1898–1904 besonders im Bereich der Stadt des Lysimachos gegraben. Die durch den Ersten Weltkrieg unterbrochenen Arbeiten wurden während der griechischen Besetzung 1921/1922 mit der Ausgrabung der Johanneskirche wiederaufgenommen. 1925/1935 und seit 1954 haben die Österreicher mit Unterstützung der türkischen Denkmalpflege im gesamten Stadtgebiet gearbeitet und so den archäologischen Befund und Plan von Ephesos erstellen können, wie er sich jetzt (1986) darbietet. Dabei wurden auch Wiederherstellungen, wie die Aufrichtung Hunderter von Säulen, der Südarkade der Johanneskirche, des Hadriantempels
69, 72 und der Celsusbibliothek, ausgeführt. Die Funde sind in dem Museum Ephesos
73 gesammelt. Doch harren noch ganze Stadtviertel der Ausgrabung.

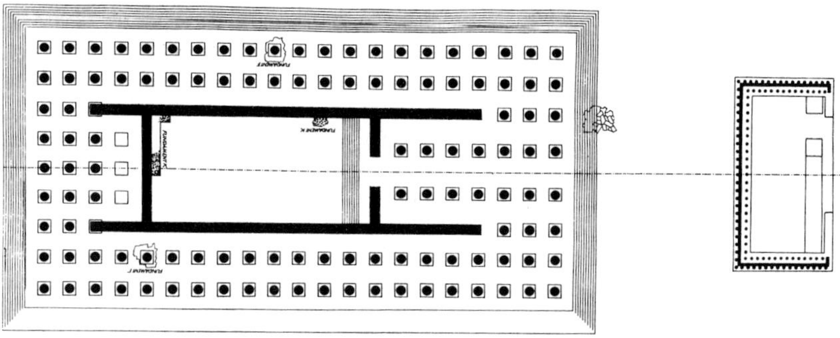

Ephesos, Grundriß des jüngeren Artemisions und des Altars, nach Bammer

Wer Ephesos betritt, wandelt auf einem Boden, den die Geschichte hart geprüft, Kunst und Wissenschaft ausgezeichnet, Götterverehrung und Gottesglaube geheiligt haben – seine Denkmäler bezeugen es, daß allem Schrecken und aller Gewalttat, aller Ausschweifung und allem Aufruhr, allem Töten und aller Zerstörung diese Werte des Lebens sieghaft überlegen sind, und „daß der Geist nicht sterben kann"!

1) Das Artemision:

Der einstige Bezirk des Artemistempels liegt in einer Bodensenke, die oft mit Wasser bedeckt ist. Sie ist gekennzeichnet durch eine Säule, die man vor einigen Jahren aus verstreuten – nicht immer zueinander passenden – Säulentrommeln aufgerichtet hat. Ihre Basis besteht aus Beton. Die Stelle des 64
Kapitells versieht meist ein Storchennest.

Ein der Gottheit geweihter Platz unter freiem Himmel, ein „Sekos", ein Naturheiligtum, in dem eine orientalische Fruchtbarkeitsgöttin verehrt wurde, die die eingewanderten Griechen Artemis nannten, bildete den Anfang. Den ältesten nachweisbaren Tempel hat hier der Tyrann Pythagoras auf einen Orakelspruch aus Delphi hin errichtet, vielleicht als Antentempel, in dem das hölzerne Bild der Göttin stand. Sein Nachfolger wurde der Großtempel, den wir als das „ältere Artemision" bezeichnen. Um 560 v. Chr. wurde er durch die kretischen Meister *Chersiphronos* und *Metagenes* auf rechteckigem Grundriß als Dipteros mit 8:22 Säulen, Stylobatmaße rd. 55 × 115 m (der Befund ließ keine genauere Messung zu) erbaut. Nach der Brandzerstörung durch Herostrat 356 hat man ihn auf gleichem Grundriß und in den gleichen Proportionen und Ordnungen, doch um einen Stufenunterbau von 3 m erhöht, wiederhergestellt. Vor der Westfront des Tempels lag der Altar.

Was schon das ältere Artemision auszeichnete und was ihm, ebenso wie seinem Nachfolgetempel, den Ruf eines „Weltwunders" eintrug, war seine Gesamterscheinung. Er war zwar kaum größer in seinen Maßen, aber kostbarer im Werkstoff und reicher im Schmuck als sein unmittelbares Vorbild, das um 530 entstandene Heräon des Polykrates auf der nahen Insel Samos.

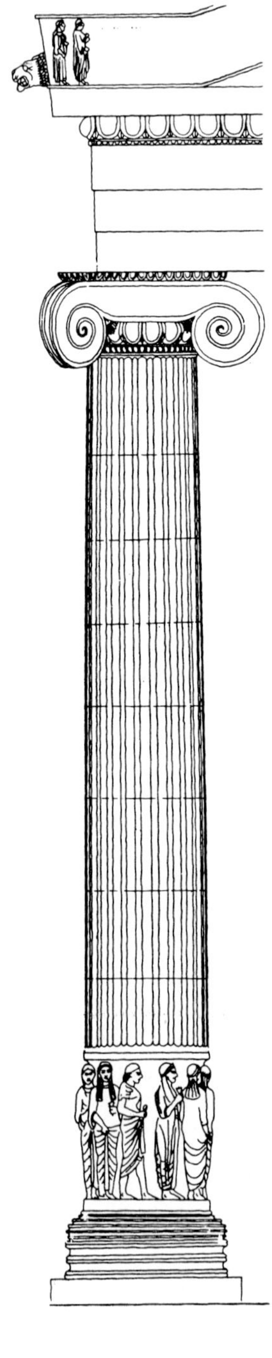

Ephesos, älteres Artemision, rekonstruierte Ecksäule, nach Akurgal

Der Stylobat des Artemisions trug 8:22 je 18,9 m hohe Säulen. 36 von ihnen
hatten über einem mehrfach profilierten Basiswulst aus Spira und Torus eine 71
Reliefzone mit mythologischen Figuren. Der Säulenhals hatte bei einigen
Stücken noch ein Anthemion, bevor das breit ausladende Volutenkapitell
begann. Auf dem Architrav aus Marmor lag ein kräftiger Zahnschnitt, und
darüber war um den gesamten Bau eine 86 cm hohe Sima mit Pferden, Streit-
wagen und Kriegern, etwa 330 m lang, gezogen. Bruchstücke eines Frieses
von 60 cm Breite sind wohl so zu deuten, daß es auch auf der Sekos-Seite des
Tempels ein solches skulptiertes Band gegeben hat. Die beiden Fronten des
Tempels besaßen, wie aus Münzbildern hervorgeht, Giebel. Das Thema ihres
Schmuckes ist unbekannt. Nur das vordere Gebälk – mit einer Interkolum-
nienweite von 8,7 m im Mitteljoch – bestand aus Marmor. Wie das Versetzen
solch riesenhafter Blöcke vor sich ging, ist noch ein Rätsel. Die inneren
Balken, auch die Türen, waren aus Zedernholz gezimmert.

Das Kultbild selbst stand in einem Schrein. Der umgebende Raum, der
Sekos, war gegen den Himmel offen. Wann das ursprünglich hölzerne Kult-
bild der ephesinischen Artemis unterging, wissen wir nicht; wohl aber, wie es
aussah. Neben kleineren Nachbildungen und Amuletten, wie sie die Gold-
schmiede des *Demetrios* laut Apostelgeschichte anfertigten, gibt es besonders
drei bildhauerische Nachgestaltungen dieser Artemis: 1. eine schon seit lan-
gem bekannte überlebensgroße Figur aus Stein und Bronze im National-
museum zu Neapel und 2. und 3. zwei in Ephesos selbst gefundene Statuen, 70
die als „die große Artemis“ und „die schöne Artemis“ in die Literatur einge-
gangen sind. Den beiden ephesinischen Bildern (im Museum Ephesos-Selçuk)
ist nach dem Ort ihrer Aufstellung die größte Ähnlichkeit mit dem Kultbild
im Tempel zuzuerkennen. Demnach stand die Göttin in strenger frontaler
Haltung aufrecht, mit einem reich durch Tierprotome gezierten Schurz
bekleidet. Die Arme waren an den Körper angewinkelt, die Hände – in Neapel
und bei der „schönen Artemis“ noch vorhanden – hielten Bänder oder
Schnüre, an die wohl begleitende Tiere gebunden waren. Auf dem Kopf trug
sie einen turmartigen Aufbau, den Polos. Eine Art Nimbus hinter dem Kopf
war ebenfalls mit Tierprotomen geschmückt. Das Antlitz selbst war ernst,
mit gleichmäßigen Zügen, großen Augen und vollem Munde; bei der „schönen
Artemis“ war es von einem leichten Lächeln überspielt. Am Auffallendsten
ist der Brustschmuck. Er besteht aus einer mehrfachen Aufreihung eiför-
miger Gebilde, die seit der verächtlichen Beschreibung des Bildes durch den
hl. *Hieronymus* als Brüste angesehen wurden, womit der gelehrte Kirchen-
vater die gängige lateinische (multimammia) oder griechische (polymastos,
πολύμαστος) Bezeichnung überliefert. Dementsprechend sah man in der
ephesinischen Artemis-Diana die Nährmutter aller Lebewesen. Eine solche
Deutung ist auch anwendbar, wenn diese Anhängsel als Eier oder eiförmige
Früchte verstanden werden. Noch andere Erklärungen wurden vorgebracht:
etwa, daß es der Göttin eigene Brüste seien oder die ihr zum Opfer gebrach-
ten Brüste der Amazonen (= Brustlosen, αἱ Ἀμαζόνες). Neuerdings ist der
wohl richtige Deutungsversuch auf Stierhoden erfolgt *(Seiterle)*. Sie wurden
der Göttin bei ihren Festen, die mit Stieropfern verbunden waren, umge-

hängt. Mit allen früheren Erklärungen hat diese Deutung gemeinsam, daß sie die Artemis von Ephesos ebenso wie ihre mythische Vorgängerin als Fruchtbarkeitsgöttin ausweist.
Die Opfer selbst wurden auf einem großen Altar westlich des Tempels dargebracht. Die Stiere – gegen 20 – wurden dort geschlachtet und ausgenommen. Das gebratene Fleisch erhielt, wie das bei solchen Götterfesten üblich war, das Volk. Jeder Bürger hatte Anspruch auf eine Zuteilung – was in den jungen Christengemeinden zu einer lebhaften Erörterung führte, ob es dem Christen erlaubt sei, solches „Götzenopferfleisch" anzunehmen (Apg. 15, 29; 1. Kor. 8, 1–13; 10, 20–33).
Vom Altar wurde das 20 × 40 m große Fundament 1965 gefunden. Sein Aufbau ist hypothetisch. Zwischen dem Altar und der 35 m entfernten Tempelwand kam ein weiteres Mauerstück zum Vorschein. Es wurde als Fundamentrest eines früheren Tempels gedeutet, der einer weiteren Gottheit – der Demeter – geweiht gewesen sei, so daß im Bereich des Artemisions einst 2 Tempel mit 2 Priesterdynastien gestanden hätten, die erst die Lyder zu einem einzigen Kult vereinigt hätten. Dafür habe Krösos seinen Tempel, das „ältere Artemision", gestiftet. Ob sich die Dinge so verhalten haben, ist fraglich. Doch sollte man beim Besuch des Artemisions auch darüber nachdenken. Meist hat die Phantasie heute nicht viele Anhaltspunkte im Gelände. Man sieht nur die paar Steine, die aus dem Sumpf oder gar aus dem Wasser ragen und auf denen die Schildkröten hocken.
Der 1904/1905 geborgene Tempelschatz dreier übereinander liegender Heiligtümer enthielt auch das Gründungsdepot des 7. Jh. mit Figürchen aus Elfenbein, Holz, Bronze oder Ton, Schalen, Ohrringe, Spangen, Halbedelsteine, Perlen und anderen Schmuck, auch frühe Münzen lydischer Prägung aus Elektron, einer Gold-Silber-Legierung. Es wurden fast 3000 Einzelstücke verzeichnet (Museum Istanbul).
Von der Ausstattung des Tempels in antiker Zeit – etwa damals, als der Goldschmied *Demetrios* und seine Zunftgenossen die silbernen Andenkenbilder herstellten und der Stadtkanzler im Theater zur Beruhigung des Volkes von „der großen Göttin Artemis und ihrem vom Himmel gefallenen Bild" sprach, ist einiges überliefert. Im Tempel und seinen Umgängen standen viele Weihgaben. Plinius erzählt (nat. hist. XXXIV, 53) von einem Wettstreit, der zwischen 440 und 430 v. Chr. für die Darstellung einer verwundeten Amazone ausgeschrieben war. Es beteiligten sich daran *Phidias, Polyklet, Kresilas* und *Phradmon.* Der Preis fiel an *Polyklet.* Mehrere römische Kopien dürften die Erinnerung an diese Meisterwerke festhalten (Rom, Mus. Capitol.; Tivoli, Villa Hadriana; Kopenhagen, Glyptothek Ny Carlsberg).

2) Die hellenistisch-römische Weltstadt:

Das ist die Stadt, die Lysimachos auf den Hügeln Pion (Panayir Dağ) und Koressos (Bülbül Dağ) und in der Talsenke, dem Embolos, zwischen beiden gegründet und mit einer turmbewehrten Mauer umgürtete. Sie reichte mit einem Hafenbecken bis zum Meer; ins Land führten zwei große Tore: das Ost- oder Magnesische und das West- oder Koressostor. Nahe beim Kores-

sostor lag das Vediusgymnasium. Es wurde unter Kaiser Antoninus Pius
(138/161) durch P. Vedius Antoninus erbaut und der Artemis-Diana, wohl
weil es dem Heiligtum am nächsten lag, geweiht. Die Thermenanlage baute
sich von einem Peristylhof her in einer Folge von Sälen und Baderäumen auf.
– Südlich des Vediusgymnasiums erstreckte sich das etwa 230 m lange und
30 m breite Stadion, von dem noch das mächtige Tor aufrecht steht. – Es 68
folgt in südöstlicher Richtung ein byzantinischer Bau, in dem wir wohl den
byzantinischen Statthalterpalast aus dem 6. Jh. erblicken dürfen. Er ist
aus einem repräsentativen Teil mit überkuppeltem Apsidensaal und einem
kleinräumigen Wohnbereich zusammengefügt. Beiden gemeinsam ist eine
straßenseitige Vorhalle.

Gegenüber, in östlicher Richtung, liegt im Ruinenfeld das bedeutende Bau-
werk der Marienkirche, in der das Konzil von 431 tagte. Sie hat eine 75
verwickelte Baugeschichte, an deren Beginn eine langgestreckte römische
Handelsbasilika des 2. Jh. zu 3 Schiffen steht. Diese wurde im 4. Jh. zu einer
3schiffigen, immer noch 150 m langen Säulenbasilika „verkürzt" und war die
Bischofskirche der Stadt, „die große nach Maria genannte Kirche" (ἡ ἁγία
καὶ μεγάλη ἐκκλησία ἡ καλουμένη Μαρία) der Konzilsakten. In ihren
Westteil zog man einen Narthex ein, an den sich ein Peristylhof mit westlicher
Apsis und im Norden eine zentrale Taufkirche anschloß. In diesem Kirchen-
komplex versammelte sich das Konzil. Um 700 wurde – vielleicht nach einer
Brand- oder Erdbebenzerstörung – in den Westteil dieser Kirche vorwiegend
aus Ziegelmauerwerk eine Kuppelbasilika mit 2 Narthices eingebaut. Auch
diese Kirche ging zugrunde, vielleicht in den ersten Arabereinfällen. Man
erneuerte indes die Marienkirche nochmals, indem man den Ostteil der einstigen
großen Kirche ausbaute und darin eine 3schiffige Basilika mit Apsis und
Pastophorien einrichtete. Das kann erst unter Johannes Dukas Vatatzes im
13. Jh. geschehen sein. (Diese Baugeschichte ist nicht allgemein anerkannt.)

Die Marienkirche grenzte im Süden an eine (unausgegrabene) Straße an, die
zum Hafenbecken hinabführte. Zwischen dieser und der nächsten Straße,
der Arkadianè, erstreckte sich die große römische Agora, der Verulanus-
Platz, im Osten und Westen flankiert von den Anlagen der Hafenther-
men und des Theatergymnasiums, ein großer Baukomplex aus dem
2. Jh. mit späteren Erweiterungen aus dem 4. Jh. Namentlich die Hafenther-
men waren aufwendig gebaut. Wie schon erwähnt, hat Kaiser Justinian hier
Säulen für seine Hagia Sophia ausbrechen lassen. Ein Marmorsaal und ein
ovaler Säulenhof zeichnen sich im Grundriß ab. Von diesem Säulenhof tritt
man hinaus auf die fast 600 m lange, 11 m breite Prachtstraße der Stadt,
die den Namen des Kaisers Arkadios trägt. Sie war beiderseits von 5 m tiefen
Säulenreihen begleitet, hinter denen Läden lagen. Nachts war sie, wie aus
einer Inschrift hervorgeht, von 50 Laternen beleuchtet. Am Hafen stand ein
3bogiges Tor (Überrest in Wien, Kunsthist. Mus.). Etwa in der Mitte der
Straßenlänge erhob sich ein Tetrapylon mit polygonen Sockeln, in die 8
Nischen eingetieft waren. Auf den korinthischen Kapitellen der 4 Säulen
standen wahrscheinlich Kaiserstatuen. Im weiteren Verlauf führt die Arka-
dianè auf das Theater zu. Ein Torbau bildete den Abschluß.

Das große Halbrund des Theaters ist in den Hang des Pion eingeschnitten. Sein Grundriß geht auf beiden Flügeln über die Mittellinie hinaus. Der Zuschauerraum überragte die Orchestra um 30 m und umfaßte rund 24000 Plätze. Hinter einem Proszenium lag das dreigeschossig aufgebaute und durch Säulenordnungen gegliederte Bühnenhaus. An seiner Rückwand steht ein jonisches Brunnentempelchen. Die Anlage des Theaters geht auf die Stadtgründung und -planung des Lysimachos zurück. Unter den Kaisern Claudius und Nero und nochmals unter Trajan wurde es erweitert und verändert.

Die Marmorstraße vom Theater bis zum Platz an der Celsusbibliothek geht ebenfalls auf die hellenistische Zeit zurück. Sie läuft der Agora entlang, deren Geviert durch zahlreiche Säulen bezeichnet wird. Hier befand sich der Markt der Lebensmittelhändler, die ihre Läden hinter den Säulenhallen besaßen. Die Agora wurde mehrfach umgebaut oder nach Zerstörungen wiederhergestellt. Sie war mit dem Hafen durch eine ladenbesetzte Säulenstraße verbunden.

65 An die Südseite der Agora schließt sich die Celsusbibliothek an. Sie heißt nach ihrem Stifter Tiberius Julius Celsus Polemaeanus, der 105/107 Statthalter der Provinz Asia zu Ephesos war. Die Stiftung wurde von Sohn und Erben ausgeführt und 135 vollendet. Der rechteckige Bau war 2geschossig. Seine Säle bargen in Wandschränken die Bibliothek. Seine Ostfassade wurde 1977/1978 unter Verwendung vorhandener Stücke durch *Fm. Hueber* wiederaufgebaut und stellt neben dem Hadriantempel (siehe S. 107) das architektonische Glanzstück der antiken Stadt Ephesos dar. Im Erdgeschoß, das über eine breite Treppe zugänglich war, gewährten 3 Türen zwischen vorspringenden 4 Ädikulen zu je 2 Säulen Einlaß in das Gebäude. Im Obergeschoß stehen nur 3 Ädikulen, welche die 3 Eingänge überbrücken und auf beiden Seiten von einzelnen Säulen begrenzt werden. Kapitelle, Gebälk und Gesimse sind vielfältig geschmückt. Statuen in Wandnischen des Erdgeschosses (die Tugenden des Celsus) und auf Postamenten des Obergeschosses (der Stifter und seine Erben) beleben die Fassade, die damit zur Aussage über das Bauwerk und seine Zweckbestimmung wird. Die Bauinschrift ist am Architrav des Erdgeschosses zu lesen. In einer 2. Inschrift ist die Stiftung festgehalten. Der Stifter selbst ließ sich in seiner Bibliothek – unter der Apsis der Rückseite – beisetzen.

An der Seite der Celsusbibliothek gewährt das dreibogige Tor der Mazaeus und Mithradates, zweier Freigelassener des Agrippa, die es 4 v. Chr. zu Ehren des Augustus errichteten, Zugang zur Agora. Der Südhalle folgend, gelangt man zum sog. Serapisheiligtum, einem Prostylostempel des 2. Jh. n. Chr., der im 4. oder 5. Jh. in eine Kirche verwandelt wurde. Es war ein prachtvoller, mit vielen Monolithen ausgestatteter Bau, der wohl durch ein Erdbeben zerstört wurde. Die einzelnen Werkstücke zeigen edle Ornamentik.

Auf dem Platz vor der Celsusbibliothek zweigte die mit repräsentativen Bauten bestandene Hauptstraße, der Embolos, ab. Sie war das Rückgrat der Stadt des Lysimachos zwischen Pion und Koressos. Die belebte Verkehrsader führte an mehreren Brunnen vorbei zur Oberen Agora und zum Domitian-Tempel. Die Ausgräber haben diesen Embolos nach den Priestern, welche das heilige Feuer der Hestia im Prytaneion unterhielten, „Kuretenstraße" genannt. Sie beginnt an der „Marmorstraße" mit einem vielräumigen Gebäude, dessen rückwärtiger Anbau ein zwar inschriftlich gesichertes, aber nicht in die Gesamtkonzeption dieses Stadtviertels passendes Freudenhaus war (vgl. dazu, was *Paulus* im Eph. 4, 28–5, 18 schreibt). Davor war eine große öffentliche Latrine eingerichtet. Längs der Straße aber – die beiden Bedürfnisanstalten kaschierend – erstreckte sich eine von Säulen getragene Halle.

Die gegenüberliegenden Bauten werden als Grabdenkmäler von Heroen, die sich um die Stadt Verdienste erworben haben, angesprochen. Eines davon wurde in christlicher Zeit mit reliefierten Schranken versehen.

An der linken Nordost-Straßenseite mündet eine schmale Gasse. Sie begrenzt zugleich das große Geviert der Scholastikiathermen. Sie gehen auf das 2. Jh. zurück, wurden aber nach einem Erdbeben des 4. Jh. durch die Christin Scholastikia unter Verwendung vieler Spolien aus benachbarten Bauten wiederhergestellt. Die Statue der Stifterin steht in der Eingangshalle.

Vor der Straßenfront der Scholastikiathermen liegt auch der hübsche
Hadriantempel. Er wurde im 3. Jahrzehnt des 2. Jh. von Publius Quin- 66
tilius, seiner Frau und seiner Tochter dem Kaiser Hadrian geweiht. Das Erdbeben in der Mitte des 4. Jh. hat ihn ebenso wie die benachbarten Thermen niedergeworfen. Man hat ihn aber wiederhergestellt und einige Dekorationsstücke anderer Herkunft dabei eingesetzt. Eine zweite Wiederaufrichtung brachten die österreichischen Archäologen zustande *(F. Miltner)*. Der korinthische Prostylos trägt ein ornamentiertes Gebälk, das in der Mitte bogenförmig hochgeführt ist. Die Eingangstür zur Cella übernimmt dieses Bogenmotiv als Rahmen eines Tympanons, auf dem eine weibliche Halbfigur Ranken in den Händen hält. Der Figurenfries der Vorhalle stammt von einem anderen Bauwerk. Im Schlußstein des äußeren Bogens ist eine Tyche (Schutzgöttin) dargestellt. Die 4 Postamente an der Straße trugen ehedem wohl Kaiser- oder Götterstatuen.

Etwas oberhalb des Hadriantempels begegnen wir auf der gleichen Straßenseite noch einem Nymphäon, einer tempelartigen Brunnenanlage, die dem Kaiser Trajan um 114 gewidmet wurde. Man hat Teile der Architektur (m. E. nicht glücklich) zusammengesetzt.

Einen besonderen Gebäudekomplex bilden die gegenüber liegenden Hanghäuser. Es waren durchweg vornehme Privathäuser, die hier am Koressos in mehreren Geschossen und auf z. T. künstlich geschaffenen und durch Gewölbe gestützten Terrassen übereinanderlagen. Über seitliche Treppengassen gelangte man in die öfter in Peristylbauweise angelegten Häuser. Die Fußböden waren mit Marmorfliesen bedeckt oder mosaiziert. Die Wände trugen ornamentale und figürliche Malereien. Einige davon wurden abgelöst und ins Museum verbracht, so ein Bild des Philosophen Sokrates aus dem 1. Jh., das zu den besten Darstellungen seiner Art gehört. Diese Häuser, die vielen Veränderungen ausgesetzt waren, wurden zwischen dem 1. und dem 7. Jh. bewohnt.

Den oberen Abschluß der Kuretenstraße bildet ein 3gliedriges Tor mit zwei
67 Atlantenpfeilern, das zeitweise „Heraklestor“ genannt wurde. Dahinter wird eine Brunnenanlage (Hydreion) und das nach dem Enkel des Diktators Sulla genannte Memmiusdenkmal sichtbar, mit Säulen und plastischen Bruchstücken, die man unter Verwendung von viel Zement wieder zusammengefügt hat. Auch das rückwärts liegende Denkmal des Gaius Sextilius Pollio aus dem Jahr 93 n. Chr., in das die von Osten herangeführte Wasserleitung mündet, wurde, aus alten Teilen und mit Zement ergänzt, neu erstellt. Einige Bogen des 2geschossigen Aquädukts überbrücken wenige Kilometer aufwärts das Tal.

Der Tempel des Kaisers Domitian (81–96) lag beherrschend auf einer Terrasse im Süden dieses Platzes vor dem Pollio-Nymphäon. Erhalten und teilweise wiederaufgerichtet sind die säulenverblendeten Unterbauten, in die später eine byzantinische Zisterne eingefügt wurde. Dort kamen auch der Kopf und ein Arm der Kolossalstatue Domitians zum Vorschein. Der Tempel selbst ist völlig verschwunden.

Die Ostfront der Domitianterrasse war der oberen Agora, dem Staatsmarkt, zugekehrt. Sie wurde in einer Ausdehnung von 58 × 160 m schon von Lysimachos angelegt. Ihre Nordseite nahmen die Bauten der städtischen Verwaltung – eine langgestreckte 3schiffige Säulenbasilika, dahinter das Prytaneion und ein Odeon – ein. Auf dem Platz selbst stand ein Tempel, der vielleicht als Augustus-Roma-Tempel angesehen werden kann. (Auch ein Isis- oder ein Dionysostempel wurden in Vorschlag gebracht.) Auf der Südwand des Platzes ergoß ein monumental ausgebildeter Laufbrunnen sein Wasser in 2 Becken.

Die Figuren des Domitiansbrunnens waren ursprünglich als Giebelfiguren eines von Marcus Antonius um 40 gestifteten Dionysostempels bestimmt. Sie stellten Odysseus und seine Gefährten in der Höhle des Kyklopen Polyphem dar. Das Werk war beim Tode des Antonius 30 v. Chr. noch nicht vollendet. Der Tempel wurde 27 Augustus und der Roma geweiht, die Figuren hat man 93 n. Chr. für den Domitianbrunnen verwendet. Im Museum Ephesus ist jetzt ein von *B. Andreae* rekonstruiertes Modell des Polyphemgiebels ausgestellt.

Die öffentlichen Bauten der Nordseite waren bis in die byzantinische Zeit hinein in Benutzung. Sie sind mehrfach umgestaltet worden. Das Prytaneion, das Amtshaus der Prytanen, der Höchstmagistrate von Ephesos, enthielt auch einen Staatsherd (Hestia). Das von den Kureten unterhaltene heilige Feuer brannte in einem Antentempel mit dorischen Säulen. Der Innenraum bildete einen Saal mit steinernem Tisch. Hier bewirtete man Staatsgäste. Dieses Prytaneion ist die Fundstätte der beiden schon genannten Artemisstatuen (Museum). Daß sie dort aufgestellt waren, bezeugt, wie sehr sich die Stadt Ephesos dem Artemision verpflichtet wußte und das Artemisbild die Funktion einer Stadtgottheit, einer Tyche, hatte.

Ostwärts neben dem Prytaneion lag das Odeon. Es war im Halbkreis aufgebaut und bot in 2 Rängen zu 13 breiteren und 10 schmäleren Stufen 1400 Personen Platz. Es dürfte ursprünglich als Bouleuterion, als Rathaus, gedient

haben. Sein späterer Umbau zum Odeon erfolgte durch P. Vedius Antoninus im 2. Jh. v. Chr., der uns als Stifter des Vediusgymnasiums schon begegnet ist.
Weiter ostwärts liegen neben einem byzantinischen Peristylhaus am Ende der Basilika die Ruinen einer großen Thermenanlage, des Variusbades.
Ein Rundbau südlich des Parkplatzes und der Straße nach dem Marienhaus wurde lange als „Lukasgrab“ bezeichnet. Hier ist in einem antiken Bau, wohl einer Grabanlage, eine Kirche eingerichtet worden. Narthex und Apsis sind noch erkennbar.
Ein großer Gebäudekomplex liegt beim Magnesiator und wird Ostgymnasium genannt. In der Raumaufteilung – Palästra, großer Saal, kleiner Saal, Bade- und Aufenthaltsräume – ist es dem Vediusgymnasium verwandt.
Hinter dem Ostgymnasium fand man eine große christliche Kirche des 4./5. Jh. Sie hatte basilikalen Grundriß mit 2 Säulenreihen zu je 8 Säulen, die das Mittelschiff von den Seitenschiffen trennten. Die Apsis war rechteckig. Es könnte vor der Marienkirche die erste Bischofskirche von Ephesos gewesen sein.
Vom Magnesiator gelangt man in nördlicher Richtung zum Grabbezirk der byzantinischen Stadt. Er ist durch die Legende der Siebenschläfer ausgezeichnet. Während der Christenverfolgung unter Kaiser Decius (249/251) seien hier 7 Jünglinge in einer Höhle, in der sie Zuflucht suchten, eingeschlafen und erst 182 Jahre später, 432/437, unter Kaiser Theodosius II. wieder erwacht. Etwa 415 Bestattungen konnten in diesem Coemeterium gezählt werden. Sie reichen vom 4. zum 6. Jh. und waren mehrere Stockwerke und Terrassen tief meist als Wandgräber in eine Felsschlucht hineingebaut. Der Friedhof besaß mehrere ineinandergeschachtelte, gewölbte Bauwerke, die nach und nach entstanden sind. Inmitten der Anlage befindet sich eine einschiffige Kirche, über der Katakombe der Siebenschläfer, an die sich im Osten ein Bestattungssaal anschließt. Südlich davon liegt ein mit 2 Kuppeln gedeckter kreuzförmiger Raum, der inschriftlich als Mausoleum des Flavios Abradas bezeichnet ist. Auch andere Familiengrabhäuser bevorzugen die Kreuzform. In der zeitlichen Entstehungsfolge sind wahrscheinlich die Gräber in den unteren Teilen der Schlucht die ältesten. Über den Gräbern der Siebenschläfer errichtete dann Theodosius II. in seinem 23. Regierungsjahr (431) eine Kirche. Als letzter Bau an diesem Platze entstand das Mausoleum des Abradas.
Von der Stadtmauer, mit der Lysimachos seine neue Stadt umgab, steht noch ein mehrere Kilometer langes Stück auf dem Kamm des Koressos. Die sorgfältig aus großen Quadern gemauerte Anlage weist eine große Zahl von Halbtürmen und Rechteckvorsprüngen auf. Sie zieht sich bis zu einem weithin sichtbaren Turm über dem Hafengelände hin, in dem die Überlieferung das Gefängnis des Apostels Paulus erblickt.
Das Marienhaus/Panaya Kapulu/Meryemana auf dem 420 m hohen Ala Daği, 3½ km vom Osttor der Stadt entfernt, wird aufgrund einer Vision der stigmatisierten westfälischen Nonne Katharina Emmerich (1774–1824) als Sterbehaus der Muttergottes angesehen. Der in eine Kapelle umgewandelte Bau stammt aus mittelbyzantinischer Zeit (6. Jh.) und gehörte vielleicht zu

einem Kloster. Seit seiner Entdeckung 1891 durch Lazaristen aus Smyrna ist er Ziel vieler Wallfahrten vorwiegend europäischer und südamerikanischer Pilger geworden. Auch Papst Paul VI. hat ihn 1967 aufgesucht.

In der literarischen wie bildlichen Darstellung des Marienlebens und in der Liturgie kommt dem Marientod, der Koimesis (ἡ κοίμησις, dormitio), eine besondere Bedeutung zu. Die älteren, vorwiegend syropalästinensischen Überlieferungen sagen aus, daß Mariä Tod und Himmelfahrt (Μετάστασις τῆς Θεοτόκου) in Jerusalem auf dem Sion und dem Ölberg stattgefunden habe. 431 wurde in der Marienkirche zu Gethsemane das Mariengrab gefunden. In der Legende wird erzählt, wie Maria nach einem Gebet am Heiligen Grabe zu Jerusalem ihren Tod herbeisehnte und, nachdem ihr der Erzengel Gabriel ihr nahes Ende verkündet habe, nach Bethlehem gegangen sei. Dort wollte sie Gott um die Ankunft aller Apostel an ihrem Sterbebett bitten. Sie seien dann auf Wolken herbeigetragen worden, um sich um Maria zu versammeln; Christus sei in ihrer Mitte an die Bahre seiner Mutter getreten und habe ihre Seele, verkörpert in einem Kinde, zu sich genommen, während ihr Leib von den Aposteln im Tal Josaphat zu Grabe getragen worden sei. Was dann geschah, wird sehr unterschiedlich geschildert. Die Koimesis mit den um die entschlafene Maria versammelten Jüngern, Vorgänge, die in die Assumptio, die Himmelfahrt Mariä, übergehen, welche schließlich ihre römische Dogmatisierung in der „leiblichen Aufnahme Mariens in den Himmel“ vom 1. 11. 1950 erfahren hat, ist zuerst in der byzantinischen Kunst zu einem „klassischen“ Bildtypus ausgebildet worden, dem wir im Osten wie im Westen in zahlreichen Beispielen begegnen. Die ältesten aus dem 5. Jh. (?) sind von der Grabstätte Mariens in der Sionskirche zu Jerusalem bezeugt; der Hymnus des Johannes von Saloniki (610–649) fand Eingang in die ostkirchliche Liturgie. Darin werden ausführlich Tod, Bestattung und Aufnahme der Seele beschrieben. Von Ephesos wird dabei weder im Bild noch im Wort eine Andeutung gemacht.

3) Die Johanneskirche:

Der heilige Theologe, ὁ Ἅγιος Θεολόγος, wie der Apostel und Evangelist Johannes in der Ostkirche genannt wird, gab auch dem Stadtbezirk von Ephesos, der sich am Burghügel gebildet hatte, seinen Namen. Er überdauerte als Ayasoluk den Untergang des Artemisions und der einstigen Weltstadt Ephesos.

Johannes, Bischof von Ephesos, wurde auf dem Burghügel im Norden des Artemisions bestattet. Wie die Ausgrabungen nachgewiesen haben, befand sich dort zur römischen Kaiserzeit ein Villenviertel. Die Tradition setzt diesen Johannes mit dem Verfasser des 4. Evangeliums, der 3 Johannesbriefe und der Offenbarung im neutestamentlichen Kanon in eins. Die theologische Erörterung dieser Überlieferung hat, wie erwähnt, die „johanneische Frage“ aufgeworfen. Sie wirkt auch in die Geschichte der Johanneskirche hinein. Denn das erste Heiligtum an ihrem Platze war eine Memoria oder ein Martyrion, das den Quellen zufolge von kreuzförmiger Gestalt war. Die apokryphen „Johannesakten“ bringen im Bericht des *Prochoros* eine merk-

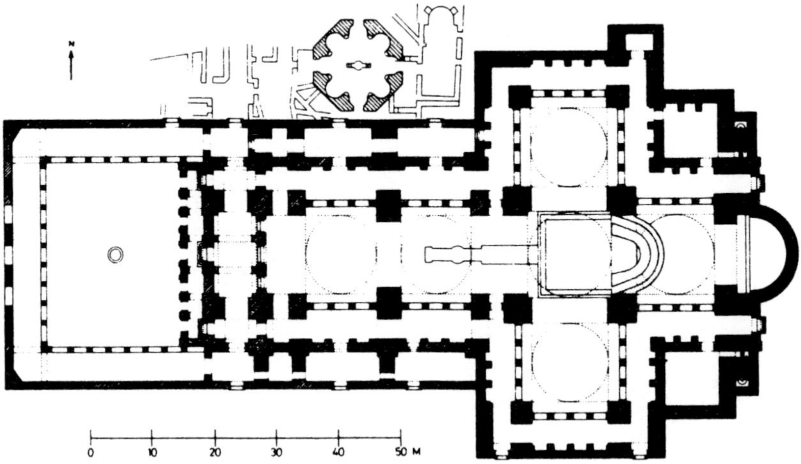

Ephesos, Kirche des Hagios Johannes Theologos, Grundriß, nach Brenk

würdige Legende (nach *Th. Zahn* und *P. Huber*), der zufolge Johannes, als er den Tod nahen fühlte, sich selbst in sein Grab legte. Dann habe er sich mit Erde zuschütten und sein Antlitz mit einem Tuch bedecken lassen. Bei Sonnenaufgang sei er gestorben. Man habe zwei Engel gesehen, die seinen verklärten Leib gen Himmel trugen. Diese auf einer Ikone des 16. Jh. zu Patmos dargestellte Bestattung (von *P. Huber* veröffentlicht) bezieht sich auf Ephesos. Eine kreuzförmige Grabanlage des 3. Jh. mit 7 nacheinander gebauten Kammern oder Stollen haben auch die Ausgrabungen freigelegt. Sie sind heute zugänglich gemacht und durch einen umzäunten Marmorfußboden gekennzeichnet. Der Platz wurde dann wohl noch unter Konstantin (eine Münze mit seinem Bild, geprägt in Konstantinopel 330/335, hat man im „Johannesgrab" gefunden) mit einem quadratischen Mausoleum überbaut, an das – später? – eine Ostapsis angefügt wurde.
Bald konnte dieser Bau den Zustrom der Pilger nicht mehr fassen. Er wurde darum im 5. oder beginnenden 6. Jh. erweitert, indem man auf allen vier Seiten basilikale Baukörper ansetzte und so eine abermals kreuzförmige Kirche mit dem Johannesgrab als Bema unter der Vierung schuf. Es ist nicht sicher, ob diese größere Johanneskirche das Ergebnis abschnittsweiser Erweiterungen – in der Abfolge: 3schiffiger Westarm, 5schiffiger Ostarm, je 3schiffige Süd- und Nordarme – ist, oder ob hier ein Gesamtplan zügig ausgeführt wurde. Daß man im 6. Jh. noch am Nordarm gebaut hat, steht fest.
Kaiser Justinian hat jedenfalls, dem Bericht *Prokops* (de aedif. V, 1, 4–6) zufolge, „das alte unansehnlich und zu klein gewordene Grabheiligtum des Apostels abbrechen und durch einen prächtigen Bau ähnlich der Apostelkirche in der Hauptstadt" ersetzen lassen. Die justinianische Johanneskirche war eine basilikale, im Chor, den Kreuzarmen und im Langhaus 3schiffige Anlage mit Narthex und Atrium. Beiderseits der Apsis befanden

Ephesos, Wiederherstellungsversuch der Johanneskirche, von Südwesten gesehen, nach Hörmann

sich Pastophorien. Das Langhaus und die Kreuzarme besaßen Emporen. 6 Kuppeln überdeckten die Quadrate; die Vierungskuppel überragte die anderen. Der Atriumhof war von Säulen umgeben. Seine Fundamente griffen auf den Hang über. Auf der Nordseite befand sich ein Baptisterium mit einem
77 kreuzförmigen Taufbecken im Boden. Die Wände der 130 m langen, 40 m, in den Kreuzarmen 64 m breiten Kirche bestanden im unteren Teil aus Quadern, im oberen Teil und in den Wölbungen aus Ziegelsteinen. Sie waren mit Marmorplatten vertäfelt, in den Seitenschiffen weitgehend ausgemalt, die Kuppeln trugen Mosaikbilder. Die Säulen waren verschiedenfarbene Monolithe. Die jonisierenden Kapitelle des Langhauses trugen die Monogramme Justinians und Theodoras. Über dem Johannesgrab war ein abgeschranktes Templon errichtet. Der Chor besaß ein Synthronon; auch ein Ambo ist nachgewiesen.

Die Ausstattung hat wohl auch nach Justinian noch Ergänzungen erfahren. Wieweit sie vom Ikonoklasmus beeinträchtigt wurde, ist so wenig bekannt wie die Wiederaufrichtung von Bildern. Auch bestimmte Ikonentypen sind nicht für Ephesos zu belegen. Dennoch hat Ephesos mit Sicherheit einen wesentlichen Beitrag zur christlichen Ikonographie geleistet. Das ergibt sich schon aus der frühchristlichen Literatur, besonders aus der Vita des Johannes Evangelista, wie sie in mehreren Apostelakten durch *Prochoros* und zusam-

Ephesos, Inneres der Johanneskirche gegen Osten, Wiederherstellungsversuch, nach Hörmann

mengefaßt in der Kirchengeschichte *Eusebs* ihren Niederschlag fand. Der Typus des greisen Johannes mit langem weißen Bart (im Unterschied zu dem bartlosen, fast jugendlichen Jünger im Westen) dürfte in Ephesos geprägt und entwickelt worden sein.

Die ersten Beschädigungen der Kirche sind im Zuge der Arabereinfälle des 8./9. Jh. erfolgt. Ihre letzte Wiederherstellung durch den nikänischen Kaiser Johannes III. Vatatzes erfolgte um 1230. Die Seldschuken, die Ephesos in

Besitz nahmen, verwandelten 1330 die Johanneskirche in eine Moschee; später diente sie als gedeckter Bazar. Zerstört haben sie 1403 die Mongolen des Timur Lenk.

Über 500 Jahre zeigte nur ein gewaltiges Trümmerfeld den Platz der Kirche an. Erst während der griechischen Besetzung 1921 begann *G. Sotiriu* mit ihrer Ausgrabung. Sie wurde nach 1925 durch *H. Hörmann* weitergeführt. Die nach dem Zweiten Weltkrieg eingeleitete Restaurierung der Kirche unter Leitung von *E. Akurgal* ist bestrebt, die in allen Teilen der Basilika, im Atrium und im Baptisterium gefundenen Bauglieder wieder an ihren ursprünglichen Platz zu versetzen. Die wiederhergestellte nördliche Mittelschiffwand des 1. Joches kann nur einen Begriff von den Proportionen des Bauwerks geben.
76 Sie ist zugleich ein Denkmal, das den Ort einer der bedeutsamsten Kirchen der Christenheit in der Landschaft kenntlich macht.

Oberhalb der Johanneskirche krönt die byzantinisch-seldschukische Festung den Hügel. Ihr polygonaler Mauerring, mit einer Reihe von Türmen oder turmartigen Ausbauten bewehrt, umschließt ein ungefähres Oval. Darin befindet sich auf dem höchsten Punkt ein Bau mit rundem Ostschluß, vielleicht eine ehemalige Kirche. Außerdem waren hier 2 Zisternen und eine kleine Moschee angelegt. Die Festungsmauer ist mit der Stadtmauer von Ayasoluk verbunden. Deren im 6. Jh. erbautes Haupttor, zugleich der Eingang zum Kirchenbezirk des Hagios Theologos, enthält antike Spolien. Unter ihnen ist auch ein hellenistisches Relief zu erkennen, das den Kampf des Achilles gegen Hektor zeigt. Das Tor wird daher „Tor der Verfolgung" genannt.

Im Stadtgebiet von Selçuk stehen noch mehrere z. T. restaurierte und als Untersätze von Storchennestern dienende Pfeiler der antiken Wasserleitung aufrecht.

1375 ließ Isa Bey, Sohn des Mehmet Bey, unterhalb von Ayasoluk eine statt-
74 liche Moschee errichten. Sie steht auf einem rechteckigen Grundriß, der mit Vorhof 57 × 51 m mißt. Eingang gewährt ein hohes Portal mit Stalaktitennische. Es trägt die Stiftungsinschrift und den Namen des Baumeisters *Ali ben Muşimişal Damişki.* Der Moscheeraum selbst ist von 2 Kuppeln bedeckt. Ihre tragenden Säulen sind antiken Ursprungs und sollen aus den Hafenthermen stammen.

53 Epiphania/Gözen Halabelevi (Adana) P 28

Stadt im östlichen Kilikien, früher Oeniandos geheißen, von Antiochos IV. Epiphanes (175–163 v. Chr.) neu gegründet. Man hielt die Stadt lange für den Schlachtort Issos, wo 333 Alexander d. Gr. den Perserkönig Darius besiegte. Pompeius siedelte hier wie an anderen Küstenplätzen die überwundenen Seeräuber an (siehe unter Soloi). Die Stadt war in der römischen Kaiserzeit ohne geschichtliche Bedeutung.

Auf dem ausgedehnten Ruinenfeld von Gözeneler Harabeler standen 1902 noch 116 Bogen – Vf. hat sie nicht nachgezählt – einer spätrömischen, aus dunklen Lavasteinen erbauten Wasserleitung. Auch Reste einer Säulenstraße, eines Theaters und einer Kirche wurden festgestellt.

Issos, die Stadt, nach der die Schlacht Alexanders d. Gr. gegen Darius III. 333 v. Chr. genannt wurde, erhielt schon bald den Namen Nikopolis. Es lag auf dem Hügel Kinet Hüyük (Yeşil Hüyük).
(Siehe auch Alexandria kat'Isson/Iskenderun.)

Erdek siehe Kyzikos

54 Erythrä/Ildir (Izmir) K 2
Die Stadt auf der Halbinsel Karaburun gehörte zum Bund der 12 jonischen Städte und später zum delisch-attischen Seebund.
Im Gelände hebt sich der Akropolishügel ab, auf dem ein Haus stand, wohl ein Heiligtum. Es wurden dort eine archaische Mädchenfigur gefunden sowie zahlreiche Gegenstände aus Elfenbein, Bronze und Ton, die als Weihgaben gedeutet werden können (Museum Izmir). Am Hang ein Theater mit Überbleibseln der Sitzstufen. – Eine hellenistische und eine römische Peristyl-Villa sind in den Fundamenten erhalten. – Die Stadtmauer besaß Schichtverband aus roter Lava und grauem Kalkstein.

Eski Hisar siehe Stratonikeia

55 Euromos (Muğla) O 5
Die vorgriechische karische Stadt liegt nordwestlich von Mylasa/Milas, mit dem sie zeitweise verbündet war. 129 v. Chr. in die römische Provinz Asia eingegliedert.
Im 2. Jh. v. Chr. wurde hier anstelle älterer Vorgängerbauten ein Tempel 78
des Zeus Lepsinos als Peripteros von 6:11 Säulen in korinthischer Ordnung errichtet. 16 Säulen, großenteils mit Architrav, stehen noch aufrecht. An der Stiftung des Heiligtums waren mehrere Personen beteiligt. Ihre Namen ließen sie auf steinernen Schildern an den Säulen anbringen. Ein Teil der Säulen hat keine Kanneluren. In der Cella ist noch der Sockel des Kultbildes vorhanden. Über sein Aussehen ist nichts bekannt. Östlich vom Tempel ist der freistehende Altar zu erkennen. Figürliche Terrakottafriese vom Dachgesims gelangten in das Museum Bodrum. Ein herabgestürzter Gebälkblock neben dem Tempel zeigt einen Wasserspeier in Form eines Löwenkopfes.
Das mit Ölbäumen bestandene Gelände birgt noch Reste eines Theaters und der Agora.

56 Evdir Han (Antalya) P 13
Von Antalya führte eine Karawanenstraße ins innere Anatolien. Sie ist mit mehreren Seldschuken-Hanen aus der 1. Hälfte des 13. Jh. besetzt. Antalya am nächsten liegt der Evdir Han, eine große rechteckige Anlage mit gewölbten Kammern auf der Innenseite der Mauern. Das schöne Portal wird von einer Nische in Mukarnas überhöht. Den äußeren Rahmen bilden Ornamentleisten. Laut Inschrift 1215/1219 erbaut.

Fethiye siehe Telmessos

Foca (Yeni Foca) siehe Phokäa

Gazipaşa siehe Selinos

57 Gebze/Dakibyza/Libyssa (Kocaeli) B 10

Die Stadt Libyssa am Marmarameer südlich von Gebze gehörte in vorrömischer Zeit zum Bithynischen Reich des Königs Prusias (230–182 v. Chr.). Bei ihm hatte schließlich der karthagische Feldherr Hannibal, der große Feind Roms, Zuflucht gefunden. Hannibal führte als Admiral die Flotte des Antiochos III. und erlitt bei Side im Seegefecht gegen die Rhodier eine Niederlage. 184 kämpfte er als Admiral des Prusias gegen die Flotte des Eumenes II. von Pergamon. Rom verlangte seine Auslieferung. Um dem zu entgehen, vergiftete sich Hannibal in Libyssa. Sein Grabmal, das ihm die Kaiser Septimius Severus und Caracalla errichtet hatten, wurde 1906 von Th. Wiegand *entdeckt.*

Am Ufer des Marmarameers zwischen Istanbul und Izmit liegen mehrere Stätten, die mit den letzten Tagen großer geschichtlicher Persönlichkeiten verbunden sind. Außer Hannibal in Gebze sind zu nennen: Hereke/Ankyron, wo Kaiser Konstantin I. 337 starb; Pendik/Panteichion (siehe dort), der Ruhesitz des in Ungnade gefallenen Feldherrn Justinians, Belisar († 635); und Hünkar Cayre, wo Sultan Mehmet II., der Eroberer von Konstantinopel, 1481 verstorben ist.

In Gebze byzantinische Ruinen aus justinianischer Zeit, darunter ein
79 schönes Kapitell.

Die Orhan Gazi Camii ist ein quadratischer, ins Achteck überführter Saal mit großer, auf den Außenwänden ruhender Kuppel. Am Sockel des Minaretts sind antike Spolien vermauert. Die Coban Mustafa Paşa Camii vertritt den gleichen frühen Moscheetypus. Im Garten die achteckige Türbe des Stifters.

58 Gerga/Ince Kemer (Aydın) N 7

Das in der Bergeinsamkeit Kariens ostwärts der Straße Aydın–Muğla gelegene Gerga besitzt noch eine Anzahl antiker Ruinen aus der römischen Kaiserzeit. Das eigenartigste Denkmal ist ein kleiner, 4,5×6 m im Grundriß messender,
80 aus mächtigen Steinen zusammengefügter (Grab-)Tempel, an dessen Giebel in großen griechischen Buchstaben der Name des Ortes Gergas ΓΕΡΓΑΣ eingehauen ist. Die „Gergas"-Inschrift begegnet im Gelände noch einige Male. Auf Postamenten waren wohl Statuen aufgestellt, deren wenig modellierte Bruchstücke noch umherliegen. An einem Brunnenhaus ist ein Löwenkopf-Schmuck angebracht. Die für die heutige Ortsbezeichnung maßgebende Bogenbrücke bei Ince Kemer ist antiken Ursprungs.

Geyre siehe Aphrodisias

Girme siehe Kremna

Gülbahce siehe Klazomenä

59 Gürses (Antalya) S 11

Kleine lykische Stadt westlich von Myra, deren antiker Name unbekannt ist. Sie wurde von *J. Borchert* erstmals 1965/1966 besucht und vermessen. Die etwa 70 m lange, ummauerte Akropolis mit mehreren Wohnbauten und einer Zisterne ausgestattet. Zu ihren Füßen die Häuser und Heiligtümer der Stadt, weiter unterhalb die Nekropole aus Sarkophagen vom 4. Jh. v. Chr. bis in die römische Zeit, darunter ein Pfeilergrab, dessen Grabkammer Reliefs trägt, um 500 v. Chr. Am Hang ein lykisches Felsengrab.

Halikarnassos siehe Bodrum

Hellespont/Dardanellen siehe Çanakkale

60 Herakleia am Latmos/Eregli/Kapıkırı (Muğla) N 5

Die Stadt Herakleia war in der Antike eine Hafenstadt am gleichnamigen Golf. Der Mäander hat die Meeresverbindung dieser Bucht verschüttet, so daß ein Binnensee, der Bafa Gölü, entstand.

Die jonischen Einwanderer hatten sich hier am Ort einer karischen Stadt Latmos niedergelassen. Erst Maussolos von Halikarnassos gab ihr den Helden Herakles zum Namenspatron. Der Name Latmos haftet auch an dem Gebirge, das den See überragt und heute Beşparmak (= Fünffingerberg) heißt. Herakleia gehörte dem Jonischen Bund an und nahm 499/494 am Aufstand gegen die persische Herrschaft teil. Es wurde sicher auch vom Strafgericht der Perser betroffen. Nach einem Erdbeben baute der Satrap und spätere König Maussolos die Stadt als Herakleia, dem „hippodamischen Plan" folgend, wieder auf und versah sie mit einer respektablen Befestigung. Unter römischer Herrschaft entstanden mehrere öffentliche Bauten. Das Christentum faßte hier früh Fuß. In byzantinischer Zeit wurde die Stadt Bischofssitz. Im Latmosgebirge entstanden damals Einsiedeleien und Klöster, die ihm den Ruf eines „Berges der Mönche" eintrugen (siehe Latmos). Unter den Arabereinfällen, die vom 7. Jh. an das Land immer wieder verheerten, litten Stadt und Klöster. Doch gingen sie erst in der seldschukisch-osmanischen Eroberung im 14. Jh. unter.

Auf einem Hügel aus riesigen Felsblöcken steht das Athenaheiligtum, ein dorischer Antentempel des 3. Jh. v. Chr., dessen Vorhalle dem Latmos zugekehrt ist. Die Cellawände bestehen aus schönen Quadern.

Ostwärts davon liegt die hellenistische Agora, deren Südseite durch ein mehrgeschossig an den Hang gebautes Gebäude begrenzt wird. An die Nordostecke des Platzes stießen mehrere Bauten, unter ihnen ein Bouleuterion, an. Vom Theater, das in gleicher Richtung von der Agora lag, ist im Gelände nur noch die Eindellung der Cavea mit wenigen Sitzstufen wahrzunehmen. Eine weitere Kultstätte unterhalb der Agora war dem schönen Endymion geweiht. Sie bestand aus gemauerter Rundapsis mit 4 Prostylonsäulen. Endymion war ein schöner Jüngling, der als Jäger und Hirt in einer Höhle des Latmos wohnte. Dort besuchte ihn die liebestrunkene Mondgöttin Selene. Sie zeugten miteinander 50 Töchter – die Zahl der Wochen eines Mondjahrs. Dann versenkte ihn Zeus in ewigen Schlaf.

81 Ein Meisterwerk ist der hellenistische Mauerring, der, einst 6 km lang, noch auf weite Strecken erhalten ist. Die Mauer ist aus bossierten Quadern erbaut und besaß einen Wehrgang. In unregelmäßigen Abständen wird sie von zweistöckigen Türmen überragt.

Auf einer Landzunge liegt ein kleines hellenistisches, in byzantinischer Zeit umgebautes Kastell.

Die Inseln im See tragen noch die malerischen Ruinen byzantinischer Klöster. In die Uferfelsen sind die Gräber der karischen Nekropole eingemeißelt.

Hereke/Ankyron siehe Gebze

61 Hierapolis/Pamukkale (Denizli) M 9

Der türkische Name Pamukkale (= Baumwoll-, Watte-Schloß) gibt der besonderen Prägung der Landschaft des oberen Mäandertals bildhaften Ausdruck, die die alte Stadt Hierapolis in Phrygien zu einem der sehenswerten Plätze Anatoliens macht. Seit vielen Jahrhunderten haben warme kalkhaltige Wasser die großen Terrassen versintert, auf denen Hierapolis durch die Herrscher von Pergamon im 2. Jh. v. Chr. gegründet worden ist. Die Bikarbonat-Thermalquellen selbst sind jedoch schon von ältesten Zeiten an kultisch verehrt worden. Ihr Zentrum ist in dem von Strabo *beschriebenen Plutonium zu suchen. Die Blüte dieser Bäder fällt, wie man aus den erhaltenen Denkmälern schließen kann, in die römische Kaiserzeit. Der mondäne Ort wurde nicht nur von Gästen geschätzt, er hatte auch eigene kulturelle Bedeutung. Er war der Geburtsort eines der großen stoischen Philosophen, des Freigelassenen* Epiktet *(etwa 55/135 n. Chr.), der später in Rom und Nikopolis lehrte. Wie dem Kolosserbrief (4, 13) des Apostels* Paulus *zu entnehmen ist, gab es hier eine lebendige, vielleicht von ihm selbst gegründete Gemeinde. Nach der Überlieferung erlitt der Apostel Philippus um 80 zu Hierapolis das Martyrium. Bischöfe begegnen schon in der frühen Kirchengeschichte Kleinasiens; Flakkos nahm am Konzil von Nikäa 325 teil. Später hatte Hierapolis den Rang einer Metropolis. Seine Bischöfe waren auf fast allen Konzilien bis zur Synode von 1186 vertreten. Doch ging es im 12. Jh. mit der Stadt und ihrer Gemeinde schnell zu Ende. Die sich seit dem 7. Jh. ständig wiederholenden Einfälle der Araber führten zu Verwüstung und Entvölkerung. Die deutschen Kreuzritter Friedrich Barbarossas trafen Hierapolis am 25. 4. 1190 schon als Trümmerfeld an. Sie ehrten aber das Andenken des Philippus durch eine Prozession unter Vorantritt eines Kreuzes.*

Erst die Reisenden des 19. Jh. entdeckten wieder die versunkene Stadt. 1882 begannen deutsche Archäologen (Humann) *mit Ausgrabungen. Zwischen 1907 und 1971 wurde sie von italienischen Archäologen* (P. Verzone) *gründlich durchforscht. In den ausgebauten Gewölben der antiken Thermen wurde 1978 ein Museum für Fundstücke eröffnet.*

Die hellenistische Stadt Hierapolis wurde 178 n. Chr. durch ein Erdbeben zerstört und nach neuem Plan wiederaufgebaut. Die Längsachse bildete, wie bei antiken Städten die Regel, eine säulenbestandene Prachtstraße. Sie durchmaß eine im Herzen der Stadt liegende Agora. Da das gesamte Stadtgebiet von Kalkablagerungen bedeckt ist, konnte ihr genauer Platz noch nicht bestimmt werden. Wahrscheinlich lag sie vor dem Nymphäon und dem Apollontempel, dessen Untergrund auch das Plutonium barg. Weiter nach Westen erstreckten sich die Großen Thermen. Sie sind in der Kaiserzeit (2. Jh.) entstanden und bekunden eindrucksvoll die Bedeutung der phrygischen Stadt.

Römisch ist auch das Theater am Hang ostwärts der Säulenstraße. Es baute 83
sich in 2 Rängen zu 9 Sektoren auf mit 26 Sitzreihen. Der Zuschauerraum und die Orchestra waren durch ein Bühnenhaus mit reichem architektonischem Aufbau geschlossen. Vier vorspringende Ädikulen gliederten das Bühnengebäude im unteren Geschoß. Dazwischen führten 5 Türen ins Innere. Das Proszenium zeigte die Marmorreliefs eines bewegten Figurenzugs. Auch Kapitelle und Friese waren opulent behandelt. Sie könnten mit der Bildhauerschule im benachbarten Aphrodisias in Verbindung gebracht werden (2. Jh. n. Chr.).

Das von 2 Rundtürmen flankierte dreibogige Nordtor wurde 82/83 n. Chr. 82
unter Kaiser Domitian durch den Proconsul von Asia, Julius Frontinus, als repräsentative Pforte errichtet und wird jetzt nach ihm genannt. Es ist ein gut proportionierter Bau aus großen Quadern. Torpfeiler, Bogen und Turmeingänge haben profilierte Gesimse und Rahmen.

Außerhalb dieses Tores liegt ein weiterer Thermenbau des 2./3. Jh. Vorhanden ist nur das Caldarium. Weitere Bestandteile einer umfangreichen Anlage waren nur im Atrium zu entdecken. Die Thermen wurden später (wohl zu Anfang des 5. Jh.) in eine christliche Kirche umgewandelt. Sie liegt bereits
am Beginn der großen Nordnekropole, die sich beiderseits der Straße 86
nach Tripolis etwa 1 km lang erstreckt. In dieser Nekropole begegnen uns
viele Grabformen. Sie reichen vom hellenistischen Tumulus über hoch- und 87
freistehende Sarkophage bis zu monumentalen Hausgräbern. Die meisten Anlagen stammen aus römischer Zeit.

Unter den christlichen Kirchen der Stadt kommt dem Martyrion des
Hagios Philippos eine besondere Stellung zu. Der dem Gedächtnis des 85
Apostels und Märtyrers Philippos geweihte oktogonale Zentralbau lag auf einer Anhöhe nordostwärts außerhalb der Stadt.

Die Überlieferung kennt zwei urchristliche Persönlichkeiten dieses Namens: den von Jesus selbst (Joh. 1, 43) berufenen Jünger Philippos, einen der 12 Apostel (Apg. 1, 13), und den Diakon (Almosenpfleger) Philippos, der eine missionarische Tätigkeit in Samaria entfaltet, sich dort mit dem Magier Simon auseinandersetzt, den Kämmerer der Königin Kandake bekehrt (Apg. 6, 5; 8, 5. 12. 13. 26ff.) und mitsamt seinen weissagenden Töchtern in Cäsarea am Meer wohnt, wo Paulus während seiner letzten Missionsreise auf dem Wege von Akkon nach Jerusalem bei ihm einkehrt (Apg. 21, 8–12). Das Martyrion der Steinigung und der Kreuzigung, das der Apostel Philippos etwa

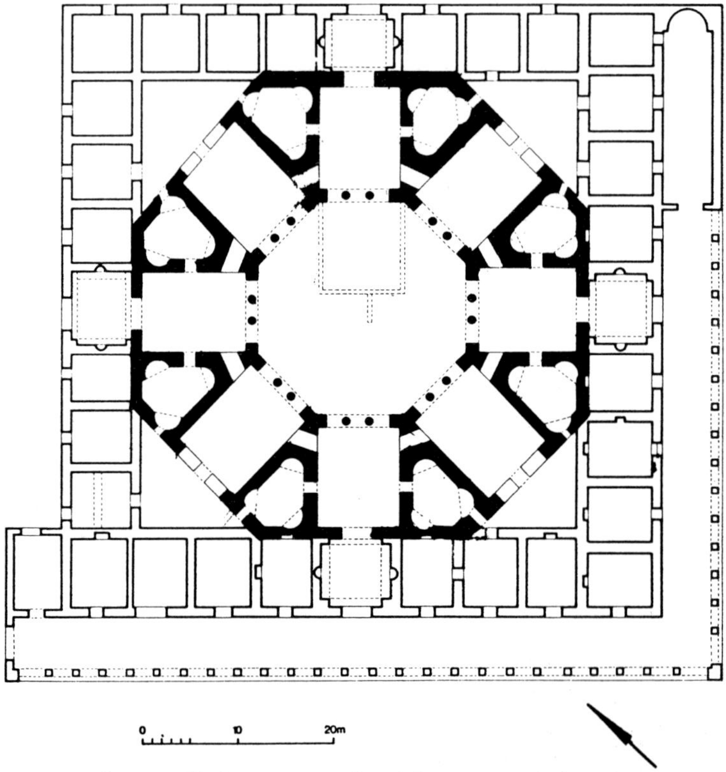

Hierapolis/Pamukkale, Martyrion des Philippos, Grundriß, nach Verzone

80 n. Chr. auf der Höhe vor Hierapolis erlitt, wird sowohl auf den Jünger wie auf den Diakon bezogen. Beide Gestalten werden hier gleichgesetzt, so daß in der Hagiographie und der Bilddarstellung nur von *einem* Philippos die Rede ist. Die Ikonen der Ostkirchen zeigen Philippos meist in jugendlichem Alter ohne bezeichnende Attribute. Bei zyklischen Darstellungen ist zu sehen, wie Philippos im Lande der Skythen den Drachen aus dem Marstempel vertreibt, die vom Gifthauch dieses Ungeheuers Getöteten auferweckt und die daran Erkrankten heilt. Das könnte noch einen Ortsbezug zu Hierapolis und der im Plutonium entspringenden Quelle mit ihren Kohlensäureausscheidungen besitzen.

Am Ort des Martyrions wurde gegen Ende des 4. oder zu Beginn des 5. Jh. das Oktogon errichtet. Es war quadratisch, von 4 geraden, eingeschossigen Trakten umgeben, die eine Reihe von gleichförmigen Kammern enthielten. Lediglich die 4 Durchgänge zum Achteckbau waren breiter und mit innerer Wandgliederung versehen. Das Oktogon besaß einen mittleren Hauptraum, von dem acht rechteckige Nebenräume, Kapellen, ausstrahlten. Sie waren gewölbt und durch jeweils 3 Bogenarkaden mit der Mitte verbunden. 4 dieser

„Kapellen“ dienten zugleich als Eingangshallen. Von ihnen führten Pforten
zu kleinen polygonalen Räumen in den Winkeln zwischen den Kapellen, die
ihrerseits sämtlich miteinander durch einen Umgang verbunden waren. Die
Portale dazu sind im Schlußstein mit Christusmonogrammen verschiedener 84
Zeichnung versehen. – Die 16 mittleren Säulen standen auf hohen mehr-
eckigen Sockeln und trugen einfache Kompositkapitelle und ausladende
Kämpfer. Diese Werkstücke aus weißem Marmor sind größtenteils erhalten.
– Im Ostteil des Oktogons befand sich ein durch ein Templon umfriedetes
Bema, das auch einen Synthronos enthielt. Wahrscheinlich war das Martyrion
von einer Kuppel bekrönt; ob aus Holz oder Stein, steht dahin. Die großen
Schuttmassen und die an allen anderen Teilen des Oktogons angewendete
Wölbetechnik legen eine steinerne Ausführung nahe. *Verzone* denkt an eine
„Kuppel in leichter Konstruktion mit einem hölzernen Skelett und einer
äußeren Gewölbeeindeckung aus Bleiplatten“, von denen Reste gefunden
wurden.

Auf der der Stadt zugekehrten Westseite zog sich vor dem langen Gebäude-
trakt ein Säulenportikus entlang. Er hat möglicherweise auch auf den anderen
Seiten bestanden, zumindest im Süden ist das wahrscheinlich, wo eine breite
Treppe zum Heiligtum hinaufführte. – Das Martyrion wurde, wie man den
abgeblätterten Steinen noch ansieht, durch Feuer zerstört. Danach ist in einer
kleinen Kapelle des westlichen Portikus und einer zweiten, etwas größeren an
der Nordostecke noch Gottesdienst gehalten worden, vermutlich bis zur
Aufgabe der Stadt durch Byzanz im ausgehenden 12. Jh.

Im Stadtgebiet wurden noch weitere 4 Kirchen gefunden, davon ist, wie
schon erwähnt, die Kirche vor dem Nordtor in einer Therme eingerich- 88
tet worden. Man baute um 400 das Caldarium um, indem man den großen
tonnengewölbten Thermensaal, der auf jeder Langseite 3 Nischen enthielt,
verkleinerte. Es wurden je 3 starke Vorlagen eingezogen, die zugleich als Trä-
ger von Schildbögen für die neu anstelle der Tonne zu errichtenden Kuppel-
gewölbe dienten. Hinter diesen Vorlagen wurde ein Durchgang geschaffen,
der die bisherigen Nischen in Seitenschiffe mit quergerichteten Raumteilen
verwandelte. Der (Süd-)Osten erhielt eine halbrunde, außen gerade geschlos-
sene Apsis. Die Eingangsseite behielt die ursprünglichen 2 Pforten. Davor
lagen wohl noch eine Vorhalle und ein Atrium. In der Ausführung des Mauer-
werks ist deutlich die römische von der byzantinischen Struktur zu unter-
scheiden. Die römischen Schichten bestehen aus gleichmäßig versetzten
Quaderblöcken, die byzantinischen sind etwas weniger sorgfältig gearbeitet.
Einige der rundbogigen Seitenschiffdurchgänge tragen wieder, wie beim
Philippos-Martyrion, Christusmonogramme. Die sonstige architektonische
Gliederung ist sehr schlicht. Von der Innenausstattung sind nur unbedeu-
tende Malereireste in einer Nische zu sehen. Die künstlerische Aussagekraft
dieses Bauwerks geht von den großen Linien seiner strengen Bogenformen
und der Schönheit seines Quaderverbandes aus.

Die 2. größere Kirche lag inmitten der Stadt an der vermuteten Agora
neben dem Nymphäon. Ihr Titel ist unbekannt. Sie war eine 58 × 35,2 m
große 3schiffige gewölbte Basilika mit halbrunder, außen gerade geschlossener

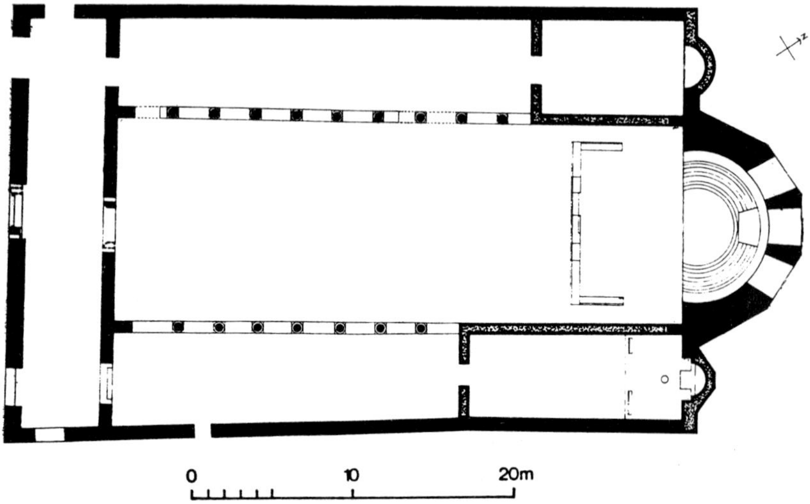

Hierapolis/Pamukkale, Basilika nördlich der Agora, Grundriß, nach Verzone

Apsis und Narthex. Die Pfeiler waren im Stützenwechsel angeordnet. Die stärkeren Rechteckpfeiler trugen einfache Vorlagen für die 3 Scheidbögen des Mittelschiffs. An den Längswänden ruhten die Scheidbögen der Seitenschiffe abwechselnd auf Mauervorlagen und Marmorsäulen. Vor der Apsis erstreckte sich ein querschiffartiger Raum. Der Apsisbogen ruht mit seinen Innenkanten auf Säulen. – Die Dekoration ist sehr schlicht. Einige Kapitelle sind römische Spolien. Als Bauzeit wird von *Verzone* die 1. Hälfte des 6. Jh. vorgeschlagen.

Zwischen der Agora und dem Nordtor lag ostwärts der Hauptstraße eine weitere 3schiffige Säulenbasilika. Sie besaß eine halbrunde Apsis mit Synthronon, beiderseits Pastophorien (?) und am Westende einen Narthex. Die z. T. erhaltenen Säulen standen auf attischen Basen und trugen einfache Riefelkapitelle mit kreuzgeschmückten Kämpfern. – Die Bauzeit der Kirche ist ins 5. Jh. zu setzen. Entweder diese oder die vorgenannte war die Bischofskirche.

Eine kleinere, ebenfalls 3schiffige Kirche liegt im Ruinenfeld südwestlich des Theaters. Auch am Ehrentor des Domitian befand sich eine kleine 1schiffige Kirche mit Apsis. Sie war ihrer Lage nach als Torkapelle wohl einem der byzantinischen Soldatenheiligen (Georgios, die beiden Theodorete, Demetrios) geweiht, der helfen sollte, die Stadt zu behüten.

62 Hierapolis Kastabala/Bodrum Kalesi (Adana) O 28

Am Nordufer des Ceyhan (Pyramos) lag die antike Stadt Hierapolis, von 52 v. Chr.–17 n. Chr. Hauptstadt des Tarkindomotos und Residenz eines Fürstentums. Danach wurde sie der römischen Provinz Cilicia einverleibt. Nach 400 gehörte sie zur Kilikia II und war zugleich Bischofssitz.

Aus christlicher Zeit sind noch die Ruinen zweier Kirchen vorhanden. Die sog. Nordkirche war 3schiffig mit halbrunder, außen eckig geschlossener Apsis zwischen Nebenräumen und mit langrechteckigen Kreuzpfeilern. Sie gehört zu einer Gruppe syrischer Weitarkadenbasiliken. Möglicherweise ging diesem Bau eine ältere Konzeption mit Säulen vorauf. Die Bauornamentik scheint wesentlich aus römischen Spolien zu bestehen. An einem Fensterpfeiler ein Adlerkapitell.
Die Kirche extra muros war ebenfalls 3schiffig und besaß wohl 2 Säulenreihen, die das Mittelschiff von den Seitenschiffen trennten. Beide Kirchen dürften in der 1. Hälfte des 5. Jh. erbaut sein.

63 Hierokäsarea bei Smyrna/Izmir (Izmir) I 4

Etwa 30 km nordnordöstlich von Izmir gelegen. Dort stand ein von den Persern erbauter Tempel der Anaitis (Artemis). In Häusern der Dörfer **Beyova** und **Sazova** sind zahlreiche Architekturfragmente des Tempels vermauert.

64 Hyrkanis bei Izmir (Izmir) I 5

Die Stadt wurde durch die Perser gegründet, die Kolonisten aus Hyrkanien (am Kaspischen Meer) hier seßhaft machten. Später wurden dort makedonische Veteranen angesiedelt. Nach Erdbebenzerstörungen 17 und 23 n. Chr. durch Kaiser Tiberius wiederaufgebaut. An einem Haus von Halit Paşa Köy wurde eine griechische Inschrift aus der Zeit des pergamenischen Königs Eumenes II. gefunden.

65 Iasos (Muğla) O 5

Die antike Stadt lag auf einer Halbinsel an der Bucht von Gülük. Im 5. Jh. zählte sie zum delisch-attischen Seebund, gelangte im 4. Jh. wieder unter persische Herrschaft und zur Satrapie des Maussolos von Halikarnassos, 129 wurde sie der Provinz Asia einverleibt. Sie spielte auch unter Byzanz noch eine bescheidene Rolle und hielt sich mit ihrem Kastell bis ins Mittelalter.
Das ummauerte Stadtgebiet war von ovaler Grundgestalt und auf der Ostseite von einem Hafen begleitet. Reste der hellenistischen Mauer sind noch vorhanden. Ein Teil ist in die byzantinische Festung einbezogen, die den Zugang zur Stadt von Norden her beherrschte. Dahinter lag die von Säulenhallen umgebene große Agora. Das hellenistische Theater befand sich südöstlich davon. In seiner Umgebung konnten Wohnhäuser festgestellt und eine gepflasterte Straße aufgedeckt werden. Die „Akropolis" im Stadtinneren trägt noch die Überreste einer mittelalterlichen Burganlage. Am Osthang des Berges stand ein byzantinisches Bauwerk, wohl eine Kirche; ein weiterer byzantinischer Zentralbau, ebenfalls sakralen Charakters, an der Nordmauer. Außerhalb des ummauerten Gebiets liegen mehrere römische Grabbauten, einer davon hat Tempelform. Von einem Aquädukt sind noch Backsteinpfeiler zu sehen.

66 Idyma (Muğla) P 7

Karische Stadt am inneren Ende des Golfes von Keramos. Sie gehörte spätestens mit dem Frieden von Apamea (188 v. Chr.) zur rhodischen Peräa. Nach Kündigung dieses Friedens durch Rom kam sie 167 an Rhodos und 129 zur Provinz Asia.

Auf der vor der Küste gelegenen Insel Şehir Adası noch wenige Ruinen des antiken Cedrae. Ein Theater ist im Gelände erkennbar. An der Straße nach Marmaris 2 Felsengräber.

Incekemer siehe Gerga

67 Incir Han (Antalya) N 13

1238/1239 an der großen Karawanenstraße von Antalya ins Innere Anatoliens errichteter Han (siehe auch Susuz-Han, Evdir-Han, Kirkgöz-Han). Bemerkenswert ist die große Halle, deren Gewölbe auf Säulen ruht. Sie vertritt einen Saaltyp, der auch beim staufischen Kastellpalast von Syrakus („Maniace") Anwendung fand. Das Portal in gewölbter Nische und mit ornamentiertem Gewände ist von zwei Löwenreliefs gerahmt.

68 Isaura (Isauria)/Zengibarkalesi (Konya) Q 18

Der Hauptort des Bergvolkes der Isaurier liegt rd. 75 km südwestlich von Konya. Die Stadt erlangte in der römischen Kaiserzeit und unter Byzanz Bedeutung, von der die Ruinen Zeugnis ablegen. Aus Isaurien (Zenonopolis) stammte Fürst Tarasikodissa (?), der als Kaiser Zenon von 474–491 in Konstantinopel regierte, und der sowohl als tüchtiger Staatsmann wie als Förderer christlicher Kirchenbauten hervortrat (siehe unter Meriamlik; in seinem Auftrag wurde das Kloster des Säulenheiligen Symeon d. Ä. in Syrien, der bedeutendste Kirchenbau vor der Hagia Sophia in Konstantinopel, errichtet).

Von der Stadtbefestigung in Isaura ist das turmgeschützte Südtor erhalten. Auf dem Wege zur Burg steht ein dem Kaiser Hadrian geweihter Bogen. In der Nähe befindet sich die Bischofskirche. Byzantinisch ist ein Okto-

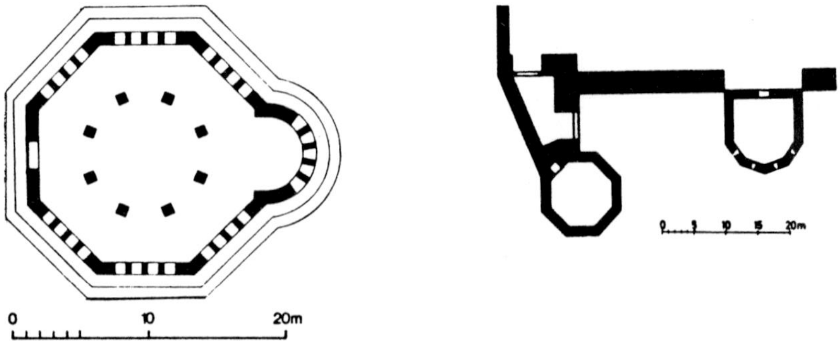

Isaura, Oktogon, Martyrion des Konon(?), Grundriß und Südtor zur Stadt, Grundriß, nach Lanckoronski

gon mit innerem Pfeilerkranz und halbrunder Ostapsis, in dem man vielleicht das Martyrion des frühchristlichen Heiligen und Märtyrers Konon von Isauria erblicken darf.

Issos siehe Alexandreia kat'Isson/Iskenderun und Epiphaneia

69 Izmir/Smyrna (Izmir) K 4

Die älteste griechische Siedlung an der Bucht von Smyrna lag auf einer Halbinsel am Hügel Tepe Kule (Bayraklı). Die Küstenlinie ist längst westwärts gewandert und das Gebiet ist heute, wie der gesamte innere Saum der Bucht, fast gänzlich überbaut. Nur am Hügel selbst ist jenseits von Straße und Bahnlinie noch etwas bepflanztes Feld erhalten geblieben. Dort haben englische und türkische Archäologen mehrere Straßenzüge beim Monopolministerium mit Gebäudegrundrissen sowie eine erhöhte Tempelterrasse mit Fundamenten von Stylobat und Cella eines Athenatempels der 1. Hälfte des 7. Jh. freigelegt. Die Säulen des 6 × 11 Peripteros waren kanneliert und trugen Kapitelle des äolischen Stils (Museum. – Vgl. die äolischen Kapitelle aus Larisa im Mus. Istanbul). Der 600 v. Chr. von dem lydischen König Alyattes zerstörte Tempel war „das älteste und feinste religiöse Bauwerk der ostgriechischen Welt in Kleinasien“ *(Ekrem Akurgal)*. An Ort und Stelle sind heute die Grundrisse des Tempels und der ihn umgebenden Gebäude konserviert. – Ein archaischer Rundbau heißt „Grab des Tantalos“.

In **Bayraklı, Alt-Smyrna,** *beginnt im 3. Jt. v. Chr. die Geschichte dieser Stadt, die wohl im 11. Jh. v. Chr. von äolischen Inselgriechen gegründet und dann von Joniern, vor allem aus dem nahen Kolophon, bevölkert wurde. Smyrna verstand sich selbst als jonische Stadt und trat als 13. Stadt zur jonischen Dodekapolis, in der sie rasch eine wichtige Rolle übernahm. (Die anderen Städte waren: Chios, Ephesos, Erytrai, Klazomenai, Kolophon, Lebedos, Myus, Milet, Phokäa, Priene, Samos, Teos.) In archaischer Zeit war sie auch geistig führend. Sie rühmte sich im Wettstreit mit anderen griechischen Städten als Heimat* Homers. *Diese erste Blüte verwelkte, als Alyattes III. von Lydien die Stadt eroberte und zerstörte. Die Brandschicht im Boden von Bayraklı, die bei den Grabungen zutage trat, bezeugt diese Katastrophe. Der Wiederaufbau konnte nur in eingeschränktem Maß erfolgen.*

Erst der Zug Alexanders des Großen 334 brachte auch für Smyrna einen neuen Beginn. Alexander ließ an einem anderen Platz, am Pagos-Hügel, durch seinen Feldherrn Lysimachos – der später aus eigenem Antrieb auch für das neue Ephesos die gleiche Aufgabe übernahm – eine zweite Stadt, Neu-Smyrna, anlegen. Sie wuchs, vom Staat gefördert, rasch empor. Ihr Handel blühte, ihre Politik unter den Diadochen war klug und ließ sie sowohl für Seleukiden wie für Attaliden als wertvollen Verbündeten erscheinen. Auch mit Rom knüpfte sie frühzeitig Verbindungen an. So blieb sie auch im Testament Attalos' III. eine „freie Stadt“ und wurde erst 27 v. Chr., mit manchen Privilegien ausgestattet, in die Provinz Asia eingegliedert. Im wirtschaftlichen und kulturellen Leben war sie von Bedeutung. Der Rhetor Älios Aristides *nannte sie „eine der schönsten Städte des Landes“. Die meisten römischen Kaiser be-*

günstigten die Stadt, und als sie 178 durch ein heftiges Erdbeben verwüstet wurde, stiftete Kaiser Marc Aurel Mittel für ihre glanzvolle Wiederherstellung. Das architektonische Gesicht dieser Römerstadt ist noch in der Agora zu erkennen.

In Smyrna entstand früh eine christliche Gemeinde, deren Bedeutung sich in einem der 7 Sendschreiben der Offenbarung Johannis spiegelt. Einer der großen frühchristlichen Theologen, Bischof Polykarp, *stand lange der Gemeinde vor und erlitt hier den Märtyrertod. Die Byzantiner bauten die Festung aus, den heutigen Kadifekale. Auch errichteten sie eine Reihe von Kirchen, von denen aber nur wenige Bruchstücke auf uns gekommen sind. Die Hauptkirche der Stadt war die Hagia Photini. Es wird auch eine dem Hagios Georgios geweihte byzantinische Kirche erwähnt. In Smyrna befand sich bis 1922 eine der großen illuminierten Bibel-Handschriften des Oktateuch aus der Zeit des Alexios I. Komnenos. Die Araber-Invasionen des 7./8. Jh. waren Sturmzeichen großer Veränderungen. Die Zitadelle blieb unbezwungen, aber die Stadt wurde niedergebrannt. Nach der Schlacht bei Malazgirt fiel Smyrna 1076 in die Hände der Seldschuken unter Kutlamiş Oğlu Süleyman. Der Hafen wurde Stützpunkt seeräuberischer Unternehmungen in der Ägäis. 1090/1091 griff der Emir Tzachas von Smyrna mit seiner Flotte die Hauptstadt an. Die Kreuzzüge brachten Entlastung der byzantinischen Verteidigung und zugleich neue Gefahren für den Bestand des Reiches. Nach der Rückgewinnung von Nikäa 1097 tauchte die byzantinische Flotte vor Smyrna auf und zwang die Sarazenen zur Übergabe. Bis ins 13. Jh. gehörte Smyrna den Byzantinern und war auch während des Lateinischen Kaiserreiches in Konstantinopel für die griechischen Kaiser zu Nikäa der wichtigste See-Stützpunkt. Als solchen mußten sie ihn aber später den Genuesen überlassen, die Hafen und Festung in Besitz nahmen und ausbauten.*

Die Türken erschienen wieder. 1320 eroberte der Sultan von Aydın die Stadt, 1344 entrissen sie ihm die Johanniter. Sie hielten Stadt, Burg und Hafen bis zur Ankunft der Mongolen Tamerlans 1402. Der setzte den Sultan von Aydın wieder als Gebieter ein. Sie wurde ihm aber von seinem Verwandten Cüneyt Bey streitig gemacht. 1415 fiel sie dann an Sultan Mehmet I. Celebi und damit an die Osmanen. Mehrfache Versuche Venedigs im 15. Jh., Smyrna an sich zu bringen, scheiterten. Erdbeben (1660, 1778) und Großbrände (1840, 1845) suchten die Stadt heim.

Izmir blieb dem Osmanischen Reich unangefochten bis ins 20. Jh. Nach dem Ersten Weltkriege wurde es auf Grund des Vertrags von Sèvres 1920 von den Griechen besetzt, die sich dabei auf die starke griechische Minderheit in der Stadt und im kleinasiatischen Küstengebiet stützten. Die griechische Armee trat, von falschen Freunden angefeuert und in Überschätzung ihrer eigenen Stärke, den Vormarsch auf Ankara an. Die Türken warfen sich ihr unter Führung von Mustafa Kemal Paşa entgegen und schlugen sie vernichtend am 26./29. Aug. 1922 bei Dumlupinar nordwestlich von Afyon. Die zurückflutenden griechischen Truppen zogen auch Smyrna in den Strudel des Verderbens. Am 8./9. Sept. besetzten die Türken das brennende Symrna, während die griechische Bevölkerung auf die Schiffe flüchtete. Nach dem Frieden von Lausanne

1923, der die Grenzen der Türkei festlegte, begannen Aufbau und Ausbau von Izmir zur drittgrößten Stadt der Türkischen Republik. Die Industrialisierung sprengte die Grenzen der bisherigen Wohnviertel, was dem städtebaulichen Aussehen der Stadt nicht gut bekommen ist. Nur wenige Stellen, etwa in Alsançak oder an der palmenbestandenen Uferstraße, oder im Panoramablick von der Eşref Paşa-Kreuzung her, lassen den einzigartigen Charakter dieser Großstadt am Meer, wie ihn die einstigen Beinamen „Krone von Jonien, Perle des Orients, Auge Anatoliens" ausdrückten, gegenwärtiges Erlebnis werden.

Der bedeutendste Überrest des antiken Smyrna ist die römische Agora. Sie wurde durch Marc Aurel und seine Gemahlin Faustina – von der man ein Porträtmedaillon gefunden hat – nach dem Erdbeben von 178 neu angelegt. Sie umfaßte ein langrechteckiges, von Süden nach Norden sich erstreckendes Gelände, das von Säulenhallen umgeben war und auf dessen Nordseite eine 3schiffige Marktbasilika stand. Die gewölbten Räume ihres Kellergeschosses sind teilweise erhalten. Dort fließt auch ein Brunnen. Im Aufbau waren die beiden Seitenschiffe zweigeschossig, das breite Mittelschiff erreichte aber die gleiche Deckenhöhe, so daß seine Beleuchtung durch die oberen Fenster und inneren Emporenarkaden der Seitenschiffe erfolgte. Die der Agora zugekehrte Platzwand der Marktbasilika bestand aus Säulenarkaturen in
korinthischer Ordnung. – Die eingeschossigen Säulenhallen besitzen ebenfalls 89
korinthische Säulenordnungen. (Die westliche Halle befindet sich in einem guten Erhaltungszustand, während die Südhalle noch unter dem Straßenpflaster vor dem Eingang begraben liegt.) In der Nordwestecke des Platzes
ist eine Dreifigurengruppe aus der Bauzeit der Agora aufgestellt: der 90
sitzende Poseidon wird von den Göttinnen Demeter und Artemis flankiert. Das Bild der Artemis ist fast ganz zerstört. – Auf dem Platz, der lange als moslemischer Friedhof diente, stehen Grabstelen. Auch einige
Reste byzantinischer Bauwerke: Kapitelle, ornamentierte Gesims- 91
leisten, Schrankenplatten mit Pfauen- und Basiliskenreliefs, sind hier aufgestellt.

Ein römischer Mosaikfußboden befindet sich im Bahri-Baba-Park, unterhalb der Serpentinenstraße am Eşref-Paşa-Hügel.

Das römische Theater lag nordwestlich der Burg. Seine Mulde ist noch erkennbar, aber völlig zugebaut. Hier wurde auch das Grab des Bischofs *Polykarp* († 155/156) gezeigt.

Die Burg auf dem Pagos, Kadifekale, geht auf die hellenistische Gründung durch Lysimachos zurück. Doch stammen aus dieser Zeit nur die untersten Mauerschichten, vielleicht auch noch Teile eines aus roten Trachitquadern gemauerten Turms. An der unregelmäßig polygonen Anlage haben die Römer, die Byzantiner, die Seldschuken und die Osmanen gebaut, ausgebessert und verändert. Sie beherrscht heute mit ihrem gedrungenen Umriß das Häusermeer von Izmir.

Das Stadtbild auf der Meeresseite wird von den neuzeitlichen Gebäuden geprägt, die entlang der über 3 km langen Uferstraße zwischen Konak-Platz und Alsançak-Spitze aufgereiht sind. Der Platz der Republik mit dem Atatürk-Denkmal (Istiklal Anılı) bildet hier die städtebauliche Mitte als Spitze eines Rhombus, dessen Straßen sie mit weiteren Plätzen und dem Kultur-Parkı verbinden.

Am Konak-Platz ein Uhrturm des 19. Jh. und die kleine Konak-
92 Moschee im Schmuck von Kütahya-Fliesen.

Das angrenzende eng bebaute Basar-Viertel besitzt mehrere osmanische Moscheen: Hisar-Camii (1597), Şadirvan Camii (1636), Haci Hüsmen Camii (1651), Kemeraltı Camii (1671). Aus dem 17. Jh. auch die Hane: Kizlarağası Hanı und Çakaloğlu Hanı.

Im Süden der Stadt stehen die Reste zweier Aquädukte, Kizil Çullu, die römisch-byzantinischen Ursprungs sind und von den Türken 3geschossig aufgestockt wurden. Sie leiteten einst das Trinkwasser in die Stadt. Auch das ostwärts, beim Vorort **Tepecik** gelegene „Dianabad“ (Diana Hamamları) versorgte mit seinen Quellteichen die Stadt mit Wasser.

Auf dem Areal der 1922 zerstörten Altstadt wurde ein Kültürpark-Messegelände angelegt. – Das Archäologische Museum jetzt im Neubau an der Serpentinenstraße.

70 Kadyanda/Üzümlü (Muğla) Q 9

Die Geschichte dieser 1000 m hoch in den Bergen gelegenen westlykischen Stadt ist dunkel. Im Stadtgebiet, das z. T. noch von einer sichtbaren Mauer umgeben ist, sind verschiedene öffentliche Gebäude festgestellt worden: im Süden ein Theater, in der Mitte ein dorischer Tempel, vor dem sich merkwürdigerweise ein Stadion erstreckt. Es wird von einem dem Tempel etwa gegenüber liegenden Gebäudekomplex begrenzt, in dem man eine Thermenanlage aus der Zeit Vespasians erblickt. Eine Agora kann im Südwestteil der Stadt gelegen haben. Sie besaß eine südliche Säulenhalle. Um die Stadt liegen, z. T. bis hinab nach Üzümlü, eine Anzahl Gräber, meist des 5. Jh. v. Chr., von denen einige mit Reliefs versehen sind.

71 Kalynda/Kozpinar (Muğla) Q 8

Die Gleichsetzung mit der lykischen Stadt ist nicht gesichert. Kalynda stellte zur persischen Flotte des Xerxes 1 Schiff ab, das bei Salamis 480 v. Chr. von der karischen Königin Artemisia I. aus Kriegslist versenkt wurde.

Auf dem Hügel stehen noch Reste der Mauer in polygonalem Verband.

72 Kanytelis/Kanlıdivane (Içel) Q 23

Aus römischer Zeit besaß die Ortschaft im Karstgebiet nördlich von Elaiussa-
93 Sebaste einen (älteren?) Turm in Polygonmauerwerk und einige Grabtempel. In frühbyzantinischer Zeit wurde sie durch mehrere Kirchen ausgezeichnet. Die Ausdehnung des Ruinenfeldes läßt auf eine städtische Siedlung schließen.

Die vier erhaltenen Kirchen sind um den Felsenkessel angeordnet, als wollten sie die Stadt vor den Dämonen der Tiefe bewahren – ähnlich der Marienkirche in den Korykischen Grotten (siehe dort). An der Südwand des (zugänglichen) Kessels ein Grabrelief mit 2 sitzenden und 4 stehenden

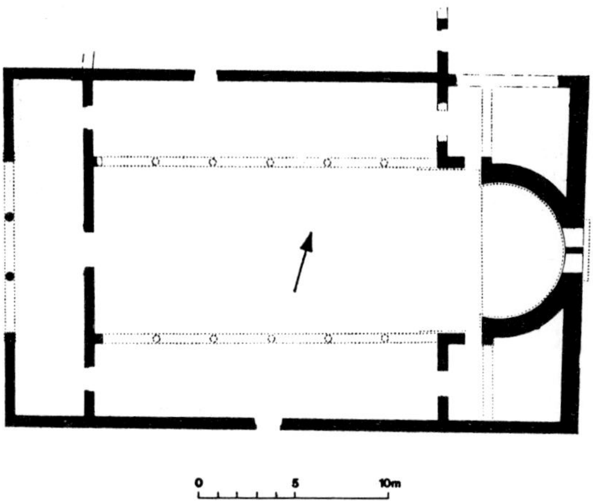

Kanlıdivane/Kanytelis, Basilika I, Grundriß, nach Eyice

Figuren. Im Westen liegen 2 durch eine Mauer miteinander verbundene Kirchen, beides 3schiffige Säulenbasiliken (I, II).

Die Emporenbasilika I umgreift mit ihren 3 Schiffen, einer halbrunden 95, 96
Apsis mit geradem Ostschluß, der auch die beiderseitigen Pastophorien einbezieht, und einem Narthex eine Grundfläche von 31 + 3,75 m Länge und 18,4 m Breite. 3 säulengetragene Bogen öffnen den Narthex, von dem 3 Türen in rechteckigem Rahmen ins Innere führen. Die Apsis besitzt ein Doppelfenster, dessen mittlere Säule ebenso wie die Wandpilasterkapitelle am Apsisbogen und die Säulenkapitelle der Eingangsarkade im Westen Akanthusschmuck aufweisen.

Kleiner und schlichter, auch weniger gut erhalten ist die Basilika II (18,6 m Länge). Beide Kirchen entstanden gegen 500.

Auch Basilika III, 3schiffig, vielleicht mit Emporen versehen, ist weit- 97
gehend zerstört.

Die Basilika IV steht am Nordrand des Felsenkessels. Fast die Hälfte des
Baus ist abgestürzt, so daß die Kirche der Länge nach aufgeschnitten er- 98
scheint. Der basilikale Kirchenraum ist 21,8 m lang und 6,23 m breit; dazu kommen die Seitenschiffe mit 3,67 + 3,6 m. Der Narthex mißt 14 × 3,6 m. Der halbrunden, außen gerade geschlossenen Apsis mit Doppelfenster ist ein Kryptoquerschiff vorgelagert. Die Seitenschiffe sind durch 2 als Pastophorien zu deutende 2geschossige Räume bis zu einem breiten eingeschossigen Querbau hinter dem Chor fortgeführt, so daß eine Art Chorumgang ent-
stand. Vor der Westseite lag ein einfacher geräumiger Vorhof, aus dem eine 99
Dreibogenarkade in den Narthex führte. Das mittlere Türgewände zum Langhaus ist profiliert, mit Ornament gefaßt und trägt in der Mitte ein
Kreuz. Die Kapitelle an den Triumphbogenpfeilern zeigen „hohe, schmale, 100
kleingezackte Blattwedel" *(Kautzsch)*. Die Bauzeit dürfte um 500, vielleicht schon im 1. Jahrzehnt des 6. Jh. anzusetzen sein.

73 Karabel (Izmir) K 5

101 Ostwärts des Ortes Kemal Paşa liegt im Gebirge das schwer zugängliche Felsenrelief von Karabel. Es ist hethitischen Ursprungs, im 13. Jh. v. Chr. entstanden und zeigt einen überlebensgroßen Krieger mit senkrecht gehaltener Lanze in der linken Hand. Er trägt auffallende Stiefel, ist mit einem kurzen Rock bekleidet und hat einen Bogen geschultert. Seine hohe Kopfbedeckung hat *Herodot,* der das Relief kannte, veranlaßt, hier ein Bild des Pharao Sesostris zu sehen. Dargestellt ist wohl ein hethitischer Kriegsgott (vgl. das Relief von Akpinar bei Manisa).

74 Karabel Kilise (Antalya) R 11

Im lykischen Gebirge, nördlich von Myra, liegen die Ruinen einer größeren Klosteranlage, deren alter Name unbekannt ist. Die Kirche, eine Basilika mit 3 Ostapsiden, ist im Süden von 2 Grabkapellen und im Norden von einem Baptisterium mit kreuzförmigem Taufbecken begleitet. Im Westen lag ein Vorhof mit Phiale. Die Reste der guten Bauplastik legen eine Datierung auf die Mitte 6. Jh. nahe.
Auf einem 6 km entfernten Hügel eine weitere basilikale Kirche mit trikonchalem Bema. Sie entstand wohl auch im 6. Jh. Ihr Wiederaufbau – nach einer Zerstörung – erfolgte laut Inschrift 810 n. Chr. (6520 byz. Zeitr.).

75 Kargıncık (Içel) S 21/22

Insel an der Küste zwischen Gilindire und Silifke. Sie wurde im 19. Jh. auch „Provansal“ genannt und trug einst eine kleinarmenische Burg, die König Leo 1198 an den Papst zum Schutz des Johanniterordens abtrat.

Kaş siehe Antiphellos

Kastabala siehe Hierapolis-Kastabala

Kastabos siehe Bybassos

76 Keçi Kalesi (Izmir) L 4

Byzantinische Burg, die weithin sichtbar die Straße nach Ephesos beherrscht.

77 Kaunos (Muğla) P 8

Die karische Stadt am See von Köycegiz, einst ein tiefeingeschnittener Meeresarm, war im 5. Jh. v. Chr. Mitglied des delisch-attischen Seebundes, stand am Ende des Peloponnesischen Krieges auf seiten Spartas, kam 387 an Persien, war unter den Diadochen umstritten und gehörte 189–167 v. Chr. zur rhodischen Peräa. Sie wurde danach Freie Stadt bis zu ihrer Einverleibung in die Provinz Asia 129 v. Chr. Im Jahre 88 nahm sie für Mithradates Partei und kam dann nochmals an Rhodos. Doch blieb es dabei nicht; sie wechselte noch mehrmals den Oberherrn. Kaunos galt als ungesunder Ort, und seine Bewohner waren überall unbeliebt, wie aus mehreren literarischen Zeugnissen

hervorgeht. In der römischen Kaiserzeit war Kaunos durch den Handel mit Sklaven, Harz und Salz wohlhabend. Die Verschlammung des Hafens und die Malaria haben zum Untergang der Stadt geführt.
An den Felswänden oberhalb des Dalyan Cayi befinden sich Gräber des 102
4. Jh. v. Chr. in Gestalt von Tempelfassaden. Das größte mit 4 Frontsäulen ist unvollendet, nur die oberen Teile sind ausgeführt.
Von der Bedeutung der hellenistisch-römischen Stadt hinter den Gräbern zeugen noch weitläufige Ruinen. Ein großes Theater besaß in der Cavea 34 Sitzreihen, die durch ein Diazoma geteilt wurden. Nördlich davon liegen mehrere öffentliche Gebäude: eine 3schiffige Kirche mit runder Apsis, eine Badeanlage und ein Bau, der von den einen als Tempel, von anderen *(Bean)* als Bibliothek angesprochen wird. Auf der Anhöhe lag ein römischer Tempel, ein Peripteros von 6:9 Säulen. Ein kleiner Antentempel und ein Monopteros, ebenfalls aus römischer Zeit, stehen dicht beieinander.
Der Hafen ist völlig verlandet. Nur ein See, der „Blutegelsee“ (Sülüklü Gölü) ist übriggeblieben. Der Hafen aber war die Lebensgrundlage der antiken Stadt, die hier Salz, getrocknete Fische und Früchte ausführte. Am Hafen steht eine hellenistische Stoa. In der Nähe ein Rundgebäude, wohl ein Nymphäon, mit Säulenstümpfen, römisch. – Ein weiteres Gebäude mit einer Weihinschrift an Kaiser Vespasian und der Zollinschrift war ein Brunnenhaus.
Der das Stadtgebiet überragende Akropolis-Berg trägt noch die Überbleibsel einer Festung, in der man Herakleon vermutet, das Ptolemäos I. 309 v. Chr. erobert hat. – Die turmbewehrte Stadtbefestigung riegelte das Stadtgebiet im Westen ab.

78 Kedreä/Taşbükü/Gelibolu (Muğla) P 7

Gehörte als Insel (Şehir Ada) in der Antike zur rhodischen Peräa.
Die Befestigungsmauer am Ufer ist aus Bossenquadern errichtet. In der Stadt befand sich ein Tempel, der dem Apollon Kedreios geweiht war und durch „pythische“ Festspiele geehrt wurde. An seine Stelle trat später eine christliche Kirche, von der Ruinen erhalten sind. Unweit davon das Theater, dessen Zuschauerraum in 9 Sektoren eingeteilt war. – Feststellbar ist auch noch eine Agora.

79 Kelenderis/Gilindire/Aydıncık (Içel) S 20

Die Gründung des Küstenortes wird auf die Phöniker zurückgeführt. 425 v. Chr. war die Stadt Mitglied des delisch-attischen Seebundes.
Erhalten sind Gebäudereste und Gräber, meist der römischen Kaiserzeit, darunter ein kleiner byzantinischer Triumphbogen und ein Pfeilergrab auf dem Vorgebirge, sowie eine Reihe von Sarkophagen.

80 Kekova/Simena (Antalya) S 11

Einer der malerischsten Plätze der lykischen Küste. Der Ortsname bezeichnete zunächst eine langgestreckte Insel, Kekova Adasi, sodann den antiken

Ort an der Bucht, Simena, später Kale genannt. Die Bucht ist von Osten her durch den Gökkaya Liman bei Üçağiz zugänglich, der innerste Teil heißt nach dem Ort Tristomo (türkisch: Üçağiz). Die dortigen Ruinen einer kleinen Burg gehören zur Siedlung Teimiussa, ebenso die ausgedehnte Nekropole mit zahlreichen lykischen Sarkophagen und mit Hausgräbern (zur Typologie lykischer Sarkophage siehe unter Myra).

Der bedeutendste Ort in diesem Gebiet war **Simena,** das zur Sympolitie von Aperlai gehörte. Hier steht, infolge einer Absenkung der Küste, ein lykischer
16 Sarkophag im Wasser – ein beliebtes Bildmotiv.

Am Ufer die Ruinen einer dem Kaiser Titus (79/81) von der aperlitischen Sympolitie gewidmeten Thermenanlage. Auf dem Wege zur Burg Sarkophage und Mauerreste, die z. T. einer Tempelstoa zugerechnet werden. Die mit Zinnen versehene Burgmauer selbst ist mittelalterlich. Sie wurde im 15. Jh. durch die Johanniter von Rhodos erbaut. – Im Inneren der Burg ein kleines, in den Fels gehauenes Theater mit 7 Sitzreihen.

Nördlich Üçağiz liegt **Tyberissos** auf 2 Hügeln über der Ebene von Tirmisin. Auf dem Nordhügel wohl die einstige Akropolis, auf dem Südhügel die Reste einer kleinen Kirche in der Nachfolge eines dorischen Apollontempels (Inschriftbruchstück).

Bei Tirmisin liegt auf der steilen Anhöhe von **Yavu** ein weiterer Ort unbekannten Namens. Mehrere Hausgräber, teilweise figürlich geschmückt, ein Grabpfeiler mit Relief und eine Reihe lykischer Sarkophage charakterisieren die Landschaft.

81 Kırkgöz Han (Antalya) P 13

Eine der seldschukischen Karawanserayen am Nordweg Antalya–Konya (siehe auch Evdir-, Susuz-, Incir-Han), im 13. Jh. von Keyhusrev II. (1236/1246) erbaut.

82 Kemal Paşa/Nymphäon/Nif (Izmir) K 5

Die byzantinische Stadt besaß einen Palast, der wahrscheinlich unter Kaiser Andronikos I. Komnenos (1183/1185) erbaut wurde. – Während des Nikänischen Reiches residierte dort häufig Kaiser Johannes III. Dukas Vatatzes (1222/1254). Hier hat er 1244 seine Hochzeit mit Konstanze von Hohenstaufen, Tochter Kaiser Friedrichs II., gefeiert.

Nymphäon gelangte gegen Ende des 13. Jh. an die Emire von Aydın, denen es 1313 der Emir Saruhan von Manisa abnahm. 1390 kam es an die Osmanen. Die türkische Stadt Nif erhielt vor 60 Jahren den Namen Kemal Paşa.

Die Ruine des Palastes steht am Westeingang der Stadt. Das rechteckige Gebäude war 3stöckig und ist in Schichtmauerwerk ähnlich dem Tekfur Saray in Konstantinopel errichtet. Im Erdgeschoß Schartenfenster, die oberen Fenstergewände sind ausgebrochen.

83 Klazomenä/Urla Iskelesi (Izmir) K 3

Westlich Izmir an der Straße nach Çeşme liegt auf einer Insel das Städtchen Urla. Der Gründungssage zufolge entstand hier von Kolophon aus die achäi-

sche Siedlung Klazomenä. Die Stadt gelangte durch Gewerbefleiß und Handel zu Wohlstand. Sie wehrte im 6. Jh. die Lyder ab, wurde aber aus Furcht vor den Persern des Königs Kyros 646 auf die Insel verlegt. Der Philosoph Anaxagoras, *der hauptsächlich in Athen lehrte und zu Lampsakos starb (etwa 500/428), war hier beheimatet. Klazomenä wurde Mitglied des delisch-attischen Seebundes. 386 unterstellte es der Königsfriede wieder der persischen Oberhoheit. Alexander d. Gr. ließ 334 die Stadt durch einen Damm mit dem Festland verbinden, über den er sie in Besitz nahm. An der alten Siedlungsstelle wurde die Stadt* **Chytrion** *gegründet. Sie teilte das Schicksal der jonischen Städte bis zu ihrer Eingliederung ins Römische Reich. Die Osmanen zerstörten im 14. Jh. die Hafenanlagen, damit sie nicht gegen Smyrna verwendet würden.*

Berühmt sind die bemalten Tonsarkophage von Klazomenä (6. Jh. v. Chr.). Sie stehen in verschiedenen großen Museen, u. a. in Izmir.

Ostwärts der Stadt befand sich in **Gülbahce** eine große byzantinische Kirche des 6. Jh. mit Nebengebäuden: eine 3schiffige Basilika mit westlichem Narthex, Atrium und auf der Südseite angebautem Baptisterium mit Umgang und Aufenthaltsräumen oder Wohnungen.

84 Klaros bei Ahmetbeyli (Izmir) L 4

Berühmte Orakelstätte des Apollon an der Küste westlich von Ephesos. Der Wallfahrtsort, der keinen Stadtcharakter hatte, wurde besonders in römischer Zeit oft und von weither besucht. Mehrere Bauten wurden wohl am Platze einer vorhellenischen Kultstätte errichtet. Französische Ausgrabungen 1950/1960 (bisher unveröffentlicht) haben im heiligen Bezirk 2 Tempel, ein Propylon, eine Exedra und zahlreiche Votivbilder und Statuen nachgewiesen.

Der größere der beiden Tempel war dem Apollon geweiht. Das 26 × 46 m messende Fundament trug über 5 Stufen einen dorischen Peripteros von 6 : 11 Säulen. Darunter lagen gewölbte Kellerräume, in denen das Orakel betätigt 103
wurde. Die Cella im Tempel enthielt einst das Kultbild mit Leto und Artemis zu beiden Seiten eines sitzenden Apollon. Die gewaltigen Ausmaße der Gruppe (7–8 m hoch) gehen aus den gefundenen Bruchstücken hervor. Vor dem Tempel stand ein großer Altar, auf dem Apollon und Dionysos geopfert wurde. – Der kleinere Tempel in jonischer Säulenordnung war der Artemis geweiht. Auch er war von einem Altar begleitet, in dessen Nähe eine von Timonax, Sohn des Theodoros, gestiftete Statue der Artemis von Klaros gefunden wurde. – Ein Prostylon ist mit vielen Besucher-Inschriften versehen. Entdeckt wurden auch das steinerne Zifferblatt einer Sonnenuhr und eine Exedra. Ein Steinsessel besitzt Lehnen mit geflügelten Schlangen. Die Heilige Straße führte durch einen Hain.

Die Orakelstätte Klaros wurde durch ein Erdbeben zerstört. Manche Säulen liegen noch „trommelweise“, wie sie damals niederstürzten.

85 Knidos (Muğla) Q 4

Die fast 100 km lange Halbinsel Reşadiye, der knidische Chersones, ragt wie ein riesiger Sporn an der Südwestecke Kleinasiens in das inselreiche Meer. Hier gründeten im 7. Jh. bei dem heutigen Ort Datça dorische Siedler aus Argos und Sparta eine Stadt. Sie trieb Handel übers Meer und Küstenschiffahrt, besaß keramische Werkstätten und später auch eine Gelehrtenschule, aus der hervorragende Mathematiker, Ingenieure, Ärzte und Naturwissenschaftler hervorgingen. Die erste Blütezeit von Knidos endete mit der Eroberung durch den persischen Feldherrn Harpagos 540 v. Chr. Die Knidier wollten sich verteidigen und hatten bereits damit begonnen, die Halbinsel an ihrer schmalsten Stelle (bei Bençik) zu durchstechen. Aufkommende Zweifel an der Zweckmäßigkeit dieses mühevollen Unternehmens und wohl auch Arbeitsunfälle veranlaßten sie, beim delphischen Orakel nachzufragen. Sie hatten gute Beziehungen zu Delphi und besaßen dort ein eigenes Schatzhaus mit kostbaren Weihgeschenken. Das Orakel verbot ihnen die Weiterarbeit mit einem berühmt gewordenen Spruch:

> *Durchstecht den Isthmos nicht!*
> *Zieht keine Mauer hoch!*
> *Zeus machte euer Land zur Insel,*
> *wollt' er es selbst.*

So ergaben sie sich kampflos dem Harpagos. Der Sieg der Griechen über die Perser in den Seeschlachten vor der Mykale (469) und am Eurymedon (468) befreite die Städte an der Küste.

Kimon benutzte damals Knidos als Stützpunkt seiner Flotte. Die Stadt trat dem delisch-attischen Seebund bei, ging aber im Endabschnitt des Peloponnesischen Krieges zu Sparta über, was einen athenischen Vergeltungsüberfall zur Folge hatte. 394 hat der Athener Konon in persischen Diensten einen Seesieg über Sparta vor Knidos erstritten. Knidos beteiligte sich danach an einem „Karischen Bündnis“, das ihm bis zum Frieden von 386 („Königsfrieden“) eine gewisse Unabhängigkeit sicherte. Wieder unter persischer Herrschaft führten die Knidier in den 70er Jahren eine Verlegung ihrer Stadt an die 35 km entfernte Spitze der Halbinsel durch. Die Gründe dafür kennen wir nicht. Doch war sie wohl mit einer Verfassungsänderung von der monarchischen Tyrannis zur oligarchischen Demokratie verbunden. Wieweit Maussolos von Halikarnassos, in dessen Wirkungsbereich Knidos lag, diese Dinge beeinflußte, ist unklar.

Im 4. Jh. v. Chr. erlebte Knidos auch seine Blütezeit für Wissenschaft und Kunst. Der Mathematiker und Naturwissenschaftler, Arzt, Philosoph und Gesetzgeber Eudoxos *(etwa 391–338) hörte in Athen Vorlesungen bei Platon, ging dann als Arzt und Astronom nach Ägypten, war in Kyzikos und am Hofe des Maussolos als Lehrer tätig, bevor er in Athen eine Schule gründete. Er war der Begründer der Theorie der Kegelschnitte, die* Euklid *weiterführte. – In Knidos beheimatet war* Sostratos *(frühes 3. Jh. v. Chr.), der Architekt des um 297 unter Ptolemäos I. erbauten Leuchtturms von Alexandria. – Knidos selbst erhielt um 360 sein berühmtestes Kunstwerk, die Statue der Aphrodite, die der athenische Bildhauer* Praxiteles *schuf.*

Alexander d. Gr. ergriff 334 Besitz von Knidos. Die Stadt teilte in der Folgezeit die Schicksale der Nachbarstädte, war in den Händen der Ptolemäer, dann der Seleukiden, versuchte ihr Glück auch als „freie Stadt“, war zeitweise

eng verbündet mit Rhodos, ohner der rhodischen Peräa anzugehören, und gelangte schließlich 133, als die Römer das Erbe Attalos' III. antraten, als „civitas libera et immunis" an das Imperium Romanum.
Seine Lage und sein Handel sicherten ihm in der Kaiserzeit und noch in frühbyzantinischer Zeit eine wichtige politische, wirtschaftliche und kulturelle Stellung. Es wurde im 4. Jh. Bischofssitz. Doch erlitt es vom 7. Jh. an durch die fortwährenden Arabereinfälle große Einbußen und verödete schließlich völlig. Erst im 19. Jh. wurde es für die Wissenschaft wiederentdeckt. Der Engländer Newton *unternahm 1812 und 1857 ertragreiche Expeditionen. Deutsche Archäologen arbeiteten in Knidos 1927* (Sudhoff) *und 1930* (A. v. Gerkan). *Amerikanische Grabungen finden seit den 70er Jahren des 20. Jh. statt.*
Die Anlage von Neu-Knidos geschah nach dem hippodamischen System auf einem bergigen Gelände unmittelbar vor der Einschnürung des Chersones, die sie für 2 Häfen ausnützte. Terrassenförmig stufte sich die Stadt bis zu einer Akropolis empor. Die beiden Häfen, der nördliche Kriegs- und der südliche Handelshafen, waren durch einen – heute verlandeten – Kanal verbunden, die davor liegende breite Insel in die Befestigung mit einbezogen und trug einen Leuchtturm. Auch Gräber wurden dort festgestellt.
Der nordwestliche Kriegshafen, von *Strabo* als „Hafen der Trieren" bezeichnet, hatte nur eine schmale Einfahrt, die durch Ketten verschlossen werden konnte. Die Molen des südöstlichen Handelshafens sind unter Wasser noch erkennbar. An seinem Festlandsufer baute sich die Stadt, teilweise längs von Treppenstraßen, auf. Dem Hafen benachbart lagen das Untere Theater mit 35 Sitzreihen und ein Odeon. Eine kleine Agora lag am Kriegshafen. Von dort gelangte man steil aufwärts zum Tempel der Aphrodite Euploia, der Aphrodite, die den Schiffern günstige Winde schickt, mit
dem Standbild des *Praxiteles.* Es stand in einem von Säulen getragenen 104
Monopteros, einem Rundtempel, der abends durch Schranken verschlossen wurde. Davor lag ein mit Reliefs geschmückter Altar. Die knidische Aphrodite war kein in einer Cella gehütetes und nur Eingeweihten zugängliches Kultbild, sondern konnte von allen Seiten gesehen werden. Diese Aufstellung, die sie in göttlicher Nacktheit zeigte, hat ihren Ruhm begründen helfen. Das Marmorbildwerk selbst war etwas überlebensgroß. Es war in der gesamten antiken Welt bekannt. Nach dem Bericht des *Plinius* (Nat. XXXVI, 20) unternahmen viele die weite Reise nach Knidos nur, um Aphrodite zu sehen. Nach einer Novelle ›Erotes‹ (Liebesgeflüster), die von *Lukian von Samosata* in Kommagene stammen soll, hat sich einst ein vom Anblick dieser Aphrodite betörter Jüngling mit der Statue einschließen lassen und eine Liebesnacht mit ihr verbracht, deren Spuren man der Göttin angemerkt habe. So oft wie diese Aphrodite ist kein griechisches Bildwerk im Römischen Reiche kopiert worden, so daß das Aussehen des Originals zuverlässig erschlossen werden kann. *Praxiteles* hat hier einen Idealtypus geschaffen. Das Werk selbst ist untergegangen – unter welchen Umständen ist ungewiß. Ein byzantinischer Historiker behauptet, daß es mit anderen berühmten Plastiken, wie dem olympischen Zeus und der Hera von Samos im Palast des Lausos zu Konstantinopel gestanden habe und dort um 476 einer Feuersbrunst zum

Opfer gefallen sei. Die amerikanische Archäologin *Iris C. Love* glaubt, Fragmente der Statue in dem von ihr freigelegten Rundtempel und den – allerdings sehr beschädigten – Kopf der Göttin im Magazin des Britischen Museums in London unter den 1859 von *Charles Th. Newton* mitgebrachten Bruchstücken entdeckt zu haben. Kaiser Hadrian, der Philhellene, besaß in seiner Villa bei Tivoli einen Monopteros mit einer Statue der knidischen Aphrodite – sicher eine Kopie. Etwa 70 solcher Nachschöpfungen, die öfter auch Neuformungen sind, haben sich erhalten. Eine Kopie in Ton fand man zu Knidos selbst im Demetertempel, der im Osten der Oberstadt auf der
105 Höhe lag. Er enthielt auch das Marmorbild einer sitzenden Demeter (um 330 v. Chr.), das sich heute in London befindet. Es wurde 1852 entdeckt. Zwischen diesen beiden Heiligtümern lag das große Obere Theater. Es ist stark zerstört.

Im Herzen der Stadt befand sich ein Dionysostempel, an dessen Stelle zu frühbyzantinischer Zeit eine mit Mosaiken ausgestattete basilikale Kirche gebaut wurde. Man verwendete dafür zahlreiche antike Spolien. Für den Dionysostempel sind Bildwerke des Gottes von *Skopas* und *Bryaxis* überliefert.

Die Stadtmauer, die am Kriegshafen beginnt, führt über einen Höhenzug bis zur Akropolis im Nordosten. Ihr Quaderverband ist hellenistisch. 3 Tore sind noch zu erkennen.

Der auf der Halbinsel (oder Insel, bevor der Damm gebaut wurde) Triopion gelegene Stadtteil ist noch wenig erforscht. Außerhalb der westlichen Stadtmauer liegt eine römische Grabanlage inmitten einer Nekropole.

86 Kolophon/Değirmendere (Izmir) L 4

Die alte jonische Stadt Kolophon war im 7./8. Jh. v. Chr. sehr wohlhabend. Das Harzprodukt Kolophonium trägt heute noch ihren Namen. – Die Hafenstadt Notion, über die der Seehandel von Kolophon abgewickelt wurde, war ursprünglich selbständig. Die enge Verbundenheit der beiden Plätze rechtfertigt eine gemeinsame Betrachtung.

Obwohl Kolophon einst ein Inbegriff von Luxus war, besaß es eine vorzügliche Reitertruppe, die in vielen Kriegen oft schlachtentscheidend eingesetzt wurde. König Gyges eroberte um 670 die Stadt. Sie war fortan den lydischen Königen untertan und fiel mit der Niederlage des Krösus an Persien. Nach 479 gehörte sie zum delisch-attischen Seebund, wechselte dann die Oberhoheit Athens mit der persischen, die bis zum Zug Alexanders d. Gr. währte. 302 kam sie an Antigonos I., wurde 299 von Lysimachos erobert und zerstört. Die Einwohner verpflanzte man in das neugegründete Ephesos. Doch wurde die Stadt wiederaufgebaut und in Notion entstand eine neue, die sich **„Neu-Kolophon“** *nannte. 218 unterwarfen sich die (Alt- und Neu-)Kolophonier dem Attalos I. von Pergamon. 188 wurden sie von der Tributpflicht an Rom befreit. Seit der Bildung der Provinz Asia 129 teilte die Stadt deren Schicksale. Durch das nahe Apollonheiligtum und Orakel von Klaros (siehe dort), erlangte Kolophon weltweites Ansehen. – In Kolophon hat der auf Samos 342/341 geborene* Epikuros *seine philosophische Ausbildung erfahren. Von da führte sein Weg über Mytilene und Lampsakos 306 nach Athen, wo er eine Schule ins Leben rief.*

Bei **Değirmendere** liegen auf einem Hügel Mauerreste der „Akropolis". Von dort sind Mauerzüge und Straßen in ostwärtiger Richtung zu verfolgen. Eine Agora und eine römische Thermenanlage heben sich im Gelände ab. Am Berghang liegen die Fundamente eines Tempels der Lokalgöttin Antäa.
Das Trümmerfeld von **Notion** bedeckt einen langgestreckten Höhenrücken, der eine weite Aussicht auf die Bucht von Kuşadasī gewährt. Das Westende des Hügels trug einen Athena-Polias-Tempel hadrianischer Zeit: ein korinthischer Antentempel war mit Ringhallen in dorischer Ordnung umgeben. Das Stylobat mißt 7,5 × 16 m. Er wurde später in eine byzantinische Befestigung umgewandelt. Nach Osten hin befand sich ein Rathaus. Es grenzte an die Osthalle einer großen Agora an. Weiter abwärts lag ein Theater hellenistischen Ursprungs, das in der Kaiserzeit einen Umbau erfuhr. Eine weitere Agora lag im Ostteil der Stadt.
Von der Stadtbefestigung sind noch einige Strecken in hellenistischem Quaderverband erhalten. Die Gesamtlänge der Mauer betrug 4 km. Sie war mit zahlreichen Türmen bewehrt. Reste des Nordtors und des Westtors sind noch sichtbar.
Eine von *Th. Macridy* 1905 und 1912 untersuchte byzantinische Basilika war 3schiffig. Das Mittelschiff schloß mit halbrunder Apsis und Synthronon. Auch die als Pastophorien dienenden Ostenden der Seitenschiffe besaßen Apsiden. Die Datierung des Bauwerks ist ungewiß, vielleicht aber das durch eine eifrige Bautätigkeit ausgezeichnete 6. Jh.

Korakesion siehe Alanya

87 Korasion/Susanoğlu (Çok Ören) (Içel) R 22
Östlich von Mersin an einer tief eingeschnittenen Bucht gelegen, zwischen 367/375 vom Statthalter der Provinz Isaurien, Flavius Uranius, neugegründete Hafenstadt mit Befestigungsmauern und -türmen, Kirchenruinen, Aquädukten, Grabbauten und Häusern. Seit dem 7. Jh. verlassen und bisher unerforscht. Hier könnte eine christliche, spätrömisch-byzantinische Stadt archäologisch entdeckt werden.

Koropissos siehe Dağ Pazarı

88 Korydalla/Kumluca (Antalya) R 12
Kumluca ist ein Nachfolgeort von Korydalla, das sich, wie andere ostlykische Städte der Umgebung – Rhodiapolis, Gagä – in seiner Gründungslegende griechischer Herkunft rühmt.
Das hochgelegene **Rhodiapolis** trägt seinen Namen entweder von den Rhodiern oder von Rhode, der Tochter des Priesterfürsten Mopsos. In der Stadtmitte liegt ein Theater mit 16 Sitzreihen. Hinter dem nur teilweise erhaltenen Bühnengebäude das Grabdenkmal des Opramoas mit vielen Inschriften, die zusammengenommen die längste antike Steininschrift Kleinasiens ergeben. Opramoas, einer der reichsten Männer seiner Zeit, lebte unter Kaiser Antoninus Pius (138/161). Seinen Reichtum verwendete er für gemeinnützige

Stiftungen, die er an eine Reihe lykischer Städte verteilte. Die Grabschrift zählt 30 Städte auf. Er war Inhaber hoher Ehrenämter und politisch im Lykischen Bund tätig (siehe auch unter Myra und Pinara).
Die antiken Trümmer von **Korydalla** sind während der letzten Jahrzehnte in Kumluca und den Nachbardörfern Haciveliler, Çalka und Hızırkahya verbaut worden. 1920 gab es in Korydalla noch eine intakte Kirche. Metallene Reste ihrer Ausstattung, Kreuze und Teller sowie Ikonen, beherbergt jetzt das Museum in Antalya. In Korydalla wurde ein Kirchenschatz gefunden, den man teilweise ins Ausland veräußerte. Unter den in Antalya verbliebenen Stücken ein silbernes Weihrauchgefäß justinianischer Zeit, auf dessen Rand in vergoldeten Reliefs Begebenheiten aus dem Marienleben von der Verkündigung bis zur Geburt Jesu dargestellt sind. Die Inschrift nennt einen Bischof Eutychianos als Stifter.

89 Korykos (Korgos)/Kızkalesi (Içel) R 23

Die große Trümmerstätte an der Felsküste der Cilicia Trachäa, des Rauhen Kilikien, wird von 2 Burgen, der Landburg und der Seeburg, und mehreren Kirchen beherrscht. Der Anblick dieser Ruinenlandschaft gewährt ein eindrucksvolles, aber auch nachdenklich machendes Bild.
Die Anfänge der Stadt reichen in die Römerzeit zurück. Die Kultstätten bei den „Korykischen Grotten" in den Bergen oberhalb von Korykos (siehe unter Cennet ve Cehennem) sind vorrömisch. Die Inselburg wird mit dem von Strabo genannten Crambusa verselbigt. Die Kirchenbauten entstanden in frühbyzantinischer, die Burgen in mittelbyzantinischer und armenischer Zeit. Im 7. Jh. wurde das alte Korykos aus Furcht vor arabischen Einfällen aufgegeben und erst im 10. Jh. von den Byzantinern wieder besiedelt. Kaiser Alexios I. Komnenos läßt Anfang des 12. Jh. die Landburg erbauen. Im Laufe des 12. Jh. ergreifen die Armenier Besitz von der Stadt, die sie unter den Herren von Kourikos, einer Nebenlinie der Hethumiden, bis zu Beginn des 14. Jh. innehaben. Gegen die Karamaniden rufen die Einwohner von Korykos den König Peter I. von Zypern zu Hilfe. Die Stadt und die Burgen bleiben in den Händen der Lusignans von Zypern, bis sich 1448 die Karamanoğlu ihrer bemächtigen. 1482 wird Korykos osmanisch. Der Hafen verliert seine Bedeutung, das ausgedehnte Stadtgebiet verödet. Heute stehen nur wenige Häuser dort entlang der Straße, die auch den schönen Campingplatz mit Motels und Gaststätten begrenzt.
Die mit Türmen bewehrte Stadtmauer trennte das Siedlungsgebiet der Oberstadt in einem großen Winkel von den abfallenden Berghängen. Die ge-
11 brochenen oder gebogenen Schenkel reichen bis zum felsigen Ufer herab, wo sich im Schutze einer östlichen Landzunge die Hafenbucht abzeichnet. Dort erstreckte sich die Unterstadt. Ein zweiter Hafen mit aufgeschütteter Mole lag westlich der Landburg. Außerhalb der Stadt lagen im Norden und Nordwesten umfangreiche Gräberfelder. Eine in nordöstlicher Richtung verlaufende „Heilige Straße" führte an mehreren Kirchen vorbei.
Die mächtige Landburg ist das Werk jahrhundertelanger Bautätigkeit. Doch ist die erste, Umfang und Aufbau bestimmende Ausführung wohl

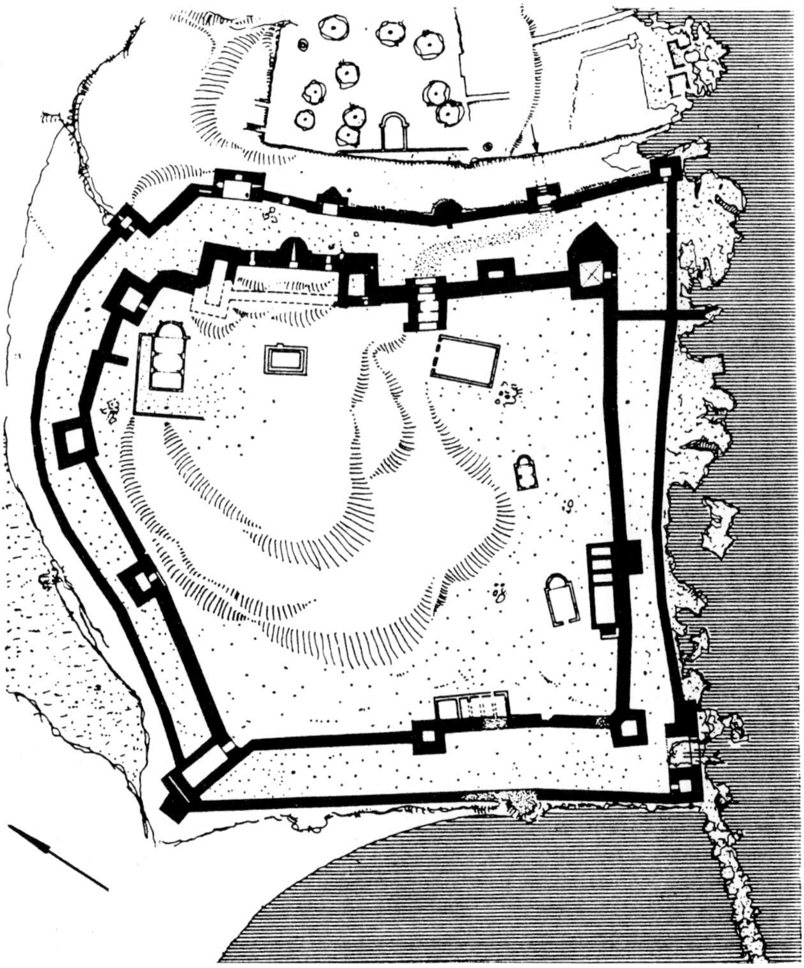

Korykos/Kızkalesi, Landburg, Lageplan, nach Müller-Wiener

durch den byzantinischen Admiral Eusthatios während des Feldzuges gegen die Armenier 1103/1104 erfolgt. Sie war ein Zeichen byzantinischer Herrschaft in Kilikien. Doch gelangte sie Ende des 12. Jh., als sich das Kleinarmenische Reich unter Thoros II. gebildet, und dessen Sohn Leo I. 1198 als Lehensmann Kaiser Heinrichs VI. (siehe unter Tarsus) die Königswürde erlangt hatte, als wichtigster Hafenplatz der kilikischen Küste an die Armenier. Der Ausbau der Burg war das Werk der armenischen Herrscher.

Von der Römerstadt ist ein Mauerstück mit Tor in die Landburg verbaut. Die 106

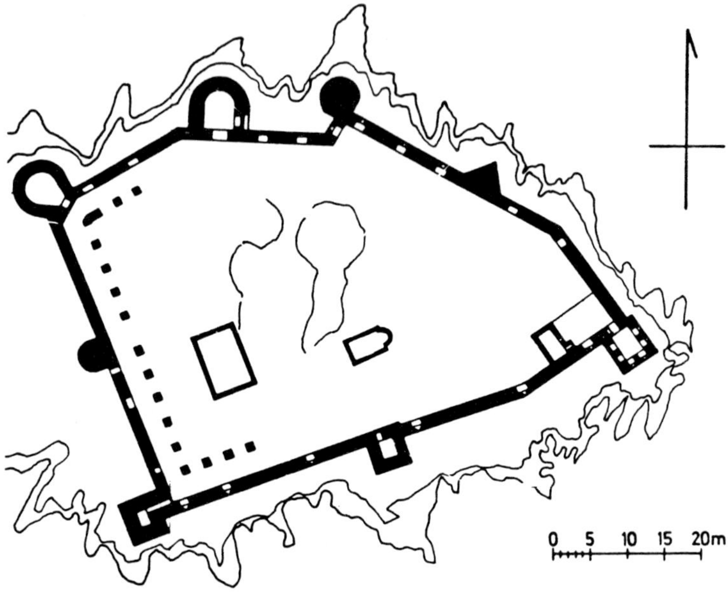

Korykos/Kızkalesi, Grundriß der Seeburg, nach Herzfeld-Guyer

Burg selbst steht auf polygonalem, im ganzen dem Quadrat angenäherten Grundriß ostwärts des alten Hafens, der durch eine aufgeschüttete Mole abgegrenzt war. Ihr doppelter Mauerring besitzt 12 Türme unterschiedlicher Grundrißform im inneren Ring und weitere 9 Türme im äußeren Ring. Die beiden Burgtore liegen auf der Nordostseite. Dort befand sich auch ein durch 3 Turmbauten geschützter Palas. Im Inneren der Burg lagen mehrere Gebäude, Zisternen und mindestens 3 Kapellen mit Apsiden. Vom Zwinger führte in der Südecke eine Torrampe ins Wasser.

11 Die Seeburg, die eigentliche Kız-Kalesi („Mädchenburg"), ist ein starkes,
106 mit Rund- und Vierecktürmen versehenes Polygon. Sein türkischer Name
107 wird durch eine Sage erklärt: Hier soll ein Sultan seine Lieblingstochter untergebracht haben, erschreckt durch eine Weissagung, daß sie ihm durch einen Schlangenbiß genommen würde. Als er dem Mädchen dann, um ihm Freude zu machen, einen Korb mit Früchten schicken ließ, sei daraus eine Schlange gefahren, die es in die Hand biß, so daß es daran starb. Seinem vorbestimmten Schicksal kann man nicht entrinnen.

Die Ringmauer wird durch 8 teilweise massive Türme verschiedener Grundrißformen bewehrt. Der Viereckturm an der Ostspitze diente als Donjon. Eine ehemals dort angebrachte Inschrift bezeichnet König Leo I. (1189–1219) als Bauherrn. Bruchstücke einer weiteren Inschrift nennen König Hethum; sie ist auf 1251 zu datieren.

Von König Peter I. wird berichtet, er habe die von ihm bei Unternehmungen

gegen die syrische Küste erbeuteten eisernen Tore der Festungen Tortosa und Tripoli auf seiner Burg zu Korykos einbauen lassen.
In der Unterstadt sind noch weitere römische Reste feststellbar. Ein Relief stellt eine Prozession dar. Ein großes mehreckiges Gebäude aus Quadern war ein Han oder eine offene Zisterne. Eine weitere gewölbte Zisterne mit eng aneinandergebauten Bogen bildete wohl das Untergeschoß eines Hauses oder einer Kirche.
Korykos war Bischofssitz. Das heutige Bild der Oberstadt wird wesentlich durch die Ruinen der christlichen Kirchen geprägt. Die Kathedrale war eine geräumige, ohne Narthex 32 m lange, 18 m breite 3schiffige Säulenbasilika mit Narthex und wahrscheinlich auch Atrium, die in eine halbrunde, „bugförmig" ummantelte Apsis mündete. Einige Ornamentfelder des mosaizierten Fußbodens zeigten lineare Motive. Am Chorbogen ist ein Akanthus-Kapitell mit Widderköpfen an den Ecken und Pfauen in der Mitte erhalten. Der Boden vor der Apsis war mosaiziert mit einer Stifterinschrift. Die Kirche kann um 480 datiert werden.
Südlich der Kathedrale lag eine weitere 3schiffige Basilika mittlerer Größe, während 2 kleinere Kirchen sich am nördlichen Stadtrand dicht an die Mauer schmiegen.
Im nordöstlichen Teil der Stadt beginnt außerhalb der Mauern die gepflasterte „Heilige Straße". Dort stehen die bedeutenden Reste einer Kirche. Die von *Guyer-Herzfeld* als „Grabeskirche extra muros" benannte komplizierte Anlage von 77,2 m Länge und 28,35 m Breite, ist um einen zentralen quadratischen Bau und Raum mit Seitenschiffen gruppiert. Nach Osten schließen sich 3 parallele, mit Apsiden geschlossene Räume an, die beiderseits noch von schmalen Gelassen begleitet werden. Nach Westen besaß der mittlere Raum eine halbrunde Säulenstellung in einem Querraum, der dadurch in 2 Schiffe geteilt wurde. Von Westen her war diese Kirche durch 3 Portale aus einem Narthex zugänglich, der wiederum den in 5 Bogen geöffneten Ostflügel eines Atriums bildete. Auf jeder Seite führten 2 rund über- 108

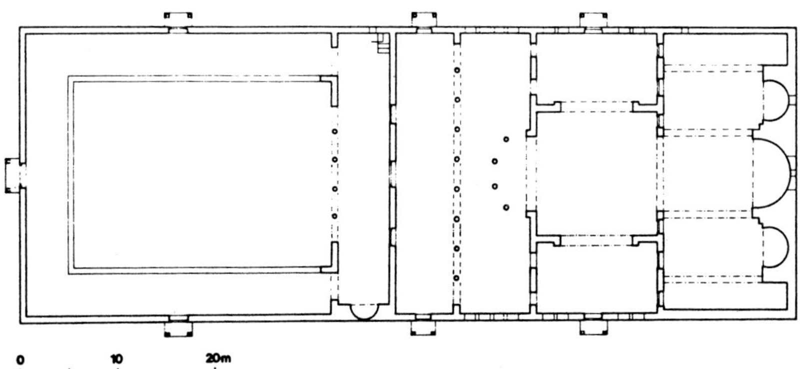

Korykos/Kızkalesi, Grabeskirche „extra muros", Grundriß, nach Herzfeld-Guyer

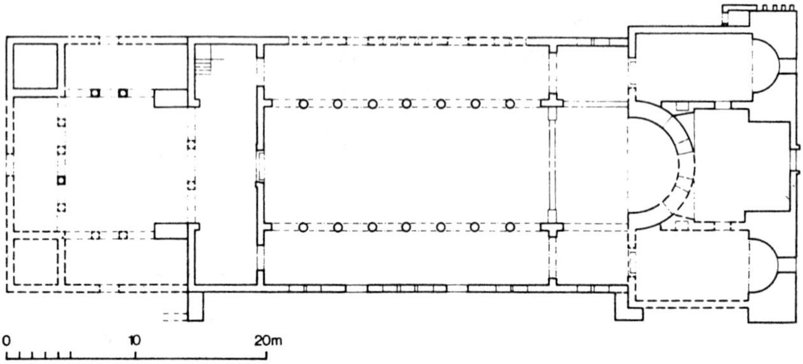

Korykos/Kızkalesi, Säulenbasilika an der Heiligen Straße, Grundriß, nach Herzfeld-Guyer

dachte Portale in die Kirche und in das Atrium weitere 3 Portale. Die architektonischen Besonderheiten lassen an ein Martyrion denken, zumal man 2 Gräber gefunden hat. Doch ist dafür kein schlüssiger Beweis zu erbringen.
111 An Bauplastik begegnen Akanthuskapitelle an den Pfeilern des Mittelbaus und am Chorbogen, in einfacher Ausführung auch an den Fensterpfeilern. Interessant sind die runden Portalverdachungen, die auf akanthusunterlegten langen Konsolen ruhen. Die vordere Kante ist kräftig profiliert. Die Bauzeit dürfte ebenfalls um 500 anzusetzen sein. Doch waren hier andere Hände tätig als an der Nachbarkirche.

Eine weitere 3schiffige Säulenbasilika vom Typ der Querschiffbasilika, 60,4 m lang, 19,1 m breit, mit Atrium, Narthex im Westen und Querhaus liegt weiter ostwärts unmittelbar an der Straße. Beiderseits der halbrunden Apsis erstrecken sich apsidial geschlossene Pastophorien samt einem sie verbindenden Raum – ursprünglich einem Hof – hinter dem Chor. Die Kirche ist in mehreren Bauabschnitten errichtet worden. Sie ist mit den Basiliken in Öküzlü und Kanytelis IV (siehe dort) verwandt und wie diese in die Zeit um 500 zu datieren.

Die Via sacra, der ὁδός ἱερός, mündet ostwärts der „Grabeskirche" in ein
109 Tetrapylon, von dem noch ein Pfeiler aufrecht steht. Seine 4 offenen Bogen waren von einem Kuppelgewölbe überhöht. Reste einer Ecktrompe sind noch zu sehen. Das Dach hatte wahrscheinlich Pyramidenform.

Am Beginn der Via sacra im Bereich der Nekropole liegen noch mehrere Kirchen: eine große, im Kern 3schiffige Basilika, um die herum Seitenschiffe, Pastophorien und eine rückwärtige Choranlage mit 2 Apsiden gebaut wurden. Die Datierung ist nicht ganz sicher; es wird das fortgeschrittene 6. Jh. vorgeschlagen.

Eine weitere Kirche wird mit ihren Nebengebäuden für ein Kloster gehalten. Die Kirche besitzt ein 3schiffiges Langhaus mit halbrunder Apsis. Der Narthex öffnet sich mit einer Dreierarkade in eine 2geschossige Vorhalle, die ein Exonarthex gewesen sein kann. Daran sind Kapellen angebaut, wohl auch im 6. Jh.

Im Norden der Stadt, am Wege nach Cambazlı, befinden sich die Ruinen einer Kirche, die ebenfalls als Klosterkirche gilt. Eine 3schiffige Säulenbasilika mit Narthex besaß eine gestelzte halbrunde, außen gerade geschlossene Apsis mit 2 in Nebenapsiden mündenden Pastophorien. Bauzeit Anfang 6. Jh.

Die ausgedehnte Nekropole besitzt meist beschriftete Steinsarkophage. Doch sind auch Wandgräber vorhanden. Die Felsen tragen dort die Reliefs 112
der Verstorbenen, ganzfigurig oder als Büsten. Mehrere Sarkophage sind reicher ausgestattet und mit steinernen Girlanden geschmückt.

Adamkayalar: Nekropole in einem Felsental, dem Şeytan Deres, nördlich von Korykos, ebenso in Yapilikaya mit figürlichen Darstellungen Verstorbener in Nischen, die meist Ädikulaform haben. Sie zeigen die Gräber als „Totenwohnung", in der auch die „Totenmahlzeit" gehalten wird.

Cambazlı: Nördlich von Korykos stehen in Cambazlı, dessen byzantinischer Ortsname unbekannt ist, die Ruinen mehrerer Kirchen. Am besten erhalten ist eine 3schiffige Emporenbasilika des 6. Jh. mit breiter, ebenfalls 2geschossiger Vorhalle. Sie war wohl das Katholikon eines Klosters und nahm wahrscheinlich den Platz eines Tempels ein. – In der Nähe Reste eines Aquädukts und in Richtung Olba Felsengräber.

Korykische Grotten siehe Cennet ve Cehennem

90 **Kozan/Sis (Sisium)** (Adana) N 27

Die geschichtlich bedeutendste Burg des Kleinarmenischen Reiches spielt bereits in byzantinischer Zeit bei den Grenzkämpfen mit den Arabern eine große Rolle. 703 versuchten die Araber vergebens, das „Kastron Sision" zu erobern. Ein Jahrhundert später ist es in den Händen der Abbasiden. Mutawakkil (847–861) läßt den zerstörten Platz neu befestigen. 962 gewinnt Kaiser Nikephoros Phokas Sisium wieder für Byzanz, das dort bis zu den Kreuzzügen die Herrschaft behält. 1113 nehmen die Armenier unter Thoros I. (1102–1129) den Platz ein, machen ihn samt der zugehörigen Stadt zum Regierungssitz und befestigen die Oberburg. Obwohl die Byzantiner mit Kaiser Johannes II. Komnenos 1137 nochmals in Sis erscheinen, können sich die Armenier dort behaupten. Rupen II. (1175–1187) errichtet Neubauten und einen Königspalast.

Sis wurde auch Sitz des armenischen Metropoliten, der einen griechischen Bischof ablöste. 1188 verlegte König Leo I. nach seiner Krönung zu Tarsus seine Residenz nach Sis. Einen Stadtpalast, den „Tarbas", erbaute er am Osthang des Burgfelsens, ebenso stiftete er eine Kirche, in der er 1219 bestattet wurde. Die Große Kirche der Stadt, die Hagia Sophia, ließ König Hethum als Kuppelbau aufführen. Den Donjon der Burg baute er aus.

1266, nach der Niederlage der Armenier bei Darsak, wird die Burg und Residenz Sis zum ersten Mal von den Mameluken belagert. Sie dringen in die Stadt ein und stecken sie in Brand. Die Burg widersteht. Es folgen weitere Angriffe und Belagerungen 1275, 1276, 1298, 1303, 1321, 1339, 1359, 1369.

Der armenische Katholikos zieht sich 1298 auf Sis zurück. Auch der syrische Patriarch richtet sich dort ein. Sis wird 1307, 1309 und 1342 Tagungsort von Synoden, die sich mit einer Kirchenunion befassen.
König Leo V., der letzte armenische König, wird 1374 in der Sophienkirche gekrönt. Er nimmt Wohnung im Tarbas. Stadt und Burg werden fast ununterbrochen belagert. Der König ist gezwungen, den Tarbas aufzugeben und sich in die Oberburg zurückzuziehen. Durch Verräter wäre er dort beinahe überwältigt worden, kann sich aber über die Felsen abseilen und den Kampf weiterführen. Der endet im April 1375, als wiederum infolge Verrats der Feind in die Oberburg eindringt. Leo ergibt sich, liefert den Kronschatz aus und wird mit seiner Familie nach Kairo gebracht. Das Kleinarmenische Königreich hat aufgehört zu bestehen.
Unter den Mameluken bleibt Sis Hauptort der armenischen Provinz. Sultan Selim I. verleibt sie 1515 dem Osmanischen Reich ein. Der armenische Katholikos residiert bis ins 19. Jh. in Sis.
Die Burg liegt auf einem langgestreckten Felsgrat, der „wie der Rücken eines Seeungeheuers" *(Fedden-Thomson)* aus dem Taurus gegen die kilikische Ebene vorspringt. Die Längenausdehnung der Burg beträgt über 1000 m. An höchster Stelle liegen die Ruinen des Donjons. Ein rechteckiges Untergeschoß wird in einen runden Oberbau übergeführt. Die mächtigen Ringmauern, durchweg in bossierten Quadern, sind mit ihrem gewinkelten Verlauf dem felsigen Gelände angepaßt und durch eine Reihe von Rund- und Halbrundtürmen verstärkt. Das auf der Ostseite gelegene Burgtor ist zwischen vorspringende Baukörper eingebettet.
Von dem einst zweigeschossigen Tarbas, in dem noch im 18. Jh. der armenische Katholikos residierte, sind zwei gerundete Ecktürme in Bossenquaderverband übrig geblieben. Die eindrucksvollen Ruinen von Sis gehören meist den Bauzeiten unter Leo I. und Hethum im 1. Drittel des 13. Jh. an.
In der heutigen Stadt **Kozan** sind noch verschiedene mittelalterliche Fundamente und vermauerte Spolien nachzuweisen. Die großen armenischen Kirchenbauten sind untergegangen.

91 Kremna/Girme (Burdur) N 13

Die Stadt ist auf einem länglichen Felsplateau erbaut und durch eine Mauer mit Graben vom übrigen Bergmassiv abgeriegelt. Der Stadtplan entwickelt sich über einem Rechteckraster, in das Plätze und Säulenstraßen parallel und diagonal eingreifen. In der Stadtmitte das Forum des Longus. Aus frühbyzantinischer Zeit mehrere Kirchen.

Kumluca siehe Korydalla

92 Kursunlu/Elegmi (Bursa) D 7

Die verlassene Klosterkirche S. Ibercius zu Elegmi unweit von Mudanya an der Küste des Marmarameers aus dem 12. Jh. ist auf einem Grundriß erbaut, wie er bei komnenischen Kreuzkuppelkirchen gern angewendet wurde. Sie ist damit verwandt mit der Kalenderhane Camii zu Konstantinopel und der etwas kompakteren Panhagia Kosmosotirakirche zu Pherrä.

93 Kuşadası (Aydın) M 4

Italienische Handelsniederlassung des 13. Jh. auf Grund byzantinischer Privilegien, damals „Scala nuova" genannt. Sie sollte den versandeten Hafen von Ephesos ersetzen. Von den Osmanen wurde sie in Kuşadası (= Vogelinsel) umbenannt. Als Vogelinsel wird die mit einem quadratischen Wartturm ver- 113
sehene Insel gezeigt. Die alte Stadt ist beiderseits einer Hauptstraße auf rechtwinkligem Straßennetz erbaut. Am Hafen ein großer Han des 18. Jh. (heute Hotel).

94 Kyaneä (Antalya) R 11

Lykische Stadt zwischen Antiphellos/Kaş und Myra/Kale. Plinius *und ihm folgend andere antike Geographen nennen sie, doch ist über ihre Geschichte kaum etwas bekannt.*

Die Oberstadt (Akropolis) war ummauert und besaß Thermen, Bibliothek und Vorratshäuser. In einiger Entfernung lag ein kleines Theater mit 25 Sitzreihen, die durch ein Diazoma getrennt werden.

95 Kyme/Namurtköy (Izmir) I 4

Die antike Stadt gehörte zum Äolischen Bund und wurde wohl im 11. Jh. gegründet. Ihrer monarchisch-oligarchischen Verfassung zufolge wurde sie zuerst von Königen, dann von Tyrannen regiert. Ab 513 v. Chr. persisch, beteiligte sie sich an den Auseinandersetzungen zwischen Griechen und Persern im 5. und 4. Jh. mit wechselnder Parteinahme, wurde 334 von Alexander eingenommen und war von da an in die Machtkämpfe der hellenistischen Staaten verstrickt, bis sie römisch wurde. In byzantinischer Zeit Bischofssitz, hatte die Stadt vom 8. Jh. an unter arabischen Einfällen zu leiden. Während der Kreuzzüge und im Nikänischen Reich kam sie noch einmal zu Bedeutung. 1413 wurde sie von Mehmet I. erobert. Danach ist sie langsam verödet und versumpft.

Ein jonischer Tempel des 4. Jh. v. Chr., der wahrscheinlich der Aphrodite geweiht war, wurde durch tschechische Archäologen auf der Akropolis gefunden. Der Kult der Liebesgöttin wurde im 2. Jh. v. Chr. unter ptolemäischem Einfluß durch Isis und Osiris ersetzt.

Fischer bargen unlängst aus dem Meer vor Kyme die Bronzestatue eines laufenden Athleten, ein ausgezeichnetes Werk des 1. Jh. v. Chr. (Museum Izmir).

96 Kyzikos/Erdek (Balkisi) (Balıkesir) C 6

Eine schmale Landenge verbindet die Halbinsel Erdek mit der Küste des Marmara-Meers bei Bandırma. Am Ende dieses Isthmos lag die antike Stadt Kyzikos, eine milesische Gründung des 7. Jh. v. Chr. Ihr voraus ging eine sagenhafte Stadt der Dolionen – Dolionis, Dindymis oder Arktonesos genannt –, über die ein König Kyzikos herrschte. Als die Argonauten unter Jason hier vor-

beikamen, fand Kyzikos den Tod durch Jasons Hand. Wie die anderen griechischen Küstenstädte kam auch Kyzikos im 6. Jh. unter lydische, danach unter persische Herrschaft, von der es sich im Jonischen Aufstand befreite. Doch wurde es von den Persern zurückerobert. Nach den Perserkriegen gehörte die Stadt zum delisch-attischen Seebund. Auf der Reede von Kyzikos besiegte Alkibiades 410 die spartanische Flotte. Die Stadt kam wieder unter persische Oberhoheit, schlug sich aber im 2. attischen Seebund auf die Seite Athens, um es im Bundesgenossenkrieg abermals zu verlassen. Durch den Zug Alexanders d. Gr. wurde Kyzikos makedonisch und später in die Diadochenkämpfe verwickelt. Doch blieb es besonders den Seleukiden zugetan und vom 2. Jh. an den Königen von Pergamon. Die Gemahlin Attalos' I. stammte aus Kyzikos. Als infolge des Testamentes Attalos' III. die pergamenische Erbschaft an Rom fiel, wurde Kyzikos Freie Stadt. Sie hielt zu Rom und zeichnete sich in der Abwehr der Belagerung durch Mithradates aus. Kaiser Tiberius verleibte 25 n. Chr. Kyzikos dem Imperium ein. In der Kaiserzeit war es eine blühende Stadt mit prächtigen Bauten. Den Zeustempel, den ein Erdbeben zerstört hatte, ließ Hadrian wiederaufbauen.

In byzantinischer Zeit behielt Kyzikos als Metropolis der Provinz Hellespont seine Bedeutung, doch wurde es 543 durch ein Erdbeben völlig verwüstet. 673 suchten es die Araber heim, denen es als Stützpunkt von Unternehmungen gegen Konstantinopel diente. Ein großes Erdbeben 1063 schwächte die Widerstandskraft der Stadt, so daß sie 1078 von den Seldschuken erobert werden konnte. Kaiser Alexios Komnenos gewann sie jedoch 1092 zurück. 1204 wurde sie zum Lateinischen Kaiserreich geschlagen. 1224 brachte der nikänische Kaiser Johannes III. Dukas Vatatzes die Stadt wieder in seine Gewalt. 1339 fiel sie in die Hände der Osmanen.

Das überwachsene Ruinengelände ist zu Teilen noch von den Resten der soliden Stadtmauer der hellenistischen Zeit umgeben. Ein Aquädukt leitete das Wasser in die Stadt.

Ein sechseckiger byzantinischer Turm (Kız Hamamī, „Mädchenturm") steht südlich der Straße nach Erdek und in der Nähe des einstmals berühmtesten Bauwerks von Kyzikos, des Zeustempels. Er wurde sogar zu den „Weltwundern" gezählt. Den wohl hellenistischen Bau warf ein Erdbeben nieder. Der Neubau durch Hadrian und Marc Aurel (eingeweiht 167) wiederholte wahrscheinlich die vorige Gestalt. Erhalten ist nur der Unterbau (Bedesten) mit Unterkellerung. Eine Säulenbasis mit 3 tanzenden Mädchen (Museum Istanbul) und eine Säulentrommel mit Weinlaubrelief am Hafen von Erdek könnten aus dem Tempel stammen.

Der lebensgroße Marmortorso eines Mannes aus Kyzikos (6. Jh. v. Chr. Mus. Istanbul) ist „eine der best erhaltenen statuarischen Schöpfungen der griechischen archaischen Zeit Anatoliens" *(E. Akurgal).*

Das Theater war in einen Hang eingetieft. Ein Amphitheater befand sich nördlich davon.

Kyzikos besaß eine berühmte Kirche Johannes des Täufers, in der sein Haupt aufbewahrt wurde. Kaiser Theodosios II. ließ es von dort in die Johannes-Prodromos-Kirche des Hebdomons bei Konstantinopel überführen.

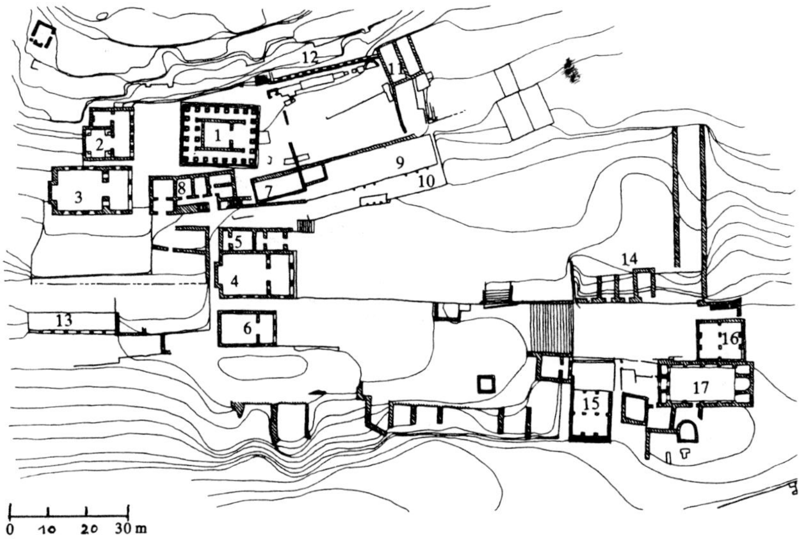

Labranda, Lageplan, nach Akurgal

1 Zeustempel, 2 Oikoi, 3 Andron A, 4 Andron B, 5 Zubauten, 6 Andron C, 7 Terrassenhaus I, 8 Terrassenhaus II, 9 Brunnenhaus, 10 Terrasse, 11 Osthaus, 12 Nordstoa, 13 Weststoa, 14 Palast (?), 15 südliche Propyläen, 16 östliche Propyläen, 17 östliche Kirche

97 Labranda (Labraynda) (Muğla) O 5

Das zu Mylasa/Milas gehörige karische Heiligtum des Zeus Stratios oder Labrayndos ist aus einem Kultplatz in einem Platanenhain entstanden. In die Geschichte tritt es ein mit einer Schilderung Herodots *von einem Kriegsrat der von den Persern geschlagenen aufständischen Karer, der hier 499 v. Chr. gehalten wurde. Die Karer entschieden sich für die Fortführung des Kampfes und erlitten bei Labranda eine weitere Niederlage, durch die sie auch die Stadt Mylasa verloren. Sie mußten aufgeben. Das wieder persisch gewordene Gebiet kam nach dem griechischen Seesieg am Eurymedon 467 für einige Jahrzehnte zum delisch-attischen Seebund. 390 wurde Mylasa, dessen Schicksal das Heiligtum Labranda teilte, Residenz des Satrapen Hekatomnos. Der Sohn Maussolos nahm später seinen Herrschersitz in Halikarnassos. Maussolos und sein Bruder Idrieus haben in der Berglandschaft von Labranda den monumentalen Bezirk geschaffen, dessen Mittelpunkt ein Zeustempel war.*

In der Diadochenzeit kam es 267 zu Auseinandersetzungen um den Besitz von Labranda, der der Stadt Mylasa durch die von den Ptolemäern unterstützte „Chrysaorische Liga" streitig gemacht wurde. Doch nahmen bald danach die Seleukiden das Land in Besitz und bestätigten die Rechte von Mylasa. Sie konnten auch durch mehrfache Selbständigkeitsbestrebungen der Priesterschaft von Labranda nicht mehr beeinträchtigt werden. Nach der Schlacht bei Magnesia am Sipylos gelangte Labranda an Rhodos, was wiederum zu vielen

Unzuträglichkeiten führte, so daß die Römer schließlich Karien zur Provinz Asia schlugen. Unter den römischen Kaisern genoß das Heiligtum des Zeus Labrayndos hohes Ansehen und wurde durch mehrere Gebäude bereichert. Spuren eines großen Brandes, der im 4. Jh. den Westteil des Heiligen Bezirks verwüstete, sind noch zu erkennen. In frühbyzantinischer Zeit entstand über den Ostpropyläen eine Kirche, die wohl erst im 11. Jh. durch die Seldschuken zerstört wurde. Seitdem ist Labranda verlassen. Neuerdings wurde es 1948/53 durch Grabungen der schwedischen Universität Lund freigelegt.

Das Heiligtum war in Terrassen aufgebaut. Man betrat es von Südosten her
114 durch ein Ost- oder ein Süd-Propylon über eine große Freitreppe. Oberhalb des Tempelbezirks liegen noch ein Grabbau und auf dem Berg die überwachsenen Mauern einer Fliehburg.

Der Tempel des Zeus Stratios oder Labrayndos lag auf der 3. Terrasse. Ein jonischer Peripteros aus 6 : 8 Säulen auf einem 15,5 x 20,3 m messenden Stylobat umschloß eine als Antentempel gebaute Cella. Die Säulen trugen einen Architrav, darüber waren Zahnschnitt mit einfachem Geison und lesbischem Kymation angeordnet. Die Wasserspeier der Sima waren als Löwenköpfe ausgebildet.

Das Kultbild des Zeus Lasbrayndos ist durch Münzen von Mylasa überliefert. Zeus war stehend in archaischer Haltung dargestellt. In der Linken trug er eine Lanze, mit der Rechten hielt er die Doppelaxt (Labrys). Das bärtige Haupt war von einer Kopfbedeckung (Polos) überhöht, wie sie auch die Artemis von Ephesos oder die von Perge besaßen. Brust und Schultern waren, soweit das aus einem Münzbild erkennbar ist, wie das Bild zu Ephesos geschmückt. Leib und Beine waren wie eine Mumie bandagiert. Wahrscheinlich war hier eine vorgriechische weibliche Gottheit mit Zeus verschmolzen worden. Als Zeus Stratios war er vom 4. Jh. an die höchste Gottheit der Karer *(Bean)*.

Ostwärts des Tempels steht ein Priesterhaus, das eine Vorhalle mit 4 Säulen zwischen Anten, dazu 2 Räume aufweist. – Eine besondere Bauform in Labranda sind die 3 „Männerhäuser", die wohl für Festlichkeiten, Gastmähler und Versammlungen dienten. Sie sind megaronartig disponiert und liegen südöstlich und südlich vom Zeustempel. Davon ist das älteste „Andron" noch von Maussolos, das 2. von Idrieus gebaut, während das 3. erst im 1. Jh.
115 n. Chr. hinzugefügt wurde. Das Andron des Idrieus war nie völlig verschüttet und wurde darum von den Ausgräbern zunächst für den Zeustempel gehalten.

Dem Leben im Heiligtum und dem Aufenthalt der Besucher dienten eine Reihe von Einrichtungen, die in mehreren Säulenhallen untergebracht oder damit verbunden waren. So wird der Platz vor dem Zeustempel, einer von diesem abweichenden Achse folgend, im Norden von der Stoa des Maussolos begrenzt, während die Südseite mit Gästehäusern(?) bebaut ist.

In die Terrassenmauer ist ein von 3 Säulen getragenes Brunnenhaus eingelassen. Labranda besaß großen Wasserreichtum. Die Brunnen- und Badehäuser, von denen es mehrere gibt, hatten sicher auch kultische Bedeutung.

Der Umstand, daß dicht beieinander, fast gleichzeitig an der Südostecke des Heiligen Bezirks, 2 Propyläen angelegt waren, läßt darauf schließen, daß das erste Pfortenhaus irgendwann einmal – vielleicht durch Erdbeben – Schaden erlitt und ersetzt werden mußte.
Im Heiligtum von Labranda dürfte ein Palast gestanden haben, wahrscheinlich im Nordostteil des Geländes, der noch nicht ausgegraben ist (auch der Platz neben der großen Freitreppe wird in Betracht gezogen).
Zwischen die beiden Propyla haben die Byzantiner eine christliche Kirche gebaut. Sie war wohl nur einschiffig, besaß einen Narthex und endete im Osten in 3 Apsiden, von denen die mittlere halbrund, die seitlichen rechteckig waren. Auch im sog. Priesterhaus hinter dem Zeustempel wurde ein christlicher Altar aufgemauert. Der quadratische Vorraum wurde mit einer Kuppel eingewölbt.
Die einsame Lage im karischen Bergwald gibt dem Bezirk von Labranda sein eigentümliches Gepräge. Sie zeigt aber auch, daß der künstlerischen Verwirklichung eines antiken Heiligtums die landschaftliche Komponente wesentlich war.

98 Lagina/Leyna (Turgut) (Muğla) O 6

Von dem 1891/1892 ausgegrabenen Tempel der Hekate, der Stratonikeia (siehe dort) gehörte, sind in den Bergen westlich von Yatagan nur noch wenig Reste vorhanden. Sie liegen in einem Bezirk, in dem auch Mysterien und Festspiele gefeiert wurden. Der 21 × 28 m messende Tempel, ein Pseudodipteros von 8 : 11 Säulen, war im 2. Jh. v. Chr. erbaut worden. Die äußeren Säulen trugen korinthische Kapitelle, der Pronaos hatte jonische Säulen und Kapitelle. Das Gebälk war mit einem Relieffries geschmückt (im Museum 116
Istanbul). Dargestellt waren: an der Ostseite Hekate als Gehilfin bei der Geburt des Zeus, an der Westseite der Kampf zwischen Göttern und Giganten, an der Nordseite ein Gelage von Griechen und Amazonen, das als mythische Verklärung des Vertrages von 81 v. Chr. zwischen Rom und Stratonikeia gedeutet wird. Die Figuren der Südseite sind sehr beschädigt und nicht mehr genau zu bestimmen.
Die Göttin Hekate ist vorgriechischen, vermutlich karischen Ursprungs. Sie ist mit der Unterwelt und ihren Geistern vertraut, aber auch Mondgöttin und Herrin von Träumen und Gespenstern. Sie ist sowohl Hexe als auch Helferin. Im Haar trägt sie Schlangen, in der Hand eine Fackel und wird von Hunden begleitet. Ihr Kult in Lagina läßt sich bis zur rhodischen Herrschaft im 2. Jh. v. Chr. zurückverfolgen. Man feierte alljährlich ein 7tägiges Fest zu Ehren der Göttin. Seit der Niederlage des Mithradates 81 v. Chr. wurde außerdem in jedem 4. Jahr ein Fest „Hekatesia-Romäa" begangen. Dieser mit Wettspielen und einer Prozession verbundene Kult wurde in Lagina bis ins 3. Jh. gefeiert. Dabei wurde der Schlüssel des Tempels von Lagina nach Stratonikeia und zurück getragen. Hekate galt als Schlüsselbewahrerin zur Unterwelt. Was in Lagina zu christlicher und byzantinischer Zeit geschah, ist unbekannt. Spuren einer Kirche wurden nicht gefunden.

Lampsakos siehe Çanakkale und Dardanellen

99 Laodikäa am Lykos/Gonçali (Denizli) M 9

Der Hügel der antiken Stadt Laodikäa erstreckt sich 7 km von Denizli entfernt beim Dorf Gonçali. An der Stelle einer älteren Siedlung, die lt. Plinius d. J. *den Namen Dispolis führte, gründete der Seleukide Antiochos II. um 260/255 v. Chr. eine neue Stadt und gab ihr den Namen seiner Gemahlin Laodike. Nach der Niederlage des Antiochos 190 bei Magnesia am Sipylos kam Laodikäa an Pergamon und durch das Testament Attalos' III. 133 an Rom. 88–84 v. Chr. war es in den Händen des Königs Mithradates von Pontus.*

Unter den Kaisern Tiberius und Nero wurde die Stadt von Erdbeben heimgesucht. Hier bestand schon früh – ebenso wie in den Nachbarstädten Hierapolis und Kolossä – eine Christengemeinde, die Paulus *im Kolosserbrief (2, 1:4, 13. 15. 16) erwähnt, und an die das 7. Sendschreiben der Offenbarung Johannis gerichtet ist. 343 oder 381 (?) tagte am Bischofssitz Laodikäa eine Synode.*

Infolge des Vordringens der Seldschuken in Anatolien nach der Niederlage der Byzantiner bei Malazgirt 1071 wurde auch Laodikäa erobert, jedoch 1119 durch Kaiser Johannes II. Komnenos zurückgewonnen. Es war die am weitesten nach Südosten vorgeschobene Festung des Themas Thrakesion. Am 25. April 1190 erreichte das deutsche Kreuzritterheer Friedrich Barbarossas die Stadt. Er wurde gastfreundlich aufgenommen, seine Truppen konnten sich verpflegen. Der Kaiser hat, wie Niketas Choniates *berichtet, bewegt für diesen Empfang gedankt. Begleitet von den Gesandten Kiliç Arslans II. setzte das Heer am 27. 4. über Kolossä und Chonä den Marsch gen Osten fort. – Laodikäa blieb bis weit ins 13. Jh. byzantinisch. Mit der türkischen Inbesitznahme verödete die Stadt. Ausgrabungen wurden durch die kanadische Laval-University of Quebec* (J. des Gagniers) *1961/1963 durchgeführt.*

Die antike Siedlung war von einer Mauer umschlossen. 3 Tore lassen sich im Westen, Norden und Osten noch feststellen. Die Hauptstraße führte vom West(Ephesos)tor zum Osttor. Das Ephesostor besaß 3 Bogen zwischen Rundtürmen und wurde unter Kaiser Domitian (81–96) erbaut (vgl. das Nordtor zu Hierapolis). Südlich der Kreuzung mit der von Nordwesten kommenden Straße lag ein architektonisch ausgestaltetes Nymphäon mit einem mittleren quadratischen und zwei seitlichen halbrund geschlossenen Becken. Es besaß als figürlichen Schmuck die Entführung des Ganymed, Theseus und Minotauros sowie eine Isisstatue. Die Anlage wurde im 5. Jh. zu einer Kirche umgestaltet.

Im Südteil der Stadt liegt erhöht ein Bau, der als Odeon oder Bouleuterion genutzt wurde. Dahinter erstreckte sich ein Stadion von 380 m Länge. Es wurde 79 von Kaiser Vespasian geweiht. In der Nachbarschaft befinden sich ein Gymnasion oder eine Badeanlage, die auch „Hadriansbad" genannt wird, mit einem Wasserturm.

Im Norden waren 2 Theater (mit teilweise erhaltenen Sitzreihen) angelegt. Das größere öffnet sich nach Nordosten, das kleinere nach Nordwesten.

Außerhalb von Laodikäa werden die Straßen von Nekropolen gesäumt.

100 Larisa am Hermos/Burunçuk (Manisa) I 4

Larisa liegt im Tal des Hermos/Gediz auf einem zweigipfligen Hügel. Die antike Stadt gehörte zur äolischen Dodekapolis, doch bestand eine Siedlung schon vor der Einwanderung der Äoler. Sie wird von Homer *als mit Troja verbündet erwähnt. Die Äoler, ursprünglich in Mittelgriechenland und auf der Peloponnes ansässig, waren im 12. und 11. Jh. v. Chr. über die Insel Lesbos an die kleinasiatische Küste gelangt. Ihre Gründungen hatten sich dort in einem Städtebund zusammengeschlossen. Ihr gemeinsames, Apollon geweihtes Heiligtum lag in oder bei Gryneia. Es ist bisher nicht gefunden worden.*

Die Burgstadt Larisa am Hermos wurde, wie auch die anderen Städte der fruchtbaren Äolis, von Aristokraten oder Tyrannen regiert, deren Paläste z. T. noch festzustellen sind. Im 6. Jh. nahmen es die Lyder in Besitz, danach die Perser, die es mit einer Garnison ägyptischer Söldner belegten, weswegen es manchmal „das ägyptische Larisa" genannt wurde. Im 5. Jh. gehörte es zum delisch-attischen Seebund, doch nahm es an einem Aufstand gegen Athen teil und wurde 429 (?) zerstört. Es gelangte wieder unter persische Herrschaft, von der es erst 334 durch Alexander befreit wurde. Die Galater brannten es 279 völlig nieder, und es blieb wüst. – 1902 begannen schwedische Ausgrabungen (Kjellberg), *die 1932/1934 fortgesetzt wurden. Die Architekturdenkmäler wurden 1940 durch die deutschen Archäologen* Schefold, Boehlau *und* v. Gerkan veröffentlicht.

Die Ruinenstätte der Akropolis auf dem höheren der beiden Hügel war von einer mächtigen, mörtellos aus großen Steinen errichteten Mauer umgeben. Sie wird meist in das 6. Jh. datiert. Sie war mit mehreren viereckigen Türmen und nach Norden zu mit einer Art Bollwerk ausgestattet.

Die Überreste der Bauten in der Akropolis können 4 Zeiten zugerechnet werden. Zu der 1. Periode, um 500, gehören der auf einer Terrasse gelegene Tempel mit Altar (?) und eine mehrgliedrige Gruppe, der man die Namen „Megaron" und „Alter Palast" gegeben hat. Das Megaron ist ein Haus mit Vorraum, der sich mit 2 Säulen nach Süden hin öffnete. In einem 2. Bauabschnitt, um 450, wurde diese Vorhalle zu einem Peristyl mit anschließenden Räumen erweitert. Der Alte Palast besitzt 2 Haupträume mit gemeinsamer Säulen-Vorhalle zwischen 2 Pylonen. Er vertritt einen Typus, wie er bereits im Alten Orient formuliert wurde und der sich über das byzantinische Mittelalter bis zum neuzeitlichen offenen Dreiflügelbau der Schloßbaukunst verfolgen läßt. Weitere Ausprägungen hat dieser Palasttypus zu Larisa im sog. „Hofhaus" des 5. Jh. und dann im „Neuen Palast" des 4. Jh. mit 3 säulengeschmückten Flügeln um einen Hof, der durch einen 4., nur aus Kammern bestehenden Flügel geschlossen wird.

Der ältere Tempel des 6. Jh. auf der Terrasse ist ein ganz einfacher Rechteckbau, während der jüngere – um 430/420 erbaute – eine breite Säulenfront zwischen Anten aufweist.

In mehreren Bauten Larisas begegnet das „äolische Kapitell", das sich mit 2 großen Voluten über einem Kranz herabhängender Blätter entwickelt. (Funde im Museum Istanbul.)

Auffallend sind in der Nekropole zwischen den beiden Hügeln die Tumulusgräber, die jetzt noch an ihren Steinsetzungen kenntlich sind.

101 Latmos (Muğla) N 5

Der granitene Bergstock des wildzerklüfteten Latmos/Beşparmak (= Fünffingerberg) erstreckt sich im südwestlichen Karien etwa 25 km lang in westöstlicher Richtung und erreicht eine Meereshöhe bis 1367 m. Der Latmos beherrschte einst die nach ihm genannte Meeresbucht, die von Milet bis Heraklea reichte, den Latmischen Meerbusen. Der Mäander hat ihre Mündung bei Milet zugeschwemmt. Geblieben ist der fischreiche Bafa Gölü, auch „See von Heraklea" genannt. (Siehe auch Herakleia am Latmos.)

Im Gebirge oberhalb von Heraklea entstanden in byzantinischer Zeit, besonders im 10. und 11. Jh., mehrere Klöster und Eremitenniederlassungen. Die asketische Bewegung, die sich während des Bilderstreites stark ausgebreitet hatte, und die sich unter der makedonischen Dynastie des 10. Jh. besonderer kaiserlicher Förderung erfreute, hat hier am Latmos wie auch am bithynischen Olymp, dem Ulu Dağ bei Bursa, einen wichtigen Stützpunkt besessen. Nach dem Eindringen der Seldschuken in Kleinasien mußten die Klöster am Latmos und auf den Inseln im See aufgegeben werden. Der letzte Abt des Stylosklosters, Christodoulos, hat 1088 das Johanneskloster auf der Insel Patmos gegründet, das die Tradition der Latmosklöster fortführte.

Die Latmosklöster sind ihrem äußeren Anblick nach Wehrbauten, Felsenkastelle und befestigte Stützpunkte. Die Sakralbauten selbst sind weithin in die Felsen geschlagene Höhlen und als solche den Kirchen zu Göreme vergleichbar, nur daß das Hartgestein des Latmos nicht die Raumvielfalt ermöglichte wie der Tuff Kappadokiens. Kirchen und Mönchswohnungen sind ineinander verschachtelt. Das Innere der Kirchen und Höhlen ist meist ausgemalt.

Das bedeutendste der Latmosklöster war das von dem hl. Abt Paulos († 959) gegründete Styloskloster. In einer ausgemalten Grotte ist dort auch die nächtliche Liturgie an der Totenbahre des hl. Paulos zu sehen. Das Bild ist von der Koimesis-Darstellung beeinflußt.

Die Wandbilder der Christoshöhle bringen Kreuzigung und Auferstehung.

Theodor Wiegand hat 1905 die Latmosklöster aufgesucht und sie danach topographisch aufmessen und die Fresken z. T. kopieren lassen. Er hat dem Latmos den Band III/I seiner Ausgrabungsberichte über Milet gewidmet (Berlin 1913). Die von *Konrad Böse* angefertigten Kopien der Wandmalereien befinden sich heute im Besitz der Staatl. Museen Berlin (Ost).

Wiegand schildert seine Besuche in den Klöstern in mehreren Briefen an seine Frau: „(Milet, 12. 9. 1905) . . . Am vorigen Sonnabend, eine Stunde vor Sonnenaufgang, ritten wir an den See von Heraklea. Die vorher bestellte schwarze Barke nahm uns auf und nach drei Stunden waren wir im Sommerdorf Kapikeren [heute Kapıkiri] am Seeufer, wo uns unser Jurucke [Yürüke] Omar empfing, der als Führer diente. Wir gingen die ganzen drei Tage zu Fuß, an Reiten war gar nicht zu denken. Zuerst durchquerten wir das alte

Heraklea, dann die Felsgräber, die überall verstreut liegen, dann gings steil
empor, ein wildes Rinnsal hinauf, immer über rauhe Granitmassen, und noch
vor Mittag standen wir an einer mäßig großen Höhle [der Christoshöhle],
die das Wasser ausgefressen hatte, 4 zu 6 Meter etwa. Die ganze Wand gegen-
über dem Eingang war überdeckt mit der buntesten lebhaftesten Malerei, die
von fanatischen Händen zwar verletzt ist, aber alles wesentliche doch überlie-
fert. Fünf Bilder standen nebeneinander auf dem Wandputz: Christi Geburt,
Ochs und zwei Eselchen sehen niedlich in die Krippe, im Vordergrund baden
zwei Ammen das Kind (nach der apokryphen Überlieferung). Dann die Taufe
im Jordan, Jesus mitten drin, links Johannes, rechts halten Engel die Hand-
tücher. Dann die Kreuzigung, sehr edle Gewänder des Johannes und der 119
Maria. Endlich die Auferstehung. Christus ist mit dem Kreuz in die Vorhölle
gedrungen, zieht Adam und Eva, die als alte Leute in Gewändern dastehen,
zu sich empor, indem er gleichzeitig auf den Teufel tritt, der machtlos daliegt,
als ein panartiger Waldmensch. Am rechten Ende kommt dann noch der Kopf
Johannes des Täufers, unter dem als Halbfiguren David und Salomon mit
Diademen gemalt sind . . . Unter all diesem ist noch eine zweite Reihe, in der
die Köpfe von neun Kirchenfürsten, z. B. der hl. Athanasios, erscheinen.
Und überall sind die Reste von Namen erkennbar . . .

Wir stiegen auf den unglaublichsten Pfaden südöstlich herab, da kam wieder eine Felsgrotte [Pantokratorhöhle aus dem 7. Jh.], hier war die ganze Decke voller Bildwerk. Überlebensgroß mit wunderbar sympathischen Zügen, sitzt Christus als Weltlehrer in der von Sprüchen bedeckten Mandorla, die rechte Hand erhoben, links das Evangelium, rote Lippen, braunes langes Lockenhaar. Er sitzt auf einem goldenen Thron voller grüner und roter Edelsteine und großer Perlen. Zu Füßen des Throns ruhen die Evangelisten, Markus als Löwe, Lukas als Stier, oben entsprechend links als Engel Matthäus, rechts als Adler Johannes. Alle tragen grüne Evangelien und haben bunte Flügel mit Argusaugen. Aber damit nicht genug: die Mandorla wird von zwei fliegenden Engeln gehalten. Unter dem linken Engel erscheint die Sonne in Gestalt einer Purpurscheibe mit dem Helioskopf, die von der Sonne ausgehenden Strahlen sind purpurn und weiß. Unter dem linken Engel ist der Mond mit Selene als weißem Brustbild mit der Mondsichel auf dem Kopf und der Fackel auf grünem Grund mit hellblauem Rand. Weiße Strahlen gehen davon aus. Das alles ist in die Wölbung gemalt. Da fanatische Hände nicht direkt daran reichen konnten, ist alles viel besser erhalten, und es ist nicht so schlimm, daß einmal irgendein frommer Muslim sich die Mühe gemacht hat, die ganze Bemalung roh zu übertünchen. Die Heiligen leuchten doch sehr schön durch. Die gerade Wand unterhalb enthält aber auch noch interessantes: in der Mitte die Muttergottes im Purpurgewand, das Christkind in goldgelbem Kleid auf dem Schoß, ihm die Brust reichend. Auch Maria sitzt auf einem edelsteingeschmückten Thron, auf einem großen weichen Polster, in einer Nische. Edelsteine schmücken die Pfosten der Nische über ihr, besonders auch Perlen wieder, der Bogen selbst ist lichtgrün. Links von Maria stehen in Vorderansicht fünf heilige Männer, davon hat einer eine Kaiserkrone in der Hand, ein anderer eine Rolle mit spitzem Deckel. Der Kronenträger ist als

Johannes der Theologe bezeichnet. Links von Maria steht die heilige Thekla mit einem Buch, als dritten liest man den heiligen Kyrillos. Das alles lebensgroß. Und an jedem Ende des Ganzen je eine rot gemalte Inschrift, davon die eine leider fast ruiniert. Die andere nennt den Stifter, einen Diakon Georgios. Das Jahr scheint auch erhalten zu sein.
Weiter unterhalb der Höhle fanden wir eine Kirche, der Eingang ist vermauert, ein Türke hat seine Bienenstöcke darin, und will so die Bären fernhalten. Rings herum hingen an den Bäumen große Blechkästen, daneben an einem besonderen Strick alte Hufeisen; das gab im Wind die nötige Musik, um die Bären fernzuhalten. (Milet, 24. 9. 1905) . . . Im südlichen Teil der Latmosabhänge liegt eine Burg, Yediler Kale, wo früher sieben Brüder gehaust haben sollen. Man sah die Zinnen herüberwinken. Aber als wir nun nahe hinkamen und durch eine Mauerlücke in einen großen verwilderten Hof traten, da sehen wir schon: ein bedeutendes befestigtes Kloster! Höchst sinnreich hatte man sich da mit Wasser zu versehen gewußt, indem man einen Bach mitten durch den Hof geleitet und diesen völlig überwölbt hatte. Gleich beim Hof fand sich eine große lange Kirche und gegenüber ein Tonnengewölbe mit angegriffenen Fresken, Madonna mit dem Kind, Johannes. Über dem Ganzen erhebt sich eine felsige Oberburg, da sind nochmals zwei kleine Kirchen, umgeben von Kasematten und Wehrgängen – ein merkwürdiger Kontrast zu all der Heiligkeit. Die Mauern sind so gebaut, daß immer ein großer Stein von Backsteinen umschlossen ist . . . nachmittags über Schluchten, Gipfel weiter nach Süden; da fanden wir eine kleine Festung, die einen Seitenweg [nach Mylasa] beherrschte und nur ein bescheidenes Tor hatte, aber wieder einen vortrefflich erkennbaren Wehrgang . . . Abends stiegen wir dann herunter in die Ebene, da fanden wir die Burg Kadi Kalesi am Rande der Berge, zwei Tore, fünf Türme, und hörten von einer zweiten, südlich von Tanişman . . .
Am Montag fanden wir schon wieder eine Grotte. Aber wir waren wohl ein paar Jahre zu spät gekommen, die Kirche davor war frisch eingestürzt und die Fresken schimmerten in hundert Brocken aus dem Sturzfeld. Von da gings steil bergauf. Riesenhaft wurden jetzt die aufgetürmten schwarzen Felsmassen, bald mußten wir darüber weg, bald drunter durch kriechen, das alles in brennender Glut, ohne daß irgendwo Wasser war. Endlich fanden sich einige Tropfen im Granitsand, auf der tiefsten Stelle einer Höhle von 20 m Tiefe. Die Losung der Bären ringsum bewies, daß dies auf weite Strecken offenbar der einzige Wasserplatz war . . . Es dauerte nicht mehr lange, da kam ein ganz gewaltiges Felsgebilde: eine wohl 8 Meter frei überhängende Masse, darunter alles voll Felsgängen und Höhlungen und gleich vorne große rot gemalte Kreuze in Form der Johanniterkreuze, daneben ein anderes, an dem hingen gemalte Ketten herab, darum stand „Das Kreuz der Blinden Führer“, daneben aber ein langer Text in rohen Buchstaben, in dem fortgesetzt von wilden Bienen und bitterem Honig der wilden Biene die Rede ist – so recht ein Eremitentext –, auch da leider Spuren mutwilliger und fanatischer Zerstörung, so daß ich den Text schwerlich ganz zusammenkriege.
Und nun der Abstieg. Beinahe kopfüber manchmal. Drunten am See ein

Stück Brot mit Wassermelone, dann ins Segelboot und hinüber nach der Heraklea gegenüberliegenden Insel. Große Überraschung! Sie ist ganz bedeckt mit einem befestigten Kloster. Über der Tür der Kirche steht noch die Weihinschrift. Innenhafen, Oberburg mit Kapelle, alles ist deutlich da und der marmorne Ambo liegt mit seinen Weinranken im Hofe, unbeachtet. Nun gings mit lebhafter Brise nach Nordwest, vorbei an der früher schon gefundenen Klosterinsel auf die nördlichste der drei Inseln des Latmossees, da fanden wir die Trümmer eines ganzen byzantinischen Städtchens, das den ganzen Raum der Insel dicht bedeckte. Wir kamen zum Schuß auf Wachteln und Wildtauben, die hier wohl selten gestört werden und fanden zuletzt am Südende noch zwei Kirchenreste . . .
(Am 26. 9. 1905) . . . mittags kamen wir nach Heraklea und brachen sofort zu Fuß in nordöstlicher Richtung auf. Um halb 3 Uhr passierten wir eine Klosterruine mit schönen Ziegelornamenten. Nachts blieben wir bei Nomaden in der Gegend Kyrpalan und schliefen im Freien an einem Gebirgsbach. Mit Sonnenaufgang kam unser langer schwarzer Führer, ein Tachtaçide. Er sagte, ein Kloster liege hoch oben nahe beim Latmosgipfel und habe Bilder. Um 6 Uhr begann der Aufstieg. Um 9.50 Uhr passierten wir eine Felswand mit Kreuzzeichen bei einer wundervollen Felsquelle, gegen 1 Uhr waren wir an der Stelle des Klosters [= Styloskloster].
Ein Waldbrand hatte die Gegend verwüstet, das ermöglichte indes den Überblick über die den Felsen angeklebten Mauerreste und Grundrisse. Das bedeutendste Gebäude hatte wohlerhaltene Unterwölbungen. Weiter die Felsen aufwärts ging es zuletzt kriechend durch einen schmalen Felsgang, plötzlich sah man eine tiefe Felsschlucht und unmittelbar am Rande, aber zweieinhalb Meter tiefer eine kleine, halb offene Höhle unter überhängendem Granit. Einige Felsstufen führten bis an den Rand; dann aber hätte man eine Leiter gebraucht. Die ganze Felskuppel und obere Wand voll von Bildwerk, und zwar in lebendigsten Farben: die Verklärung Christi, Geburt und Darstellung Mariä, Taufe Christi mit höchst interessantem Flußgott als Dämon (? – man kann das auch für eine Versuchung [Mt. 4, 10. 11] halten), ganze Reihen von Heiligen, dann das gruppenreiche Bild vom Tod eines Heiligen (= Tod des hl. Paulos), Bild eines Säulenheiligen auf der Säule, thronende Madonna.
Abstieg bis in tiefe Dunkelheit, im ganzen waren wir 10 Stunden geklettert. Wir waren sehr glücklich, ich denke, wir haben das Styloskloster des heiligen Christodoulos selber gefunden. Und Stylos war natürlich der Name eines der turmartigen Felsen, die wie eine Riesensaat rings um das Kloster emporstarrten . . ." (aus: Theodor Wiegand, Halbmond im letzten Viertel. Archäologische Reiseberichte [Kulturgeschichte der antiken Welt, Bd. 29]. Mainz 1985.)

102 Lebedos/Serefihisar (Izmir) L 3

Die jonische Stadt Lebedos lag auf der heutigen Halbinsel Kisik. Sie wurde im 3. Jh. v. Chr. zerstört. Ihre Einwohner, zusammen mit denen aus Kolophon, siedelte Lysimachos in die von ihm erbaute neue Stadt Ephesos um. Wenige Mauerreste bezeichnen das einstige Stadtgebiet.

103 Letoon (Muğla) R 9

Die Titanin Leto, Geliebte des Zeus und Mutter der Zwillinge Apollon und Artemis, war eine vorgriechische Fruchtbarkeitsgöttin, die in Kleinasien und auf der Insel Delos, vornehmlich aber in Lykien verehrt wurde. Ihr dortiges Hauptheiligtum lag bei Xanthos. Es war zugleich das Bundesheiligtum der Lykier. Die Göttin wurde hier auch durch Festspiele geehrt. In Ovids *›Metamorphosen‹ (VI, 313–381) verwandelte hier Leto die lykischen Bauern, die ihr das Trinken vom Teiche verwehrt hatten, in Frösche.*

Der Platz des Heiligtums, ein fruchtbarer, weiter, von Wasserläufen durchzogener Talgrund, der sich an einen Hang schmiegt, war schon im 8. Jh.
120 v. Chr. besiedelt. Im Laufe der Zeit entstanden dort 3 Tempel. Sie liegen parallel nebeneinander und sind in ihrer letzten Fassung, wie an den ausgegrabenen Trümmern ersichtlich ist, hellenistisch, zwischen dem 4. und 2. Jh. entstanden. Alexander d. Gr. hat selbst das Letoon 334 aufgesucht. Daran erinnert noch eine ihn ehrende Inschrift. Eine besondere geschichtliche Situation enthüllt auch der im Letoon beim „Tempel B“, dem östlichsten der Heiligtümer, 1973 gefundene Dreisprachenstein in Griechisch, Aramäisch und Lykisch. Er gibt einen Erlaß des Satrapen Pixodaros, des Bruders von Maussolos, wieder, der im 1. Regierungsjahre des Königs Artaxerxes III. (= 358 v. Chr.) über die Einführung eines neuen Kultus der karischen Götter Basileos Kaunios und Arkesimas veröffentlicht wurde. Außerdem werden Bestimmungen über die Opfer, die Priester und den Unterhalt des Heiligtums bekanntgegeben. Als Zeugen werden Leto und ihre Kinder mit den Nymphen angerufen. Dieser Dreisprachenstein wurde für das Lesen und Verstehen der lykischen Schrift, über die bisher nur einige Zweisprachensteine vorlagen, von größter Bedeutung.

Der östlichste Tempel war in dorischer Ordnung als Peripteros von 6 : 11 Säulen mit Pronaos, Cella und Opisthodom im 2. Jh. v. Chr. über einem älteren Tempel des 4. Jh. erbaut worden. Er besitzt ein Fußbodenmosaik, das Bogen und Leier abbildet. Geweiht war er wohl dem Apollon.

Der mittlere, etwas kleinere Tempel wird ebenfalls ins 4. Jh. datiert. Dort

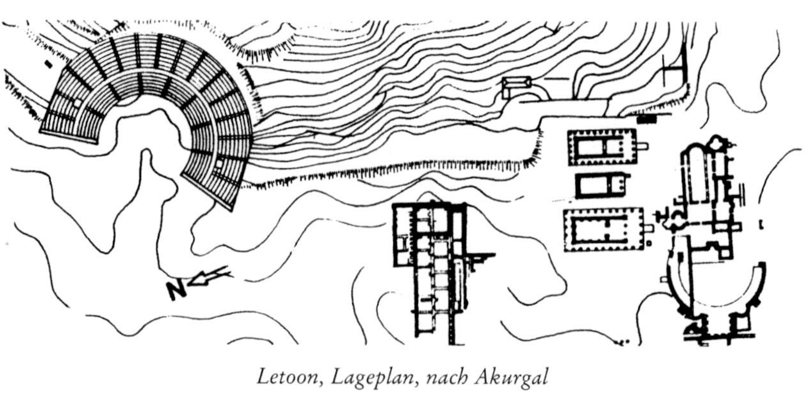

Letoon, Lageplan, nach Akurgal

fand man eine Widmungsinschrift an „Ertemi", wie der lykische Name für Artemis lautet.
Der größere westliche Tempel, wiederum ein jonischer Peripteros von 6–11 Säulen, muß der Leto zugeeignet gewesen sein.
Im Bezirk des Letoheiligtums lag südwestlich der Felsterrasse die heilige Quelle, die in der Kaiserzeit mit einem Nymphäon von reicherer architek-
tonischer Gestalt überbaut wurde: ein Wasserbecken spiegelte eine mittlere 119
Halle mit halbkreisförmigem Portikus. Die Fassadeninschrift nennt Kaiser Hadrian (117–138).
Eine 2schiffige hellenistische Stoa begrenzte den heiligen Bezirk. Sie führte zu einem rechteckigen Saal, der wohl unter Kaiser Trajan (98–117) erbaut wurde.
Ein hellenistisches Theater ist im Norden des Bezirks an den Berghang gebettet. Die Cavea wird durch ein Diazoma geteilt und umfaßte etwa 15 Sitzreihen. Es ist durch ein Portal mit einem Blendgiebel zugänglich. Die Metopen des Frieses tragen Maskenreliefs aus römischer Zeit.
Östlich vom Nymphäon richtete man im 4. Jh. eine christliche Klosteranlage ein. Die Kirche war eine 3schiffige Basilika. Ein trikonchaler Bau lag an ihrem Südostende (Baptisterion oder Martyrion?).

104 Liman Kalesi/Ağa Limanı (Içel) R 22

Die Burg liegt auf einer flachen Landzunge, die sich in den Golf von Taşucu vorschiebt. Ob hier bereits eine armenische Burg stand, wie die Tokmar Kalesi auf dem nahen, diesen Küstenstrich beherrschenden Kale Tepe, ist zweifelhaft. Wahrscheinlich wurde sie erst in osmanischer Zeit erbaut. Im 17. Jh. hausten hier Seeräuber, gegen die die Großherzöge der Toskana Strafexpeditionen entsandten. Daran erinnern die „4 Mohren" (1624/25) am Hafendenkmal zu Livorno.
Die Burganlage ist unregelmäßig polygonal um einen rechteckigen Donjon mit 3 Höfen angeordnet. Die Mauern sind z. T. bis zur Zinnenhöhe erhalten. In die Ringmauer des 1. Hofes sind drei Breschen gebrochen.
Beiderseits von Liman Kalesi liegen an der Küste im Süden die Ruinen von **Paläa** und auf der Insel **Nesulion** die Reste einer frühbyzantinischen Kreuzkuppelkirche. Im Norden stand auf einem Kap bei **Mylä/Manastir** einst das Orakelheiligtum des Apollon Sarpedonios, dessen Nachfolge die Klosterkirche Hagios Theodoros antrat. Die nicht mehr vorhandene Kirche wurde in der älteren Reiseliteratur rühmend erwähnt und 1851 von *Victor Langlois* gezeichnet.

105 Limyra (Antalya) R 12

Das Stadtgebiet von Limyra liegt zu Füßen des Toşak Dag. Über zwei ummauerten Unterstädten – der römischen und der byzantinischen – an den Quellarmen des Limyros baut sich auf einer Bergnase die Akropolis mit Unter- und Oberburg auf. Dazwischen finden sich ein Theater und die lykische Stadt. Ihre Nekropolen umfassen Hunderte von Gräbern. Limyra war, wie aus Inschriften hervorgeht, im 4. Jh. v. Chr. die Residenz des lykischen Dynasten

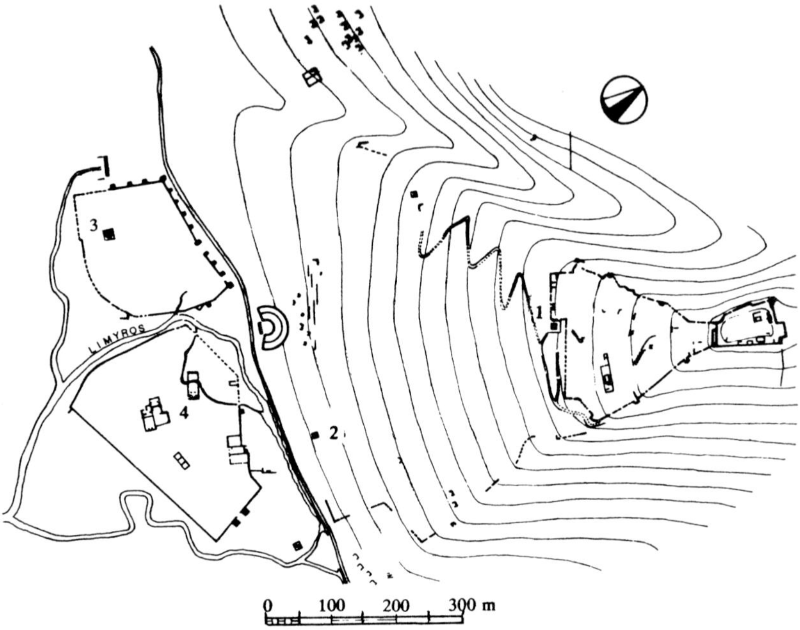

Limyra, Lageplan, nach Wurster und Borchhardt
1 Heroon des Perikle, 2 Hyposorion-Sarkophag des Xutabura, 3 Kenotaph des Gaius Caesar, 4 Basilika und Bischofspalast

Perikle(s) bis etwa 360. Seinen ausdrucksvollen bärtigen Kopf überliefern uns mehrere Münzbilder. Er war, wie die meisten lykischen und karischen Herrscher, Philhellene. Das geht auch schon aus seinem Namen hervor.
In hellenistischer Zeit erlebte Limyra wie ganz Lykien manchen Wechsel. Die meist ptolemäische Stadt unterwarf sich zwar 197 dem Seleukiden Antiochos dem Großen, kam aber schließlich unter die Herrschaft Roms. Gaius Caesar, Sohn des Agrippa und der Julia, Adoptivsohn des Augustus, starb 4 n. Chr. in Limyra an einer Verwundung, die er bei der Belagerung der armenischen Feste Artagira erlitten hatte. Zu seinen und seines Vaters Augustus Ehren wurde zu Limyra ein Grabturm errichtet.
Im 4. Jh. wurde das christlich gewordene Limyra Bischofssitz. Es entstanden sowohl in der byzantinischen Unterstadt wie auf der Akropolis mehrere Kirchen und Klöster.
Die im Grundriß trapezförmige Akropolis – wobei die Unterburg die breite, der Stadt und dem Hang zugewandte Südwest-Kante einnimmt und die gestreckte Oberburg an das schmale Nordost-Ende anschließt – war von einer gewaltigen zyklopischen Mauer umringt, ihre Krone bildete ein Zinnenkranz. An betonter Stelle, hoch über dem Südhang, lag auf einer Felsterrasse ein denkmalhaftes Bauwerk, das 1969 ff. von deutschen Archäologen unter Leitung von *J. Borchhardt* ausgegraben und als Heroon des Königs

Limyra, Heroon des Perikle, wiederhergestellte Nordseite, nach Borchhardt

Perikle erkannt wurde. Die Bearbeitung der Funde ermöglichte die Rekonstruktion eines vierseitigen, nach allen Seiten hin offenen Tempels mit einer Grabkammer im Inneren des hohen Sockels. An den Seiten trugen Karyatiden die Architrave und das Gebälk. Die Schmalseiten besaßen Giebel. Der gen Süden gewandte Akroter stellte den laufenden Perseus mit dem Haupt der Medusa dar. Die Langseiten waren mit figürlichen Friesen von Streitwagen mit Pferden und in den Kampf ziehenden Kriegern geschmückt. Die Gesamtkomposition erinnert an die Korenhalle des Erechtheion auf der Akropolis zu Athen, auch an den dortigen Niketempel und, was die Darstellung betrifft, an das Nereidendenkmal zu Xanthos sowie das Heroon von Trysa (siehe dort).
Die einzigartige Aussicht vom Heroon des Perikle auf die Küsten bei Finike und das azurblaue Meer bis hin zum Kap Chelidonia enthüllt auch die land-

schaftliche Schönheit der städtischen Siedlung Limyra und ihrer Nekropolen. Am Hang gibt es mehrere Gräber, die besondere Beachtung verdienen. Die in die abwärts führenden Felsbänder eingehauenen Hausgräber tragen öfter Reliefschmuck: seine Motive sind Totenmahl, Abschied, Kampf.
Ein hoch aufragendes Hyposoriongrab im Südostteil des unteren Hangs ist inschriftlich als das Grab des Chñtabura (Xutabura), eines Verwandten, vielleicht eines jüngeren Bruders des Perikle, ausgewiesen. Es besteht aus einem lykischen Sarkophag mit Spitzbogendeckel. Auf den Sockelreliefs sind Totenmahl und Pferdegespann auf Süd- und Nordseite zu sehen. Das 3-Figurenrelief der Westseite wird als Urteilsspruch der Totenrichter Rhadamantys und Aiakos über den Verstorbenen gedeutet *(Borchhardt).*
Das 140 n. Chr. erbaute römische Theater, halbrund mit großer Orchestra an den Hang gelehnt, besitzt eine Diazoma, unterhalb derer 16 Sitzreihen liegen. Die Sitzreihen oberhalb der Diazoma sind weniger gut erhalten.
In der ummauerten, aber jetzt versumpften Römerstadt befand sich das Kenotaph des Gaius Caesar, ein ursprünglich 18 m hoher, mit Marmor verkleideter Grabturm. Der Straße entlang stehen noch beachtliche Mauerblöcke der Umwallung.
Die byzantinische Stadt besaß eine Kirche und einen Bischofspalast, von denen sich einige Mauern, z. T. 6 m hoch, erhalten haben. Grabungen, die den hohen Grundwasserstand bewältigen müßten, stehen noch aus.

106 Loryma (Muğla) Q 6

Nahe der Spitze einer weit ins Meer reichenden Halbinsel, der Südwestecke Kleinasiens. Die antike Stadt besaß einen Tempel des Zeus Atabyrios. Sie war als Hafen wichtig. Konon brach von hier mit der athenisch-persischen Flotte zur Seeschlacht vor Knidos 394 v. Chr. auf. König Demetrios Polyorketes traf in Loryma die Vorbereitungen zu seinem vergeblichen Angriff auf Rhodos.
Bis in die mittelbyzantinische Zeit besaß Loryma eine Burg, die wohl schon von Rhodos angelegt wurde. Sie hat einen länglichen Grundriß bei 350 m Länge und 30 m Breite. Die Mauern bestehen aus z. T. sehr großen Bossenquadern und werden von mehreren Pforten durchbrochen.
Im Gebiet von Loryma finden sich eigenartige, drei- und vierstufige Steinpyramiden, vielleicht Sockel für Weihegaben an die Götter.

107 Magnesia am Mäander (Aydın) M 5

Die Gründung der Stadt erfolgte wohl durch Magneter aus Ost-Thessalien und ist zeitlich nicht genau bestimmbar. Im 7. Jh. v. Chr. wurde Magnesia von den Kimmeriern zerstört, fiel dann an die Lyder und um 530 an die Perser. 522 wurde hier der berühmte Tyrann von Samos, Polykrates, von seinem Gastgeber, dem persischen Satrapen Oroites, umgebracht. Glück und Ende des Polykrates bewegten Mit- und Nachwelt und wurden auch dichterisch behandelt (Fr. Schiller ›*Der Ring des Polykrates*‹). *Fast zwei Menschenalter später erlebte Magnesia die Tragödie des Patrioten Themistokles, des Siegers von Salamis, den Parteineid aus Athen verbannt hatte. König Artaxerxes gab ihm die Satrapie Magnesia mit Myus und Lampsakos. Themistokles vergiftete sich 460, als*

er den Oberbefehl über ein persisches Expeditionskorps gegen Athen übernehmen sollte.
Gegen 400 wurde die Stadt von ihrem bisherigen, ständig von Überschwemmungen heimgesuchten Platz an die Stelle des Heiligtums der Artemis Leukophryne verlegt. Ihr Tempel erlangte große Bedeutung, die auch im Ausbau von Stadt und Tempel in Erscheinung trat. Lebenswille und Wohlstand der Stadt wurden auch durch die Kämpfe unter den Nachfolgern Alexanders d. Gr. nicht beeinträchtigt. Nach 189 kam Magnesia an Pergamon, 129 zur römischen Provinz Asia. 87 widerstand es König Mithradades von Pontus, was Rom mit Privilegien belohnte. In der Kaiserzeit war Magnesia ein angesehenes Gemeinwesen.
Im christlich gewordenen Kleinasien erhielt die Stadt einen Bischofssitz. In der byzantinischen Themenorganisation gehörte die Stadt zunächst zum Thema Anatolikon, seit Leo III. zum Thema Thrakesion und war unter Leo VI. noch einmal unter dem Bezirksnamen Asia mit Samos zusammen. Wie die gesamte Landschaft des Mäandertals war sie seit dem 11. Jh. den seldschukischen Eroberungszügen ausgesetzt. Manuel I. gliederte sie nochmals fest ins Rhomäerreich ein. Sie fiel aber Ende des 13. Jh. zuerst den Emiren von Menteşe und schließlich den Osmanen anheim.
Die verödete Stadt wurde seit 1842 archäologisch erforscht, insbesondere 1891/1893 wurde sie von den deutschen Archäologen Humann, Kohte *und* Watzinger *ausgegraben und 1904 veröffentlicht. Fundstücke aus Magnesia besitzen die Museen Berlin, Paris und Istanbul; im Berliner Pergamon-Museum wurde die Fassade des Zeus-Sosipolis-Tempels wiederaufgebaut.*
Die Bürger der aufblühenden Stadt Magnesia richteten um 206 v. Chr. Festspiele beim Heiligtum der Artemis ein und erbauten anstelle des bisherigen archaischen einen neuen jonischen Tempel. Den Entwurf dazu hatte der Baumeister *Hermogenes* aus Alabanda geliefert. Auf einem Fundament von 41/31 × 67/58 m schuf er einen Ringhallen-Dipteros (man nennt diese Form „Pseudodipteros“) mit 8 : 15 Säulen. Der Säulenabstand beträgt 3,94 m. Ein entsprechendes quadratisches Rasternetz überzieht den Raum. Die mittleren Säulen der Schmalseiten stehen 5,25 m weit auseinander. An sie schloß ein breiter Rasterstreifen in der Achse des Tempels an, was den inneren Einbauten zugute kam. Der Architrav über den jonischen Kapitellen bestand aus Faszien, Kyma, reliefiertem Fries, Zahnschnitt, Geison und Sima. Dieses Schema des *Hermogenes* hat durch *Vitruv* Eingang in die römische Baulehre gefunden: „*Hermogenes* ersparte nicht nur Kosten und Arbeit . . ., sondern er gewann, ohne daß man die überflüssigen Säulen vermißte, eine würdige Wirkung . . . Diese Disposition ist deshalb erfunden worden, damit die Ansicht durch den Kontrast der Intercolumnien wirkungsvoll sei, ferner, damit eine große Menschenmenge sich zwanglos im Gebäude und der Ringhalle aufhalten kann“ (*Vitruv* III 3, 8 f., Übers. G. Gruben). Die Schmalseiten des Artemisions besaßen Giebel mit 3 Öffnungen, auf denen große Stirn- und Ekkakrotere saßen.
Vor der Westwand des Artemistempels stand ein prächtig gestalteter und geschmückter Altarbau, von dem nur noch die Fundamente übrig sind. Auch

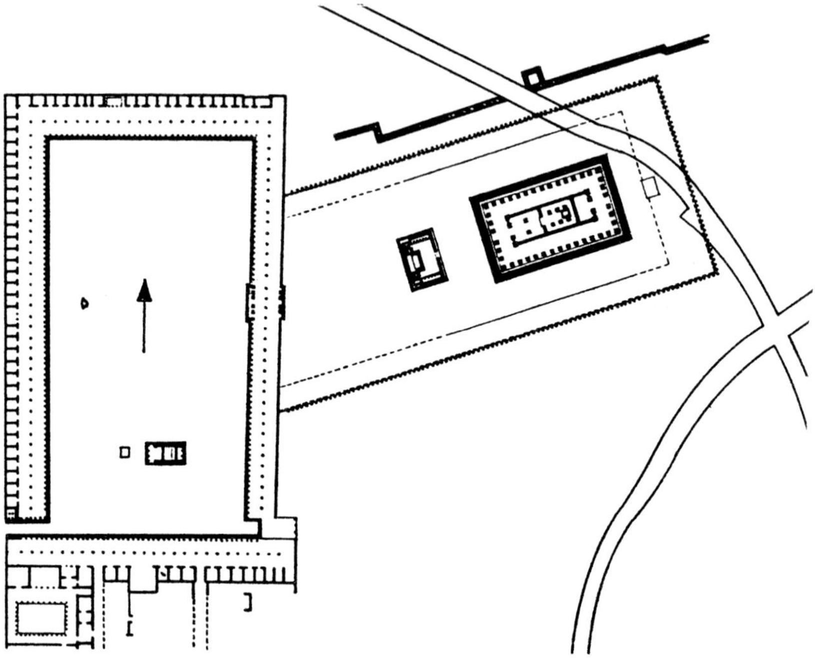

Magnesia am Mäander, Plan der Agora mit dem Tempel des Zeus Sosipolis und dem Artemis-Tempel, nach Akurgal

das 130 v. Chr. in der Cella des Tempels aufgestellte Bild der Artemis Leukophryne ist untergegangen.

Der Tempelbezirk der Artemis grenzte winklig an die große, mit Säulengängen eingefaßte Agora an. Dort stand der Tempel des Zeus Sosipolis. Das war ein kleiner Prostylos-Tempel, der wohl auch von *Hermogenes* – etwas
121 früher als der Artemistempel – entworfen wurde. Die prostyle 4-Säulen-Fassade ist in Berlin rekonstruiert zu sehen. Sie zeigt die „eustylen" Maßverhältnisse: die 6,27 m hohen jonischen Säulen haben die 9½fache Höhe des unteren Durchmessers von 0,66 m. Die Interkolumnien sind 1,49 m breit. Die Fassade des Zeustempels ist beispielhaft für das Proportionendenken des *Hermogenes* als eines der bedeutendsten Meister hellenistischer Architektur.

Von byzantinischen Bauten sind in Magnesia noch Teile der Stadtmauer erhalten. Eine Ruine mit einem 8,3 m breiten Bogen gehörte wahrscheinlich zu einem Palast. Das starke Mauerwerk aus Bruchsteinen ist mit Ziegelschichten durchschossen.

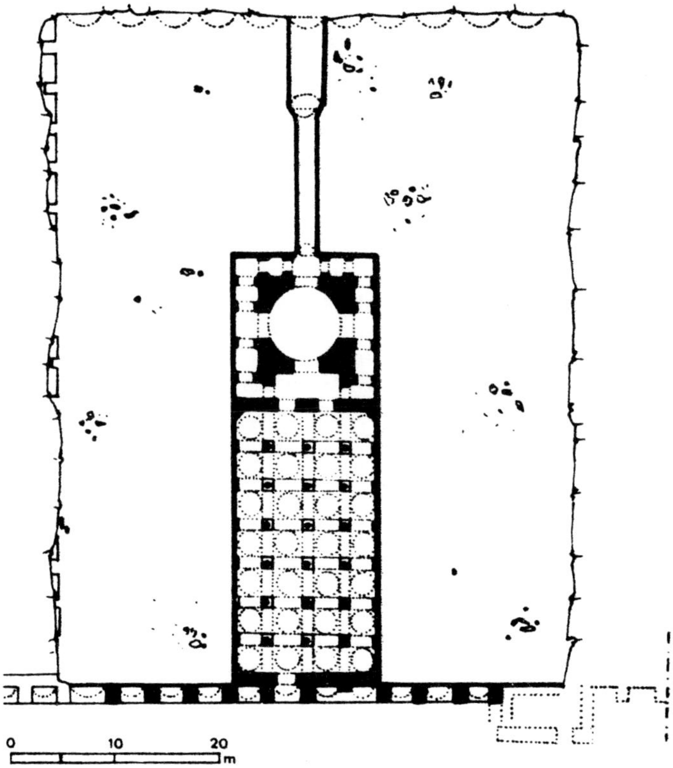

Maltepe, Palast von Bryas, Grundriß, nach Eyice

108 Maltepe/Bryas (Istanbul) B 9

Anstelle des byzantinischen Ortes Bryas, eines am Ufer des Marmarameers gelegenen Dorfes, das den Namen einer im 16. Jh. landeinwärts angelegten Siedlung trägt.

Kaiser Theophilos (829–842) ließ hier einen Palast errichten, dessen Substruktionen noch erhalten sind. Den Aufzeichnungen des Kaisers Konstantin Porphyrogennetos (913–959) zufolge wurde er dazu vom Vorbild persischer Paläste angeregt. Die freigelegte Mitte ist als achteckiger Säulengang mit 7 überkuppelten Jochen 4schiffig disponiert. Daran schließt sich ein quadratischer Raum mit Umgängen, überragt von einer Mittelkuppel, an. Eine Ähnlichkeit mit dem Manganenpalast Basilios I. zu Konstantinopel ist unverkennbar.

109 Manisa/Magnesia am Sipylos (Manisa) I 5

Die Provinzhauptstadt in der Hyrkanischen Ebene am Gediz (Hermos) und zu Füßen des 1470 m hohen Manisa Dağları (Sipylos) geht vielleicht schon auf hethitische Gründung zurück. Ein Zeugnis davon wäre das „Niobe-Kybele"-Relief von Akpınar (siehe dort). Die griechische Besiedlung erfolgte, wie zu Magnesia am Mäander, durch Einwanderer aus Thessalien. Im 7. Jh. v. Chr. geriet die Stadt unter die Oberhoheit der lydischen Könige, wurde von Kyros dem Perserreich einverleibt und blieb persisch bis zum Zuge Alexanders d. Gr. 334. Im 3. und 2. Jh. war Magnesia in die Kämpfe zwischen den hellenistischen Königreichen verstrickt. 190 wurde der Seleukide Antiochos III., der Große, in der Hyrkanischen Ebene bei Manisa von den Römern, die König Eumenes II. von Pergamon zu Hilfe gerufen hatte, besiegt. Magnesia kam an Pergamon und mit der pergamenischen Erbschaft 133 an Rom. 17 n. Chr. wurde es durch ein Erdbeben verwüstet und auf Veranlassung von Tiberius wiederaufgebaut.

Im Byzantinischen Reich gelangte das von den frühen Arabereinfällen verschont gebliebene Magnesia erst nach der Eroberung Konstantinopels durch die Lateiner 1204 zu größerer Bedeutung. Der nikänische Kaiser Johannes III. Dukas Vatatzes wählte es 1222 zur Residenz. Hier wurde er auch 1254 begraben, vom Volk wie ein Heiliger verehrt. Nach der Rückgewinnung Konstantinopels 1261 durch Michael Paläologos verlagerte sich das politische und wirtschaftliche Gewicht wieder nordwärts. Der wachsenden Angriffe der Seldschuken konnten sich die byzantinischen Städte Kleinasiens nur noch mit Hilfe der katalanischen Söldner des Roger de Flor erwehren; doch fiel Manisa 1313 in die Hände des Emirs Saruhan, der dort seinen Herrschersitz aufschlug. 1390 zogen die Osmanen mit Sultan Beyazit Yıldırım in Manisa ein. 1402 besetzten es die Mongolen des Timur Lenk, nach deren Rückzug wurde es kurze Zeit von Emir Hizirşah beherrscht, 1405 kehrten die Osmanen mit Mehmet Celebi zurück und schlugen 1419 einen Aufstand des Derwischs Bedr-et-Tin nieder. Die Sultane Murat II. (1421/1451) und der junge Mehmet II. weilten gern in Manisa. 1543 ist hier der ausersehene Thronfolger Süleymans des Prächtigen, Mehmet, verstorben. Murat III. (1574/1595) weilte öfter in Manisa als in Istanbul. – Im 18. Jh. regierten hier die Karaosmanoğlu als Statthalter bis 1822. Nach dem Ersten Weltkrieg wurde Manisa von den Griechen besetzt. Sie mußten die Stadt aber nach der Niederlage von Dumlupinar 1922 wieder räumen. Seitdem sind die Kriegsschäden behoben worden und neue Stadtviertel entstanden.

Die Antike ist in Manisa heute nur noch im Museum (Medrese der Muradiye Camii) gegenwärtig. Ein kleiner säulengegliederter und mit Reliefs geschmückter Marmorschrein des 6. Jh. v. Chr. stammt aus Sardes. Ausgestellt sind auch viele Tongefäße und Gläser aus hellenistischer und römischer Zeit.

Von byzantinischen Bauten sind die Ruinen der Burg auf dem Sandık Tepesi übrig. Drei Mauerringe umschließen den Gipfel, der die antike Akropolis trug. Am besten erhalten ist der innerste Ring aus dem 7./8. Jh. Der äußere Ring wurde unter der Regierung des Kaisers Johannes III. Vatatzes errichtet.

Içhak Celebi ließ 1366 oberhalb der Stadt die Ulu Camii erbauen. Ihr rechteckiger Betraum besitzt eine über dem Achteck entwickelte große Kuppel, um die 19 kleine Kuppeln angeordnet sind. Der geschnitzte Mimber ist 778 H

(1376/1377) bezeichnet. Im arkadengesäumten Vorhof ein Şadirvan. Neben der Moschee die gleichzeitige Medrese und die Türbe des Stifters.
Die Hatuniye Camii im Nordosten der Stadt wurde 1489 auf Veranlassung von Hüsnü Şaz Hatun, der Gemahlin Beyazits II. (1481–1512), errichtet, als ihr Sohn Selim Statthalter der Provinz Manisa war. Der quadratische Kuppelsaal mit achtseitigem Tambour besitzt auf beiden Seiten rechteckige Anbauten, die von je 2 kleinen Kuppeln überwölbt sind. Die Vorhalle wird von 2 Minaretten mit sparrengemusterten Schäften flankiert. Im Außenbau sind mehrfach Fliesen mit Kütahya-Motiven verwendet.
Die Çesnigir Camii, ähnlich der Hatuniye disponiert, wurde 879 H (1474) von Çesnigir Sinan Bey erbaut.
Die große Anlage Sultan Camii, auch Valide Camii mit 2 Minaretten im 122
Herzen der Stadt, wurde 1522 von Ayse Hafize, der Gemahlin Selims I., gestiftet. Der Kuppelsaal besitzt eine Vorhalle mit byzantinischen Säulen und Kompositkapitellen. Die Külliye umfaßt eine Medrese, ein Muvakithane (Uhrenpavillon) und ein Timarhane (Irrenhaus). Die verwendete Fliesendekoration in Weiß auf kobaltblauem Grund gibt den sog. „Stil des *Abraham von Kütahya*" (etwa 1475/1523) wieder.
Unweit der Sultan Camii liegt die Muradiye Camii. Sie wurde 991/994 H (1583/1586) von *Ali Ağa*, einem Schüler *Sinans,* für Murat III. erbaut. Auch sie war ein Kuppelsaal mit 8eckigem Tambour, Vorhalle und 2 Minaretten. Sie steht innerhalb einer Külliye mit Medrese und Imaret. Die Ausstattung des Mimber erfolgte mit Iznik-Fliesen. In der Medrese und ihrem Säulenhof befindet sich jetzt das Archäologische Museum.
Dicht beieinander liegen die Alibey Camii von 821 H (1427) und die Ilyas-Bey Camii von 764 H (1323). Sie vertreten den ältesten osmanischen Moscheentyp mit einer Kuppel über einem würfelförmigen Raum.
Jünger ist die Ibrahim Celebi Camii von 956 H (1549), die jedoch bei der gleichen Bauform bleibt.
Im Tal des Cay Başi Deresi liegt die Ivaz Paşa Camii von 889 H (1484), ein Kuppelsaal mit schönem Mimber. Die Vorhalle wird von 4 kleinen Kuppeln überwölbt.
Unter den vielen Grabbauten, die in Manisa meist in verfallenem Zustand begegnen, ist bemerkenswert die Sultan-Revaks-Türbe von 875 H (1470) mit Kegeldach. Sie liegt inmitten von Scheich- und Derwischgräbern.

110 Marmara/Prokonesos (Balıkesir) C 5

Die 130 Quadratkilometer große Insel wurde im 7. Jh. v. Chr. Kolonie von Milet. Ihre Steinbrüche wurden schon von den Milesiern angelegt. Sie lieferten den berühmtesten Marmor des ostgriechisch-byzantinischen Raums und der Hauptstadt Konstantinopel. Die Insel wurde im Mittelalter „Marmara" genannt. Der Name übertrug sich auf das Meer, das in der Antike „Propontis" hieß.

111 Marmaris/Physkos (Muğla) P 7

Im 2. Jh. v. Chr. Gemeinde (Demos) der rhodischen Peräa. Die antike Siedlung lag nördlich von Marmaris auf dem Asar Tepe.
Das betriebsame, gern aufgesuchte Städtchen an der karischen Küste besitzt noch ein kleines mittelalterliches Kastell. Einige antike Funde im Ortsmuseum.

112 Meriamlik/Ayatekla (Hagia Thekla) (Içel) R 22

Das alte Wallfahrtsheiligtum der heiligen Thekla aus Ikonion liegt südwestlich von Silifke/Seleukia auf einer flachen Bodenerhebung oberhalb der Küstenstraße. Die Heilige, deren Leben in apokryphen Thekla-Akten beschrieben wird, wurde von dem Apostel Paulus *in ihrer Heimatstadt Ikonion, wohl schon auf der 1. Missionsreise (Apg. 14,1), bekehrt. Sie soll später noch einmal in Myra mit ihm zusammengetroffen sein. Ihr Leben habe sie dann in Seleukia beschlossen; eine dort entstandene Fassung ihrer Vita läßt sie zwischen Felsen verschwinden, was man als christianisierten Daphnemythos gedeutet hat. Das Heiligtum bei Seleukia wurde vom 4. Jh. an aufgesucht und durch eine Basilika, ein „martyrium satis pulchrum" ausgestattet. Der rechteckig ummauerte Bezirk ist noch heute deutlich auszumachen.*
Nördlich davon stiftete Kaiser Zenon, der Isaurier (474–491), eine große Kirche zum Dank für seinen Sieg über den Usurpator Basiliskos 476, von der ebenfalls bedeutende Reste erhalten sind. – Der Meriamlik-Bezirk wurde durch Hertzfeld *und* Guyer *erforscht, doch werden die Befunde von anderen Forschern nicht übereinstimmend interpretiert.*
Die älteste Anlage ist eine unterirdische 3schiffige Säulenkirche mit

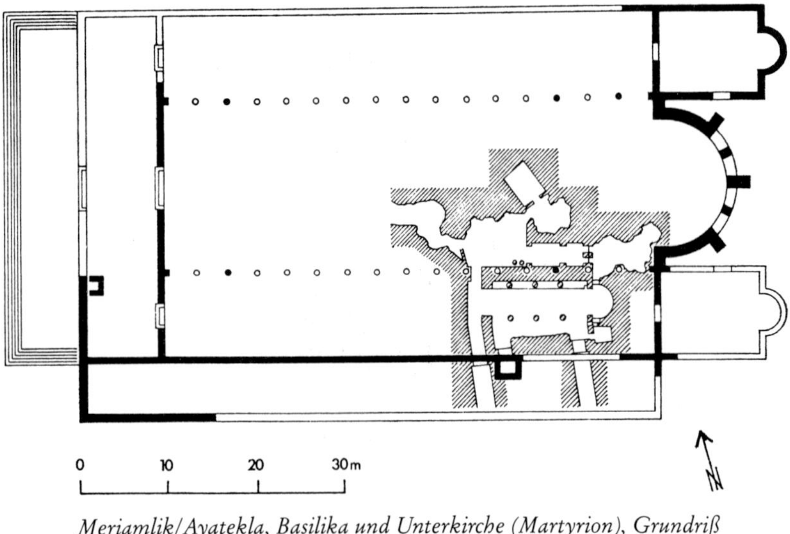

Meriamlik/Ayatekla, Basilika und Unterkirche (Martyrion), Grundriß nach Herzfeld/Guyer und RBK IV, 231/32

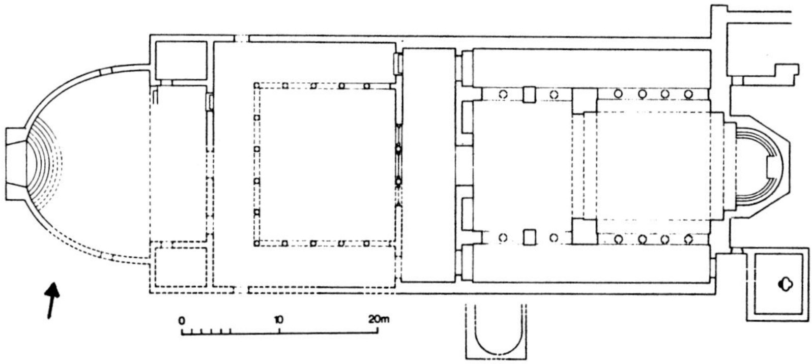

Meriamlik/Ayatekla, Kirche des Kaisers Zenon, Grundriß, nach RBK IV, 236

benachbarten Höhlen. Sie besaß eine halbrunde Apsis und ein südliches Pastophorion. Der Eingang zur Kirche führt von Süden in einen tonnengewölbten Narthex. Es ist möglich, daß der Bau ursprünglich als Grabstätte diente. Die dorischen Säulenkapitelle sind vielleicht noch späthellenistisch.

Die Erbauung der großen 3schiffigen Basilika mit halbrunder Mittelapsis, Pastophorien, Narthex und einer Südhalle, die wohl mit der auf dieser Seite befindlichen Grabanlage zusammenhängt, erfolgte um 375. Der große Bau ist 55 m lang, 36,8 m (Mittelschiff 18,8 m) breit, die Apsis hat über 19 m
Scheitelhöhe. Erhalten ist die südliche Apsiswange; das nördliche Seitenstück 123
ist 1941 eingestürzt. Durch diesen Bau wurde die Grabkirche vollends zur unterirdischen Krypta, in der heute noch das Grab der Heiligen gezeigt und
verehrt wird. 124

Die Zenonkirche, 75 m lang, 24,1 m breit, war eine 3schiffige Emporenbasilika, deren östlicher quadratischer Teil, als Templon durch starke, schrankenverbundene Pfeiler abgegrenzt, von einer Kuppel bekrönt war. Dieser Meinung von *Herzfeld/Guyer* trat *G. H. Foresyth* entgegen, der ein hölzernes Pyramidendach annahm, wie es wohl auch die verwandte Ostkirche von Alahan Manastir (siehe dort) besessen hat. Ob die Seitenschiffe tonnengewölbt waren oder nur einfache Gurtbogen von den Mittelschiffpfeilern zu den Außenmauern führten, ist ebenfalls ungeklärt. Die Kirche ist im Westen mit einem Narthex versehen, vor dem sich ein auf 3 Seiten von Säulen umstandenes Atrium erstreckt. Seinen westlichen Zugang zwischen turmartigen Baukörpern eröffnet ein halbelliptisch ummauerter Vorhof mit einem Eingangsportal und einer nach innen gebogenen Freitreppe – fürwahr der repräsentative Auftakt zu einer kaiserlichen Stiftung, von der der Historiker *Euagrios* (Hist. eccl. III, 8) schreibt: Kaiser Zenon habe ein sehr großes, besonders bedeutendes und schönes Heiligtum im Gebiet von Seleukia als Dank für den Sieg über Basiliskos errichten lassen.

Westlich der Zenon-Kirche eine Zisterne und ein Zentralbau, vermutlich ein Baptisterium. Im Gelände noch weitere Bauten sakralen und profanen Charakters. Ganz im Norden lag eine 3schiffige Basilika mit Narthex und Atrium.

113 Mersin (Içel) Q 24

Die Hafenstadt Mersin wurde erst nach 1830 anstelle eines Fischerdorfes aufgebaut. Dabei wurden die Ruinen von Soloi als Steinbruch ausgebeutet. Die lebhafte Hauptstadt der Provinz Içel besitzt keine nennenswerten älteren Gebäude.

3 km westlich liegt die hethitische Siedlung **Yümük Tepe**, die bis ins 6. Jt. zurückreicht. Grabungen 1937/1939 haben 24 Schichten festgestellt. In der Schicht XVI wurde eine Befestigungsanlage mit einer starken äußeren Lehmziegelmauer und einer 2türmigen Toranlage aufgedeckt (etwa 4000 v. Chr.).

Metropolis siehe Torbale

114 Milas/Mylasa (Muğla) O 6

Die alte karische Hauptstadt Mylasa lag in einer fruchtbaren, rings von Bergen umschlossenen Ebene. Sie trat die Nachfolge der archaischen Stadt an, die auf dem Felsen Peçin Kale (siehe dort) erbaut worden war. Der Sage nach geht sie auf Mylasas, den Sohn des Chrysaor aus dem Geschlechte des Sisyphos, zurück. Geschichtlich tritt sie erst im 7. Jh. v. Chr. in lydischer Abhängigkeit in Erscheinung. Im 6. Jh. wurden auch hier die Lyder von den Persern abgelöst. Herodot *erwähnt zu Mylasa einen Tyrannen Oliatos. Er unterstützte den Tyrannen von Milet Aristagoras und beteiligte sich 499 am Jonischen Aufstand. Bei dessen Niederwerfung wurde Mylasa von den Persern zerstört. Nach den Siegen der Griechen 480 und 479 gehörte die Stadt zum delisch-attischen Seebund. Doch geriet Karien am Ende des Peloponnesischen Krieges wieder unter persische Oberhoheit, behielt aber eine weitreichende Selbständigkeit, die die Satrapen sogar den Königstitel führen ließ. Im 4. Jh. herrschten in Karien die Hekatomniden, deren bedeutendster Maussolos wurde. Dieser verlegte zwar seine Residenz nach Halikarnassos, blieb aber Mylasa und dem zugehörigen Zeusheiligtum in Labranda gewogen und errichtete dort mehrere Bauten.*

334 fiel die Stadt an Alexander d. Gr. Unter den Diadochen gehörte sie bis 301 zum Reich des Antigonos, nach dessen Tod in der Schlacht bei Ipsos, 301, kam sie an Lysimachos, danach an die Ptolemäer und dann an die Seleukiden, die sie zur Freien Stadt erklärten. Nach einem makedonischen Zwischenspiel war sie in der Hand des Seleukiden Antiochos III. (223–187), nach dem Frieden von Apamea 188 wurde sie rhodisch. Ein Aufstand gegen Rhodos brachte ihr größere Rechte, deren Garant Rom war, bis sie schließlich in der römischen Provinz Asia aufging. Auch dann gab es noch innere Wirren und äußeren Streit. Kaiser Augustus versprach der Stadt Hilfe. Er ließ auch einen Tempel der Roma und des Augustus errichten, der lange aufrecht stand und von Reisenden des 18. Jh. noch gesehen wurde.

In byzantinischer Zeit war die Stadt Bischofssitz. Im 11. Jh. von den Seldschuken erobert, kam sie im 12. Jh. durch die Kreuzzüge wieder an Byzanz. Um 1300 nahm Sultan Beyazit I. von ihr Besitz. Nach dessen Niederlage 1402 bei Ankara stellten die Mongolen die Herrschaft der Menteşe wieder her. Erst Sultan Murat II. gliederte Milas endgültig in das Osmanische Reich ein.

Von antiken Bauwerken sind einige Reste übrig geblieben. Ein römisches Stadttor aus Marmor, das Baltalı Kapı, wird beiderseits von Pilastern gerahmt. Der linke ist bis zum Kapitell erhalten. Der profilierte Bogen ruht auf einem geschmückten Kämpfergesims.
Das Hauptheiligtum der Stadt, der Tempel des Zeus Oregos, ist fast völlig verschwunden. Wie *Bean* berichtet, standen 1881 noch 14 Säulen, 1933 noch zwei. Sie gehörten zu einer Halle, die an eine Umfassungsmauer aus der römischen Kaiserzeit angrenzte. – Ein weiterer Tempel am Osthang des Hisarbaşı-Hügels war wohl dem Zeus Karios geweiht. Eine Säule mit kanneliertem Schaft und korinthischem Kapitell – und Storchennest – ist geblieben. Der Stylobat hebt sich terrassenartig aus der Umgebung heraus.
Der bedeutendste römische Bau von Milas ist der Gümüşkesen, der 125
„Silberkasten“, außerhalb der Stadt, ein schöner 2geschossiger Grabbau der augusteischen Zeit. Über einem würfelförmigen Unterbau, der die Grabkammer enthielt, bildete ein Monopteros ein tempelartiges Gehäuse, das an den Ecken Pfeiler und dazwischen je 2 Säulen auf jeder Seite zeigt. Sie sind durch einen Architrav verbunden. Das Dach ist pyramidenförmig mit großen Blökken abgedeckt, denen im Inneren eine kunstvolle Decke entspricht. Auf der Spitze der Pyramide stand wohl die Figur des hier Bestatteten, dessen Namen wir nicht kennen. Der Gümüşkesen ist ein Zeugnis für das jahrhundertelange Fortleben des Grabmalgedankens, den Maussolos zu Halikarnassos verwirklicht hatte.

115 Milet/Balat (Aydın) N 4

Die berühmteste Griechenstadt an der ägäischen Küste Anatoliens, Milet, lag auf ursprünglich karischem Boden und gehörte zum Verbreitungsgebiet der kretisch-minoischen Kultur des 14./12. Jh. v. Chr. Die jonische Neugründung unter Führung des Neleus aus dem Geschlechte Nestors von Pylos erfolgte gegen 1000. Sie erwies sich als sehr beständig und fruchtbar und rief ihrerseits über 80 Kolonien besonders am Hellespont und an den Küsten des Schwarzen Meers ins Leben.
Die Stadt erlangte dank der Tüchtigkeit ihrer Menschen, die ihre günstige Lage an einer tief ins Land reichenden Meeresbucht, dem Latmischen Meerbusen (Latmikos Kolpos), gegenüber der Mäander-Mündung und im Schutz des Vorgebirges Mykale zu nutzen verstanden, das Ansehen und den Reichtum eines mächtigen Handelsplatzes. Die Ausdehnung der Stadt war zu archaischer Zeit im 6. und 7. Jh. am größten. Auch an geistiger Bedeutung übertraf Milet alle Städte Joniens. Hier wurden die Grundlagen von Naturwissenschaft und Philosophie Europas gelegt. Thales, *einer der „Sieben Weisen“, entdeckte als erster das Vorhandensein von Naturgesetzen. Er berechnete die Sonnenfinsternis des Jahres 585 v. Chr., er erklärte das Werden der Natur aus dem Urstoff Wasser. Seine Schüler, die jonischen Naturphilosophen* Anaximenes *und* Anaximander, *führten seine Lehren weiter. Im politischen, wirtschaftlichen und geistigen Leben war Milet das tätigste Mitglied des jonischen Zwölfstädtebundes. Die Philosophen haben auch als kluge Berater das politische Schicksal der Stadt unter ihren Stadtherren, den Tyrannen, mitgestalten helfen. Die*

reiche Hafenstadt lockte Kleinasiens Könige an. Der Lyder Alyattes, der in Sardes residierte, trachtete nach ihrem Besitz. Es gelang Milet, einen Vertrag mit Alyattes zu schließen, der ihm seine Sonderstellung gewährleistete. Der Tyrann Thrasybulos verlängerte indes den Vertrag mit Krösos, dem Sohn des Alyattes, in Voraussicht kommender Entwicklungen nicht. Denn als die Perser unter Kyros das Lyderreich zerschlugen und sich der jonischen Städte bemächtigten, konnte Milet abermals eine bevorzugte Stellung erlangen. Sein Tyrann Histiäos hatte jedoch andere gemeingriechische Ziele. Er bereitete vom persischen Hof, an den er gerufen worden war, die Erhebung der hellenischen Städte an der ägäischen Küste vor, die 499 v. Chr. unter dem Tyrannen Aristagoras ausbrach. Dieser jonische Aufstand, der nach Anfangserfolgen an den Machtmitteln des Perserreiches scheiterte, löste nicht nur die Perserkriege aus, sondern auch weitergreifend den Zug Alexanders d. Gr. und damit den Hellenismus, der dann für die Römer der maßgebende kulturelle Faktor ihres Reiches wurde. In der Seeschlacht bei Lade auf der Reede von Milet – die einstige Insel ist heute nur als Hügel in der Ebene auszumachen – 494 wurden die Jonier besiegt. Milet wurde erobert und völlig zerstört, seine Einwohner in die Sklaverei verschleppt; den anderen beteiligten Städten erging es nicht viel besser. Dann rüstete der Perserkönig Heer und Flotte aus, um auch das griechische Mutterland zu bestrafen, das den Joniern Hilfe geleistet hatte, vor allem die Stadt Athen. Diese Rachefeldzüge wurden für die Perser eine Folge von Niederlagen: Marathon 490, Salamis 480, Platäa 479, bis die Seeschlacht vor der Mykale 479 faktisch die Perserkriege beendete (das vertragliche Ende kam erst 449 zustande). Damit schlug auch die Stunde des Wiederaufbaus von Milet. Er erfolgte weithin aus eigener Kraft. Dem Stadtplan lag das Rastersystem rechtwinklig sich kreuzender Straßen des Milesiers Hippodamos *zugrunde. Doch hat auch das altere Milet schon eine Reihe solcher Straßen besessen.*

Das wiedererstehende Milet trat dem delisch-attischen Seebund bei, stand auch im Peloponnesischen Krieg zunächst auf seiten Athens, schlug sich aber dann 412 zu Sparta. 401 kehrte es unter persische Herrschaft zurück, was auch durch den „Königsfrieden" des Antalkidas, Susa 386, bestätigt wurde. Der Satrap Maussolos von Halikarnassos scheint danach Milet unter seinen Einfluß gebracht zu haben. Alexander d. Gr. belagerte und eroberte Milet 334 und setzte einen makedonischen Statthalter ein. Infolge der Schlacht bei Ipsos 301 erhielten die Seleukiden die Herrschaft über Milet und Didyma, wo der Neubau des Apollontempels im Gange war. Im 3. Jh. spiegelte sich im Schicksal Milets die an Gegensätzen reiche Geschichte der Diadochenreiche. Nach dem Tode des Seleukiden Antiochos II. „Theos" kam das anatolische Küstenland an die Ptolemäer, ohne daß die Seleukiden von der Bildfläche verschwanden. Im 2. Jh. v. Chr. machten die Könige von Pergamon, die sich in der Abwehr der galatischen Invasion bewährten, von sich reden. Nach dem Frieden von Apamea 188 galt Milet noch als „freie Stadt".

Seit dem Testament Attalos' III. 133 waren die Römer die Herren im Lande und machten sich Milet durch kluge Politik mehr und mehr untertan, ohne die theoretische Autonomie der Stadt anzutasten. Die römischen Feldherren und die späteren Kaiser spielten für Milet die Rolle großzügiger Stifter von Bauten und Einrichtungen, die für das Stadtbild (und noch für das Ruinenfeld) bestimmend wurden.

In der Geschichte des frühen Christentums wird Milet durch den Besuch des Apostels Paulus *(Apg. 20,15ff.) ausgezeichnet, denn dort versammelte er die Vorsteher der Gemeinden Kleinasiens und nahm Abschied von ihnen vor der Reise nach Jerusalem, wo er festgenommen und vom römischen Prokurator in Caesarea gefangengesetzt wurde. Milet wurde ein frühchristlicher Bischofssitz.*

Obwohl die Stadt auch unter den Kaisern noch durch prunkvolle Bauten bereichert wurde, wich sie an Bedeutung mehr und mehr hinter Ephesos zurück. Diese Entwicklung hielt auch im Byzantinischen Reich an. Der Hafen wurde zunehmend verschüttet, mit dem Handel versiegte auch der Wohlstand. Die Grenzen der Stadt wurden enger gezogen. Der Abwehrbereitschaft gegen Überfälle und feindliche Invasoren wurde erhöhtes Augenmerk geschenkt. Das Kastell im oberen Teil des Theaters bezeugt das. Es wurde auch Palatium oder Kastron Palation genannt. Daraus ist der heutige türkische Name Balat geworden.

Vom 7. Jh. an suchten die Araber die Mittelmeerküsten Kleinasiens heim. Die Kreuzzüge brachten Entlastung und richteten im 12. und 13. Jh. die byzantinische Herrschaft wieder auf. Doch seit 1328 war Milet im Besitz der Seldschuken, und zwar der Emire von Menteşe, die den Hafen wiederherstellten. Auch die Venetianer erhielten dort eine Konzession, die sie unter den Schutz des heiligen Nikolaus stellten. Doch Sultan Beyazit Yıldırım nahm 1399 die Stadt ein. 1402/1403 lagen hier die Mongolen Tamerlans im Winterquartier, nach ihrem Abzug regierten wieder die Menteşe, bis 1424 die Osmanen endgültig wiederkamen. Bevor Balat in die Geschichtslosigkeit versank, aus der es erst die archäologischen Unternehmungen des 19. Jh. wiedererweckten, hat ein italienischer Kaufmann, Cyriakus von Ancona, *1446 den Platz aufgesucht und dort antike Inschriften aufgezeichnet. Für die Reisenden, die im 18. und 19. Jh. hier vorbeikamen, war es nur die gewaltige Theaterruine, die an die untergegangene Stadt erinnerte. 1868 begannen die Franzosen mit der Erforschung von Milet, stellten aber ihr Vorhaben bald wieder ein. Erst der deutsche Archäologe* Theodor Wiegand *wurde seit 1898 zum Ausgräber von Milet. Darüber legte er einen 16bändigen Bericht vor. Neben* Wiegand *sind zu nennen:* Armin von Gerkan *und* Carl Weickert. *Den zeichnerischen Wiederherstellungen der antiken Stadt durch* Friedrich Krischen *ist besondere Bedeutung beizumessen. Inzwischen sind die deutschen Archäologen in Milet wiederum an der Arbeit. Seit 1955 geschah das unter der Leitung des 1978 verstorbenen* Gerhard Kleiner.

Das weite Trümmerfeld von Milet umfaßt im wesentlichen die Bauwerke der hellenistischen und der römischen Stadt. Spuren vom jonischen Alt-Milet, wie es vor der Zerstörung durch die Perser 494 bestand, oder von noch älteren karisch-minoischen Besiedlungen treten nur vereinzelt zutage; auch die byzantinische und türkische Zeit ist nur durch wenige, allerdings recht stattliche Anlagen vertreten. Die Küste ist heute um 12 km westwärts hinausgerückt. Die „Theaterbucht" und der „Löwenhafen" sind längst versandet. Das Stadt-

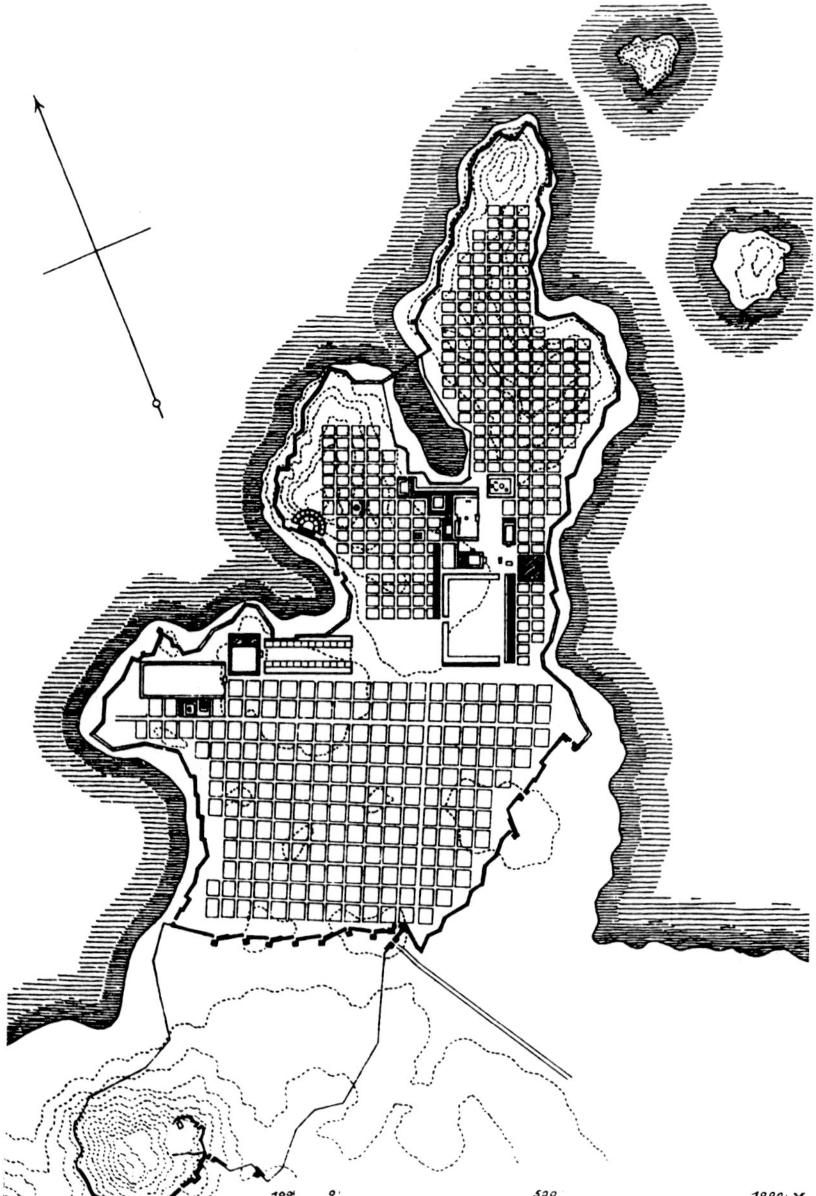

Milet, Stadtplan

gebiet in seinen tiefer gelegenen Vierteln – und hier befanden sich die großen Repräsentationsbauten – steht häufig unter Wasser. Trotzdem ist der Gang zu den Ruinen von Milet außerordentlich eindrucksvoll. Es gibt dort noch genug Reste, die von großer Kunst geprägt sind und als solche die dem Fragment eigene Aussage über das Ganze machen, die jedoch auch eindringlich die Vergänglichkeit alles Erdenruhmes vor die Sinne und die Seele stellen.

Der mächtige Theaterbau, die größte antike Ruine an der türkischen Ägäis- 131
küste, wurde in mehreren Bauzeiten errichtet. Der halbrunde Zuschauer- 130
raum, die Cavea, ist mit seinem unteren Rang ganz fest in den Hang des hier ansteigenden Hügels eingegraben. Er stellte in hellenistisch-römischer Zeit die Akropolis dar – im Unterschied zur archaischen Akropolis auf dem Kalabek-Tepe. Davor erstreckte sich das Bühnenhaus. Diese Anlage ist hellenistischen Ursprungs. Man kann vier griechisch-hellenistische Bühnen- und Theateranlagen unterscheiden, deren älteste wohl im „hippodamischen" Neuaufbau der Stadt enthalten war. Der römische Neubau des Theaters begann in der Zeit des Kaisers Nero. Ihm folgte eine Erweiterung von Zuschauerraum und Bühnenhaus in antoninischer Zeit, die durch eine Inschrift belegt ist. Sie hat vor allem das säulengegliederte dreigeschossige Bühnenhaus geschaffen, ein Glanzstück der Fassadenarchitektur aus übereinanderstehenden Säulen/Ädikulen der Kaiserzeit im 2. Jh., wie sie in Milet noch durch das Nymphäon und das Markttor, in Ephesos durch die Celsusbibliothek vertreten wird. Für Bühnenhäuser war sie geradezu die Regel. Der für 15000 Menschen bestimmte Zuschauerraum war durch zwei Diazomata in 3 Ränge geteilt. Der oberste ist weitgehend verschwunden. Hier wurde im 12. Jh. das schon genannte byzantinische Kastell eingebaut. In der Mitte des untersten Ranges lag eine säulengetragene Kaiserloge, deren vordere Säulen noch stehen. Die Vorderseite des Bühnenhauses, die Scaenae frons, war mit einem Relieffries geschmückt, auf dem Eroten und Jagdszenen neben Gladiatorenkämpfen zu sehen waren (im Museum). Die Parodoi des Theaters boten, vom einstigen Meerufer gesehen, zusammen mit der Außenseite des Bühnenhauses eine großflächige Schauwand mit hohen Eingangstoren und Blendbogen und Gliederungen dar.

Die gegenüberliegende Südseite des Theaterhafens wurde vom Stadion begrenzt, an der sich der Westmarkt mit dem Athenatempel anschloß. Von diesem Bauwerk des 5. Jh. v. Chr. ist noch das Gneisfundament in den Ausmaßen 18×30 m zu erkennen. Der archaische Tempel, ein Peripteros von 6 (7):10 Säulen, war von Norden nach Süden ausgerichtet, besaß Cella mit Pronaos und war von Süden über eine Freitreppe zugänglich. Der von Säulenhallen umgebene Westmarkt ist jünger als der Athenatempel und hat erst in hellenistischer Zeit diese Ausdehnung erhalten. Auch ein großes Säulenhofhaus auf der Westseite des Athenatempels – nach den Schmuckformen in die Zeit des pergamenischen Königs Eumenes II. (197–159 v. Chr.) zu datieren und wohl dem Herrscherkult geweiht – engte die Terrasse des Tempels ein. Nur die Anlage des Marktes schnitt den Tempelbezirk im Norden. Meerwärts waren Agora und Heiligtümer durch die archaische Stadtmauer geschützt, deren Verlauf hier stellenweise noch verfolgt werden kann.

Die bedeutendste künstlerische Leistung beim Wiederaufbau von Milet nach dem Perserbrand wurde im Herzen der Stadt durch die Anlage einer Folge von Märkten und Prachtstraßen, die von repräsentativen Gebäuden gesäumt waren, vollbracht. Sie begründeten den Ruhm Milets als eine der schönsten Städte der griechischen Welt und ihres legendären Architekten *Hippodamos* als Städtebauer. Diese Plätze lagen am Osthang des Theaterhügels, eingeordnet in das von hier ausgehende „hippodamische" Straßensystem. Die tiefe Bucht des Löwenhafens findet ihre Fortsetzung auf städtischem Festland zwischen langen Säulenhallen. Ursprünglich war der Löwenhafen durch eine Mauer vom Stadtgebiet getrennt. Nach der Einnahme Milets durch Alexander d. Gr. 334 wurde diese Mauer beseitigt. An ihre Stelle trat die nach dem Hafen hin offene Hafenhalle. Sie bog am Westende rechtwinklig um. An ihrem Ostende war sie durch das säulengeschmückte Hafentor mit dem Delphinion verbunden. Dieses Heiligtum war dem Apollon Delphinios geweiht, der hier als Beschützer der Seefahrt und als Gott der Kolonisten verehrt wurde. Obwohl die kultische Überlieferung in die Frühzeit Milets zurückreicht, sind im Bereich des Delphinions keine archaischen Reste gefunden worden. Das Delphinion war einst Sammelplatz der Prozessionen über die Heilige Straße nach Didyma mit einem Opferaltar, der im Verhältnis zur zwei Häuser umfassenden Fläche des heiligen Bezirkes nicht in der Mitte lag. Erst in römischer Zeit wurde das Delphinion ausgebaut und erhielt beiderseits des Hofes offene Säulenhallen und einen kleinen Rundtempel in der Mitte.

Die Hafenhalle kehrte ihre Schauseite dem Hafen zu. Das wurde noch betont durch die beiden römischen Hafendenkmäler, die dort errichtet wurden. Der dreistufige, runde Unterbau des großen, im Sockel und weiteren Aufbau dreiseitigen und von einem hohen Dreifuß gekrönten Monuments ist noch erhalten. Bruchstücke des Tritonenfrieses sind dort aufgestellt. Das große und kleine Hafenmonument waren Siegesdenkmäler. An welche Ereignisse sie erinnerten und wer sie gesetzt hat, ist unbekannt. Man hat beim großen Monument an den Seesieg gedacht, den Pompeius 63 v. Chr. über die Seeräuber an den kleinasiatischen Küsten davongetragen hat.

Der Nordmarkt schließt sich an den rückseitig an der Hafenhalle errichteten Peristylhof und das Prytaneion im Westen an, während seine Ostseite von einer schmalen Halle begrenzt wird, die zugleich die Westwand der „Prachtstraße" bildet, an deren östlicher Platzwand die Palästra einer Thermenanlage des Capito und das sog. Hellenistische Gymnasion, präludiert von der „Ionischen Halle", standen. Einlaß zu diesem Bereich bot das Hafentor. Die Prachtstraße mündete in einen Platz, der wohl zu den ge-
126 formtesten Baugruppierungen der Antike gehörte. Hier lag im Westen der
Sitz der Stadtregierung, das Rathaus (Bouleuterion). Gegenüber befand sich ein zu christlicher Zeit in eine Kirche umgewandelter und entsprechend umgebauter Tempel mit Propylon. Daneben ragte die hohe Säulenfassade des
127 Nymphäons auf. Es war vom Vater des Kaisers Trajan, 79/80 Legatus der
Provinz Asia, gestiftet worden. Nach dem Südmarkt hin öffnete sich mit drei Durchgängen in einer zweigeschossigen korinthischen Säulengliederung das

Markttor des 2. Jh. n. Chr. Es steht heute wiederaufgerichtet im Pergamon- 129
museum zu Berlin (Ost) und vermittelt uns eine Vorstellung von der Qualität
dieser städtebaulichen Leistung und auch, wie sehr noch in der römischen
Kaiserzeit in dieser Stadt Joniens die Kunst aus griechischen Quellen gespeist
wurde.

Auf dem Platz vor dem Nymphäon stand ein Denkmal des sagenhaften 128
Stadtgründers Neleus, dessen beschrifteter Sockel erhalten ist. Auch ein
rechteckiges Fundament wird zu einem Denkmal gehört haben.

Das bedeutendste Bauwerk an diesem Platz war das Rathaus, den wir
darum „Rathausplatz" nennen wollen. Es ist eine axialsymmetrische Anlage,
bestehend aus Propylon, Säulenhof mit Ehrengrab oder Altar und Sitzungs-
saal. Das Gebäude, das ihn enthielt, war tempelartig gestaltet. Die Wände
waren durch dorische Halbsäulen gegliedert, darüber lagen das Gebälk mit
Triglyphen und ein Zahnschnitt mit Geison. Die Schmalseiten besaßen Gie- 135
bel. Ob diese plastischen Schmuck besaßen, läßt sich nicht mehr erkennen.
Der Sitzungssaal zeigt halbrunde Steinbänke. Der offene Dachstuhl wurde 136
von vier Säulen getragen. Das Bouleuterion haben laut Inschrift die Brüder
Timarchos und Herakleidos von Milet für den König Antiochios IV. Epipha-
nes erbaut und dem Apollon von Didyma, der Hestia Buläa und dem milesi-
schen Volk geweiht. Der Bau ist zwischen 175 und 163 v. Chr. entstanden.

Wer das Markttor, dessen Sockel an Ort und Stelle geblieben sind, durchschritt, gelangte in den weiten Bezirk des Südmarkts, der bisher nicht ausgegraben ist. Seine Ausdehnung wurde durch Sondierungen festgestellt. Beim Verlassen dieses Gebietes durch das Westtor in Richtung auf die große Ruine der Faustina-Thermen kommt man am Südgiebel des 163,4 m langen Speicherbaus (aus „reif-hellenistischer Zeit"), und an den Säulenstümpfen des dreischiffigen Serapis-Tempels vorbei. Er ist ein Werk der späten römischen Kaiserzeit des 3. Jh., von Julius Aurelius Menekles gestiftet.

Die Faustinathermen, nächst dem Theater die bedeutendste Ruine von 139
Milet, trugen in einer Inschrift den Namen der Faustina; wahrscheinlich ist damit Faustina d. J., die Gemahlin des Kaisers Mark Aurel, gemeint, die 164 n. Chr. in Milet weilte. Der Grundriß der Anlage am Rande der Theaterbucht weicht von der regelmäßigen „hippodamischen" Stadt und ihrer Orientierung ab, so daß man entweder einen älteren Baukomplex – etwa ein Gymnasium – oder einen freien Platz *(v. Gerkan)* hier vermuten darf. Folge und Gruppierung der Räume ist weder axial noch symmetrisch, sondern wohl „durch die Ferne der Bucht gegeben, der das Gebäude mit einer langen Wand der Palästra folgt" *(Krischen/Kleiner)*. Die ursprüngliche Zweckbestimmung der Räume ist nicht überall einwandfrei zu ermitteln. Der große, 80 m lange Saal auf der Westseite wird als Apodyterion angesprochen. An ihn grenzte nördlich ein fast quadratischer Raum mit Apsis an, der als „Musensaal" bezeichnet wird, weil in den Nischen der Apsis und der Wände die Figuren Apollons und der 9 Musen aufgestellt waren (heute im Museum Istanbul). Die eigentlichen Baderäume lagen im Osten und Süden. Ihre großen Steinsetzungen und Bögen gaben der Ruine ein bedeutendes Aussehen. Im Westen der Faustinathermen lag eine größtenteils verschüttete Palästra mit Säulen-

hof von 62×64 m. Eine weitere Säulenhalle längs der Südwand führte zum
134 benachbarten Stadion, das durch ein repräsentatives Säulentor zugänglich war.

Im antiken Milet befanden sich noch weitere Thermenanlagen; sie gehörten zu Gymnasien. Die älteste davon schließt an das Gymnasion Eumenes' II. (137–160/159 v. Chr.) – nicht ausgegraben – beim Westmarkt an. – Auf der Ostseite der „Prachtstraße" lag die Palästra des Endemos, an die sich Palästra und Thermen des Gnäus Vergilius Capito anschlossen. Beide waren auf der Straßenseite durch die jonische Halle verbunden. Die säulenumgebene, doppelgeschossige Palästra wies eine Ausbuchtung mit einem Schwimmbecken (Natatio) nach Osten hin auf. Auf diesem Gelände wurde später ein seldschukisches Bad eingerichtet. Die Räume der Thermen sind axial angeordnet. Eine Besonderheit ist der Rundraum des Laconicum, ein von der Mitte her heizbarer Schwimmraum. Über die Anlage als solche verbreitete sich *Vitruv* im 5. Buch seiner ›Architectura‹. Die Thermen entstanden in der Amtszeit des Prokurators (41–54). – Römische Thermen, wohl privater Stiftung, aus dem 2. Jh. liegen auf dem Humei Tepe im Norden der Stadt. Sie sind im Mauerwerk leidlich erhalten. Sie dienten in byzantinischer Zeit als Villa.

Im Stadtgebiet von Milet wurden mehrere christliche Kirchen und eine Synagoge ausgegraben. Die Synagoge war ein dreischiffiges Gebäude mit Vorhalle westlich des Grattiusdenkmals am Löwenhafen. Sie dürfte noch im 1. Jh. erbaut worden sein.

Unter den christlichen Kirchen, die nach Konstantin errichtet wurden, nimmt die Basilika am Rathausplatz neben dem Nymphäon und Markttor einen städtebaulich hervorragenden Platz ein. Man hat sie wohl darum lange für die Bischofskirche gehalten. Ihren Zugang eröffnete ein viersäuliges Propylon, dessen Mitte überwölbt war und damit den sog. „syrischen" Typus vertrat – wie auch die theodosianische Hagia Sophia zu Konstantinopel. Drei Türen führten in den Säulenhof eines Atriums, von dem aus, ebenfalls durch drei Türen, der dreischiffige Naos zugänglich war. Das Bema war von einer halbrunden Apsis mit Umgang eingefaßt. Dem Schiff zu besaß es eine Templonschranke. In der Apsis war eine Presbyterbank aufgebaut. Im Süden der Apsis stand ein Rundbau mit 5 Nischen, wohl ein Martyrion. Ein großer quadratischer Raum nördlich des Atriums könnte als Baptisterion gedient haben. Die Kirche und ihre Nebenräume wiesen figürlichen und ornamentalen Mosaikschmuck auf. Eine Inschrift, die den Patron nennt, wurde nicht gefunden.

Die Bischofskirche lag südlich der Hafenhalle und nahm auf 2 Häusergevierten den Platz eines früheren Dionysosheiligtums ein. Ihre Weihinschrift ist erhalten und weist sie in das 6. Jh., als Kyriakos Patriarch von Konstantinopel war. Es ist eine dreischiffige Säulenbasilika mit Emporen gewesen. Sie besaß einen Narthex und einen auf die Nordseite verlegten Säulenhof, während das Baptisterium auf der Südseite stand. Der Bischofspalast war mit der Kirche verbunden. Er besaß viele Kammern und einen größeren Saal. Mosaiken wurden in größerem Umfang gefunden.

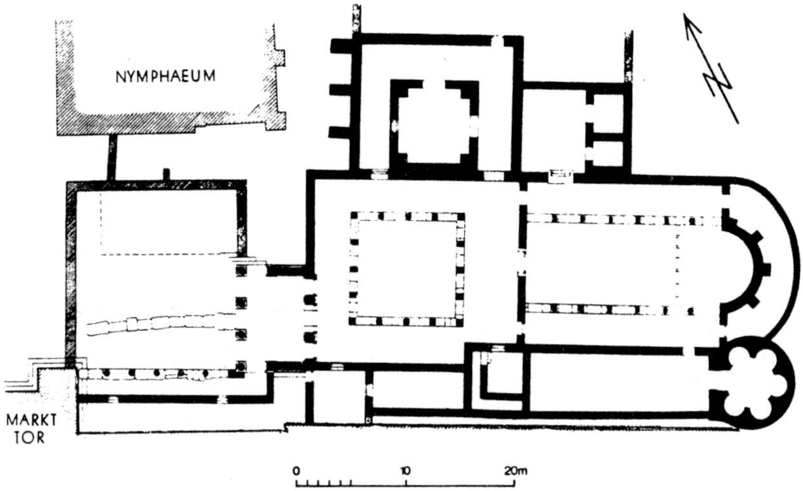

Milet, Basilika am Rathausplatz, Grundriß, nach Kleiner

Weit im Südwesten der Stadt sind die Reste einer Rundkirche aufgedeckt worden, die vielleicht das Baptisterium einer noch nicht bekannten Kirche war *(von Gerkan)*. In ein Quadrat ist ein Kreis mit vier Nischen einbeschrieben. Eine fünfte kleine Nische im Osten war dem Presbyter zugedacht, ihr gegenüber lag der Eingang. Acht Säulen mit glattem Schaft, durch Bogen miteinander verbunden, trugen ein Kuppelgewölbe.

Weitere Kirchen sind zwar dem Namen nach bekannt, konnten aber noch nicht aufgefunden werden. Dazu gehört auch eine Kirche des Heiligen Nikolaus, die von den Venezianern noch im 14. Jh. benutzt wurde.

Die islamischen Kultbauten sind über das Stadtgebiet von Balat, wie Milet nach dem byzantinischen „Palatium" auf dem Theaterhügel genannt wurde, verteilt. An seinem Osthafen lag eine Viersäulenmoschee auf quadratischem Grundriß. Abwärts gegen das Rathaus zu befand sich die Merdiven Camisi, auch „40-Treppen-Moschee" genannt, die ihren Namen nach den Treppen ihres Minaretts trägt. Sie besaß über einem in ein Quadrat gelegtes Kreuz 5 Kuppeln, eine in der Mitte und je eine über den Eckräumen. Eine weitere Kuppel erhob sich über dem Mihrab.

1402/1403 schlug der Mongolenkhan Timur Lenk (Tamerlan) in Milet/Balat und in Ephesos/Ayasoluk seine Winterquartiere auf. Er gab die Stadt den Emiren von Menteşe zurück. Der Emir Ilyas Bey ließ hier 1404 unter Verwendung antiker Werkstücke eine Moschee mit Külliye errichten. Sie ist ein Zentralbau mit Kuppel über achtseitigem Tambour. Besonders reich ist die Gebetsnische des Mihrab behandelt. Die Külliye umfaßte eine der Moschee vorgelagerte Medrese, die um einen Hof gruppiert ist. Nördlich des Moscheekomplexes wurde ein türkisches Bad angelegt.

116 Misis/Mopsuhestia (Adana) P 26

Die Stadt am Ceyhan, dem antiken Pyramos, gehört zu den ältesten Siedlungen Kleinasiens. Ihre Anfänge reichen ins Zeitalter der Sage zurück. Ihren Namen hat sie von dem Priesterkönig und Seher Mopsos, der im Trojanischen Krieg mitkämpfte und der danach mehrere Städte gründete, unter denen er Mopsuhestia (= Herd, Wohnsitz, Burg des Mopsos) zur Residenz wählte. Durch Verschleifung ist aus Mopsuhestia Misis geworden. Das Stadtgebiet umfaßt das heutige Eski Misis nördlich und Havraniye südlich des Flusses. Die beide Stadtteile verbindende Brücke war von alters her ein bedeutender Flußübergang in beiden Richtungen, den ungezählte Händler, Krieger und ganze Völkerschaften benutzt haben. „Der Orient, Ägypten, Altanatolien und Griechenland, Heidentum, Judentum und Christentum und der Islam trafen an dieser Stelle aufeinander und hinterließen ihre . . . Spuren“ (Ludwig Budde). *Das meiste ist freilich in Kriegen und Naturkatastrophen, besonders durch Erdbeben, den großen Zerstörern der antiken Städte, zugrunde gegangen. Die alte Stadt wurde durch Alexander d. Gr. 333 kurz vor der Schlacht bei Issos besetzt. Die Seleukiden begünstigten sie – sie erhielt darum den Namen „Seleukia am Pyramos“. Im Römischen Reich genoß sie weitere Förderung, so daß sie durch die diokletianische Reichsreform Hauptstadt der Cilicia Secunda wurde. Als Sitz eines Bischofs und einer Theologenschule spielte Mopsuhestia eine wichtige kirchenpolitische Rolle an der Seite Antiochias. Bischof Theodor (392–428), einer der größten Theologen der Ostkirche, vertrat die antiochienische Schule im Pelagianischen Streit und in der Christologie, was ihm noch eine späte Verurteilung unter Justinian im „Dreikapitelstreit“ eintrug. Im 7. Jh. fiel die Stadt an die Araber, gelangte aber bei der „Reconquista“ des Nikephoros Phokas wieder an Byzanz, wurde von Armeniern eingenommen und fiel 1097 in die Hände der Kreuzritter. Sie hieß fortan – wie schon in spätrömischer Zeit – Mamistra. Im 13. und 14. Jh. war sie von den Mameluken besetzt. Die Genuesen unterhielten hier im 14. Jh. eine blühende Handelsniederlassung. Sultan Selim I. Yavuş verleibte Mamistra 1415 dem Osmanenreich ein.*

Von der antiken Stadt rechts des Ceyhan/Pyramos, die von einer Akropolis überragt und von Mauern umschlossen war, sind inmitten eines ausgedehnten Trümmerfeldes noch verschiedene Reste erkennbar. 1955 haben die deutschen Archäologen *H. Th. Bossert*, der Entdecker von Karatepe, und *Ludwig Budde* auf der Akropolis ihre Ausgrabungen begonnen und Keramiken, die bis in die Bronze- und Eisenzeit zurückreichen, gefunden. Westlich der Akropolis, etwa in der Mitte der Nordstadt, befand sich ein Theater. Das geräumige Stadion lag außerhalb der östlichen Stadtmauer. Ihr Verlauf ist noch eine Strecke weit zu verfolgen. Nördlich der Mauer lag eine ausgedehnte Nekropole mit Felskammergräbern. Auch führte dort eine Wasserleitung auf Pfeilern von den Bergen her in die Stadt.

Die Südstadt Havraniye war ebenfalls von einer Mauer umschlossen. Dicht an der Brücke liegt ein islamischer Han. Die im Laufe der Jahrhunderte oft ausgebesserte und erneuerte Brücke ist im Kern antiken Ursprungs. Sie dürfte von Kaiser Valerian erbaut und nach dem großen Erdbeben von 525/526 unter Justinian wiederhergestellt worden sein.

Das wichtigste Kunstdenkmal des alten Mopsuhestia wurde auf einem Hügel im Westen der Akropolis entdeckt: die Märtyrerbasilika des Bischofs Theodor. Ihr Mauerwerk ist fast völlig ausgebrochen, so daß ihre Baugestalt nur aus Vergleichen mit ähnlichen Bauten erschlossen werden kann. Sie war demnach eine dreischiffige, mit Narthex und mittlerer Apsis versehene Säulenbasilika, im Grundriß der sog. „Kathedrale" von Korykos (siehe dort) verwandt. Ihr mosaizierter Fußboden ist jedoch zu wesentlichen Teilen erhalten. (Er wäre vollständig, wenn nicht in diesem Gelände vor 50 Jahren ein Obstgarten angelegt worden wäre, der die Bodenfläche vielfach durchlöcherte.) Die gefundenen Mosaiken, Meisterwerke der konstantinischen Zeit, sind heute in einem eigens dort erbauten Mosaiken-Museum zu sehen. Die Schicksale der Märtyrerkirche der Bischöfe Auxentios und Theodor sind nicht aufgezeichnet worden. Nach dem archäologischen Befund hat die Kirche nur 1½ Jahrhunderte unversehrt bestanden. Sie ist wohl schon im 6. Jh. durch Erdbeben und Brand – wahrscheinlich 526 und 528 – untergegangen. Bald danach (553) wurde ihr großer Bischof Theodor als Häretiker verdammt. Die Mosaiken enthalten Ornamentfelder und figürliche Kompositionen. Im
Mittelschiff ist die inschriftlich bezeichnete Arche Noë, im Nordschiff ein 137
Samson-Zyklus dargestellt. Die griechischen Beschriftungen der Samsongeschichte sind dem Buch Richter, Kap. 14–16, im Wortlaut der Septuaginta entnommen. Die ausgedehnten Ornamentfelder sind in Zeichnung und Erfindung hervorragende Arbeiten, die den festlichen Stil der frühkonstantinischen Zeit vertreten.

117 Mudanya/Myrleia (Bursa) D 9

Die Gründung der kleinen Hafenstadt am Marmarameer erfolgte im 7. Jh. v. Chr. durch Myrlus aus Kolophon. 202 v. Chr. wurde sie durch Philipp V. von Makedonien zerstört, danach durch König Prusias I. von Bithynien wiederaufgebaut und Apameia genannt. Weitere Zerstörungen im Mithradatischen Krieg 70 v. Chr. und durch die Goten (2. Hälfte des 2. Jh. n. Chr.). In christlicher Zeit Bischofssitz. Von den „fränkischen" Kreuzrittern „Montagnac" genannt. 1922 wurde hier der Waffenstillstand zwischen Türken und Griechen unterzeichnet, der den Friedensvertrag von Lausanne zur Folge hatte. Das antike Myrleia lag auf einem Hügel (Hisarlik) landeinwärts, ein Theater ist noch im Gelände erkennbar.

118 Muğla/Mobolla (Muğla) O 7

Der antike Ort gehörte im Altertum zum rhodischen Peräa, was durch einige hier gefundene Inschriften bewiesen wird. In seldschukischer Zeit residierten mit Vorliebe die Emire von Menteşe (siehe Milet) in Muğla. Heute ist die Stadt Hauptort eines Vilayets. Die Ulu Camii, von Ibrahim Bey gestiftet, stammt aus der Mitte des 14. Jh.

119 Mut/Claudiopolis (Içel) Q 21

Siedlung im Göksu-Tal, an der Straße von Konya nach Silifke. Als Stadt wohl in der römischen Kaiserzeit gegründet und nach Claudius benannt (41–54).

Im 14. Jh. in den Händen der Karamonğlu, die über dem Ort eine das Tal beherrschende Festung mit rundem Hauptturm des sog. „Butterfaß"-Typs erbauten.
In der 2. Hälfte des 14. Jh. entstand die Moschee des Emirs Lul Ağa, ein kubischer Gebetssaal, der von einer Kuppel auf 8eckigem Tambour überwölbt wird. Davor eine offene Vorhalle mit 5 Kuppeln (im 19. Jh. restauriert). Zwei ältere Türben. Byzantinische Kapitelle unbekannter Herkunft als Torpfeiler eines Restaurants verwendet.

120 Mykale/Samsun-Dağları N 4

Bis 1265 m hohes Küstengebirge gegenüber der Insel Samos und im Angesicht von Milet, vor dem 479 die griechische Flotte einen entscheidenden Sieg über die persische Flotte errang.
Nahe dem Kap Troglion lag beim heutigen Dorf Güzelçamlı das Panionion, das Bundesheiligtum der 12 jonischen Städte, die dort ihr Fest „Panionia" feierten. Reste eines Versammlungshauses aus dem 4. Jh. v. Chr. mit 11 Sitzreihen sind noch erkennbar. Auf dem Hügel lag ein Poseidon Helikonios geweihter Tempel.

121 Myndos/Gümüşlük (Muğla) P 4

Die Halbinsel Myndos, an deren Westseite die gleichnamige Stadt lag, erstreckte sich zwischen dem Güllük Körfezi und dem Gökova Körfezi 30 km westwärts. An ihrer engsten Stelle liegt Bodrum/Halikarnassos. Die Halbinsel war einst von dem Volksstamm der Leleger besiedelt und zählt acht von ihnen gegründete Städte. Sechs davon wurden von Maussolos nach 377 durch einen Synoikismos mit seiner Residenzstadt Halikarnassos vereinigt. Myndos blieb bestehen, wurde aber nordwärts an einen besseren Platz verlegt, Syangela erhielt ebenfalls einen neuen Ort und den griechischer klingenden neuen Namen Theangela.
Die Leleger-Stadt **Myndos** lag auf einem Hügel bei Bozdağ, wo noch Reste der Ringmauer und ein Turmfundament zu sehen sind. Das von Maussolos gegründete Myndos besaß einen geschützten Naturhafen, der von einer Insel verriegelt wurde. „Es gibt kaum eine bessere Lage an der ganzen Küste" *(Bean)*. Das Stadtgebiet war in einem großen Viereck von einer über 3 m dikken Quadermauer umgeben, die im Südosten durch mehrere Türme verstärkt war. Ein zweiter, bisher nicht gedeuteter Mauerzug, aus großen Blöcken errichtet, verläuft in südnördlicher Richtung auf der Meeresseite. Er wird als „Lelegische Mauer" bezeichnet. An ihrem höchsten Punkt steht die Ruine einer christlichen Kirche. Eine weitere basilikale Kirchenanlage befand sich inmitten der Stadt. Die zu Beginn des 9. Jh. erwähnten Ruinen eines Theaters und eines Stadions sind völlig verschwunden. In einer Schule werden jetzt römische Kapitelle und Mosaikreste gezeigt.
Theangela wurde beim Dorf Etrim auf drei Gipfeln angelegt und von einer langgestreckten, dem Gelände angepaßten Ringmauer umgeben. Eine Quermauer unterscheidet die um einen Akropolishügel angelegte „Oberstadt" von der „Unterstadt". An ihrem spitz zulaufenden Westende liegt eine

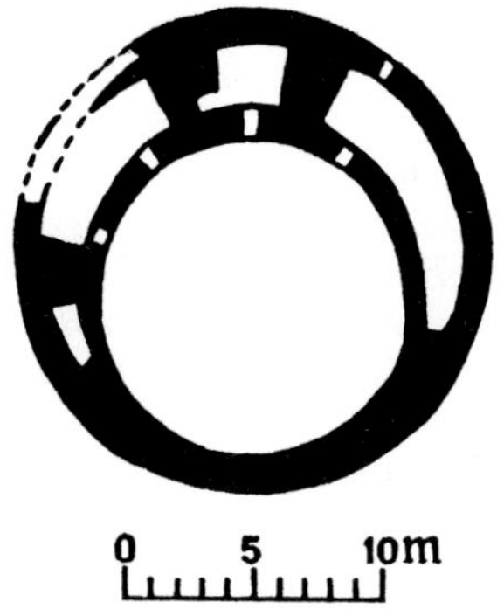

Myndos, Lelegischer Rundbau, Grundriß, nach Bean

stattliche rechteckige Befestigung mit vier Ecktürmen. Die großen öffentlichen Gebäude und mehrere Zisternen lagen in der Oberstadt, darunter ein kleines Stadion. Bemerkenswert ist ein gut erhaltenes Kammergrab am Akropolishügel, das vermutlich dem im 5. Jh. regierenden Pigres gehörte. Das lelegische **Syangela** lag beim heutigen Alazeytin. Dort sind noch die mächtigen Blöcke lelegischer Häuser zu sehen. Eine Gruppe von Gebäuden vertritt den lelegischen Typus, einer auf zwei exzentrischen Kreisen aufgebauten Rundanlage. Sie enthalten auf der einen Seite mehrere Räume, während auf der anderen die Mauer zu einem Stück zusammenschließt. Der mittlere Rundraum war offen, die Kammern dagegen gewölbt. *Wolfgang Radt* hat in einer Untersuchung der Siedlungen auf der Halbinsel Halikarnassos 1971 nachgewiesen, daß diese „Compounds“ Zweckbauten einer ländlichen Bevölkerung waren, die Menschen und Viehherden Schutz gegen die Witterung und auch gegen wilde Tiere und Feinde boten.
Von den übrigen sechs lelegischen Städten, deren Namen *Plinius* überliefert, sind **Pedasa, Telmisos, Termera** und **Madnasa** in Ruinenhügeln sicher zu identifizieren, während die Lage von **Side** und **Uranios** nur mit einiger Wahrscheinlichkeit bestimmt werden kann.

122 Myra/Kale (Demre) (Antalya) R 11

Die Stadt Myra, heute Kale, in der Mündungsebene des Myros-/Demre-Flusses und auf den Ausläufern des Gebirgs gelegen, umfaßt mit ihren Vororten Sura, Gürses und dem Hafen Andriake im Westen, Beymelek, Belen und Yukarbeymelek im Osten und Nordosten ein weites Gebiet. Die Stadt gehörte in alter Zeit dem lykischen Bund an. Ihre ältesten Denkmäler reichen ins 5. Jh. v. Chr. zurück. Es sind die berühmten Felsengräber am Steilhang des Akropolisberges.
Eine politische Rolle begann Myra erst im lykischen Bund während des 2. Jh. v. Chr. zu spielen. Damals unterstand es persischer Oberhoheit, und die Perser hatten ihm eine begrenzte politische Handlungsfreiheit eingeräumt, die es auch unter Alexander und seinen Nachfolgern, unter den Ptolemäern, Seleu-

kiden und Rhodiern, zu wahren und zu erweitern wußte. Bereits 168 v. Chr. nahm die Stadt das Protektorat Roms in Anspruch, blieb aber außerhalb der 129 v. Chr. gebildeten Provinz Asia. Der Mithradatische Krieg zog auch die Städte Lykiens in Mitleidenschaft, ebenso der Bürgerkrieg, den Antonius und Oktavian gegen die Cäsarmörder führten. Augustus hat es mit manchen Gunsterweisen bedacht (siehe den Grabturm von Limyra), aber erst unter Kaiser Claudius wurde Lykien 43 n. Chr. dem Römischen Reich einverleibt, wobei der fortbestehende lykische Bund auf sakrale Aufgaben beschränkt wurde. In Myra befand sich eines seiner Heiligtümer, in dem die Artemis Eleuthera Verehrung genoß. 141 n. Chr. fiel Myra einem Erdbeben zum Opfer und wurde durch den Lykiarchen Opramoas wiederaufgebaut. Die neue Stadt erlebte eine lange Blüte, die auch in christlicher Zeit anhielt. Sie wurde Sitz eines Bischofs. Kaiser Theodosios II. erhob sie zur Hauptstadt der byzantinischen Exarchie Lykien. Unter den frühen Bischöfen von Myra kommt dem heiligen Nikolaus – dessen Geschichtlichkeit nicht völlig gesichert ist – eine besondere kultische Bedeutung zu.

809 wird Myra von Harun al Raschid belagert und erobert, 1034 wird von einem abermaligen Sarazeneneinfall berichtet. 1087 rauben bewaffnete Kaufleute aus Bari die Gebeine des Hagios Nikolaos und bringen sie in ihre Heimatstadt, wo über ihnen die prachtvolle Kirche S. Nicola erbaut wird. Infolge des 1. Kreuzzugs, der einen Teil Kleinasiens wieder unter byzantinische Hoheit bringt, erfolgt eine Wiederherstellung der Stadt Myra, die sich bis ins ausgehende 13. Jh. eines zeitbedingten Wohlstandes erfreut. Mit der endgültigen Inbesitznahme Lykiens durch die Türken verschwindet der Name Myra aus der Geschichte, um erst in Reiseschilderungen des 19. Jh. wiederaufzutauchen. Der französische Forschungsreisende Charles Texier *zeichnet die erhaltenen Denkmäler, es folgen weitere Reiseschilderungen verschiedener Autoren bis hin zu den türkischen und deutschen Forschungsberichten von* Rott, Akurgal, Borchhardt *u. a., die jetzt Myra wieder ins wissenschaftliche Bewußtsein treten lassen. Ein großer Teil des antiken und mittelalterlichen Stadtgebietes ist jedoch noch unter dem Schwemmland des Flusses begraben.*

In den Nekropolen von Myra begegnen alle vier Grabtypen Lykiens, wie sie seit den Forschungen von *Fellow, Benndorf* und *Niemann* unterschieden werden:

1. Felsgräber
2. Sarkophage
3. Pfeilergräber
4. Griechische Grabmale

(siehe auch unter Limyra und Xanthos).

Jürgen Borchhardt faßt sie in 2 Haupttypen zusammen:

a) freistehende Grabdenkmäler

b) Fels/Kammergräber.

In Myra sind vor allem die Fels- und Kammergräber hervorragend vertreten. Sie gruppieren sich an zwei Felshängen unterhalb der Akropolis als dem Meer
138 zugewendete „Meernekropole" und als dem Myros-/Demre-Fluß zugekehrte „Flußnekropole". Die Grabkammern sind in die Felsen einge-

hauen. Ihre Fassaden sind nach Art altlykischer Holzhäuser gearbeitet. Eine Anzahl von ihnen ist mit Inschriften versehen und mit Reliefs geziert. Die Giebel haben flache oder geneigte Dächer. Dem griechischen Tempelgiebel begegnet man nur als Ausnahme. Die Reliefs ebenso wie die Inschriften wurden zu wesentlichen Teilen glücklicherweise bereits im 19. Jh. von verschiedenen Reisenden und Forschern abgezeichnet und publiziert. Namentlich die Reliefs haben inzwischen sehr durch Verwitterung, aber auch durch mutwillige Beschädigung gelitten. Auf einige Darstellungen sei hingewiesen (die Bezifferung folgt der Myra-Veröffentlichung des Deutschen Archäologischen Instituts Istanbul, Bd. 30, Berlin 1975). Die Gräber selbst sind oft nur mühsam zu erreichen, es empfiehlt sich ein Fernglas.

Grab 9 der Meernekropole (westlicher Teil) bringt eine Rüstungsszene, 139a
zwei stehende nackte Krieger und ein Totenmahl. – Grab 38 ebenfalls ein heute größtenteils zerstörtes Totenmahl. – Grab 42 bringt im Giebel einen Zweikampf; Grab 55 eine Abschiedszene. – In der Flußnekropole Grab 69, das „Löwengrab" mit dem Bukoleon-Motiv des Löwen, der einen Stier schlägt, am Giebel, dazu ein Totenmahlrelief über dem Türsturz und auf beiden Pilastern Löwenköpfe und „Rankengöttinnen". – Grab 81 besitzt 6 Reliefszenen, Einzelfiguren oder Figurengruppen, die wohl mit den Mysterien von Eleusis in Verbindung zu bringen sind. Die Gräber sind sämtlich ins 4. Jh. v. Chr. zu datieren.

Das größte antike Bauwerk in Myra ist das griechisch-römische Theater. Es liegt am Fuße des Burgbergs. Seine halbrunde Cavea ist in der Mitte in die Felsen eingepaßt, ihre Seiten ruhen auf Gewölben. Der Zuschauerraum wird durch ein Diazoma in 2 Ränge zu 29 unteren und 9 oberen Sitzreihen mit 14 Treppenaufgängen geteilt. In der Rückwand des Diazomas ist am östlichen Aufgang eine Nische eingelassen, in der eine Tyche steht; eine 2. Nische zeigt das Relief der Artemis Eleuthera. – Das weitgehend zerstörte Bühnenhaus war mehrgeschossig. Die Scaenae frons wurde durch Säulen mit korinthischen Kapitellen gegliedert und besaß mehrere horizontale Maskenfriese. 139b
Ähnliche Schmuckformen finden wir auch an anderen Theatern Anatoliens wie zu Side, Aphrodisias oder Hierapolis.

Östlich des Theaters lag eine Thermenanlage, von der mehrere Bogen- und Mauerstücke aus dem Boden ragen.

Das römische Myra war nach dem Erdbeben von 141 n. Chr. durch den Lykiarchen Opramoas (sein Grabdenkmal in Rhodiapolis, siehe unter Korydalla/Kumluca) wiederaufgebaut worden. Daran erinnert die Tychestatue im Theater. Über die Anlage dieser Stadt könnten erst Grabungen genügenden Aufschluß geben. – Ein römischer Grabtempel aus dem späten 2. Jh. 140
n. Chr., ein Heroon, liegt halbwegs zwischen Myra und Sura auf der Höhe. Der tonnengewölbte Quaderbau mit Eckpilastern, die Akanthuskapitelle tragen, steht auf einem Podium. Sein Eingang erfolgt von Norden her.

Der bedeutendste Tempel von Myra war der Artemis Eleuthera geweiht. Opramoas, der ihn nach 141 wieder aufbauen ließ, rühmt ihn in der Inschrift seines Grabhauses zu Rhodiapolis. Die Artemis Eleuthera, wie sie Münzbilder zeigen, war eine Baumgöttin. Den Tempel hat, der Legende

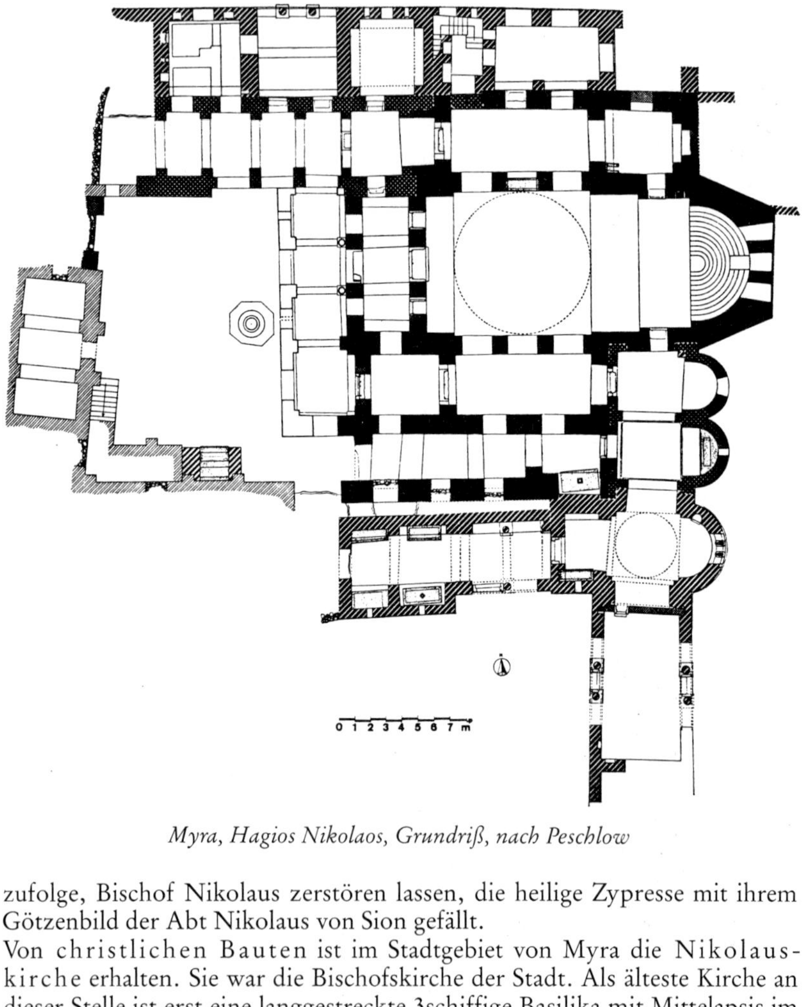

Myra, Hagios Nikolaos, Grundriß, nach Peschlow

zufolge, Bischof Nikolaus zerstören lassen, die heilige Zypresse mit ihrem Götzenbild der Abt Nikolaus von Sion gefällt.

Von christlichen Bauten ist im Stadtgebiet von Myra die Nikolaus-
141–146 kirche erhalten. Sie war die Bischofskirche der Stadt. Als älteste Kirche an dieser Stelle ist erst eine langgestreckte 3schiffige Basilika mit Mittelapsis im Osten und an das Bema angeschlossenen Nebenräumen mit Apsiden nachweisbar.

Wenn auch über die Vorgängerbauten nichts bekannt ist, muß es solche gegeben haben. Das ist schon aus der Legende des hl. Nikolaus zu erschließen. Ihre schriftliche Fassung hat sie erst im 9. Jh. (?) gefunden. In sie eingeflossen sind auch Züge anderer Heiligenviten, besonders aus der Vita des im 7. Jh. lebenden Abtes Nikolaos vom benachbarten Kloster Sion. Den griechischen Legenden zufolge wurde Nikolaus zu Patara in Lykien um 270/280 geboren, gegen 300 zum Bischof von Myra geweiht – wobei schon eine Kirche ausdrücklich erwähnt wird –, war während der diokletianischen Ver-

folgung eingekerkert, nahm unter Konstantin am Konzil von Nikäa 325 teil und starb zwischen 342 und 352, am 6. Dezember. Seine Wohltätigkeit, sein Glaubenseifer und sein Gerechtigkeitssinn werden betont und durch zahlreiche Wunder bestätigt. Am bekanntesten sind: die Legende von den 3 Goldklumpen, die er heimlich durchs Fenster warf, um drei Mädchen, deren Vater verarmt war, eine Heirat mit zugehöriger Aussteuer zu ermöglichen; seine Hilfe für in Seenot geratene Schiffer, seine Rettung unschuldig Gefangener vor dem Schwert des Henkers, sein Kampf gegen den Götzendienst der Diana und sein Auftreten gegen Irrlehrer auf dem Konzil. In Konstantinopel kam seine Verehrung unter der makedonischen Dynastie zu Ansehen. Er
wurde auf zahlreichen Ikonen nach einem schon früh feststehenden Typus 145
dargestellt, die Kaiserin Theophanu, Gemahlin Ottos II., brachte mit Reliquien in ihrem Brautschatz auch den Kult des Heiligen nach Deutschland und in den Westen. Die Kaufleute aus Bari holten dann 1087 seine Gebeine nach Italien. Er wurde Patron zahlreicher Kirchen, im staufischen Reiche für Pfalzkapellen bevorzugt. Im 13. Jh. hat die ›Legenda aurea‹ des Jacobus de Voragine mitgeholfen, daß Sankt Nikolaus von Myra einer der volkstümlichsten christlichen Heiligen überhaupt wurde. Dargestellt wird er im Abendland als Bischof mit Stab und Buch, auf dem die 3 Goldklumpen (oder -kugeln) liegen. Er war der Patron des kaiserlichen Rußland. Sein Bild in den Ostkirchen ist das eines byzantinischen Bischofs, der uns barhäuptig und mit dem kreuzbestickten Gewand, dem Polystaurion, entgegentritt. In der örtlichen türkischen Überlieferung ist wohl unter dem Einfluß der Erzählungen europäischer, vorwiegend französisch sprechender Reisender der Bischof Nikolaus mit dem „Knecht Ruprecht“ als „Weihnachtsmann“ vermengt worden und wird in Kale/Myra selbst als „Baba-Noël“ bezeichnet.

Die Baugeschichte von Hagios Nikolaos umfaßt 10 Abschnitte (I–X).

Der historische Bischof Nikolaus – seine Geschichtlichkeit sollte, trotz der legendären Züge seiner Vita, nicht bestritten werden – wurde wahrscheinlich auf einem Friedhof außerhalb der antiken Stadt beigesetzt. Die an seinem Grab geschehenden Zeichen und Gebetserhörungen führten bald zum Bau eines Martyrions, einer Gedächtniskirche und Wallfahrtsstätte (I). (Auf das Grab selbst geht die folgende Baubeschreibung ein.)

Möglicherweise gab die Verwüstung der Stadt durch das Erdbeben von 529 Veranlassung zu einem Neubau (II), zu dem Kaiser Justinian beisteuerte. In der Hauptstadt hat Justinian eine Kirche der Heiligen Nikolaos und Priskos bauen lassen.

Ihr folgte ein basilikales Bauwerk (III). Es bestand bis zur ersten arabischen Eroberung 809. Der Heerführer Chumid hat damals das vermeintliche Nikolausgrab zerstört. Davon wurde auch die Kirche betroffen.

Die Kirche wurde anschließend wiederhergestellt, was einem Neubau gleichkam (IV). Ein weiterer Sarazenenüberfall auf Myra erfolgte 1034. Ob dabei auch Hagios Nikolaos beschädigt wurde, ist ungewiß, wenn auch wahrscheinlich.

Eine Inschrift von 1042, die von einer Wiederherstellung (V) der Kirche

durch Kaiser Konstantinos Monomachos und seine Gemahlin Zoë spricht, wird nicht von allen auf die Kirche bezogen.
Die Kirche, bei der – zu einem unbekannten Zeitpunkt – ein Kloster errichtet wurde, erhielt im 11. und 12. Jh. mehrere Anbauten (VI). Im Norden schlossen sich an die Seitenschiffe der Kuppelkirche und der älteren Basilika mehrere Räume an. Im Süden wurden neben den beiden Seitenkapellen noch eine 3. Kapelle mit anschließendem Parekklesion als Grabeskirche sowie eine Vorhalle mit offener Säulenstellung erbaut.
Die Beraubung des Heiligtums durch die Bareser und ein von den Venezianern 1099 unternommener Versuch, Reliquien zu erlangen, gingen an der Kirche nicht spurlos vorüber.
Durch die Wiedereinrichtung der byzantinischen Verwaltung in Kleinasien nach dem 1. Kreuzzug konnte auch die Nikolauskirche erneuert werden (VII). Ihre Bodenmosaiken wurden ausgebessert und ihr Raum wurde ausgemalt. Doch ergriffen die Türken im letzten Viertel des 13. Jh. endgültig Besitz von der lykischen Küste. Die Stadt Myra verfiel und der Fluß schwemmte die Ruinen meterhoch zu.
1738 wird von einer Reparatur der dritten Seitenkapelle (VIII) berichtet.
Im 19. Jh. werden nicht nur Reisende auf die Nikolauskirche aufmerksam, sondern auch das russische Zarenhaus. 1862 erwirbt die russische Regierung das Klostergelände und beauftragt den elsässischen Architekten *Salzmann* aus Rappoltsweiler mit der Wiederherstellung der Kirche (IX). Ihre Kuppel war eingestürzt, ihre Anbauten lagen in Trümmern. *Salzmann* setzte die Obermauern des Naos instand, baute einen äußeren Narthex und errichtete anstelle der Kuppel, deren Rekonstruktion er für bedenklich hielt, ein Kreuzgratgewölbe. Die Südwestecke des Gebäudes erhielt einen kleinen Glockenturm. Diese Arbeiten in russischem Auftrag erregten aber den Argwohn der Hohen Pforte, die sie einstellen ließ, bevor sie vollendet waren.
So blieb die Kirche über 40 Jahre in einem unbefriedigenden Zustand. Der Bau wurde weiter verschüttet. Als *Hans Rott* 1906, knietief im Wasser watend, seine Arbeiten ausführte, lag der Fußboden schon mehr als 6 m unter dem Straßenniveau. Die Kirche wurde bis 1922 von einem orthodoxen Geistlichen betreut. Danach stand sie völlig leer.
Erst 1963 wurden die Grabungen und Restaurierungen (X) unter Leitung der Türkischen Generaldirektion der Antiken und Museen durch *Jürgen Borchhardt* und seine Mitarbeiter wiederaufgenommen. Die Bauuntersuchung der Nikolauskirche war dabei *Urs Peschlow* und *Otto Feld*, die ihrer Sarkophage *Hans Wiegartz* anvertraut.
Hagios Nikolaos ist die einzige als Bauwerk erhaltene christliche Kirche der anatolischen Mittelmeerküsten. Ihre heutige Gestalt ist das Ergebnis der oben behandelten Baugeschichte. Ihr Aussehen, vor allem das des Inneren, wird stark bestimmt von der byzantinischen Kuppelkirche des 9. Jh., allerdings fehlt jetzt die Kuppel. Von der Kirche, der Abschnitte II/III, der langgestreckten 3schiffigen Basilika, sind in Grundriß und Aufbau einige Reste

Myra, Nikolauskirche, Wiederherstellungsversuch von Peschlow

erhalten, besonders in den Seitenkapellen und dem Portikus auf der Südseite oder den teilweise vermauerten Mittelschiffarkaden an der Nordseite des Hofes mit dem Weihbrunnen. Die Wiederherstellung während des späten Ikonoklasmus war ein weitgehender Neubau. Das Herzstück des Innenraumes bildet ein ehedem von einer Kuppel überhöhtes Quadrat. Durch schmale Raumteile ist es rechteckig erweitert und mündet in das dreifenstrige Halbrund der Apsis. Sie enthält ein Synthronon. Das Bema wird gegen den Naos durch 6 Säulen mit Architrav, die wohl als Ikonostase dienten, abgeschlossen. Der Altar steht unter einem säulengetragenen Baldachin – die alten Säulen befinden sich aber nicht mehr am ursprünglichen Platz.

Die Seitenschiffe begleiten als Gänge den Kuppelraum. Sie sind nach dort durch je 3 Rundbogenarkaden geöffnet; in die äußeren Anbauten führen je 2 Eingänge. Am Ostende des nördlichen Seitenschiffs liegt ein früheres Pastophorion (Prothesis). Das südliche Seitenschiff und das mit ihm gleichlaufende Parekklesion besitzen im Osten 2 Kapellen, die vom Vorgängerbau übernommen wurden. Das hat seinen besonderen Grund, hängen sie doch mit dem Grab des hl. Nikolaus zusammen und haben damit konstitutive Bedeutung für Kult und Kirchenbau. Die südliche dieser Kapellen enthielt in einer Arkosolnische der Apsis das abgeschrankte Heiligengrab. Der Sarkophag des Heiligen, von dem 4 Deckelfragmente übrig blieben und der in seiner Gesamtgestalt zu der Gruppe der „attischen" Sarkophage der römischen Kaiserzeit gehörte, wurde 1087 beim Raub der Gebeine aufgebrochen. Der Bericht über diese „Translatio" nach Bari enthält die falsche Angabe, daß der Heilige „unter dem Fußboden in Öl schwimmend" aufgefunden worden sei. Die Zugehörigkeit der Nikolausgebeine zu den „ölschwitzenden" Reliquien wird für Myra durch die Löcher im Deckel des Sarkophags erwiesen. Hier konnten Ölspenden zur Gewinnung des heilkräftigen „Myron" vorgenommen werden. (In Hagios Demetrios zu Saloniki führte eine „Ölleitung" vom Altar zum „Bad".) Nach 1087 wurde der „attische" Sarkophag durch einen kleinasiatischen, wohl „pamphylischen" Säulensarkophag in zweiter Verwendung ersetzt, der später abermals von Grabräubern gewaltsam geöffnet wurde. Seine Bruchstücke befinden sich im Museum Antalya. Dort sind auch einige Nikolausreliquien in einem neueren Kästchen zu sehen.

Weitere römische Sarkophage waren in Nischen des Parekklesions des südlichen Seitenschiffes und im mittleren Durchgang vom Naos zum nördlichen Seitenschiff aufgestellt; unter ihnen ein Rankensarkophag und ein Säulensarkophag.

An die beiden Südkapellen schloß sich eine weitere auf kreuzförmigem Grundriß an. Ihre Mitte trug eine Kuppel. Nach deren Einsturz wurde die Kapelle 1738 in einfacher Form erneuert. Im Süden schließt sich ein rechteckiger Portikus mit je 3 Arkaden nach Osten und Westen hin an. Sie ruhen auf Säulen mit schönen Akanthuskapitellen. Westlich dieser Kapelle erstreckt sich ein später angebauter Raum mit Nischen für Bestattungen.

Auf der Westseite der Kirche sind zwischen Eckräumen 2 Narthices angeordnet, von denen der äußere 1862/1863 neu erbaut wurde. Mit seinem Nordende stößt er auf Bogen des Seitenschiffs der basilikalen Vorgängerkirche. Im Vorhof befindet sich eine Phiale.

Die Empore der Nikolauskirche umgibt auf 3 Seiten den Naos. Doch ist davon nur ein Teil des Mauerwerks der Nordempore ursprünglich. Der Oberbau der Kirche mit seinen rundbogigen Fenstern ist weitgehend erneuert.

Die Bauornamentik der Nikolauskirche ist in situ nur durch wenige Stücke vertreten. Es sind Spolien, die nicht ganz zu den mittelbyzantinischen Anbauten passen wollen. Einige lose Stücke gelangten inzwischen in das Museum Antalya. Bemerkenswerte Akanthuskapitelle des 6. Jh. tragen, wie
142 schon erwähnt, die 3 Säulen der südlichen Vorhalle. Die dekorative Reliefplastik, von Pfeilern, Schrankenplatten, der Templonarchitektur oder Steinleisten und Gesimsen herrührend, ist meist mittelbyzantinisch (11. Jh.). Auch sie ist wohl mit der durchgreifenden Erneuerung der Kirche unter Konstantinos Monomachos (Bauabschnitt V) in Verbindung zu bringen.

Das Innere der Kirche war in allen Räumen ausgemalt. Einige Reste sind noch sichtbar. Die Gewölbe des Narthex zeigen eine Folge von 6 Konzilsbildern, die Gurtbogen Prophetengestalten, der Nordostraum eine Apostelkommunion. Einzelne Heilige, Teile von Kompositionen und ornamentale Malerei mit Staurogrammen sind über die gesamte Kirche verteilt. Der Grabraum ist auch mit gemalten Ikonen versehen. Bei den Konzilsbildern sind 2 Malschichten erkennbar; davon ist die ältere dem 11. Jh., die jüngere dem 12. Jh. zuzuweisen. Die Apostelkommunion wird nach 1300 datiert, die

Myra, Hagios Nikolaos, Konzilsbild im Narthexgewölbe, nach Peschlow

Malereien im Grabraum können in der 2. Hälfte des 11. Jh. oder bald nach 1100 entstanden sein.

Die Nikolauskirche besitzt noch umfangreiche Reste eines mosaizierten
Fußbodens. Seine einzelnen Platten sind in mehreren Techniken, vorwie- 144
gend in opus sectile, und ohne strenges System ausgeführt und verlegt. Doch
werden bestimmte Bereiche, wie der Gang vor dem Heiligengrab, besonders
ausgezeichnet. Die Datierung ist unsicher, am ehesten gegen 1050 und viel-
leicht im Zusammenhang mit den inschriftlich überlieferten Baumaßnahmen
des Konstantinos Monomachos und der Zoë anzusetzen.

Im Gebiet der byzantinischen Stadt Myra wurden noch weitere christliche Kirchen und Kapellen festgestellt. Die Akropolis besaß 3 einfache einschiffige Kapellen, von deren Mauerwerk wenig übrig ist. Eine Kapelle lag auch westlich der Burg auf dem Bergrücken. – Unterhalb der Burg und des Theaters wurden durch einen Dammbruch die Ruinen einer Kreuzkuppelkirche freigelegt. Die dabei zum Vorschein gekommenen Architekturglieder machen eine Entstehung des Baus in nachjustinianischer Zeit, im 6. Jh., wahrscheinlich.

123 Myrina/Kalabak Saray (Kalavasi) (Izmir) I 4

Äolische Hafenstadt, der Sage nach 1046 v. Chr. durch griechische Siedler gegründet. Sie teilte die Schicksale der Küstenstädte bis in die römische Zeit. Unter Augustus hieß sie Sebastopolis. Im 4. Jh. wurde sie Bischofssitz in der Eparchie Asia.

Von den Gebäuden der Stadt sind nur geringe Reste erkennbar. In der ausge-

dehnten Nekropole (5000 Gräber) wurden viele hellenistische Keramiken, besonders Tonfigürchen, gefunden.
Bei Myrina lag das äolische Apollonheiligtum Gryneion. Dort befand sich auch ein Orakel. Der genaue Standort des Tempels in der Stadt Gryneia konnte bisher in dem versumpften Landstrich an der Küste nicht ermittelt werden.

124 Myus/Avşar Kalesi (Aydın) N 5

Untergegangene jonische Hafenstadt am einstigen Latmischen Meerbusen, 15 km nordostwärts Milet auf einer Halbinsel gelegen. Strabo *(XIV, 633) berichtet von der mythischen Gründung durch Kydreios von Athen. Sie gehörte zum Jonischen Städtebund, der sein Heiligtum im Panionion an der Mykale besaß. 499 beteiligte sie sich am Jonischen Aufstand, war auch an der Seeschlacht bei Lade 494 mit 3 Schiffen vertreten und wurde von den siegreichen Persern zerstört. Nach den Perserkriegen gehörte die Stadt zur Satrapie, die König Artaxerxes dem aus Athen verbannten Themistokles gab. Später trat sie dem delisch-attischen Seebund bei. In hellenistischer Zeit kam Myus 201 v. Chr. an Magnesia, danach an Milet. Durch den Mäander wurde die Stadt mehr und mehr vom Meer abgedrängt; in den dadurch entstandenen Sümpfen brüteten Myriaden von Stechmücken, die die Malaria verbreiteten. Die Einwohner wurden schließlich nach Milet umgesiedelt, sie nahmen nicht nur ihre Habe, sondern auch die Götterbilder mit. – In byzantinischer Zeit wurde auf dem Burghügel ein Kastell errichtet (1. Hälfte des 13. Jh.).*
Ausgrabungen in Myus wurden 1908 von *Theodor Wiegand* vorgenommen. Die wenigen Funde kamen nach Berlin. 1964 fand *Hans Weber* bei neuen Grabungen weitere Fundamente, die er als Tempel der archaischen und der jonischen Zeit deutete.
Auf der unteren Terrasse lag ein jonischer Peripteros von 6:10 Säulen, der bisher mit dem von *Pausanias* genannten Tempel des Dionysos gleichgesetzt wurde. Sein Stylobat maß 17,275×29,84 m. Er wird auf Mitte des 6. Jh. datiert. *Weber* schlägt vor, hier den Tempel des Apollon Termintheus (und Poseidons) anzunehmen. Der Tempel auf der oberen Terrasse war offensichtlich noch unvollendet, als die Stadt geräumt wurde.

125 Narlıkuyu (Içel) R 22

An der Mündung des unterirdisch von den Korykischen Grotten (siehe unter Cennet ve Cehennem) herabfließenden Wassers in das Meer liegt das Dorf Narlıkuyu (= Granatapfelbrunnen). Dort hat der „Statthalter der Inseln“,
147 Poimenios, gegen 300 ein Bad errichten lassen. Es ist mit einem gut erhaltenen Mosaikboden versehen. Dargestellt sind die einander umschlingenden drei Grazien, die ihre Kleider abgelegt haben und sich zum Bade bereiten. Die Inschrift lautet übersetzt: „Fragst du, Gastfreund, wer das schöne Badewasser entdeckte, das bislang verborgen war, so wisse: Poimenios, Freund und Gefährte der Kaiser, der die heiligen Inseln redlich verwaltete.“ Näheres über diesen in kaiserlicher Gunst stehenden Statthalter wissen wir nicht.

126 Neandria (Çanakkale) F 2

Die äolische Stadt lag auf dem 500 m hohen Gipfel des Ciğri Dağ, der einen weiten Blick gewährt. Der im polygonen Verband ausgeführte Mauerring ist über 3 km lang. Von einem frühen jonischen Tempel, der in der Blütezeit der Stadt, dem 6. Jh. v. Chr., entstand, sind das Podium und einige Bruchstücke von Säulen und Kapitellen erhalten (Museum Istanbul). Die Einwohner wurden im 4. Jh. nach Alexandria Troas umgesiedelt (weiteres siehe dort).

127 Neonteichos (Izmir) I 4

Äolische Stadt, anstelle des heutigen Yanık Köy auf einem steilen Berg östlich von Larisa am Hermos gelegen. Doch ist diese Lokalisierung nicht völlig gesichert. Überreste von Polygonmauern, auch gepflasterte Straßen, werden mit der untergegangenen Stadt in Verbindung gebracht.

128 Nikäa/Iznik (Bursa) C 11

Die Stadt liegt in schöner Landschaft am Ostufer des askanischen Sees (Iznik Gölü). Der Sage nach trägt sie ihren Namen von einer Nymphe, einer Geliebten des Dionysos. In der geschichtlichen Wirklichkeit wurde sie nach der Gemahlin des Lysimachos, der um 300 v. Chr. das Land in Besitz nahm, benannt. Vorher hatte sie kurze Zeit „Antigoneia" geheißen, nach dem König Antigonos Monophtalmos, dem Feldherrn Alexanders d. Gr., der 301 bei Ipsos in Phrygien Schlacht und Leben verlor. Eine vorhellenistische Siedlung soll „Ankore" oder „Helikore" geheißen haben. – Seit 281 v. Chr. residierten hier die bithynischen Könige, 166 wurde jedoch Nikäa durch Nikomedien (Izmit) abgelöst. 74 gelangte die Stadt an Rom und erfreute sich bald kaiserlicher Gunst. Augustus stiftete Tempel zu Ehren Cäsars und der Roma. Der jüngere Plinius *ließ als Statthalter ein Theater und ein Gymnasion errichten. Hadrian besuchte 123 n. Chr. die durch das Erdbeben von 120 verwüstete Stadt und veranlaßte ihren Wiederaufbau. Er führte sportliche Wettkämpfe zu Ehren des Dionysos und der römischen Kaiser ein, die durch Münzprägungen überliefert sind.*

Die mit einem mächtigen Mauerring umgebene Stadt, die auch einen Kaiserpalast besaß, überstand 259 und 269 Einfälle gotischer Streifscharen. 325 wurde sie Tagungsort des ersten ökumenischen Konzils, das Kaiser Konstantin I. am 20. Mai im Kaiserpalast eröffnete. Es hatte den Streit um die Christologie, der zwischen Arius *und* Athanasios *und ihren Anhängern ausgebrochen war, zu schlichten. Das dort erarbeitete Bekenntnis ist in der Fassung, die ihm das folgende Konzil zu Konstantinopel 381 gegeben hat, als „Nikänisches Symbol" (genauer als „Symbolum Nicäno-Constantinopolitanum") dogmatisch verbindlich geworden und bis heute in der gesamten Christenheit in liturgischem Gebrauch.*

Nikäa war Bischofssitz. Es lag lange im Streit mit der Rivalin Nikomedien. Die byzantinische Verwaltung machte es zum Hauptort des Militärbezirks „Opsikon", der sich fast über ganz West-Kleinasien erstreckte. – 787 war Nikäa wieder Tagungsort eines ökumenischen Konzils. Es war das 7., das die

Bilderverehrung der Kirche in den Lehrsätzen wiederherstellte. Der Bilderstreit endete erst 843.

Im Jahre 1081 wurde Nikäa von seldschukischen Söldnern, die dem Kaiser den Gehorsam verweigerten, besetzt. Sie begründeten hier ein Emirat, das aber nur bis 1094 bestand. Die Ritter des 1. Kreuzzugs belagerten 1097 Nikäa, das sich Kaiser Alexios ergab und unter byzantinische Hoheit zurückkehrte. 1204 wurde Nikäa nach der Eroberung der Hauptstadt durch die Kreuzfahrer Sammelpunkt derer, die am Rhomäerreich festhielten. Kaiser Theodor I. Lascaris schlug hier seine Residenz auf. Auch nach der Wiedereinnahme von Konstantinopel durch Michael VIII. Paläologos 1261 war Nikäa noch eine angesehene Stadt, aber 1331 kapitulierte es, 5 Jahre nach Bursa, vor dem Osmanen Orhan. Anfangs spielte es auch unter den Türken eine wichtige Rolle und wurde durch zahlreiche Neubauten ausgezeichnet. Der Mongoleneinfall des Timur Lenk fügte ihm schweren Schaden zu, der nur langsam behoben werden konnte. Im 16. Jh. wurden hier Seidenmanufakturen und Fliesenwerkstätten mit umgesiedelten Handwerkern aus Aserbeidschan begründet, die bis zu ihrer Verlegung nach Istanbul 1717 zahlreiche Moscheen und Paläste belieferten. Iznik-Fayencen sind ein fester Begriff.

Im 18. und 19. Jh. trugen Erdbeben zum Verfall der Stadt bei; schließlich haben die Kämpfe zwischen Griechen und Türken 1921/1922 schwere Zerstörungen an historischen Baudenkmälern angerichtet. Erst in jüngster Zeit hat sich die Stadt, gestützt auf Landwirtschaft und Obstbau, erholt und wieder ihre alte Ausdehnung erreicht.

148 Die weitgehend erhaltene Stadtmauer umschreibt mit einer Länge von
4970 m ein unregelmäßiges Vieleck mit 5 Toren und noch 110 durchweg 16 m
hohen Türmen in der Hauptmauer. Vor dieser etwa 9 m hohen und 3,70 m
dicken Mauer läuft ein 13–15 m breiter Zwinger. Die 6 m hohe Außenmauer
ist mit rd. 100 Türmen bewehrt. Davor zieht sich ein Graben entlang. Das
entspricht genau den Vorschriften *Vitruvs* für die Stadtbefestigung. Fünf,
149 ursprünglich nur 4, Tore gewährten Einlaß: im Norden das Konstantinopler
150 Tor (Istanbul Kapı), im Osten das Weiße Tor (Lefke Kapı), im Osten das
völlig zerstörte Seetor und das südliche Seetor, eine Ausfallpforte, im Süden das Neustädter Tor (Yenişehir Kapı). Der Mauerring geht in seiner Anlage auf das 1. Jh. n. Chr. zurück. Davon ist noch jeweils das Mittelteil des Istanbul Kapı und des Lefke Kapı erhalten. Sie werden durch Inschriften als Werk der flavischen Kaiser Vespasian (69–79) und Titus (79–81) und des Prokonsuls Plancius Varus (78/79) bezeichnet. An Hadrian und den Wiederaufbau der Stadt nach dem Erdbeben 120 erinnert noch eine Inschrift am Lefke Kapı und ein Mauerstück westlich von Istanbul Kapı. Die Hauptmauer wurde im wesentlichen durch die Kaiser Gallienus (260/268) und Claudius II. Gothicus (268–270) ausgeführt. Zu dieser spätantiken Mauer gehören auch die halbkreisförmigen Türme. Sie scheinen durch das Erdbeben von 368 stark mitgenommen worden zu sein. Bei ihrer Erneuerung wurde öfter ein neuer Turm zwischen zwei alte gesetzt. Dieses Verfahren wurde nach dem Erdbeben von 740 wiederholt. Eine letzte Verstärkung der Festung durch Anlage der Vormauer hat Kaiser Theodor I. Laskaris (1204–1227) vornehmen lassen.

Die Stadtmauer von Nikäa, die zu den eindrucksvollsten byzantinischen Wehrbauten zählt, ist im ganzen wohlerhalten und am besten auf einem Rundgang zu besichtigen. Besondere Beachtung verdienen die Torbauten, deren römischer Kern repräsentativ gestaltet ist. Die Torwände sind aus Quadern aufgemauert, die Durchfahrtsbogen haben profilierte Leibungen. Am Istanbul Kapı und am Lefke Kapı sind noch Nischen zur Aufnahme von Statuen angebracht. Das Istanbul Kapı besitzt einen Waffenhof, dessen stadtseitige Torpfeiler mit Wächtermasken geschmückt sind. Am Türsturz des Lefke-Tors die Weihinschrift an Kaiser Hadrian, 123 n. Chr.

Die Stadtanlage von Nikäa folgt – bis heute – dem sog. „hippodamischen System“, das schon die Beschreibung des Geographen *Strabon* erwähnt (63 v. Chr. – 19 n. Chr.). Die Straßen begegnen einander rechtwinklig. Am Schnittpunkt der beiden von Tor zu Tor geführten Hauptstraßen soll zu hellenistischer Zeit ein Gymnasion gestanden haben. Ein Theater befand sich im Südostsektor, nahebei lag der Kaiserpalast, den auch die seldschukischen Eroberer in Anspruch nahmen. Er wird daher von Anna Komnena als „Sultanikion“ bezeichnet. In der 1. Hälfte des 13. Jh. haben dort die byzantinischen Kaiser von Nikäa gewohnt.

Die Hauptkirche der Stadt war die am Kreuzpunkt der Hauptstraßen gelegene Hagia Sophia. Der Name ist durch die Überlieferung gesichert. Sie war die Bischofskirche und Stätte des Konzils von 787. Orhan ließ sie 1331 in eine Moschee umwandeln. Seit dem 18. Jh. ist sie Ruine, an der neuerdings einige Restaurierungen vorgenommen wurden. Der erste Bau war eine 3schiffige (Säulen?-)Basilika des 5. Jh. mit Mittelapsis. Ihr Typus begegnet in der Johannes-Studios-Kirche zu Istanbul. Von dieser ersten Anlage stehen noch die unteren Teile der Umfassungsmauern (außer der Westwand) und die Apsis mit den unteren Reihen des Synthronons. Diese erste Kirche wurde durch ein Erdbeben 1065 stark in Mitleidenschaft gezogen und zu der Baugestalt hin verändert, die heute im wesentlichen sichtbar ist. Charakteristisch für diese 2. byzantinische Bauzeit sind die weiten Bogen der Mittelschiffwände. Auch die überkuppelten Pastophorien auf beiden Seiten des Bema und der Rest eines Opus-sectile-Bodens am Westeingang gehören dem 11. Jh. an. Der Brand von 1331 und die Umgestaltung in eine Moschee hatten den Einbau eines Mihrab und die Errichtung eines Minaretts zur Folge. Beide sind in Resten noch vorhanden.

Die Koimesiskirche im Südostteil der Stadt wurde leider 1922 ein Opfer 152
des griechisch-türkischen Konflikts. Dank genauer Bauaufnahmen vor der Zerstörung ist jedoch ihre Beschaffenheit ausreichend bekannt. Auf dem 1954/1955 von den eingestürzten Trümmern gereinigten Platz stehen noch Teile der Mauern, der Kuppelpfeiler und die Basen der Pfeiler zu den Seitenschiffen. Kapitelle und Reste der Ambo- und Chor-(Ikonostase-)Schranken befinden sich im Museum. Ein Teil des Opus-sectile-Bodens ist erhalten. Völlig verloren sind die Wandmosaiken, vorwiegend des 8./9. Jh., die von hervorragender Qualität waren. Die von einem gewissen Hyakinthos gestiftete Kirche geht in die vorikonoklastische Zeit (7./frühes 8. Jh.) zurück. Sie vertritt zusammen mit der Hagia Sophia in Saloniki, der Klemenskirche in

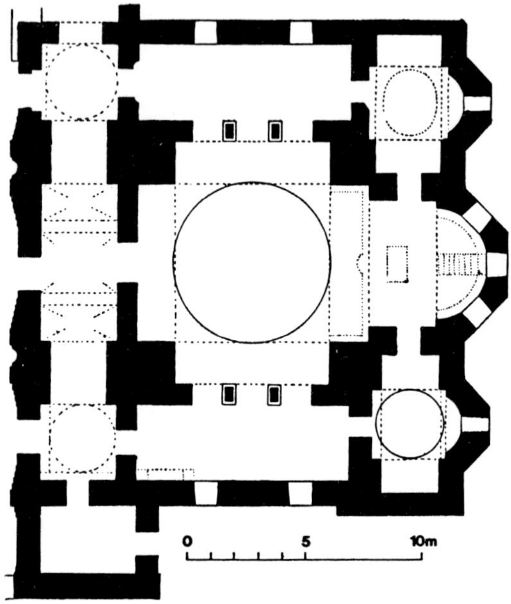

Nikäa/Iznik, Koimesiskirche, Grundriß nach Wulff

Ankara und der Nikolauskirche in Myra (siehe dort) den Typus der byzantinischen Kuppelkirche mit Seitenschiffen und Narthex, die im Osten durch eine Hauptapsis und Pastophorien mit Nebenapsiden geschlossen wurde. Ihre Architektur ist mehrfach erneuert worden: die Kuppel stürzte 1065 beim Erdbeben und nochmals im 18. Jh. ein. – Die Ausstattung mit figürlichen Mosaiken wurde im Bilderstreit teilweise beseitigt, aber im 9. Jh. durch einen inschriftlich genannten *Naukratios* wiederhergestellt. Die Apsis schmückte eine große stehende Muttergottes, an den Bemabogen 4 Engel mit Labaren (vgl. die Hagia Sophia zu Konstantinopel), die ein dreimal Heilig trugen. Die Engel waren als 'Αρχή Δύναμις Κυριοτίτης 'Εξουσία (Reich Kraft Herrschaft Gewalt) benannt. Sie vertreten die Doxologie der Engelchöre, wie sie die griechische Theologie ausgebildet hat. Der Narthex war mit mehreren Mosaiken der Evangelisten, Christi, Johannes des Täufers (des Vorläufers) und der Eltern Mariens geschmückt, die dem 11. Jh. angehörten. Wo und ob die Koimesis, der die Kirche geweiht war, dargestellt wurde, ist nicht bekannt.

In der Nähe der Koimesiskirche befindet sich das Böcek Ayasma, ein unterirdischer kreisförmiger Raum mit Backsteingewölbe. In seiner Mitte eine Zisterne, deren Rand griechisch und hebräisch beschriftet ist. Zweck der Anlage (Baptisterium?) und Entstehungszeit sind ungewiß.

Die Hacı Özbek Camii ist der älteste erhaltene islamische Kultbau von Iznik. Laut Bauinschrift ist er 1333 entstanden. Er gehört zum frühislamischen

Typus der Einkuppel-Moschee. Die Kuppel sitzt auf einem 12seitigen Tambour. Eine gewölbte Vorhalle mit 3 Bogen auf byzantinischen Säulen wurde abgebrochen.
Zeitlich schloß sich an diesen Bau die südlich außerhalb der Stadt gelegene, weitgehend zerstörte Orhan Camii an. Sie kann um 1348 datiert werden. Ihr T-förmiger Grundriß-Typus wird durch das 1388/1389 erbaute Nilüfer Imaret (heute Museum) vertreten. Genannt ist es nach Nilüfer Hatun, der Gemahlin Orhans (siehe unter Bilecik). Der mittlere, überkuppelte Hauptraum setzt sich nach Westen in einen Liwan mit 2 kleinen Kuppeln fort. Die ebenfalls überkuppelten Seitenräume sind durch Türen nach der Mitte hin geöffnet. Die Vorhalle mit ihren 5 Jochen und einer mittleren Kuppel nimmt nur einen Teil der Vorderfront ein. Der bewegte Umriß des reizvollen Bauwerks wird durch das polychrome Mauerwerk mit Ziegelbändern und -ornamenten betont.
Ähnlich disponiert ist die kleinere Yakub Çelebi Zaviye. Ihre 5jochige Vorhalle erstreckt sich über die ganze Breite des Baus. Im Inneren ist die Raumfolge nach Süden gesteigert. Der Mihrabraum trägt die große Kuppel. Vor der Zaviye die offene Kuppeltürbe des Stifters. Der Bau ist undatiert, jedoch gegen 1390 anzusetzen.
Noch in den ersten Jahren nach der islamischen Inbesitznahme der Stadt entstand die Süleyman Paşa Medrese. Ihre Anlage wird vorbildlich für den Bau dieser Koranschulen (von denen Iznik im 17. Jh., dem Bericht des *Evliya Celebi* zufolge, 7 besaß). Um einen rechtwinkligen und U-förmigen Hofraum werden hinter Säulenhallen eine Reihe überkuppelter Wohnzellen angeordnet. Der Unterrichtsraum Dershane ist höher und zeichnet eine der 3 Seiten aus.
Die bedeutendste erhaltene Moschee der Stadt ist die Yeşil Camii. Sie 151
wurde 1378/1391 erbaut. Ihr Stifter war Hayreddin Paşa, der Großwesir Murats I. Auch der Name des Baumeisters, *Haci Musa*, ist inschriftlich genannt. Ihr rechteckig ummauerter Hauptraum mit kunstvollem Mihrab wird von einer großen Kuppel auf einem Tambour überwölbt. Mit diesem Raumkubus ist mittels einer Dreierarkade ein rechteckiger, in der Mitte gleichfalls überwölbter Raumteil verbunden. Die nördlich gelegene Vorhalle ist im Aufbau reich gegliedert und ornamental geschmückt. Das Minarett wurde mit grünglasierten Fliesen umkleidet. Sie haben der Moschee ihren Namen gegeben.
Von gleichem Moscheetypus ist in Iznik noch die 1442 begonnene Mahmut Çelebi Camii. Sie besteht aus einem überkuppelten Hauptraum und einer Vorhalle. Das Minarett steht auf der Westseite.
Von alten Bädern sind noch erhalten: Das Haci Hamza Hamam, ein Doppelbad, wohl um 1500 erbaut, und das Ismail Bey Hamam, dessen Datierung ungewiß ist. Man hat schon erwogen, den Bau mit seiner phantasievollen Dekoration in die Seldschukenzeit Nikäas (1178/1197) zu datieren. *Restle* weist auf das Gazi Mihal Hamamı in Edirne aus der Zeit Murats I. (1421/1451) hin, „das zudem wie eine größere entwickeltere Variante des Ismail Bey Hamamı anmutet".
Etwa 5 km nördlich der Stadt steht mitten in einer Obstpflanzung ein 12 m

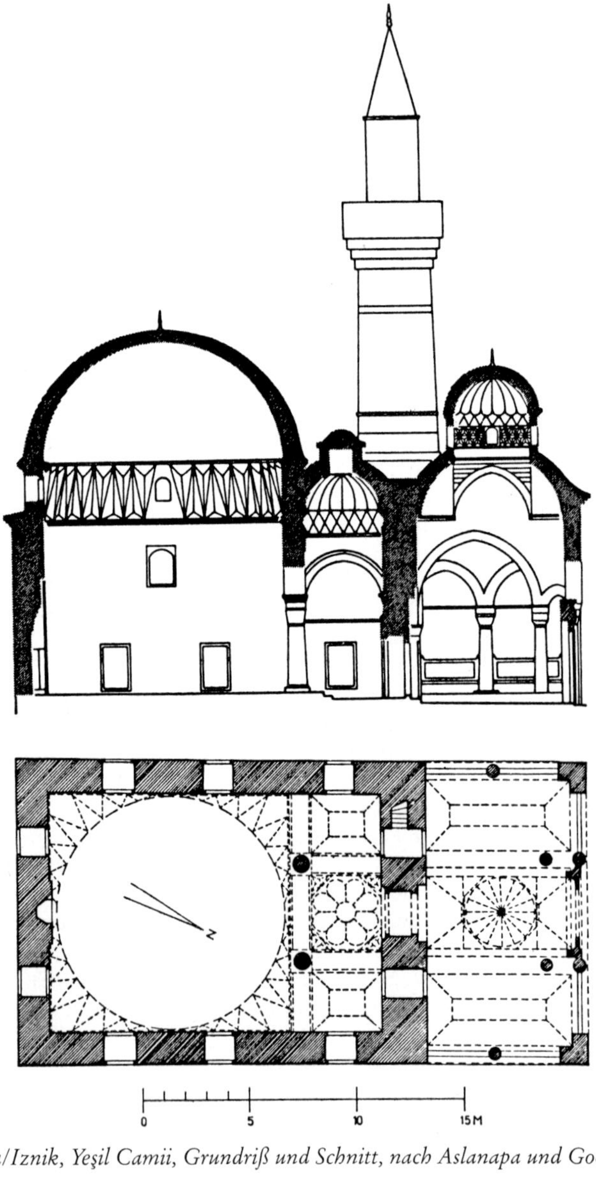

Nikäa/Iznik, Yeşil Camii, Grundriß und Schnitt, nach Aslanapa und Goodwin

hoher Obelisk aus weißem Marmor. Die Spitze fehlt. Der Sockel aus schwärzlichem Marmor zeigt noch die Standspuren hier aufgestellter Figuren. Das Denkmal ist griechisch beschriftet. Genannt wird ein C. Cassius Asklepiodotus, der im 2. oder 3. Jh. gelebt hat.
5 km südlich der Stadt wurde 1967 beim Straßenbau ein frühchristlicher Grabbau des 4. Jh. entdeckt. Er enthält eine unbeschädigte tonnengewölbte Grabkammer, deren Wände völlig bemalt sind. An den Seiten sind es Rhombenmotive, die mit Bildern brütender Vögel abwechseln. Ein perspektivisch gemalter Konsolenfries leitet zur Decke über, die Kassetten mit Blumenschmuck bringt. Die Stirnseite der Kammer zeigt 2 Pfauen, die aus einem Kantharos als Lebensbrunnen trinken, inmitten einer Ufervegetation. Die Segmente darüber enthalten Christusmonogramme. Die Malerei ist in vorzüglicher Technik ausgeführt. Die Farben sind leuchtend und frisch wie am ersten Tag.

129 Nikomedia/Izmit (Kocaeli) B 11

Der heutige türkische Kriegshafen Izmit liegt am Ende des astakischen Golfes (Izmit Körfezi). Die Stadt wurde von König Nikomedes I. von Bithynien (279–250 v. Chr.) als neue Hauptstadt durch einen Synoikismos unter Beteiligung des von Lysimachos zerstörten Astakos gegründet. Über das Aussehen der hellenistischen Königsstadt wissen wir nichts. Da bisher keine planmäßigen Grabungen stattgefunden haben, ist auch die Lage des Königspalastes unbekannt. Sicher besaß die Residenzstadt reich ausgestattete Tempel, für die u. a. um 240/230 der bithynische Bildhauer Doidalsas *Statuen des Zeus Stratios und der badenden Aphrodite (siehe auch Bursa) geschaffen hat. Von den mithradatischen Kriegen wurde Nikomedia schwer betroffen und geplündert. Der letzte bithynische König Nikomedes IV. Philopator vermachte sein Reich testamentarisch den Römern. Seit 74 v. Chr. war Nikomedia Hauptstadt und Metropolis der Provinz Bithynien, von Augustus durch die Stiftung eines Kaisertempels ausgezeichnet. In Nikomedia residierte unter Trajan der jüngere* Plinius *(62 – etwa 114 n. Chr.) als Statthalter. 258 wurde die Stadt von den Goten gebrandschatzt.*
Diokletian wurde am 17. 11. 284 in Nikomedia zum Kaiser ausgerufen, 286 erhob er dort seinen Freund Maximian zum Mitkaiser. Diokletian wählte Nikomedia zur Hauptstadt und ließ es aufs prächtigste ausbauen, so daß der aus dem reichen Antiochien stammende Rhetor Libanios *(or. 61,7) Nikomedia „die schönste Stadt der Erde“ nannte. Diokletian dankte hier am 1. 5. 305 ab und zog sich in seinen Palast nach Salona/Split zurück, wo er am 3. 12. 313 starb. Er erlebte noch das Ende seiner Reichsreform und den Aufstieg Konstantins I. zum Alleinherrscher. Der junge Konstantin hatte bis zur Abdankung Diokletians am Hofe zu Nikomedia gelebt, dann zog er zu seinem Vater Constantius nach Trier. Von 317 an residierte er meist in Sardica (Sofia). Nach seinem Sieg über Licinius Alleinherrscher geworden, erhob er Byzanz als „Neues Rom“ zur Reichshauptstadt und gab ihr seinen Namen „Konstantinupolis“. An Pfingsten 337 starb er in seinem Palast Ankyron (Hereke) bei Nikomedia, wo er noch auf dem Sterbebett die Taufe empfangen hatte.*

Im 4. und 5. Jh. wurde Nikomedia durch mehrere Erdbeben heimgesucht. Der Wiederaufbau erfolgte unter Kaiser Theodosios II. Die große Zeit der Stadt war jedoch vorüber. 1082 wurde sie von Seldschuken erobert und zusammen mit Nikäa/Iznik dem Sultanat des Süleyman Kutlumuş einverleibt, das der 1. Kreuzzug 1097 beseitigte. Bis 1326 gehörte die Stadt wieder zu Byzanz. Mit Sultan Orhan erschienen die Osmanen, die nach einer vorübergehenden Episode unter Marschall Boucicaut 1399 seinen Besitz behaupteten.

Bei Anlage einer Papierfabrik 1937 stieß man westlich der Stadt auf römische Bauten. Es wurden Fundamente von Säulenhallen an einem Platz, Thermen und Wohnbauten gefunden, die anscheinend einer von Diokletian errichteten Neustadt zugehörten. Gefunden wurde auch ein vorzüglicher
154 Marmorkopf Diokletians (Zuschreibung *K. F. Dörner*), der sich heute im Archäologischen Museum Istanbul befindet.

Aus byzantinischer Zeit stammen noch einige Mauern und Turmreste am Akropolishügel. Die Stadt war Bischofssitz, doch wurden bisher keine Spuren einer christlichen Kirche entdeckt. Reste einer Zisterne sollen sich im Viertel Zeytin Mahallesi finden.

Unter den türkischen Bauten ist die von Pertev Paşa, dem Großwesir Süleymans I., im 16. Jh. durch *Sinan* errichtete Pertev Paşa Camii zu nennen. Sultan Murat IV. ließ im folgenden Jahrhundert einen Palast errichten, der inzwischen zerstört wurde. Auf einen Großwesir aus der Köprülü-Familie gehen mit einem Seezeughaus und einer Schiffswerft die Anfänge des Kriegshafens Izmit zurück. Im 19. Jh. erbaute sich Sultan Abdülaziz hier einen Palast.

Westlich Izmit lag inmitten der alten Nekropole das Kloster Hagios Panteleimon am Ort, an dem der Heilige unter Kaiser Maximian den Märtyrertod erlitt. Von dem zuletzt 1858 restaurierten Bau sind nur noch Ruinen übrig.

Notion und **Nea Kolophon** siehe Kolophon

130 Nysa/Sultanhisar (Aydın) M 7

Die Trümmer der antiken Stadt liegen malerisch inmitten von Ölbaumhainen oberhalb von Sultanhisar auf Randhöhen des Mäander-/Menderes-Tals. Ihre Gründung geht wahrscheinlich auf den Seleukiden Antiochos I. Soter in der 1. Hälfte des 3. Jh. zurück. In römischer Zeit erhielt die Stadt 133 v. Chr. Münzrecht. Sie wurde mit zahlreichen öffentlichen Bauten geschmückt. Die Wallfahrten zu dem nahen Heiligtum des Pluto und der Proserpina in Acharaka trugen zum Wohlstand der Stadt bei.

In byzantinischer Zeit teilte sie das Schicksal von Tralles, gelangte im 12. Jh. an die Seldschuken, kehrte noch einmal unter byzantinische Hoheit zurück, bis es die in Aydın residierenden Emire von Menteşe besetzten. Die Eroberung der Stadt durch Timur Lenk 1402 führte zu ihrem Untergang.

Nysa war nach dem Bericht des hier aufgewachsenen *Strabo* (63 v. Chr. bis 23 n. Chr.) eine Doppelstadt, die durch eine Schlucht geteilt wurde (Geograph. XIV, 649ff.). Eine Brücke verband beide Teile. Sie war auf ein über einem Tunnel angelegtes, beiden Stadtteilen zugekehrtes Theater ausgerichtet. 155 Entsprechend ist das langgestreckte Amphitheater (44×192 m) auf beide Flußufer verteilt, so daß die Arena überflutet werden konnte. Auch die übrigen öffentlichen Gebäude lagen auf beiden Flußufern: im Osten das Rathaus und die Agora und dicht am Amphitheater Bäder, im Westen die Bibliothek, das 180 m lange Gymnasion mit Palästra. Südlich davon lag eine byzantinische Kirche, vielleicht an der Stelle eines Tempels. Reste der Stadtmauer sind vor allem im Ostteil an verschiedenen Stellen sichtbar. Die Nekropole befindet sich im Westen und enthält eine Reihe gewölbter Kammergräber.

131 Oinoanda (Antalya) Q 10

Für die Stadt Oinoanda im Norden von Lykien, nahe der Straße Korkuteli – Fethiye, gibt es nur spärliche geschichtliche Nachrichten. Im 2. Jh. v. Chr. bis zum Ende des mithradatischen Kriegs 82 v. Chr. gehörte sie zu einer Tetrapolis mit Kibyra an der Spitze.

Die überwachsenen Ruinen von Oinoanda liegen auf einem Hügel. Die zentrale Stadtanlage mit Agora und mehreren öffentlichen Gebäuden war durch eine Mauer geschützt. Außerhalb ist im Norden ein Theater von etwa 30 m Durchmesser zu erkennen. Von besonderem Interesse ist eine auf viele Blöcke verteilte Inschrift, die die Lehren des hier lebenden Epikuräers *Diogenes* behandelt. Die über das ganze Stadtgebiet verteilten Nekropolen enthalten Sarkophage und Felsengräber.

Olba siehe Diokäsareia

132 Olympos (Antalya) R 13

Die Stadt an der lykischen Ostküste trägt den Namen eines nahen Berges, wohl des 2600 m hohen Tahtali Dağ. Nach Cicero *„eine sehr alte Stadt", war sie, seit dem 2. Jh. v. Chr. Mitglied des lykischen Bundes, im 1. Jh. v. Chr. vorübergehend in den Händen der Seeräuber. Von hier aus soll,* Plutarch *zufolge, der aus Persien kommende Mithraskult Eingang ins Römische Reich gefunden haben. Sie besaß ein Heiligtum des Hephästos.*

Berühmt war das „ewige Feuer", die „Chimära", türkisch „Yanar", das nordwestlich von Olympos seit dem Altertum brennt. Es wird von Öl und Methangas genährt und flackert da und dort aus dem Boden. Personifiziert ist es das Ungeheuer Chimära mit dem Kopf und Körper eines Löwen, aus dessen Rücken eine Ziege wächst und das eine Schlange als Schwanz besitzt. Es haust in dem lykischen Berg Kragos. Gegen diese Chimära sendet König Jobates den Bellerophon aus Korinth, damit er von ihr getötet werde. Es gelingt aber Bellerophon, mit Hilfe von Athena, die ihm das Flügelpferd Pegasus übergibt, die Chimära zu besiegen. Dieser Kampf wird ein beliebtes Motiv der Vasenmalerei (siehe dazu auch unter Tlos und Trysa).

Die Ruinen von Olympos liegen an der Mündung eines kleinen Flusses und werden durch einen durchbohrten Felsen, Deliktaş, gekennzeichnet. Von einem Tempel steht noch ein stattliches Türgewände aus dem 2. Jh. n. Chr.

Öküzlü siehe Elaiusa-Sebaste

Pamukkale siehe Hierapolis

Panionion siehe Mykale

133 Patara (Antalya) R 9

Die Hafenstadt Patara, Stätte eines Apollonheiligtums, führt ihren sagenhaften Ursprung auf den Apollonsohn Pataros und die Xanthostochter Lykia zurück.
Die Stadt tritt erst in hellenistischer Zeit ins Licht der Geschichte. 333 ergab sie sich Alexander d. Gr. 315 wird sie ptolemäisch und in Arsinoe umbenannt, 197 seleukidisch und 196/188 römisch. König Mithradates hat Patara erfolglos belagert. 42 ergab sie sich dem Cäsarmörder Brutus, um nicht die Katastrophe von Xanthos erleiden zu müssen. Unter Augustus wurde sie Sitz eines Legaten, in der Kaiserzeit gehörte sie zu den bedeutendsten lykischen Städten. Die Apostelgeschichte erwähnt sie, weil Paulus *dort auf der Heimfahrt von der 3. Missionsreise das Schiff wechselte (Apg. 21, 1.2). In der christlichen Hagiographie ist Patara der Geburtsort des Bischofs* Nikolaos *von Myra.*
Das Stadtgebiet ist heute nach dem offenen Meer hin von mächtigen Sanddünen überlagert. Der antike Hafen, der die halbinselförmig sich erstreckende Stadt umgab, ist völlig verlandet.
156 Den Zugang von Nordosten her gewährt ein dreibogiges Stadt- und Triumphtor, das von Mettius Modestus, dem römischen Statthalter von Lykien, um 100 errichtet wurde. Auf den beschrifteten Konsolen zwischen den Durchfahrten standen die Büsten des Stifters und seiner Familie. Stadteinwärts werden weitere Ruinen sichtbar: die einer Thermenanlage, eines korinthischen Tempels und einer christlichen Basilika. Weiter südlich liegen nochmals Thermen, die laut Inschrift von Kaiser Vespasian (69–79) erbaut wurden.
Der stattlichste Bau ist das Theater mit 34 Sitzreihen und einer Orchestrabreite von 30 m. Der Bau ist in seiner Kernsubstanz noch hellenistisch. Er wurde nach Erdbebenzerstörungen unter Kaiser Tiberius und zuletzt 147 durch Quintus Velius Titianus und seiner Tochter Velia Procla (Inschrift am Bühnengebäude) wiederhergestellt. Jetzt ist das Theater zum größten Teil verschüttet.
Auf dem Akropolis-Hügel hinter dem Theater findet sich der Rest eines Rundbaus mit einem mittleren Pfeiler. Er wird als „Leuchtturm" oder – wohl richtig – als „Zisterne" angesprochen. – Ob sich hier oben auch der bislang vergeblich gesuchte Apollontempel befand, ist zweifelhaft. *Bean* schlägt den Hügel beim Stadttor vor. – Am früheren Hafen stehen noch die Ruinen eines Kornspeichers – vergleichbar mit Andriake, siehe dort –, der unter Trajan erbaut worden ist. Drei Kirchen, von denen nicht viel erhalten ist, bezeugen die Bedeutung der Stadt im christlichen Lykien.
Zahlreiche Steinsarkophage und mehrere Grabbauten finden sich im Gelände nördlich und westlich der Stadt.

134 Peçin Kale (Muğla) O 6

Der 200 m hoch aufragende, am Gipfel abgeflachte Felsen, der die Ebene beherrscht, trug wohl die älteste Hauptstadt Kariens, in der auch der Zeus Karios verehrt wurde. Hekatomnos hat dann die Hauptstadt nach Mylasa, sein Sohn Maussolos nach Halikarnassos verlegt.

Auf dem Plateau des Peçin Kale ist noch antikes Bossenmauerwerk vorhanden; am Burgeingang werden 6 Marmorstufen sichtbar, die wohl zum Unterbau eines Tempels gehört haben.

Die byzantinische Festung wurde um 1300 von ihren seldschukischen Eroberern, den Emiren von Menteşe, umgebaut und diente als Sitz ihres Statthalters. 1375 errichtete hier Ahmet Gazi eine Medrese, deren Ruinen noch zu sehen sind. Auf der anderen Seite liegt eine kleine, 1332 von Orhan Bey gestiftete Moschee.

In die Felswand gegenüber Peçin Kalesi ist ein 2 Kammern tiefes Grab, „Berber Ini“, als dorischer Antentempel in die Felsen eingehauen. Es könnte für Hekatomnos bestimmt gewesen sein.

135 Pendik/Panteichion (Kocaeli) B 10

Unter verschiedenen byzantinischen Ruinen, die nicht immer in ihrer einstigen Funktion zu bestimmen sind, befinden sich auch die einer Kirche Johannes des Täufers. Unter Kaiser Valens (364–378) wurde hier dessen Haupt aufbewahrt.

Am Kap Pavlo Burnu soll eine Peter-und-Paul-Kirche gestanden haben (siehe auch Gebze).

136 Pergamon/Bergama (Izmir) H 4

25 km von der ägäischen Küste entfernt ragt über dem Tal des Kaikos (Şekir Cayi) der Burgberg von Pergamon wie eine natürliche Festung auf. Zu seinen Füßen breitet sich in der Ebene zwischen den Flüssen Selinos und Ketios die Stadt, das heutige Bergama, aus. Der Name „Pergamon“ ist vorgriechisch und bedeutet soviel wie „Burg“.

Zeit und Dauer der ersten Besiedlung sind ebenso ungewiß wie die Herkunft der ersten Bewohner. Die Göttersage nennt Zeus und Apollon als Gottheiten, die zu Pergamon verehrt wurden. Der herakleische Telephos als Herrscher Mysiens genoß besonderes Ansehen. Philetäros und die Attaliden erhoben Athena zur Stadtgöttin. Unter ihrer Schirmherrschaft wurden die großen künstlerischen Leistungen von Pergamon vollbracht.

Die älteste geschichtliche Erwähnung findet sich bei Xenophon (An. 7, 8.8; Hell. 3, 1.6), der in der unter persischer Oberhoheit stehenden Stadt als Gast
der Frau des Gongylos aus Eretria weilt. Durch den Alexanderzug 334 make- 160
donisch geworden, fällt sie in der Reichsteilung nach dem Tode des Antiochos Monophtalmos schließlich Lysimachos, dem Herrscher über Thrakien, Mysien, Bithynien und Lydien, zu. Seinen Staatsschatz bringt Lysimachos auf der sicheren Burg von Pergamon unter und vertraut ihn seinem Freund Philetäros an. Doch der „liebe Gefährte“ veruntreut das Geld und verwendet es zum Aufbau einer eigenen Herrschaft. Er stellt ein Heer auf, läßt Pergamon neu

befestigen und baut Tempel für Athena und Demeter, mit denen er in gutem Einvernehmen bleiben wollte. Das begann noch vor dem Tode des Lysimachos (281). Nachfolger des Philetäros wurde sein adoptierter Neffe Eumenes I. (263–241 v. Chr.) Er besiegte den Seleukiden Antiochos I., eroberte weite Gebiete Kleinasiens und begründete das Pergamenische Reich. Sein Neffe Attalos I. Soter (241–197) nahm nach dem Sieg über die Galater den Königstitel an. Der Sohn und Nachfolger Eumenes II. (197–159) führte die Blütezeit des Reiches herbei. Der Friede von Apamea 188 und die Freundschaft mit den Römern sicherten ihm den Besitz Kleinasiens vom Hellespont bis zur Südküste. Er wurde zum Schöpfer der hellenistischen Königsstadt mit ihren Palästen und Tempeln, mit Theatern, Bädern, Schulen und Bibliotheken, die Pergamon berühmt machten. Attalos II. Philadelphos (159–138), der Bruder Eumenes' II., konnte mit Hilfe der Römer eine Bedrohung seines Reiches durch König Prusias II. von Bithynien abwehren und ihn zur Wiedergutmachung der in Pergamon angerichteten Schäden veranlassen. Er gründete die Stadt Attaleia in Pamphylien. Nach dem Tode Attalos' II. wurde sein Stiefbruder (oder Sohn? oder Neffe?) Attalos III. Philometor Euergetes König. Er blieb kinderlos und war trotz seiner klingenden Beinamen ein menschenscheuer Sonderling, der botanische Studien trieb. Er vermachte testamentarisch sein „Königsland", mit Ausnahme der Freien Griechenstädte, den Römern. Der Senat nahm zögernd das Erbe an, mußte aber den Aufstandsversuch des Aristonikos niederwerfen. Pergamon blieb zunächst „Freie Stadt", war 80 zeitweise Hauptquartier des Königs Mithradates, wurde dann aber bei der Neuordnung der Reichsverwaltung eine der Hauptstädte der Provinz Asia.

Unter römischer Herrschaft mehrten sich Ansehen und Wohlstand von Pergamon zusehends. Plinius *erwähnt einen Ausspruch* Catos*: „Als die Römer Pergamon sahen, begannen sie an fremdländischer Pracht Gefallen zu finden." Die Stadt am Fuße des Burgbergs wurde erweitert und verschönert, neue Tempel und Theater entstanden. Die Kaiser Trajan, Hadrian, Antoninus Pius und Caracalla werden als Stifter genannt. Das Asklepieion vor der Stadt, der Trajanstempel auf der Burg, der Dionysostempel und das Serapion bezeugen ihre Bautätigkeit.*

Pergamon besaß schon in frühchristlicher Zeit eine Gemeinde. Sie wird in einem Sendschreiben der Offenbarung Johannis (Offb. Joh. 2, 12–17) ermahnt. Später wurde sie Bischofssitz. Während der Christenverfolgung des Kaisers Decius 250/251 erlitten hier Karpos, Papylos, Agathodoros und Agathonike den Märtyrertod.

Der Arabereinfall des Maslama 716/717 führte zur Eroberung und Plünderung der Stadt. Die Kaiser Leo III. (717–740) und Konstantin V. (740–775) ließen die Mauer wieder instand setzen. Sie verwendeten dazu Steinmaterial aus den antiken Tempeln – aus diesen Mauern hat Carl Humann *1864 die ersten Reliefs des Pergamonaltars geborgen. Im 11. Jh. fiel Pergamon in die Hände der Rum-Seldschuken, kehrte aber im 12. Jh. wieder an Byzanz zurück. Kaiser Manuel I. ließ es als Hauptort des Themas Neokastra neu befestigen. 1212 wurde es durch den lateinischen Kaiser von Konstantinopel, Heinrich von Flandern, erobert, dann aber vertraglich dem Kaiser von Nikäa überlassen.*

Pergamon/Bergama, Lageplan, nach Koenigs

Nach 1302 bemächtigten sich wieder die Seldschuken der Stadt, 1306 war sie in den Händen von Kasari Bey. Dessen Sohn trat sie 1336 an den Sultan Orhan ab. Die von nun an währende osmanische Herrschaft wurde nur durch den Mongolenzug des Timur Lenk 1402 unterbrochen.
Im letzten Viertel des 19. Jh. wurde Pergamon durch die Ausgrabungen berühmt, die bedeutende hellenistische und römische Denkmäler freilegten und Stadt und Burg als eine der großen antiken Kunststätten ins Bewußtsein rückten. Seit den ersten deutschen Ausgrabungen durch A. Conze *und* C. Humann *1878/1886 waren hier deutsche Archäologen tätig: 1900/1913* W. Dörpfeld, *1927/1938* Th. Wiegand, *1957 ff.* E. Boehringer. Das Deutsche Archäologische Institut Istanbul ist bis zur Gegenwart mit Grabungen und Restaurierungen befaßt. *Der großartigste Fund, der Relieffries des Zeusaltars, wurde auf Grund vertraglicher Vereinbarungen mit der türkischen Regierung nach Berlin übertragen und dort in einem eigens errichteten „Pergamon-Museum" an einem maßstab- und materialgetreuen Architekturmodell des Altars eingebaut.*
Der aus dem Vulkangestein Andesit bestehende **Burgberg** ist nur auf der Südseite in 3 Absätzen abgeflacht. Sein Gipfel trug schon Befestigungen vorhellenistischer Zeit. Sie wurden durch Philetäros erweitert und verstärkt.

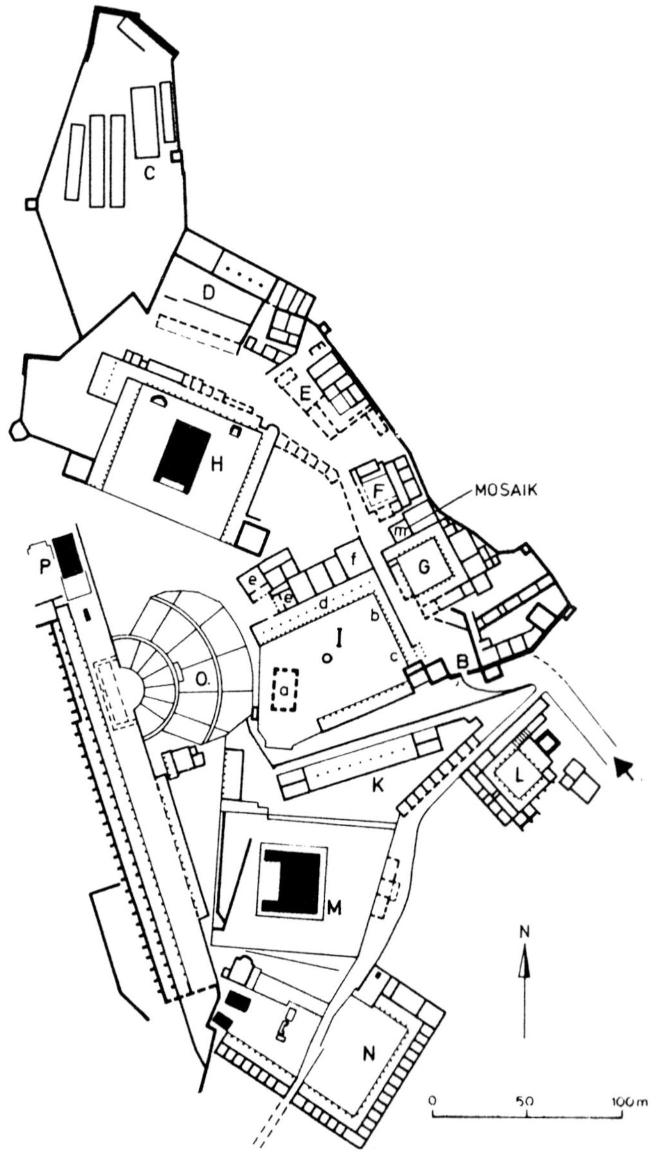

Pergamon/Bergama, obere Burg, Lageplan, nach Koenigs
B Burgtor, C Magazinbauten, D-G Paläste, H Trajaneum, I Athenaheiligtum, K Handelsbauten, L Heroon, M Zeusaltar, N Obere Agora, O Theater, P Dionysostempel

Dort errichtete er auf der Ostflanke seinen Palast und wohl auch einen Athenatempel. Der stand auf einem großen freien Platz. In bescheidenen Maßen (6 : 10 Säulen, 12,72 × 21,77 m Stylobat) folgte er als einer der wenigen Tempel Kleinasiens der dorischen Ordnung. Der Platz war von Säulenhallen umgeben und durch ein Propylon (in Berlin wiederaufgebaut) zugänglich. Attalos I. hatte in der Mitte des Platzes das große Siegesdenkmal über die Gallier aufstellen lassen, dessen einzelne Gruppen durch römische Kopien bekannt sind (Florenz, Rom). Als Bildhauer an diesem Werk wird ein *Antigonos* genannt (*Plinius*, nat. 34, 84).

Hinter der nördlichen Halle lag die Bibliothek, in der etwa 200000 Bände und Schriftrollen untergebracht waren. Die meisten Bücher wurden in Pergamon selbst geschrieben. Es bestanden eigene Werkstätten, die Tierhäute dafür präparierten. Ihre Bezeichnung „Pergament" trägt bis heute den Namen ihrer Ursprungsstätte. Die Bibliothek wurde schon während des römischen Bürgerkriegs stark gemindert, indem Antonius sie Kleopatra schenkte, die sie zum großen Teil ihrer (noch berühmteren) Bibliothek zu Alexandria einverleibte.

Die **oberste Terrasse** ließen die Kaiser Trajan (93–117) und Hadrian (117–138)
mit einem weiteren Tempel, dem Trajaneum, krönen. Es war ein korin- 12
thischer Hexastylos mit 6 : 8 Säulen auf einem Stylobat von 58 × 68 m. Er war der Haupttempel des römischen Kaiserkults in Asia. Sicher trug er auch schon in hellenistischer oder auch vorhellenistischer Zeit ein Heiligtum, über das aber nichts Näheres bekannt ist. (Die teilweise Wiederherstellung des Platzes durch das Deutsche Archäologische Institut Istanbul durch *K. Nohlen* macht seine beherrschende Lage bewußt.) *Stierlin* schlägt als Baumeister Kaiser Hadrian selbst vor.

Unterhalb des Trajaneums liegt, an den Steilhang des Burgberges geschmiegt 162
und aus seinen Felsen gebrochen, das Theater. Es ist hellenistischen Ursprungs, jedoch in römischer Zeit verändert. Die 80 Sitzreihen der Cavea werden durch 2 Umgänge in 3 Ränge unterteilt. In der Mitte befand sich die Königsloge. Das (hölzerne) Bühnengebäude stand auf der langgestreckten, von Säulenhallen gesäumten Terrasse, die zum Dionysostempel führte. Dieses imposante Theater bezeichnet die gestalterische Mitte der Oberburg. Der es erbaute, hat auch den Gesamtplan dieser einzigartigen Königsresidenz erdacht. Bauherr war Eumenes II. (197–159 v. Chr.). Den Namen des maßgebenden Architekten kennen wir nicht. Das Theater war der Landschaft zugekehrt, es wollte als Kultstätte die Weltschau der Tragödien und deren dramatische Erkenntnisse aus herrscherlicher Weitsicht vermitteln.

Der Erde und dem fernen Meer kehrte sich auch ein weiteres Bauwerk zu, der 157–159
Große Opferaltar. Seine Stufen führen hinauf, der Raum über dem 161
Brandopfer ist himmelwärts geöffnet und die überlebensgroßen Marmorbilder seines Frieses stellen den Kampf zwischen Göttern und Giganten, den Herrschern des Himmels und den Dämonen der Tiefe dar. Das Propylon, das den Zugang zum Großen Zeusaltar öffnete, stand im Osten. Der Blick des Eintretenden fiel auf die lange „Hauptseite" des Baus, auf den „eurhythmischen" Säulenkranz. Die Reliefbilder zeigten Zeus und die siegbringende

Athena – das Beiwort „Nikephora“ trägt sie allenthalben in Pergamon – im Kampf mit den Giganten. Auch die anderen olympischen Götter und Göttinnen nehmen am Kampfe teil: nach rechts hin sind es Nike und Ares, nach links Herakles und Hera, Apollon und Artemis. Auf der Nordseite kämpfen Aphrodite und Eros, die Moiren und Demeter (die man auch als Nyx = Nacht deutet). Die Südseite zeigt dann die Lichtgottheiten: Helios und Selene mit Rhea. Die Stirnseite und die Wangen beiderseits der Treppe tragen im Norden Meergottheiten, im Süden Dionysos und die Nymphen. Die 20 m breite Westtreppe führt zum eigentlichen Brandopferaltar, der inmitten einer jonischen Säulenhalle steht. Die inneren Wände dieser Halle tragen den sog. Telephosfries, der den mythologischen Ursprung der Attaliden behandelt. Der große Außenfries, das Hauptwerk der hellenistischen Plastik, ist um 180/160 als Schöpfung eines genialen Meisters entstanden. Sein Name bleibt uns verborgen. Er hat mit anderen Bildhauern in einer Werkstatt zusammengearbeitet. Deren Namen finden sich zu einem großen Teil am Sockel des Altars eingemeißelt. Einer von ihnen war der Meister des stilistisch jüngeren
164 Telephosfrieses. Auch ein Kopf von der Heiligen Straße zum Asklepieion (Museum) wurde von dieser Werkstatt geschaffen.

Der Altar wurde schon in der Antike als Wahrzeichen von Pergamon empfunden, wie aus seiner Erwähnung im Sendschreiben an die christliche Gemeinde in der Offenbarung des Johannes hervorgeht. Dort wird er als „des Satans Thron“ (ὅπου ὁ Σατανᾶς κατοικεῖ) bezeichnet (2, 13). Er ist sicher zerstört worden, als im 4. Jh. Pergamon christlich wurde. Seine Ruinen wurden in die byzantinischen Festungsmauern des 8. Jh. verbaut. Die Stelle des Zeusaltars ist heute durch 2 Pinien gekennzeichnet. Die untersten Stufen sind noch vorhanden.

Auf gleicher Höhe mit dem Zeusaltar lag im Nordosten das Heroon mit einem quadratischen Säulenhof.

Wieder eine Geländestufe – 20 m – tiefer war die Obere Agora angelegt. Sie wurde auf 3 Seiten von Säulenhallen eingefaßt. Dem Hang und der hier unterhalb beginnenden langen Theaterterrasse zu stand ein kleiner Tempel in dorisch-jonischer Ordnung (Zierglieder im Museum) aus der 2. Hälfte des 2. Jh., der vielleicht dem Hermes oder – vergleichbar dem Niketempel auf der Akropolis von Athen – der Nike geweiht war. Die Agora wird von einer abwärts führenden, gepflasterten Straße durchquert. Östlich davon befindet sich jetzt (nach Auflassung des Friedhofs in Smyrna) das Grab von *Carl Humann* (1839–1896), dem Entdecker und ersten Ausgräber von Pergamon.

Die fast 250 m lange Theaterterrasse wird hangwärts durch Stützmauern mit Strebepfeilern gehalten. Sie trug eine Säulenhalle und eine Laufbahn für kultische Spiele. Ihren nördlichen Endpunkt bildete über einer Freitreppe ein Dionysostempel, der in letzter Gestalt durch Kaiser Caracalla (211–217) errichtet wurde. Sein Vorgänger war ein jonischer Prostylos aus dem 2. vorchristlichen Jahrhundert.

Die **Mittelstadt** auf der südlichen Abflachung des Burgbergs ist noch weitgehend unerforscht. Sie war eine Wohnsiedlung in enger Bebauung.

Abermals eine Geländestufe tiefer befand sich das Demeterheiligtum, das Heraheiligtum und die große Gebäudegruppe der Gymnasien. Das Demeterheiligtum ist ein eigener, von Hallen umgebener, langgestreckter Bezirk von 100 × 45 m. Seine Anfänge gehen schon auf Philetäros zurück. Die Attaliden und ihre Familien haben ihn weiter ausgestattet. Der 2säulige Antentempel war klein. Auf dem Platz davor standen mehrere Altäre. Er diente auch für Mysterienspiele, wie sie für den Demeterkult eigentümlich waren (vgl. Eleusis). – Oberhalb des Demetertempels ließ Attalos II. laut Weihinschrift einen kleinen Tempel der Hera in 4säuliger dorischer Ordnung errichten.

Vom Heraheiligtum aus überblickt man das weitläufige Gelände der Gymnasien. Hier wurde in 3 Altersstufen die männliche Jugend von Pergamon erzogen und unterrichtet. Die untere Stufe umfaßte die Knaben (παίδες) bis zu 15 Jahren. Die mittlere die Jünglinge (ἔφηβοι), die obere die Jungmänner (νέοι). Die Gymnasien sind um einen großen mittleren Hof angelegt, der mit Säulenhallen umgeben war. Auf der Westseite lag in Nachbarschaft eines Bades ein kleiner Tempel, ein Prostylos des 2. Jh. v. Chr. Er war vielleicht dem Asklepios geweiht. Auf der Nordseite des Oberen Gymnasiums befanden sich der Hörsaal mit halbkreisförmigen Sitzbänken, der Hauptraum Ephebion und eine Art Festraum mit 2 Apsiden, in denen Kaiserstatuen standen. Die Ostseite des Hofes wurde durch eine Thermenanlage begrenzt. Die heute aufgebrochene Südseite enthielt das 7 m breite und 212 m lange „Kellerstadion". Seine Südmauer trennt es vom Mittleren Gymnasium auf der folgenden Terrasse, das wieder einen kleinen Prostylostempel zwischen 2 parallelen Gebäudetrakten birgt. Der Altar war Hermes und Herakles geweiht. Durch ein Treppenhaus gelangt man hinunter zur antiken Straße. Hier schloß sich das Untere Gymnasium an. Seine Bauten wurden bei der byzantinischen Neubefestigung des Burgberges abgerissen und ihre Ruinen in Türme verbaut. Dort treten noch mehrfach antike Spolien zutage.

An der alten Straße lag auch ein vielräumiges Haus hellenistischer Zeit. Von seiner Ausstattung sind Reste der Wandmalerei und der Mosaiken erhalten. Die Pflasterstraße macht hier eine spitzwinklige Kehre und führt an der Unteren Agora entlang. Sie hatte die Ausmaße 34 × 64 m. Vier Hallen umgaben sie.

Die Untere Agora liegt schon dicht an der Nordostgrenze der Römerstadt Pergamon, deren Platz auch das türkische Bergama einnimmt. Von der alten Stadtmauer, die um den Burgberg zog, sind dort noch Überreste der mächtigen Eumenes-Torburg zu erkennen.

Das bedeutendste Bauwerk des römischen Pergamon war eine Tempelanlage, die man ihrer ägyptisierenden Formen wegen als „Serapion" bezeichnet. Sie wurde wohl unter Kaiser Hadrian im 2. Jh. geschaffen. Die große Tempelterrasse mißt 260 × 110 m und überbrückt mittels eines Doppeltunnels den Fluß Selinus. An den rechteckigen Hof von 200 × 100 m schließt sich im Osten eine dreigliedrige Baugruppe an: eine mittlere rechteckige Halle wird
von 2 Rundbauten flankiert. Diese „Rote Halle" (Kızıl Avlı) von 58 × 165
26 m besitzt Backsteinmauern, die ehedem mit Marmor verkleidet waren. In diesen riesigen Tempel wurde, vermutlich im 4. Jh., eine 3schiffige Säulen-

basilika mit halbrunder Apsis über einer Krypta eingebaut, die dem Hagios Johannes Theologos oder dem Apostel Paulus geweiht war. Sie wurde durch den Arabereinfall 716/717 zerstört. An ihrer Stelle errichtete man über dem eingeebneten Schutt eine kleinere Kirche, deren Schicksale unbekannt sind. Die beiden Rundbauten dienten vielleicht als Thermen oder sie stellten selbständige Heiligtümer oder Grabbauten dar. Der nördliche wurde von den Türken in eine Moschee umgewandelt. – Römisch im Altstadtgebiet von Bergama sind noch die 3 Bogen der Üçkemer-Köprüsü und die Tabak-Köprüsü oberhalb und unterhalb des Doppeltunnels. – Am Westrand von Bergama lagen das Stadion, das Amphitheater und das Theater der Römerstadt. Nur die Ruinen des Amphitheaters, das 136 × 128 m maß, sind noch über der Erde sichtbar. Vom römischen Theater ist die Cavea im Gelände zu erkennen. Der Bogen daneben (Viran Kapı) bezeichnet den Zugang zur Heiligen Straße von der Stadt zum Asklepieion.
Aus dem Boden von Pergamon wurden zahlreiche hellenistische und römische Funde geborgen. Sie befinden sich heute meist im Museum.
Von der wohl ersten Moschee aus dem 14. Jh., die in Bergama erbaut wurde, ist nur das Seldschukische Minarett aus glasierten Ziegeln erhalten. – Die Ulu Camii ist 801 H (1398/99) bezeichnet. Im Mauerwerk dieses von 3 Kuppeln überdachten Saals mit 2 Seitenschiffen sind zahlreiche antike Spolien zu finden. – Der unter Sultan Beyazit Yıldırım errichtete Bau war die Hauptmoschee der Stadt. – In der Nähe liegt das verfallene seldschukische Bad (Debbağlar Hamamı), das sich aus mehreren überkuppelten Räumen zusammensetzt. Der überdachte Markt (Bedesten) stammt aus dem 15. Jh. – Die kleine Parmaklı Camii und die Cadirvanlı Camii stammen aus dem 16. Jh.
Die Anlage des **heiligen Bezirks des Asklepios** westlich der Stadt geht auf die hellenistische Zeit zurück, gewann aber erst unter den römischen Kaisern, besonders unter Hadrian und Antoninus Pius, monumentale Form. Hier und in Rom wirkte der Arzt *Galenus* (129–199 n. Chr.). Er hat der Medizin seiner Zeit durch seine literarische Tätigkeit eine verläßliche wissenschaftliche Grundlage gegeben. Seine Erkenntnisse wirken bis zur Gegenwart fort.
Bei einer leicht radioaktiven Quelle, die aus einem Felsspalt entspringt, wurden unter den pergamenischen Königen mehrere kleine Tempel errichtet. Sie waren den Apollon Kalliteknos, dem Asklepios Soter und der Hygieia gewidmet. Diese ersten Kultbauten wurden im 2. Jh. n. Chr. durch ein planvoll aufgebautes Heiligtum ersetzt und mit der Stadt Pergamon durch eine 1 km lange „Heilige Straße" verbunden. Die Anlage war in ihrer Systematik das Werk eines genialen Baumeisters. Man könnte versucht sein, den *Vater des Arztes Galenos*, der Architekt und Mathematiker war, hier am Werke zu sehen.
Der von Säulenhallen auf 3 Seiten umbaute Platz (110 × 130 m) war diagonal von Südwesten über die Heilige Straße zugänglich. Sie erreichte den Bezirk in einem Propylon, gestiftet von dem Konsul Claudius Charax, das auf der Stadtseite noch einen Vorhof besaß. Nördlich daneben lag hinter einem Prostylon ein überkuppelter Rundbau, der Tempel des Asklepios, gestiftet

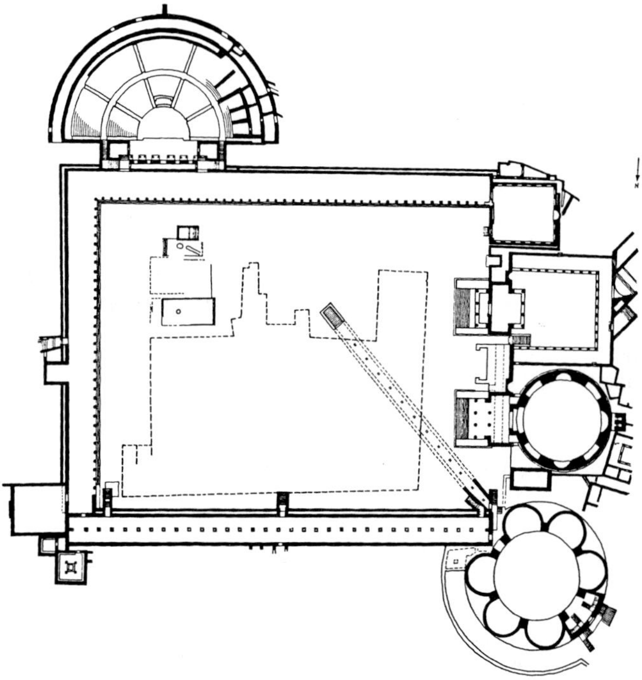

Pergamon/Bergama, Asklepieion, Grundriß, nach Stierlin

vom Konsul Lucius Rufinus etwa 140 n. Chr. Seine Wände waren mit rechtekkigen und halbrunden Nischen versehen. Das Licht hatte Zutritt wohl nur durch ein großes offenes Rund im Scheitel der Wölbung. Die architektonische Konzeption entsprach dem Pantheon in Rom, das in verkleinertem Maßstab hier wiederholt wurde (Durchmesser in Pergamon 24 m, in Rom 44 m).
Am Nordende dieser Gebäudefront im Westen des Platzes stand ein eigenartiger 2geschossiger Rundbau, das Telesphorion, das eigentliche „Kurhaus", wo der Gott Telesphoros, der „zum guten Ende Führende", seinen Altar besaß. Dieser stand in einer trapezförmigen Nische dem Eingang gegenüber – und den konnte man nur durch den (noch vorhandenen) unterirdischen Gang betreten. 6 große Exedren sind um die runde Mitte angeordnet, die von einem oben offenen Dach bedeckt wurde. Im Grundriß gibt sich der kräftig nach Norden ausladende Bau als wesentlicher Bestandteil der Anlage zu erkennen. Stilistisch ist er mit den Palastbauten der Kaiser, insbesondere der Villa Hadriana bei Tivoli verwandt.
Die Diagonale als Planprinzip, im unterirdischen Gang architektonisch verwirklicht, führt im Asklepieion zu dem anderen Baukörper, der über das Geviert hinausgreift, zum Theater. Seine Cavea steigt in 2 Rängen zu je 5 163
Sektoren auf. Man findet auch psychosomatische Zusammenhänge: vom

Telesphorion, wo die Wasserkuren angewendet wurden, zum Theater, das der seelischen Erholung diente. Der Erneuerung des Geistes gewidmet war auch der Bau in der Südwestecke, in dem die Bibliothek untergebracht war. – Folgerichtig hat die andere, quer über den Platz zeigende Diagonale die Einrichtungen zum Ziel, die der für die Gesundheit so wichtigen Entschlackung des Körpers dienten.

Von der Ausstattung des Asklepieions wurden bei Grabungen mehrere Statuen gefunden: eine nackte Hadrianstatue und mehrere Bronzefiguren (Museum). – Ob der hellenistische Maler *Sosos* von Pergamon, dessen Mosaik trinkender Tauben ebenso wie sein Bild des unaufgeräumten Speisesaalbodens von *Plinius* (nat. 36, 184) rühmend beschrieben wird, auch für das Asklepieion tätig war, läßt sich nicht mehr sagen.

164 An der Heiligen Straße wurde ein bärtiger Kopf gefunden, der – wie erwähnt – in der Bildhauerwerkstatt des Zeusaltars gearbeitet wurde (Museum).

Zur Nekropole von Pergamon gehören eine Anzahl teils in die Felsen gehauener, teils gebauter Kammergräber am Burgberg und am Asklepieion. In der Kaikosebene liegen mehrere große Tumulusgräber.

137 Perge (Antalya) P 14

Die Stadt liegt nahe der pamphylischen Küste ostwärts von Attaleia/Antalya am Kestros/Aksu Cayi, der in der Antike bis Perge schiffbar war. Die Anfänge der Siedlung reichen bis zur sog. „mykenischen Kolonisation“ nach dem Trojanischen Krieg, die der Sage nach unter Anführung der Seher und Priesterkönige Kalchas und Mopsos erfolgte, zurück. Im 7. Jh. v. Chr. kam Perge unter lydische und danach unter persische Herrschaft. 333 ergab es sich Alexander d. Gr. Als Stadt des Seleukidenreiches gewann sie sehr an Ansehen, was durch Mauerbau und die Errichtung eines Artemistempels sinnfälligen Ausdruck fand. 188 trat sie Antiochos III. im Vertrag von Apamea an Eumenes II. von Pergamon ab. 133 kam sie durch das Testament Attalos' III. an Rom. Bevor aber die römische Herrschaft sich auswirken konnte, nisteten sich dort, sicher nicht ohne Zutun der Einwohner, die Seeräuber ein; ebenso ergriff König Mithradates von Pontus Besitz von der Stadt. Danach wurde sie in die Wirren der römischen Bürgerkriege verstrickt. Erst in der römischen Kaiserzeit brachte es die Stadt wieder zu Wohlstand, der ihr neue öffentliche Bauten, die Anlage einer Agora und einer Prachtstraße gestattete.

Gegen 48 (?) besuchte der Apostel Paulus *mit seinem Begleiter Barnabas auf der 1. Missionsreise Perge und hielt sich dort auch bei seiner Rückkehr aus dem pisidischen Antiochien auf (Apg. 13, 13.14; 14, 25). Aus Perge stammte der Mathematiker* Apollonios *(3. Jh. v. Chr.). In byzantinischer Zeit war die Stadt Bischofssitz und besaß mehrere Kirchen. – Über die Geschichte der nachbyzantinischen Stadt ist wenig bekannt. Seit dem 15. Jh. gehörte sie wie das übrige Pamphylien zum Osmanischen Reich. Die archäologische Erforschung von Perge ließ sich besonders* Arif Müfit Mansel *angelegen sein.*

Das ummauerte Gebiet von Perge gliedert sich in 2 Teile: die Akropolis und die Unterstadt. Ihr Aufbau, der vor allem in der Kaiserzeit erfolgte, ist eine hervorragende städtebauliche Leistung. Die Süd-Nord-Achse, der große

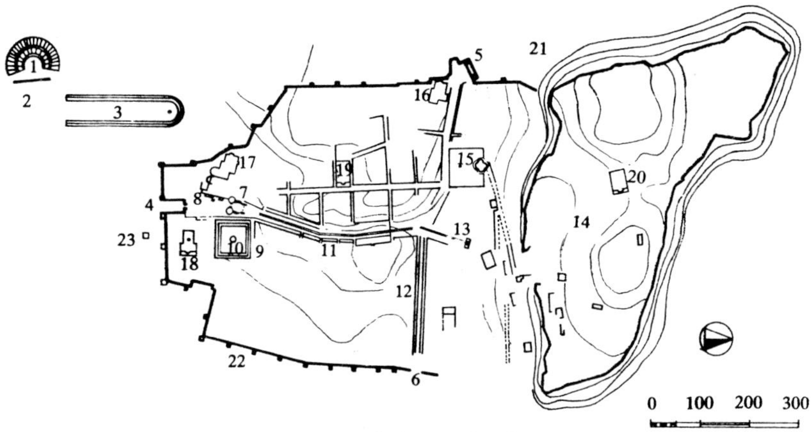

Perge, Stadtplan, nach Şakar
1 Theater, 2 Nymphäon, 3 Stadion, 4 Römisches Tor, 5 Westtor, 6 Osttor, 7 Hellenistisches Tor, 8 Nymphäon, 9 Römische Agora, 10 Rundtempel, 11 Säulenstraße, 12 Säulenstraße, 13 Nymphäon, 14 Akropolis, 15 Palästra des Gaius Julius Cornutus, 16 u. 17 Thermen, 18–20 Basiliken, 21 Westnekropole, 22 Ostnekropole, 23 Grab der Plancia Magna

Embolos, nahm beim hellenistischen Tor seinen Anfang. Dieses war von 2 Rundtürmen flankiert, an die sich ein ovaler Hof anschloß. In 3 Bogen öffnete er sich zu der hier beginnenden Säulenstraße. Vor dieses „Prunktor" wurde dann in spätrömischer Zeit ein Bezirk rechteckig vorgesetzt und ummauert. Er war durch ein einfaches Tor in der Tiefe eines Hofes zugänglich und schloß beiderseits der auf das hellenistische Tor platzartig zuführenden Straße mehrere öffentliche Gebäude ein.

Ostwärts vom Prunktor lag hinter einem Säulenschleier die Agora, das Zentrum der Stadt, ein fast quadratischer, 75 × 67 m messender Platz, mit Ladengeschäften, inneren Säulenumgängen und einem Rundbau inmitten, in dem man den Tempel der städtischen Tyche vermuten darf. Prunktor und Agora stehen in enger Beziehung zueinander. Die Ausgestaltung des Torhofovals ließen sich die Römer angelegen sein, die ihn mit Marmor verkleideten und dort in Nischen die Standbilder ihrer „Gründer", ihrer Götter, Herrscher und Mäzene aufstellten. Unter ihnen waren auch die Statuen des Konsuls und Prokonsuls der Provinz Asia, die sämtlich auf den Basen bezeichnet sind: des Marcus Plancius Varus, seines Sohnes Gaius Plancius Varus und dessen Schwester Plancia Magna. Sie war es, die um 120 n. Chr. diese Bilder aufstellen ließ, in ihrer Eigenschaft als Artemispriesterin, die das höchste Amt in der Stadt, das des Demiourgos, innehatte. Sie war eine große Stifterin, die Urheberin der Neugestaltung von Perge. Ihr Standbild ist erhalten und befindet sich im Museum Antalya. Sie ist dort im Priestergewand dargestellt mit einer Krone auf dem Haupt.

Der in flachen Winkeln geführte Embolos vom Südtor bis zum Nymphäon vor der Akropolis ist 1 km lang und 20 m breit. Seine Mitte bildet eine Folge von Wasserbecken. Die großenteils erhaltenen und wiederaufgerichteten Säulen mit jonischen Kapitellen, die den Straßenverlauf säumen, waren durch einen Architrav miteinander verbunden. Sie bildeten die Schauseite einer Arkadenwand. Dahinter führte ein gepflasterter Weg an den Auslagen einer Ladenstraße entlang. Kurz vor Erreichen des Akropolis-Nymphäons kreuzt diese Süd-Nord-Säulenstraße eine von Osten nach Westen führende. Sie ist einfacher gehalten, auch läuft das Wasser nicht über mittlere Becken, sondern in einem seitlichen Kanal. An dieser Straße liegt die große Palästra, die Gaius Julius Cornutus zu Ehren des Kaisers Claudius (41–51) erbauen ließ. Den Abschluß des Süd-Nord-Embolos stellt ein 2stöckiges Tornymphäon dar, von dem die unteren Teile nebst zahlreichen Bruchstücken der Bauplastik erhalten sind, so daß es zeichnerisch rekonstruiert werden kann.

Auf einem mittleren Brunnen, aus dessen breitem Maul die Wasserbecken der Säulenstraße gespeist werden, lagert der Flußgott Kestros. Er wird von 2 Statuennischen und einer vorgeblendeten Säulenarchitektur umrahmt. Auch beiderseits der seitlichen Tore mit kassettierten Bogenwölbungen sind rechtwinklig vorspringend solche Säulen angeordnet. Das Obergeschoß wiederholt über einem breiten geschindelten Gesims in kleinerem Maßstab diese Säulenstellungen, die in der Mitte auf 2 mit Giebeln bekrönte Ädikulen zwischen Bogenfenstern beschränkt werden.

Vom Nymphäon führt der Weg zum Akropolishügel empor. Die Tempel und Paläste, die hier standen, sind weitgehend zerstört. Ein dreischiffiges Gebäude, von *Lanckoronski* in besserer Erhaltung als heute veröffentlicht, wurde lange als „Basilika“ angesprochen. Neuere Grabungen haben sie als Zisterne erwiesen, was nicht ausschließt, daß hier doch eine christliche Kirche stand, deren Kellergeschoß als Zisterne diente, wie es bei byzantinischen Bauten häufig der Fall war.

Die vermutliche Bischofskirche von Perge lag westlich der großen Säulenstraße in der Unterstadt. Sie besaß basilikalen Grundriß mit östlicher Apsis zwischen Pastophorien. – Eine weitere Kirche mit Ostapsis befand sich südlich der Agora in der Nähe des römischen Tors. Die Bauzeit dieser Kirchen ist schwer zu bestimmen. Wahrscheinlich entstanden sie im 4. und 5. Jh.

Die hellenistische Befestigung der Unterstadt ist gut erhalten. Die Mauer ist in regelmäßigen Abständen mit viereckigen Türmen besetzt. Die Wehranlagen sind in solidem, meist bossiertem Quaderverband ausgeführt.

Vor dem Südtor der Stadt liegen die beiden großen Gebäude, in denen das feiernde oder sich vergnügende Volk zusammenkam: das Theater und das Stadion. Das langgestreckte Stadion faßte etwa 12000 Zuschauer, die sich dort an sportlichen Darbietungen und an Tierkämpfen ergötzen konnten. Die 50 gewölbten Kammern unter den Sitzen dürften teilweise als Käfige, meist
170 aber als Läden benutzt worden sein. Das Theater bot auf 39 Sitzreihen 14000 Menschen Platz. Es war schon in hellenistischer Zeit als griechisches Theater, an einen Berghang gelehnt, angelegt worden. Im 2. Jh. n. Chr. wurde, sicher auf Veranlassung der einflußreichen Plancia Magna, ein hohes Bühnenhaus errichtet. Der Zuschauerraum geht im Grundriß etwas über den Halbkreis hinaus. Er wird durch ein Diazoma in 2 Ränge geteilt, den Abschluß bildete

eine Wandelgalerie, die durch Rundbogenfenster nach außen geöffnet war.
Das Bühnenhaus war architektonisch gegliedert. Davon haben sich nur Reste 172
erhalten. Aber am Sockelbau des Proszeniums ist ein großer mythologischer
Fries zu sehen, der zu den Meisterwerken hellenistischer Plastik in Kleinasien 171
gehört. Dargestellt sind neben lokalen Gottheiten Begebenheiten aus der 167
Dionysossage.
Im Theater ist auch eine Reliefkopie des berühmten Kultbildes der Artemis 166
Pergäa aufgestellt. Diese Gottheit, die fast ebenso großes Ansehen besaß wie die Artemis von Ephesos, wurde in einem Tempel verehrt, den der Rhetor *Polemon* als „ein Wunder an Lage, Schönheit und Ausstattung" gepriesen hat. Nach anderen Berichten lag der Tempel auf einer Anhöhe außerhalb der Stadt. Trotz aller archäologischen Bemühungen wurde dieser Artemistempel bisher nicht gefunden. Ob er auf dem Hügel Iylik Belen im Süden von Perge stand, ist bislang ungewiß.

Die Nekropole von Perge lag beim Westtor. Das monumentale Grab der Plancia Magna stand vor dem Südtor. Aus dem Gräberfeld konnten eine Reihe skulptierter Sarkophage geborgen werden, die sich heute im Museum Antalya befinden, unter ihnen mehrere Säulensarkophage mit reichem Figurenschmuck.

138 Phaselis (Antalya) R 13

Ehemalige Hafenstadt an der lykischen Ostküste beim Dorf Tekirova, wahrscheinlich eine rhodische Gründung des 7. Jh. v. Chr., in günstiger Lage. Mit ihren 3 Häfen erlangte sie bereits im 6. Jh. v. Chr. handelspolitische Bedeutung. Damals gehörte sie zum Perserreich. Nach dem Sieg Kimons 468 (?) am Eurymedon, der vom Flottenstützpunkt Phaselis aus erkämpft wurde, schloß sich die Stadt dem delisch-attischen Seebund an. In hellenistischer Zeit gelangte sie zuerst unter ptolemäische, dann unter seleukidische und schließlich – nach 190 – unter rhodische Herrschaft, wurde eines der Hauptquartiere der Seeräuber und als solches vom römischen Proconsul P. Servilius um 78 erobert. Eine letzte Blüte war der Stadt, wie ihre Bauten bezeugen, unter den römischen Kaisern, besonders unter Hadrian, der Phaselis 129 besuchte, beschieden. Doch schon in byzantinischer Zeit war ihre Bedeutung sehr geschrumpft. Die ungesunde Lage führte dann zur völligen Verödung der Stadt.

Die von Wald überwachsenen Ruinen liegen auf dem verbreiterten Ende der Halbinsel, deren tiefe Nordflanke ein versumpfter ehemaliger Meeresarm bildet. Der offene Nordhafen und der durch eine (überflutete) Mole geschützte Südhafen begrenzen das Siedlungsgebiet, an dessen Nordende ein kleineres, gut ausgebautes Hafenbecken liegt. Hier nahm die Hauptstraße ihren Ausgang. Sie ist winklig geführt und heute noch großenteils gepflastert. Sie war durch Säulenarkaden mit Läden dahinter ausgezeichnet. Am Knick erweiterte sie sich zu einem Platz, der von öffentlichen Gebäuden (Thermen?) gesäumt war. Weiter ostwärts lag ein kleines Theater, das 20 Sitzreihen besessen haben soll. Der Unterteil des Bühnengebäudes mit 5 Türen ist erhalten.

Auf der Westseite der Hauptstraße befanden sich 3 Märkte, von denen die mittlere Agora laut Inschrift aus der Zeit des Kaisers Domitian (81–96 n. Chr.)

stammt. Die große rechteckige Agora ist, wie ebenfalls inschriftlich festgehalten ist, erst unter Hadrian (117–138) entstanden. Das Gebäude westlich davon war eine christliche Kirche in Verbindung mit einem anderen Bau. Die große Straße endet – oder beginnt – mit einem Torbogen, der Kaiser Hadrian anläßlich seines Besuches 129 gewidmet wurde.
Im Gelände finden sich noch Reste von Stadtmauern und einige Bogen des großen Aquädukts, der das Wasser von Norden her zur Stadt leitete. Die Nekropole im Norden enthält mehrere Sarkophage.

139 Phellos (Antalya) R 10

Phellos wird bereits im 5. Jh. v. Chr. von dem Geographen Hekatäos *(FGrH 1 F 258) erwähnt. Später gehörte es nach Aussage seiner Münzen dem Lykischen Bund an. Sein Hafen war Antiphellos/Kaş (siehe dort). Es wurde an verschiedenen Orten lokalisiert. Am wahrscheinlichsten ist Felendaği oberhalb von Çukurbağ* (Bean). *In dem teilweise noch von Mauern umgebenen Stadtgebiet liegen eine Anzahl Gräber. Ein schöner lykischer Sarkophag trägt Reliefschmuck.*

140 Philadelphia/Alaşehir (Manisa) K 8

An der Straße von Pergamon über Sardis nach Hierapolis, im Tal des Kogamos/Gediz Nehri, gründete König Attalos II. Philadelphos (159–138 v. Chr.) eine Stadt. Sie wurde 19 n. Chr. durch ein Erdbeben zerstört, durch Tiberius und Caligula wiederaufgebaut und erfreute sich in der römischen Kaiserzeit eines angemessenen Wohlstandes. Schon früh hatte sich dort eine Christengemeinde gebildet, an die das 6. Sendschreiben der Offenbarung des Johannes (3, 7–13) gerichtet ist. Am 21./22. 4. 1190 lagerte das deutsche Kreuzritterheer Friedrich Barbarossas vor Philadelphia, um sich zu verproviantieren. [Byzantinischer Kommandant im Thema Thrakesion war damals der Basilios Vatatzes, Vater des späteren Kaisers Johannes III. Dukas Vatatzes, der sich 1244 mit Konstanze (Anna), einer Tochter Kaiser Friedrichs II., vermählte.] Die Stadt Philadelphia war die letzte christliche Insel in dem schon vom Islam eroberten Anatolien. Erst 1391 wurde sie von Sultan Beyazit Yıldırım besetzt.
Von der antiken Stadt ist nichts mehr erhalten. Die byzantinische Siedlung erstreckte sich am Hang des Tmolos und war von einer Festung bekrönt. Einige Mauerreste sind davon noch zu sehen.

141 Phokäa/Foça (Izmir) I 3

Jonische Hafenstadt, die auf äolischem Boden im 8. Jh. gegründet wurde. Sie entfaltete eine rege Kolonisation, u. a. wurden Marseille und Nizza von ihr gegründet. Im 6. Jh. geriet sie in Kämpfe mit den Persern, beteiligte sich am jonischen Aufstand und wurde von den Persern wieder unterworfen, aber nach dem Sieg der Griechen Mitglied des delisch-attischen Seebundes. Doch schlug sie sich während des Hellenismus mehr und mehr auf die Seite der Gegner Roms und wurde so als Handelshafen von Smyrna überflügelt. Im 13. Jh. bauten die Genuesen ein Kastell auf die Spitze der Landzunge, die die Stadt trägt. 1455 wurde sie von den Osmanen eingenommen.

Das antike Phokäa lag auf einer Halbinsel und verfügte damit über 2 Häfen. Ein Hügel trug die Akropolis, in deren Bereich das Fundament eines ionischen Athenatempels gefunden wurde. Einige Werkstücke, besonders Säulentrommeln, liegen noch dort.
8 km vor Foça steht ein massives steinernes Grabhaus „Taşkule" (Steinturm) aus dem 4. Jh. v. Chr. Es erinnert mit seinem stufenförmigen Aufbau an alte, vorgriechische Grabmäler in Kleinasien. Das Monument ist fast völlig aus dem Felsen herausgearbeitet. Es besitzt auf der einen Schmalseite ein vertieftes, fast quadratisches Feld, eine Art „Scheintür", in der vielleicht einmal ein Bild des hier Bestatteten angebracht war. Im Inneren, das von der Seite zugänglich ist, befinden sich 2 einfache Kammern.
Ein anderes Kammergrab liegt südlich von Foça. Es führt heute den Namen „Şeytan hamamı (Teufelsbad)".

Physkos siehe Marmaris

142 Pinara (Muğla) R 9

Das Ruinenfeld der Stadt bedeckt westlich der Straße von Kemer-West nach Xanthos den Hang des Antikragos. Man erblickt schon von weitem den abgerundeten Felsen, der ihr den Namen (lykisch: pinar = rund) gegeben hat. Gegründet wurde sie wohl von Xanthos aus, doch wissen verschiedene Gründungslegenden auch andere Vorgänge zu berichten, etwa daß ein Pinaros, Sohn des Tremiles, die Stadt gegründet habe, wie seine Brüder Tlos, Xanthos und Kragos die ihren Namen tragenden anderen lykischen Städte. Auch soll ein Einwohner Pinaras namens Pandaros am Trojanischen Krieg als Bogenschütze teilgenommen haben. Strabo *weiß von einem Tempel des Pandaros in Pinara zu berichten. Sicheren geschichtlichen Boden betreten wir erst mit der Nachricht vom Aufenthalt, den Alexander d. Gr. hier 334/333 nahm. Danach gehörte die Stadt zu den 6 Städten des lykischen Bundes und teilte dessen Schicksale bis zur Eingliederung ins Imperium Romanum unter Kaiser Claudius 43 n. Chr. und endgültig durch Vespasian, anläßlich der Neueinteilung der Provinzen Lykien und Pamphylien. Der Lykiarch Opramoas spendete der Stadt im 2. Jh. 5000 Denare zur Wiederherstellung ihrer öffentlichen Gebäude. – Über die byzantinische Geschichte der Stadt ist wenig bekannt.*
Pinara war nicht befestigt. Die Gebäude und die Gräber sind über eine weite Fläche verteilt. Der große gerundete Felsen, auf dem die erste Siedlung lag, überragt als (obere) Akropolis das Tal. Er war auch noch in byzantinischer Zeit bewehrt. Bemerkenswert sind die rechteckigen Gräber, mit denen die senkrecht abfallende Ostwand wabenförmig durchlöchert ist.
Der zweite Hügel, die sog. Untere Akropolis, ist gleichfalls durch Grabanlagen ausgezeichnet. Hier finden sich das schöne Hausgrab „mit den Ochsenhörnern" und das sog. „Königsgrab". Es ist im Äußeren durch eine Balkenarchitektur betont. Der Vorraum im Inneren zeigt an den Wänden 4 Reliefs mit Stadtansichten. Man erkennt gezinnte Mauern, Türme und Tore, Paläste und Gräber in der typisch lykischen Pfeilerform.
Am Westhang des Hügels lag noch ein Odeon; weiter nördlich hat man Fun-

damente eines 8 × 14 m im Stylobat messenden Tempels und Überreste einer Agora gefunden. – Ein weiteres Theater liegt im Nordosten. Es ist gut erhalten. Seine Cavea zählt 27 Sitzreihen ohne Diazoma.

Pitane siehe Candarli

Pompeiopolis siehe Soloi

143 Priene (Aydın) N 4

Die jonische Stadt Priene wurde um das Jahr 350 v. Chr. gegründet. Sie war die Nachfolgerin einer gleichnamigen älteren Stadt, deren Platz bisher unbekannt ist. Veranlassung der Neugründung, an der Athen und das nahe Milet beteiligt waren, dürften Veränderungen der Landschaft gewesen sein, welche der Fluß Mäander durch umfangreiche Ablagerungen in seinem Mündungsgebiet bewirkte, so daß frühere Seestädte verlandeten und Häfen ihre Bedeutung einbüßten. Diesem seit vielen Jahrhunderten geschehenden Naturvorgang ist auch das einst die gesamte Landschaft beherrschende Milet zum Opfer gefallen.

Das neue Priene war eine planmäßig aufgebaute Stadt. Sie lag am Hang der Mykale, in einer Höhe zwischen 30 und 100 m über der Mäanderebene und war überragt von einer „Teloneia“ genannten Akropolis auf einem steil aufsteigenden Burgfelsen. Sie war von Wehrmauern umschlossen und besaß 2 Tore – das bergwärts gelegene Osttor und das dem Meer zugekehrte Westtor. Das Wasser wurde vom Gebirge in reichlicher Menge (wovon man sich heute noch im Dorf Güllübahce unterhalb von Priene überzeugen kann) herangeführt und von einem gut gesicherten Wasserschloß aus verteilt. Die Felder und Gärten lagen am Berghang oder in der fruchtbaren Ebene. Die große Straße führte vom Landesinneren her, von Magnesia nach Milet und zum Seehafen Naulochos. Das Areal der Stadt (ohne Akropolis) umfaßte eine ovale Fläche von etwa 640 × 475 m und war durch 6 Längs- und 12–15 Querstraßen in rechteckige Häuserblocks (insulae) zu 47,2 × 35,4 m eingeteilt. Dieser im hellenistischen Städtebau häufig angewendete Raster wird auf Hippodamos von Milet *zurückgeführt.*

Als Alexander d. Gr. auf seinem Siegeszug durch Jonien nach Priene kam, war der Tempel der Athena Polias noch im Bau. Der König ließ ihn, wie die Weiheinschrift (im Brit. Museum London) bezeugt, auf seine Kosten weiterbauen. Vollendet wurde er erst nach Alexanders Tod im 2. Jh. In der Diadochenzeit war die Stadt verschiedenen Herrschern untertan. Mit Samos stritt sie sich um das Gebiet beim Panionion. 277 suchten sie plündernde Gallier heim. Im 2. Jh. wurde sie in den Thronstreit zwischen dem kappadokischen König Ariathos V. (162–130?) und seinem Halbbruder Orophernes verwikkelt. Dieser hatte im Athenatempel von Priene einen Schatz von 400 Talenten (etwa 2 Mio. DM) niedergelegt, die Ariathos als Staatsschatz beanspruchte, wobei ihn Attalos II. von Pergamon unterstützte. Da die Priester das Tempelgeld nur dem Orophernes aushändigen wollten, verwüsteten Ariathos und die Pergamener das Gebiet um Priene, so daß die Stadt sich um Hilfe bei Rhodos und den Römern bemühte. Orophernes bekam sein Geld zurück, hat aber einen Teil davon der Stadt und dem Tempel gestiftet. Glück hat es nicht gebracht. 133 v. Chr. kam Priene zur römischen Provinz Asia. Doch wurden erst unter Augustus die Verwaltungskompetenzen geregelt. Eine politische Rolle ist der Stadt dabei nicht mehr zugefallen.

Im Byzantinischen Reich war Priene Bischofssitz. Im Zeichen der seldschukischen Gefahr wurde über dem Zeusheiligtum im Herzen der Stadt ein Kastell erbaut; auch die Akropolis wurde neu befestigt. Im 13. Jh. – ungewiß wann – geriet die Stadt in die Gewalt der Seldschuken, wahrscheinlich der Emire von Menteşe. Danach kam sie, nach einem mongolischen Zwischenakt, an die Osmanen.

Die ausgestorbene und vergessene Stadt wird im 18. Jh. wieder von europäischen Reisenden aufgesucht und durch die englische Gesellschaft der „Dilettanti“ erforscht. Die Ergebnisse werden zwischen 1769 und 1821 veröffentlicht. Die planmäßige Ausgrabung durch deutsche Archäologen beginnt 1895 durch Carl Humann *und bis 1898 durch* Theodor Wiegand. *An der wissenschaftlichen Bearbeitung der Funde sind eine Reihe namhafter Archäologen beteiligt. Die von* Wiegand, Schrader, v. Gerkan, Krischen, Schede *u. a. vorgelegten Berichte und monographischen Darstellungen haben wesentlich zu kunstgeschichtlichen Erkenntnissen über antiken Städtebau beigetragen.*

Das städtische Haupttheiligtum war der Tempel der Athena Polias. Er 173
liegt mit seinem Temenos erhöht nordwestlich der Agora. Sein Baumeister *Pytheos* ist durch *Vitruv* (I, 1.12; VII praef. 12 u. ö.) bekannt. Er hat über den Tempel von Priene auch eine theoretische Schrift verfaßt. *Pytheos* hat ferner

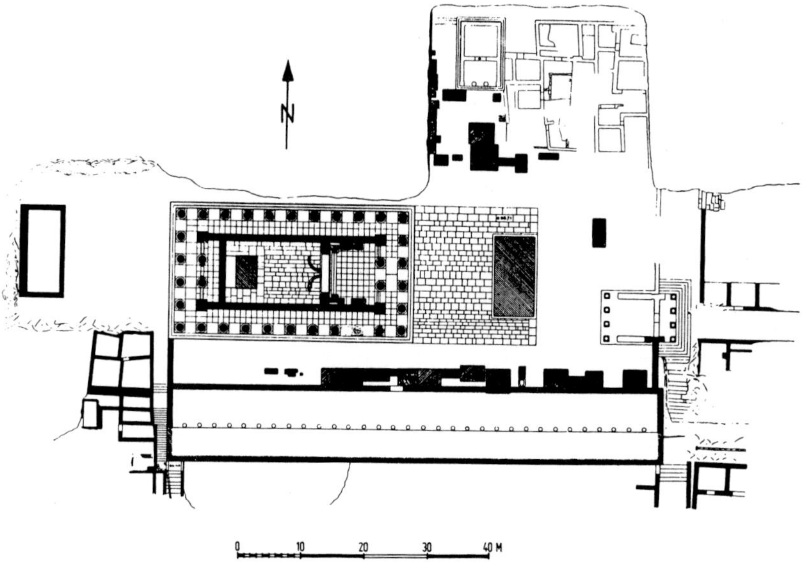

Priene, Athena-Tempel, Plan des Tempelbezirks, nach Schede

das Mausoleum von Halikarnassos und den Zeustempel von Alabanda erbaut; wahrscheinlich hat er auch den Plan der Stadt Priene entworfen. Man darf annehmen, daß der Athenatempel als eines seiner ersten Bauwerke in Angriff genommen wurde (um 350 v. Chr.).

Der Tempel ist ein jonischer Peripteros von 6:11 Säulen auf einem 19,53 × 37,13 m messenden Stylobat. Die sorgfältige Proportionierung des Baus offenbart einen genialen Meister. „Das Ideal der Klassik, das Schöne im Gesetz zu fassen, (wurde) zum Prinzip des gesamten Entwurfs erhoben, dessen Teile in ein mathematisch berechnetes, harmonisches Beziehungsgeflecht zueinander und zum Ganzen gesetzt wurden" *(Gottfried Gruben)*. Der Grundriß ist mit Quadratnetz zu 6 × 6 Fuß (1 Fuß = 29,42 cm) überzogen, so daß 6:11 Säulen oder 5×10 Joche (1 Joch = 12 Fuß = 3,53 m) von je 12 Fuß wie 1:2 proportioniert sind und in den Säulenachsen die Maße 60 × 120 Fuß haben. Da die Längswände sowie die Anten jeweils axial auf die 2. Säule ausgerichtet sind, sind die umlaufenden Hallen ein Joch tief. Der Naos gliedert sich in Pronaos, Cella und Opisthodom. Das Schlüsselmaß des Aufbaus gibt die säulenlose Cella mit einer Länge von 50 Fuß. Die Höhe des Tempels beträgt ebenfalls 50 Fuß: 43 Fuß Säulenhöhe und 7 Fuß Gebälkhöhe. Das Gebälk ist aufgeteilt in den Architrav (3,5 Fuß) und den Zahnschnitt mit Geison und Sima (3,5 Fuß).

Die Bauarbeiten, die Alexander d. Gr. veranlaßte, wurden nach seinem Tode unterbrochen. Erst im Zusammenhang mit dem Streit um den Schatz des Orophernes wurde der Tempel in seinem rückwärtigen Teil vollendet. Durch Orophernes erhielt er auch das Kultbild in der Cella und den großen Altar vor der ostwärtigen Tempelfront. Der Tempelschatz mit Münzen, die des Orophernes Bild tragen, ist nach vielen Jahrhunderten dem Tempel zum Verhängnis geworden.

Der Athenatempel war, als das Land christlich wurde, nicht in eine Kirche verwandelt, sondern zuerst durch Brandstiftung verwüstet, danach durch Erdbeben – wie so viele griechische Tempel – zerstört worden. Die englischen Forscher, die 1765 Priene aufsuchten und wiederentdeckten, fanden einen großen Trümmerberg vor, den sie zeichnerisch festhielten. Der deutsche Archäologe *Ludwig Roß* (der 1835/1836 den Niketempel auf der Akropolis zu Athen wieder aufgebaut hat) schrieb 1850, daß es ein Leichtes sei, ihn wieder aufzurichten. Doch wurden 1869 die Silbermünzen des Schatzes gefunden, was die Bewohner der umliegenden Dörfer zu Raubgrabungen verführte, die alles durcheinanderwarfen. Erst *Wiegand* brachte den Tempelbezirk soweit als möglich wieder in Ordnung. Inzwischen hat der türkische Antikendienst 5 Säulen (und zwar die Säulen 2–6 der Nordseite) wieder aufrichten lassen, die jetzt das Wahrzeichen von Priene sind.

Das Kultbild des Athenatempels ist auf römischen Münzen von Priene wiedergegeben. Es hielt sich an das Vorbild im Parthenon zu Athen, das *Phidias* geschaffen hatte. – Der große Altar vor dem Tempel war, wie der zu Pergamon, hufeisenförmig angelegt und zeigte in seinen Bildwerken ebenfalls Kämpfe zwischen Göttern und Giganten. – Auf der Südseite des Temenos führte eine 2schiffige Säulenhalle entlang. Vor ihr standen Ehrenstatuen und Weihgeschenke. Das Eingangstor zum Tempelplatz, mit je 4 Säulen auf beiden Fronten geschmückt, schließt, in der Achse südwärts verschoben, das Athenaheiligtum ab.

Der Tempel des olympischen Zeus grenzte an die Agora im Osten an. Er war ein jonischer Antentempel mit 4 Säulen an der Front. In seinen Formen schloß er sich eng an den Athenatempel an. Er ist im 3. Jh. v. Chr. entstanden. Ein Teil des Tempelbezirks wurde in byzantinischer Zeit mit einem Kastell überbaut. Im Tempel stand ein Doppelkultbild: Zeus mit Hera. Die Hälfte der Basis wurde gefunden. Auch hier war vor dem Tempel ein kleiner Altarbau aufgeführt.

Die Agora. Der Mitte des städtischen Organismus und dem Ort der Selbstdarstellung einer Polis kam auch eine eigene architektonische Aufgabe zu. Im Stadtplan von Priene umfaßt die erste Agora 2 Häuserrechtecke. Sie war auf 3 Seiten von Säulengängen umgeben. Im Süden erweiterte sich ein Teil des Umgangs zu einem 2schiffigen Saal, der auch von der südlich verlaufenden Straße her über eine Treppe zugänglich war. Eine Erweiterung des Marktraumes wurde im 2. Jh. v. Chr. vorgenommen, als im Norden über die inzwischen beiderseits entstandenen Bauten des Zeusheiligtums und des Bouleuterions hinaus die 116 m lange eindrucksvolle „heilige Halle“ erbaut wurde. Sie lag 6 Stufen über dem Platz an einer Terrasse und war 2schiffig. Dorische Außen- und jonische Innensäulen trugen die hölzerne Decke. Ihre inneren Giebelwände waren mit vielen Inschriften, Ehrendekreten u. ä. bedeckt, während die Längswand von einer Reihe von Gemächern begleitet wurde, die teilweise auch kultische Bedeutung hatten. Bemerkenswert unter den Inschriften ist der Erlaß über die Einführung des Julianischen Kalenders in der Provinz Asia (im Jahre 9 v. Chr.). Ehrendenkmäler in Bronze oder Marmor standen vor der Halle und auf der Agora in großer Zahl. Ihre z. T. noch vorhandenen Sockel konnten auch als Sitze dienen.

An den Ostteil der „heiligen Halle“ schließt das Bouleuterion an. Es war 174
das Rathaus, der Versammlungsort für die öffentlichen Ratssitzungen. Der viereckige Bau enthält auf 3 Seiten rechtwinklig angeordnete Steinsitze, die 640 Bürgern Platz boten. In der tiefen Mitte stand ein Opferaltar, dessen Reliefschmuck den Göttern Apollon und Asklepios, vielleicht auch Hermes und Herakles galt. – Neben dem Bouleuterion lag das Prytaneion, das Amtsgebäude der Stadtverwaltung, in dem auch verdiente Mitbürger gespeist und das heilige Herdfeuer unterhalten wurde. Der um einen Säulenhof angelegte Bau wurde in römischer Zeit verändert.

Das bedeutendste öffentliche Gebäude, das auch vor der Erbauung des Bouleuterions für Volksversammlungen benutzt wurde, war das Theater. Es war schon im ersten Bebauungsplan der Stadt enthalten. Bald nach 350 v. Chr. wurde um die halbrunde Orchestra der Zuschauerraum in den Berg gegraben. Er umfaßte etwa 50 Sitzreihen – von denen aber nur die unteren 9 oder 10 erhalten und freigelegt sind. Durch 5 Treppen wurde er in 6 Keile – ohne Diazoma – aufgeteilt. Das Bühnengebäude, die Scena mit einer vorgelegten stützengetragenen Vorhalle, dem Proscenium, ist im 3. Jh. v. Chr. entstanden und dann noch einmal im 1. Jh. umgebaut worden. Das eigentliche dramati-

sche Spiel fand dann auf dem Dach des Prosceniums vor der Wand der Scena statt. In der römischen Zeit wurde die Bühne nach rückwärts erweitert. Die Theatermitte nahm ein Opferaltar ein. Das Halbrund der vorderen Sitzbänke
176 war mit mehreren Ehrensesseln ausgestattet.

Die Stadt Priene besaß außer den Tempeln der Athene und des Zeus noch 2 Heiligtümer. Sie waren der Demeter und den ägyptischen Göttern geweiht. Das Demeterheiligtum liegt unter der Felswand, welche die Akropolis trägt, an höchster Stelle der Stadt. Der Mysterienkult der Fruchtbarkeitsgöttinnen Demeter und Kore war uralt und hatte in allen Griechenstädten seinen festen Platz. In Priene maß der heilige Bezirk 45 × 18 m. Man betrat ihn durch ein überdachtes Tor, vor dem die Statuen der Priesterinnen Timonassa und Nikeso (im Berliner Pergamon-Museum) standen. Den langgestreckten Hof schloß ein Tempelbau mit 2säuliger nördlicher Vorhalle ab. Südlich davon befand sich eine Opfergrube. Die Mysterienfeier selbst fand im Tempelinneren statt. Im Heiligtum kamen viele Tonfigürchen und Kleinbildwerke zum Vorschein: Opfergaben; unter ihnen eine eigenartige Tonfigur, deren Leib ein Frauengesicht trägt (Berlin, Pergamon-Museum).

Der Bezirk der ägyptischen Götter – laut Altarinschrift Isis, Serapis, Anubis – trug keinen Tempel. Er wurde wohl während der Ptolemäerherr-
175 schaft im 3. Jh. geschaffen. Hohe Stützmauern aus „Buckelquadern" umgaben das nur in den Fundamenen erhaltene Heiligtum.

Der körperlichen und geistigen Ertüchtigung der Jugend galten 2 Gymnasien. Das Obere Gymnasium lag gegenüber vom Bouleuterion und Prytaneion. Seine Anfänge waren hellenistisch, doch wurde es in der römischen Kaiserzeit umgebaut. Es war mit einer nördlich gelegenen Thermenanlage verbunden.

Das geräumige Untere Gymnasium grenzte unmittelbar an die Stadtmauer an. Es wurde im 2. Jh. v. Chr. erbaut. Der große Säulenhof der Palästra war durch ein Propylon von Westen her zugänglich. Im Norden sind noch der Ephebensaal und der Waschraum zu erkennen. Eine Tür im Osten führte in das 190 m lange Stadion. Es ist geländebedingt im spitzen Winkel zum Rasterplan der Stadt angelegt. Die Zuschauertribüne befand sich an der Nordseite und gewährte auch einen weiten Blick in die Landschaft.

In den Wohnvierteln der Stadt waren mehrere Häuser mit kleinen Kulträumen, „Hauskapellen", versehen. Einer davon beim Westtor war der „großen Mutter", der Kybele, geweiht. Doch scheint sie in Priene nicht viele Anhänger besessen zu haben. – Ein weiteres Haus, von den Ausgräbern „das heilige Haus" genannt, lag ebenfalls an der Westtorstraße. Hier wurde wahrscheinlich das Andenken an den vergöttlichten Alexander gepflegt. Es war vermutlich das Haus, in dem der König 324 auf seinem Eroberungszug gewohnt hat.

In der Stadt befand sich auch eine Synagoge, bestehend aus einem Vorraum und einem querrechteckigen Hauptraum mit Nische für den Thoraschrein.

Ein größeres Patrizierhaus, als „Haus 33" bezeichnet, stand an der Theaterstraße. Es ist vielräumig um einen Innenhof angelegt, der bei einem späteren Umbau in ein Peristyl verwandelt wurde.

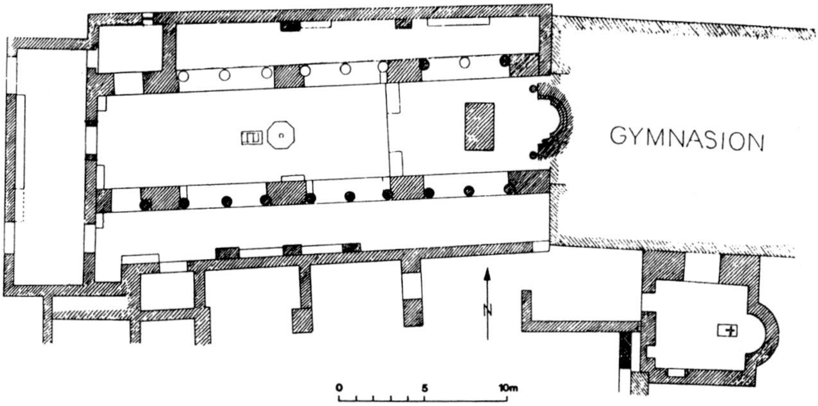

Priene, Bischofskirche, Grundriß, nach Schede

Als byzantinischer Bischofssitz besaß Priene mehrere Kirchen. Die bedeutendste, die Kathedrale des Bischofs, lag südlich vom Theater. Es war eine 3schiffige Säulenbasilika mit Narthex und halbrunder Mittelapsis, die ein Synthronon enthielt (nicht ganz ausgegraben). Das Bema war durch Marmorschranken vom Naos getrennt. Im Mittelschiff steht noch der Ambo, dessen Treppenwangen linear verziert sind. – Ein Vierkonchenbau südwestlich der Bischofskirche war wohl das zugehörige Baptisterium. – Mehrere kleine Einraumkirchen mit Apsis waren über das Stadtgebiet verteilt. Einige davon mußten der Grabung geopfert werden.
Die antike Befestigung der Akropolis auf der Höhe des Burgfelsens führte die Stadtmauer nach Überwindung des Höhenunterschiedes von fast 200 m fort. Sie endete im Norden in einer starken Sehnenmauer zwischen 2 Türmen. Davor wurden in byzantinischer Zeit weitere Mauern gebaut. Zunächst unter den Komnenen eine weitere turmbewehrte Mauer und danach, wohl während des Nikänischen Reiches, auf dreieckigem Grundriß ein Bollwerk mit Rundturm an der Spitze, das den Seldschuken Widerstand leisten konnte. Die gleiche Funktion hatte auch das Stadtkastell im Bereich des Zeusheiligtums. – An der Felsentreppe zur Akropolis lag ein kleines Sanctuarium, dessen Stätte man noch an den Abarbeitungen des Felsens erkennen kann.

144 Prinzeninseln/Kızıl Adalar (Istanbul) B 9

*Vor der anatolischen Küste des Marmarameers liegen 9 Inseln, 4 größere und 5 kleinere. Ihre Bezeichnung als „Prinzeninseln" geht auf die byzantinische Zeit und auf die größte Insel Prinkipio zurück. Damals hatten dort die kaiserlichen Prinzen ihre Villen und Paläste, in die sie des öfteren auch verbannt waren. Auch abgesetzte Kaiser und osmanische Sultaninnen wurden dort interniert. Später hießen sie unter den Griechen um ihrer Klöster und Seminare willen die „Priesterinseln" (*Παπαδανῆσα *Papadanisa). Die Türken nennen sie nach ihrer Bodenfarbe „Rote Inseln", Kızıl Adalar. Die 4 großen Inseln*

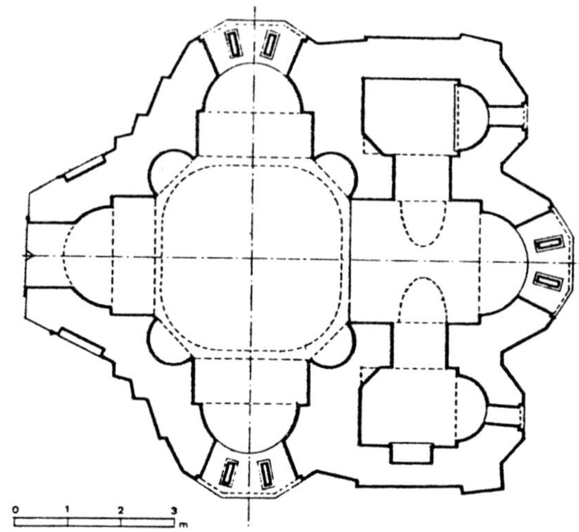

Prinzeninseln, Insel Chalki, Panhagia Kamariotissa, Grundriß, nach Mango

sind: Kınalı (Proti), Burgaz (Antigoni), Heybeli (Chalki) und Büyük Ada (Prinkipio).

1. Auf **Kınalı/Proti** ist von den byzantinischen Klöstern, in denen die Kaiser Michael I. (813) und Romanos Lakapenos (944) verbannt waren, nichts erhalten. Die heutige armenische Kirche des 19. Jh. hat den heiligen Georg zum Patron.

2. **Burgaz/Antigoni** besitzt 2 orthodoxe Klöster, die der Metamorphosis (Verklärung) und dem Hagios Georgios geweiht sind. – Die Dorfkirche geht auf eine Gründung der Kaiserin Theodora 842 zurück.

3. **Heybeli/Chalki**. Das 1844 neu errichtete Euergeteskloster rühmt sich der Gründung durch den Patriarchen Photios (858/867). Es beherbergt ein Priesterseminar. – Bei der türkischen Marineschule, einem früheren Kloster,
177 steht die Panhagia Kamariotissa, eine Kirche aus der Zeit der späten Makedonenkaiser, wohl 11. Jh. Ihr ursprünglicher Vierkonchen-Grundriß ist im Osten mit einer dreiapsidialen Anlage kombiniert. Ihre Kuppel ruht auf Hängezwickeln. In dieser Disposition werden armenische Anregungen sichtbar.

4. Die, wie ihr Name verrät, größte der Prinzeninseln: **Büyük Ada/Prinkipio**, besaß einst mehrere Klöster. Auf dem nördlichen Hügel wurde 1597 ein Kloster der Metamorphosis errichtet. – Vom Hagios-Georgios-Kloster ist nur noch eine kleine Kapelle erhalten. – Das Hagios-Nikolaos-Kloster ist ein Bau des 19. Jh. – Das Nonnenkloster am Ostufer ist vielleicht von Kaiser Justinos II. (565–578) gegründet. Kaiserin Irene, die eine zwielichtige Rolle in der byzantinischen Geschichte spielte, ließ dort nach der Blendung ihres Sohnes Konstantin VI. (797) ihre Enkelin gefangenhalten. Sie selbst wurde 802 durch Nikephoros I. abgesetzt und nach Lesbos

verbannt, wo sie auch verstarb. Ihren Leichnam brachte man nach Prinkipio und setzte ihn im Kloster bei.
Von den 5 kleinen Prinzeninseln trug die Insel **Yassı/Plati** ein Kloster, das der Patriarch Ignatius von Konstantinopel (847–877) gegründet hatte. 1857 erwarb der britische Botschafter Henri Bulwer die Insel und erbaute dort ein Schloß. – Auch auf der Insel **Tavşan/Terebinthos** stand ein Kloster des Patriarchen Ignatios.

Pylai/Ciftlikköy siehe Yalowa

Rhodiapolis siehe Korydalla/Kumluca

145 Sagalassos/Ağlasun (Burdur) N 13

Ruinenstätte in der antiken Landschaft Pisidien an der großen Straße von der pamphylischen Küste (Antalya) ins Landesinnere zu den pisidischen Seen, die von den 4 Seldschukenhanen Evdir-, Kirkgöz-, Susuz- und Incir-Han begleitet wird.
Die streitbaren Einwohner der wohlhabenden Stadt Sagalassos traten 333 Alexander d. Gr. in einer erbitterten Schlacht entgegen, wurden aber geschlagen (Arrian, an. 1, 28,2). Über die Geschichte der Stadt ist nicht viel bekannt. In römischer Zeit erfreute sie sich, wie die Bauten bezeugen, des Wohlwollens mehrerer Kaiser. Unter den Byzantinern war sie Bischofssitz.
Die Trümmer liegen in felsigem Berggelände. Eine große Straße verband die untere mit der oberen Agora. In ihrer Nähe befindet sich das größte Gebäude der Stadt, das Theater. Es entstand aus dem Umbau einer hellenistischen Anlage im 2. Jh. n. Chr. Die Cavea weist noch 16 Sitzreihen auf. Das Bühnengebäude ist eingestürzt. – Von einem hellenistischen Antentempel beim oberen Markt, der wahrscheinlich durch ein Erdbeben zerstört wurde, sind reliefierte Friesplatten erhalten. Sie zeigen tanzende und die Kithara spielende Mädchen in langen, schwungvoll bewegten Gewändern. – Ein größerer Tempel des Antoninus Pius (138–161) am Südrand der Stadt war ein korinthischer Dipteros von 6 : 11 Säulen. – Aus der Kaiserzeit stammen noch ein Odeon, ein Gymnasion und ein Nymphäon. – Eine christliche Basilika mit großem Querhaus ist zwischen den beiden Märkten noch erkennbar; eine weitere im Stadtgebiet. – Die Nekropole besitzt eine Reihe von Felsengräbern, deren Stirnplatten einfache Ornamente tragen.

146 Sakarya/Sangarios C/D 12/13

Der bedeutendste Strom im nordwestlichen Anatolien, 520 km lang, entspringt in mehreren Quellflüssen nordöstlich von Afyon, fließt zunächst in nördlicher, dann östlicher und nordöstlicher Richtung bis Gordion in Phrygien; nach Durchquerung der Sariyar Baraji in westlicher und nordwestlicher Richtung bis Osmaneli, um danach das nordanatolische Randgebirge zu durchbrechen und an Adapazarı vorüber das Schwarze Meer zu erreichen. Er hatte des öfteren in der Geschichte, besonders aber in den Abwehrkämpfen der Byzantiner gegen die Osmanen eine große strategische Bedeutung. Über die seit Trajan unternommenen Versuche, ihn über den Sapancasee mit Izmit/Nikomedia zu verbinden, siehe unter Sophonbrücke.

Samandag siehe Antiochia/Antakya

147 Sarapsa-Han (Antalya) Q 16

178 Große befestigte Karawanseray, 12 km westlich von Alanya, von Keyhusrev II. (1237–1245) errichtet. Schönes Eingangstor.

148 Sardis (Sardes)/Sart (Manisa) K 6

Die einstige lydische Königsstadt liegt in der Katakekaumene im Tal des Hermos/Gediz Cay, rd. 100 km von der Meeresküste bei Smyrna/Izmir entfernt. Die seit etwa 1200 v. Chr. dort ansässige Dynastie der Tyloniden wird um 700/680 von den Mermnaden abgelöst. Ihr Begründer Gyges ist in der Sage wie in der Geschichte bekannt. Die Lyder entfalteten seit dem Beginn des 1. Jt. eine eigene Kunst, die unter den Mermnaden durch Formenreichtum ausgezeichnet war. Sie stand im 8./7. Jh. in reger Verbindung mit Babylonien. Durch Gyges und noch mehr unter Alyattes nehmen die griechischen Einflüsse zu. Gyges breitete seine Herrschaft durch Unterwerfung der griechischen Küstenstädte aus. Der letzte seines Geschlechts war der reiche König Krösos, der 546 den Persern unter Kyros erlag. Krösos war Philhellene. Er hatte den athenischen Gesetzgeber Solon zu Gast, er stiftete erhebliche Beträge für den Tempelbau zu Ephesos, und er befragte das Orakel des delphischen Apollon. Zu seinem Unglück wußte er es nicht richtig zu deuten.

Die Perser machten Sardis zum Sitz eines Satrapen. Sie bauten auch die „Königsstraße", die Sardis auf 2500 km Wegstrecke mit Susa verband. Während des jonischen Aufstandes wurde Sardis von griechischen Truppen eingenommen und verbrannt. Die Akropolis blieb jedoch in persischer Hand. Der Eroberungszug Alexanders erreichte 334 Sardis. Es erhielt eine makedonische Besatzung. Nach Alexanders Tod fiel es dem Antigonos Monophtalmos zu. Nach der Schlacht bei Ipsos 301 wurde es seleukidisch, bis es durch den Frieden von Apamea an Pergamon kam. Seit 133 gehörte es zur römischen Provinz Asia. Römische Kaiser förderten den Bau von Tempeln und öffentlichen Gebäuden. Tiberius ließ die Stadt nach dem Erdbeben von 17 n. Chr. wiederherstellen. – Das Christentum fand früh Anhänger in Sardes, dessen Gemeinde in dem 5. der 7 Sendschreiben der Apokalypse des Johannes (3, 1–6) zu größerer Aktivität und zur Buße gemahnt wird. Während der heidnischen Restauration des Kaisers Julian Apostata (361/363) erhielt Sardis den Namen Chrysantios. Im Rhomäischen Reich war es Bischofssitz. Im 11. Jh. eroberten es die Seldschuken, doch kehrte es unter Johannes Dukas 1098 noch einmal unter byzantinische Herrschaft zurück. 1313 ging es Byzanz wieder verloren, als Saruhan, Emir von Manisa, sich seiner bemächtigte. 1390 kam es an die Osmanen. 1402 wurde es von den Mongolen Tamerlans verwüstet.

Die Erforschung der Ruinenstätte begann durch amerikanische Archäologen 1901. Die Grabungen, die beachtliche Ergebnisse zeitigten, dauern – mit Unterbrechungen – bis zur Gegenwart an.

Der Artemistempel gehörte zu den größten Tempelbauten der griechi- 179
schen Welt. Er übernahm die Tradition des Kybelekultes, steht aber, wie Nachforschungen ergeben haben, nicht am Platz eines früheren Tempels der Magna Mater. Das Artemisheiligtum wurde in 4 Bauzeiten ausgeführt, blieb aber als Ganzes unvollendet. Die erste Anlage in Gestalt eines großen Altars erfolgte um 400 v. Chr., wohl unter dem Einfluß des Artemisions von Ephesos. Erst die Seleukiden begannen mit dem eigentlichen Tempelbau. Sie errichteten eine Cella mit 2 × 6 Innensäulen, vor der sich im Westen ein Pronaos öffnete, während im Osten ein Opisthodom lag. Um diese Cellawände wollte Eumenes II., der 190 in den Besitz von Sardis gelangt war, auf einem Stylobat von 44,6 × 97,7 m eine säulengetragene Ringhalle ziehen lassen mit 8:20 Säulen, einen Pseudodipteros, bei dem auf den Längsseiten die innere Säulenhalle wegblieb. Diese Komposition wurde zuerst von *Hermogenes* am Artemistempel zu Magnesia am Mäander angewendet. Man erweiterte Pronaos und Opisthodom zu Vorhallen, zu inneren Säulensälen. „Der scharfe Kontrast zwischen weiten Raumbereichen und geschlossenen Säulenreihen bildete das Prinzip dieses raffinierten Entwurfs" *(G. Gruben)*. Unvollendet blieb der Bau liegen.
300 Jahre später wollte Kaiser Antoninus Pius den Tempel vollenden, in dem seine 141 n. Chr. verstorbene Gemahlin Faustina neben Artemis göttliche Ehrungen empfangen sollte. Die Cella wurde vergrößert und durch eine Querwand geteilt. In den vom Opisthodom zugänglichen Ostraum kam auf die alte Basis das Bild der verstorbenen Kaiserin zu stehen, während in dem veränderten Westraum eine neue Basis für das Artemisbild errichtet wurde. Die Säulenfundamente der beiden Längswände des Tempels wurden gelegt und 8 Säulen aufgerichtet – doch der Bau blieb wiederum unvollendet.
Der Tempel ist heute ein Ruinenfeld, über das die mächtigen, in Quadern gefügten Reste der Cellamauern, eine Reihe von Säulenstümpfen und 2 Säulen mit 17,31 m Höhe aufragen. Ihre glatten Schäfte tragen jonische Kapitelle, von denen das eine hellenistisch, das andere römisch ist. Ein weiteres hellenistisches Kapitell ist auf der Südseite aufgestellt. Es war für einen kannelierten 180
Schaft bestimmt.
Nahe der Südostecke des Tempels steht die Ruine einer kleinen byzantinischen Kirche des 4. Jh.
Unweit der heutigen Straße nach Salihli und an einer antiken Säulenstraße befand sich das römische Gymnasium. Um eine große säulengetragene Palästra in der Nordosthälfte, die von Säulenhallen umgeben ist, reihen sich andere Gebäude vielfältiger Zweckbestimmung. Beiderseits einer Achse, die von Osten nach Westen über die Mitte der Palästra hinweg verläuft, stehen Thermen und ein Gymnasium. Sie haben ein repräsentatives Zentrum, den sog. Marmorhof, der 2geschossig mit reicher Verwendung von Säulen aufgebaut ist. Die amerikanischen Ausgräber haben ihn aus originalen Fundstücken wieder aufgerichtet, freilich ohne die rückwärtigen Häuser, so daß er heute wie eine rein dekorative Wand wirkt. Als solche kann er etwa mit dem Nymphäon von Milet oder der Bühnenwand von Hierapolis verglichen werden. Die Widmungsinschrift zu Sardis nennt Geta, Caracalla und Julia

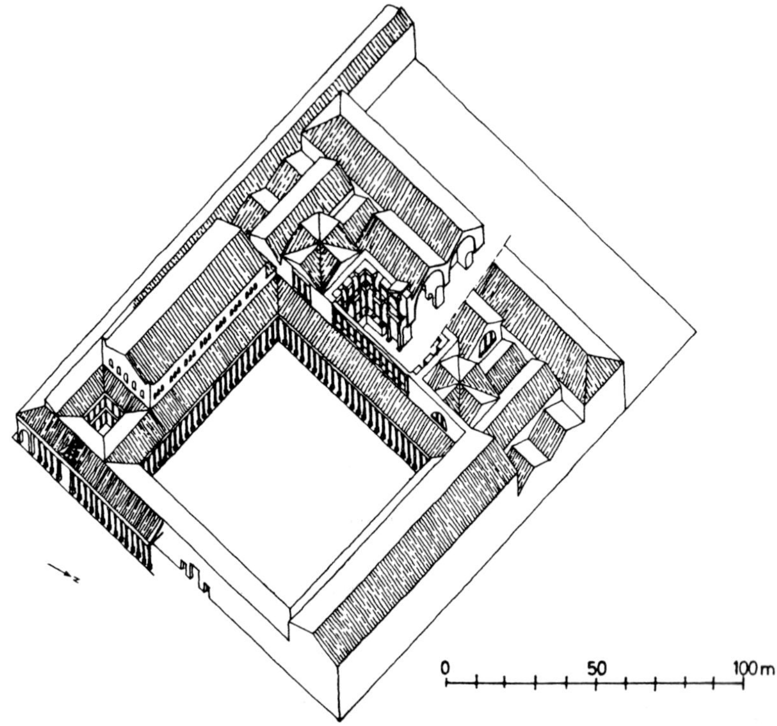

Sardis, Palästra mit Synagoge, Gymnasion und Thermen, Wiederherstellungsskizze von Hanfmann

Domna und das Vollendungsjahr 211 n. Chr. Im Süden und Norden der Palästra lagen überdachte Hallen. Die südliche erwies sich als eine um 200 hier eingerichtete Synagoge. Sie besteht aus einem Peristyl, an das sich ein 3schiffiger Saalbau anschließt; er mündet in eine halbkreisförmige, mit Sitzreihen ausgefüllte Exedra. Die Nische für den Thoraschrein, die Lesekanzel und ein Altartisch sind erkennbar. Die Bauform ist mit der einer frühen christlichen Kirche verwandt. Der Bau war jahrhundertelang in Benutzung. In einer späten Inschrift aus dem 5. Jh. wird die Ausschmückung des Hofes mit farbigem Marmor genannt.
Ostwärts dieses Gebäudekomplexes liegen Trümmer römischer Häuser und einer byzantinischen Kirche. Auf der entgegengesetzten Straßenseite wurde ein Haus aus dem 6. Jh. freigelegt, das die Ausgräber nach den dortigen Funden: Haus der Bronzen (House of bronzes) nannten. Südlich davon, zwischen dem Pactolus und der Akropolis, liegt ein Gräberfeld. Ein Grabbau aus persischer Zeit hat die Form einer Stufenpyramide.
Am Nordhang der Akropolis ist noch ein Theater zu sehen. Es ist hellenistischen Ursprungs, wurde aber römisch umgebaut. – Quer davor erstreckte

sich ein Stadion. – Die Akropolis war seit alters befestigt. Ihre starken Mauern konnten auch 498 v. Chr. vom athenischen Invasionsheer nicht bezwungen werden. Sie galten überhaupt für uneinnehmbar, woraus sich die antike Redensart für eine unmöglich gehaltene Leistung ableitet: „Du hast die Akropolis von Sardis bezwungen!" Einige Mauerreste der Nordseite werden der lydischen und der hellenistischen Zeit zugeschrieben. Mehr erhalten ist von der um 600 n. Chr. entstandenen byzantinischen Burganlage, zu der auch verschiedene unterirdische Gänge unbekannter Zweckbestimmung gehörten. Im 11. Jh. wurde die Burg noch einmal verstärkt.
Die große Nekropole des lydischen Sardis „Bin Tepe" (Tausend Hügel) liegt ostwärts der antiken Stadt. Sie beginnt mit dem Alyattes-Grabhügel, dem größten Tumulus seiner Art. Er ist bereits von *Herodot* beschrieben worden. Seinen Fuß umgibt eine Steinmauer von 555 m Durchmesser. Das Innere enthält ein wohldurchdachtes System von Gängen. Die Grabkammer selbst ist aus mächtigen Quadern zusammengefügt. Auch die weiteren Tumuli lydischer Könige haben einen ähnlichen Aufbau. Sie wurden sämtlich im 7. u. 6. Jh. v. Chr. errichtet.

Selçuk siehe Ephesos

Seleukia am Kalykadnos siehe Silifke

149 Seleukia in Pamphylien/Sihlar (Antalya) Q 15

Ruinenstätte in den Südausläufern des Taurus, rd. 35 km nordostwärts von Side. Wie der Name besagt, eine seleukidische Gründung. Die bei der Ausgrabung durch die Universität Istanbul gefundenen Reste der Stadt stammen in der Hauptsache aus römischer Zeit.
Mittelpunkt der auf einem nach Westen abfallenden Plateau gelegenen Siedlung war die quadratische, von Säulenhallen umgebene Agora. In einem angrenzenden Gebäude fand sich ein Orpheusmosaik. – Ein halbrunder Bau an der Südostecke diente wahrscheinlich als Odeon. – An der Nordostecke stand eine christliche Kirche. – Die Stadt besaß eine Badeanlage, bestehend aus 5 parallelen gewölbten Räumen und einem kleinen Tempel auf einem Podium, der als Heroon bezeichnet wird. Weitere Tempel sind zu vermuten, aber noch nicht erforscht.

Seleukia Pieria siehe Antiochia

150 Silifke/Seleukia am Kalykadnos (Içel) R 22

*Die Stadt am Austritt des wasserreichen Kalykadnos/Salef/Göksu in die fruchtbare Mündungsebene wurde von Seleukos I. Nikator (312/303–281 v. Chr.) gegründet. Sie war später Hauptort der römischen Provinz Cilicia rupestris (*Κιλικία τραχεῖα*). Ihre günstige Verkehrslage an der Küstenstraße und am Beginn mehrerer Straßen ins Landesinnere, vor allem aber der dem Göksu-Tal folgenden nach Konya, haben ihr bis zur Gegenwart ihre Bedeutung erhalten. – In der römischen Kaiserzeit blühte sie zu einem Zentrum* *politischen und kulturellen Lebens auf. Wohl unter Diokletian wurde aus der Cilicia tracheia die Provinz Isauria mit dem Hauptort Seleukia gebildet, das unter den Byzantinern Sitz eines Metropoliten wurde. Der nahe gelegene Wallfahrtsort der heiligen Thekla (Meriamlık, siehe dort) erfreute sich der Förderung durch den aus Isaurien stammenden Kaiser Zenon (474–491).*

Vom 8.–10. Jh. ist Silifke in die Grenzkriege zwischen Arabern, die der Küste entlang von Osten und dann auch mit den Seldschuken, die durch das Gebirge von Norden her kamen, verstrickt. Zeitweise stand es auch unter arabischer Herrschaft. Die Ritter des 1. Kreuzzugs besetzen es, unbekannt wann, und schlagen es zum Herzogtum Antiochia. Doch fällt es nach der Niederlage Bohemunds 1104 bei Harran wieder an die Byzantiner und wird von Admiral Eusthatios befestigt. Im Verlaufe der Kämpfe mit den Armeniern gelangt die Stadt gegen Ende des 12. Jh. an das Fürstengeschlecht der Rupeniden. 1190 ist Seleukia das Marschziel der Durchquerung Anatoliens durch den 3. Kreuzzug, doch ertrinkt Kaiser Friedrich I. Barbarossa kurz vor der Stadt im Kalykadnos/Salef. Der kleinarmenische König Leo I. verlehnt die Stadt 1210 an die Johanniter. 1226 gibt der Orden die Burg vorübergehend an die Armenier zurück, die bis ins 14. Jh. hier die Landeshoheit besitzen. Die Burg wurde wohl bis in die 2. Hälfte des 14. Jh. von den Johannitern gehalten. Im 15. Jh. ergreifen die Karamanoğlu, deren Residenz Karaman, das byzantinische Laranda, war, Besitz von Silifke und finden Bundesgenossen in Venedig. Doch gelangten die Stadt und das Land schließlich an Sultan Mehmet II. und das Osmanische Reich.

Aus antiker Zeit sind in der Stadtmitte am Cumhuriyet Ilkokulu Reste eines Tempels zu sehen. Es ist nicht sicher, ob er dem Apollon Sarpedonios, der vorher in Holmi verehrt wurde (siehe Liman-Kalesi), geweiht war. Eine kannelierte Säule mit korinthischem Kapitell steht noch aufrecht. Weitere Säulenbasen sind vorhanden (2. Jh.). Der Tempel wurde in byzantinischer Zeit in eine 3schiffige Kirche verwandelt. Ihre (abgebrochene) Apsis zeigte 2 Doppelfensterpaare.

Von öffentlichen römischen Gebäuden ist noch die Cavea des Theaters am Osthang des Burgbergs zu erkennen. Die Stadtmauer mit runden Türmen konnte an vielen Stellen festgestellt werden. Die sog. Römerbrücke (Eski Köprü) über den Göksu war laut erhaltener Inschrift 77/78 n. Chr. durch den Statthalter L. Octavius Memor erbaut, aber 1885 völlig abgerissen und durch die jetzige ersetzt worden. – Die antike Nekropole liegt südwestlich der Stadt. Hier finden sich noch zahlreiche Felsengräber und Sarkophage. – Im Stadtgebiet kamen mehrere römische Fußbodenmosaiken: ein ornamentaler Boden und ein Tier-Ranken-Mosaik (1. Hälfte des 5. Jh. n. Chr.) zum Vorschein.

182 Eine Reihe von Spolien, vor allem Kapitelle des 5. Jh., sind in die Ostmoschee am Taşnen Yolu verbaut. – Weitere Kapitelle und Fragmente aus
183 byzantinischen Bauten im Museum. – Eine große offene, wahrscheinlich byzantinische Zisterne befindet sich am Osthang des Burgbergs. Sie ist ganz aus dem Felsen gearbeitet und mit Quadern verkleidet. Ihre Innenwände werden durch rechteckige Pfeiler verstrebt.

Die Burg, byzantinisch Kastron Seleukias Καστρὸν Σελεύκειας, fränkisch Camardesium oder Seleph Castrum genannt, liegt beherrschend über der Pforte des Göksu-Tales. Sie wurde, wie Korykos, 1103/1104 von dem byzantinischen Drungarios Eusthatios gegründet und mit einer Besatzung versehen. Sie gelangte in den Lehensbesitz der armenischen Familie Camardias. 1210 gibt sie König Leo I. an den Johanniterorden. Dieser läßt sie durch seine Architekten ausbauen. Die langgestreckte Anlage weist mächtige, teilweise unterwölbte Außenmauern auf. Ihre geböschte Südfront, in die halbrunde Türme eingelassen sind, ist mit syrischen Anlagen der Johanniter, besonders dem „Krak des Chevaliers", verwandt. Das Tor der Nordseite ist inschriftlich auf 1236 datiert. 181

9 km entfernt von Silifke ist an der Straße nach Konya unweit der Stelle, wo Kaiser Friedrich I. Barbarossa am 10. 6. 1190 im Salef ertrank, ein Gedenkstein mit deutscher, lateinischer und türkischer Inschrift errichtet worden. Der Satz, den der englische Chronist des ›Itinerarium Peregrinorum‹ über dieses Ereignis schrieb, steht auch auf dem Denkmal: „Ille Romani moderator Imperii semper Augustus, per quem Roma veteris refloruit gloria, revixit honor, potestas, excrevit, heu aquis deperit interceptus." (Jener Herrscher des Reiches, der Kaiser, durch den der Ruhm des alten Rom wieder aufblühte, seine Ehre auflebte, seine Macht neu erwuchs, ach, er versank tot in den Wassern.)

151 Selge/Zerk (Antalya) O 14

In 900 m Meereshöhe liegen, über 3 Hügel verteilt, am Oberlauf des Eurymedon, die ausgedehnten Ruinen von Selge. Die meist zu Pisidien, von anderen zu Pamphylien gerechnete Stadt führte ihre Gründung auf den Seher Kalchas zurück. Danach sollen sich spartanische Siedler hier niedergelassen haben. Geschichtlich tritt Selge erst während des Alexanderfeldzuges in Erscheinung. Die Einwohner schicken dem König eine Gesandtschaft ins Lager vor Termessos, in der sie ihre Bundesgenossenschaft anbieten. Als Alexander die Belagerung abbricht, zeigen sie ihm den Weg über die Berge nach Sagalassos. Diese Begebenheit zeigt, daß Selge kein gutes Verhältnis zu den griechischen Nachbarstädten hatte. Polybios *berichtet ausführlich von Streitereien, die die Selgier ständig um 220 v. Chr. mit anderen Städten führten. Im römischen Kaiserreich blühte die Stadt dank ihrer von* Strabo *gerühmten fruchtbaren Gefilde und des Handels ihrer Bewohner auf. In byzantinischer Zeit war sie Bischofssitz.*

Am Wege nach Selge, der durch eine wilde Felslandschaft führt, liegt eine römische Brücke über den Eurymedon. Die Stadt war von einer streckenweise gut erhaltenen antiken Mauer umgeben. Das bebaute Gebiet reichte weit über diesen befestigten Raum der Oberstadt hinaus. Nordwestlich der Unteren Agora (Dorf Zerk) befindet sich der mächtige Bau des Theaters. Es ist etwas über den Halbkreis hinaus angelegt und besitzt ein Bühnengebäude. Insgesamt umfaßt es 45 Sitzreihen, die in ⅔ Höhe durch ein Diazoma geteilt werden.

Ein nur in Resten erhaltenes Stadion führt vom Theater auf die jenseits der

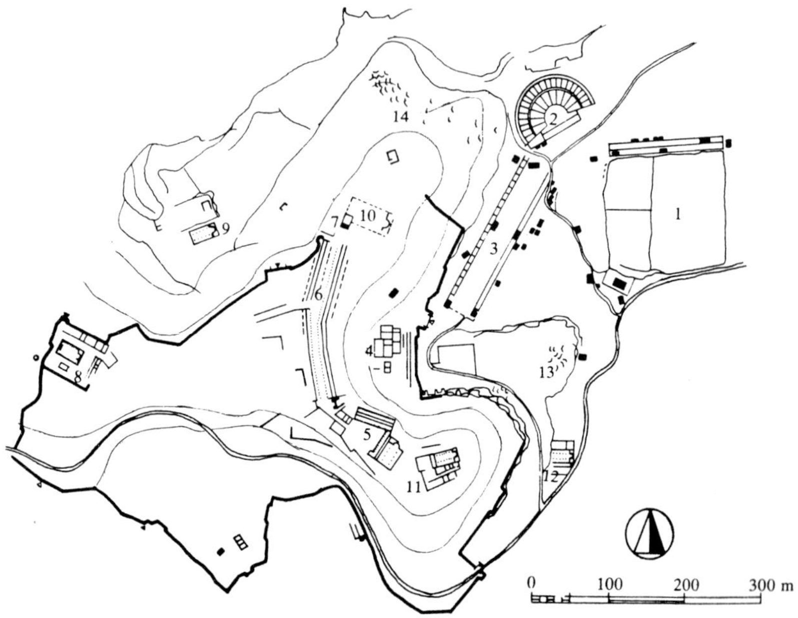

Selge, Stadtplan, nach Machatschek und Wagner
1 Untere Agora, 2 Theater, 3 Stadion, 4 Gymnasion, 5 Obere Agora, 6 Säulenstraße, 7 Podiumtempel, 8 Kesbedion mit Zeus- u. Artemistempel, 9–12 Basiliken, 12 Ostnekropole, 14 Nordnekropole

Stadtmauer sichtbare Ruine des Gymnasions zu. Auf dem Hügelkamm darüber lief eine repräsentative Säulenstraße, die in die Obere Agora mündete. An ihren Enden lagen byzantinische Kirchen in Gestalt 3schiffiger Basiliken. Die Kirche südostwärts der Agora ist mit anderen Gebäuden verbunden, so daß hier der Bischofspalast vermutet werden kann. – Der römische Podiumtempel am Nordrand der Säulenstraße wurde später zu einer christlichen Kirche umgebaut.
Auf dem an der westlichen Stadtgrenze gelegenen Hügel Kesbedion lagen innerhalb eines Mauergevierts 2 jonische Tempel. Der größere war wohl Zeus, der kleinere der Artemis geweiht.
Im Stadtgebiet wurden insgesamt 5 byzantinische Kirchen, sämtlich Basiliken, festgestellt. Sie dürften im 4./5. Jh. erbaut worden sein.

152 Selinos/Gazipaşa (Antalya) R 18
In Selinos ist am 8. Aug. 117 n. Chr. Kaiser Trajan auf der Heimkehr vom Feldzug gegen die Parther verstorben. Sein Leichnam wurde verbrannt, die Asche nach Rom gebracht und dort im Sockel der Trajanssäule beigesetzt. Dem Kaiser zu Ehren führte Selinos einige Zeit lang den Namen Trajanopolis.
Die weitläufigen Ruinen der antiken Stadt Selinos sind noch wenig erforscht.

Sie erstrecken sich vom Vorgebirge Kap Selinde terrassenförmig bis zur Küstenebene und zum Meer. Reste des Theaters und einige Bogen der Wasserleitung sind erkennbar. Auf dem Burgrücken stand eine byzantinische Kirche basilikaler Bauform.

154 Side (Antalya) Q 15

Die Anfänge der pamphylischen Hafenstadt Side bleiben dunkel, auch wenn der Historiker Eusebios *sie auf das Jahr 1405 v. Chr. festgelegt hat. Der Geograph* Strabo *(14, 667) nennt Side als Kolonie von Kyme in der Äolis, die im 7./6. Jh. gegründet wurde. Der Stadtname ist vorgriechisch und bedeutet „Granatapfel". Einen solchen führte die Stadt als Münzbild und Symbol. Die Bewohner hatten eine eigene Sprache mit eigenen Schriftzeichen. Das wird durch mehrere griechisch-sidetische Bilinguen bezeugt. Im 6. Jh. v. Chr. war das Gebiet lydisch, dann wurde es persisch. Side konnte sich manche Freiheiten bewahren. Es prägte Silbermünzen bis zur Zeit Alexanders d. Gr. Im Hellenismus gehörte die Stadt zuerst zum Reich des Antigonos, nach 301 unterstand sie den Ptolemäern (bis 218), danach den Seleukiden. Auf der Reede von Side kam es 190 zu einer von* Livius *(XXXVII, 234) geschilderten Seeschlacht zwischen der seleukidischen, von Hannibal befehligten Flotte und der Flotte von Rhodos, die mit einem Sieg der Rhodier endete.*

188 kam Side durch den Frieden von Apamea an Pergamon und 133 mit der pergamenischen Erbschaft an Rom. Doch scheint Side weitgehend unabhängig geblieben zu sein. Die Gründung Attaleias wäre sonst schwer verständlich. Der Seleukide Antiochos IV. Euergetes (reg. 138–129) wurde in Side erzogen und trug daher den Beinamen „Sidetes". Doch mußte das handeltreibende Side um 100 den Seeräubern, die die gesamte Südküste heimsuchten, seinen Hafen öffnen. Auch der mithradatische Krieg zog die Stadt in Mitleidenschaft. Die Freundschaft der Römer konnte sich Side aber erhalten. Nachdem es vorübergehend zum Königreich Galatien des Amyntas gehört hatte, machte Augustus Pamphylien zu einer eigenen Provinz. Sie wurde dann Lykien oder Galatien angeschlossen, bis sie Marc Aurel (161–180) zur senatorischen Provinz unter einem Prokonsul erhob.

Im 2. und 3. Jh. erlebte die Stadt eine Blütezeit. Damals wurden die meisten der noch stehenden Bauwerke errichtet. Im 4. Jh. trugen die Aufstände der kleinasiatischen Bergvölker zur Verarmung der Stadt bei, von der sie sich aber im 5. und 6. Jh. als byzantinische Bischofsstadt, „Metropolis von Pamphylia I" wieder erholte. Die Einwohner genossen keinen guten Ruf. Der Rhetor und Sänger Stratonikos *meinte, sie seien die größten Halunken auf der ganzen Welt.*

Mit den Arabereinfällen des 7. Jh. setzte ein langer, aber unaufhaltsamer Niedergang ein. Im 9. Jh. muß ein verheerender Brand die Stadt zerstört haben. Kreuzfahrer des 2. Kreuzzugs passierten 1148 die Stadt, was ein Schatzfund europäischer Silbermünzen beweist. Der arabische Geograph Idrisi *nannte Side um 1150 „das abgebrannte Antalya". – Die Ruinen der Stadt wurden zudem noch von mehreren Erdbeben erschüttert. Wandernde Dünen bedeckten einen Teil des Stadtgebietes, in anderen wuchs zähes Gestrüpp aus Myrthen,*

Lorbeer und Lianen. Erst um 1900 siedelten sich hier moslemische Auswanderer von Kreta an und nannten ihr Dorf Selimiye.
Die Erforschung der Ruinen von Side geschah seit 1947 durch die Universität Istanbul unter Leitung von Arif Müfid Mansel.

Die Stadt Side Σίδη liegt auf einer weit ins Meer vorspringenden Halbinsel.
Das Trinkwasser wurde mittels einer 32 km langen Leitung von der Melas-/
Manavgat-Quelle herangeführt. Pfeiler und Bogen ihres Aquäduktes be-
gleiten den Besucher, der sich von der Küstenstraße aus der Stadt nähert. Das
187 erste große Baudenkmal unmittelbar vor dem Tor ist ein Nymphäon. Eine
stattliche dreigeschossige und dreigliedrige, an den Enden rechtwinklig um-
biegende Säulenwand erhob sich über einem weiten Becken. Aus 3 Brunnen-
189 mäulern floß das Wasser herab und konnte aus dem Bassin an einer Schranke
mit Schöpfnischen entnommen werden. Für die Säulenfassade wurden verschiedenfarbige Marmorsorten verwendet. Die korinthischen Kapitelle trugen im Untergeschoß einen Architrav, im Obergeschoß waren sie zu Ädikulen zusammengefaßt und mit abwechselnd halbrunden oder dreieckigen Giebeln versehen. In die Rückwände waren Nischen für Statuen eingelassen. Im 3. Geschoß setzte sich die Säulenarkatur, jedoch niedriger, fort und war vielleicht über den Nischen mit flachen Giebeln abgeschlossen. Dieser im 3. Jh. n. Chr. von den privaten Stiftern Bryonianos, Lollianos und seiner Gattin Quirinia Patra errichtete Bau ist das prunkvollste Nymphäon, die aufwendigste Brunnenanlage der römischen Kaiserzeit in ganz Anatolien, die wir kennen.

Gegenüber dem Nymphäon gewährte das Große Tor Einlaß in die Stadt. Sie war, wie alle antiken Städte, von Mauern umgeben, die sich nach ihrer Lage in die großen Abschnitte Landmauer und Seemauer unterteilen läßt. Die stärker ausgebaute, gut erhaltene Landmauer war mit 12 Türmen und der Torburg bewehrt; die nur teilweise noch erhaltene Seemauer besaß keine ausgesprochenen Türme und nur 2 kleinere Tore. Möglicherweise war auch noch ein Hafentor vorhanden. Das Große Tor ἡ μεγάδη πύλη wurde in hellenistischer Zeit (2. Jh. v. Chr.) angelegt und ähnlich dem Tor zu Perge in der Kaiserzeit umgebaut. Das von Türmen pylonenartig bewachte Tor führt zwischen 2 Torkammern in einen runden Hof. Es war von einer Mauer mit vorgeblendeter 2geschossiger, auf Säulen ruhender Bogenfassade beschirmt. In den Nischen standen Statuen von Göttern und von verdienten Persönlichkeiten. Sie gaben dem Ehrenhof einen sakralen Charakter. Das rückwärtige Tor war in einen Turm eingebettet. Der Hof selbst konnte über einen außen umlaufenden, durch Steinpfeiler getragenen Wehrgang verteidigt werden – im ganzen ist das Tor eine wehrtechnisch augeklügelte und zugleich repräsentativ wirksame Anlage.

Vom dreieckigen Platz, auf den das Tor mündete, nahmen 2 Säulenstraßen ihren Ausgang. Die nördliche führte als Hauptstraße in die Stadtmitte. Hier befand sich die quadratische Agora mit umlaufenden Säulenarkaden. Dahinter ragte der Riesenbau des Theaters auf. Dem Propylon des Marktes gegenüber lagen die Thermen und ein zweites Nymphäon. Die Straße selbst durchlief einen neben dem Theater errichteten großen Torbogen, in den ein

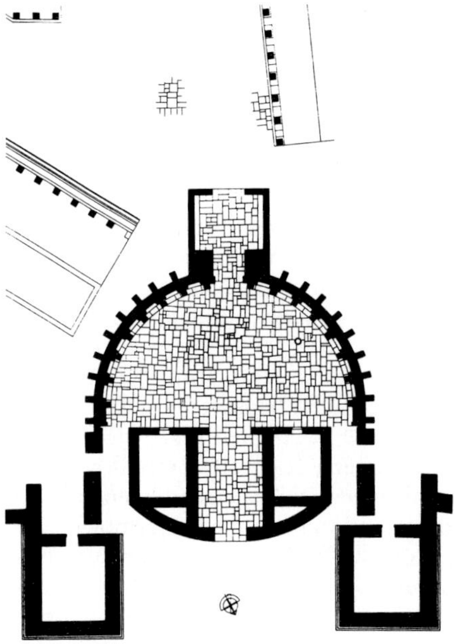

Side, Großes Tor, Grundriß, nach Mansel

2. Tor eingebaut war, in Richtung auf das Meer. Neben dem Tor war im Zielpunkt der hier scharf gewinkelten Straße ein Denkmal zu Ehren des Kaisers Vespasian (69–79) errichtet. – Die spätrömische Wehrmauer, zu der das Bogentor gehört, findet ihre Fortsetzung an der Südseite des Theaters. Sie wird nach ihrem Erbauer Philippus-Attius-Mauer genannt. Sie teilt Side an der engsten Stelle der Halbinsel in 2 Hälften. Diese Mauer folgt in ihrem Mittelstück einer Säulenstraße vom Theater zu einer weiteren repräsentativen Anlage, die man als „Staatsagora mit Kaisersaal" bezeichnet. In dieser Gebäudefolge zwischen den Meeresbuchten von den Thermen bis zum Kaisersaal ist ein bedeutendes städtebauliches Programm verwirklicht worden.

Das Theater des 2. Jh. n. Chr. steht wohl am Platze eines hellenistischen 184
Vorgängerbaus. In spätrömischer und byzantinischer Zeit hat es einige Veränderungen erfahren. Die Cavea faßte etwa 15000 Zuschauer. Sie hat 119 m 185
Durchmesser. Ihre 29/22 Sitzstufen sind durch ein Diazoma in 2 Ränge und durch Treppen in 11/24 Keile unterteilt, wobei der obere Rang keine Verbindung zum Diazoma hatte, sondern auf eigenen Treppenanlagen aus den gewölbten Räumen des Stockwerkbaus zugänglich war. Seine 2geschossige Fassade bestand aus Bogen zwischen starken Pfeilern. Ihr Erdgeschoß ist gut erhalten, während das Obergeschoß mitsamt den darauf ruhenden Sitzen eingestürzt ist. Das Bühnengebäude hinter der Orchestra war durch eine reiche Fassadenarchitektur und ebensolchen Bildschmuck ausgezeichnet. Auch dieser Bau fiel einem – oder mehreren – Erdbeben zum Opfer und stürzte in die

Orchestra, die von den Ausgräbern inzwischen ausgeräumt wurde. Dabei wurden zahlreiche Bruchstücke der Bauplastik, insbesondere der ornamental und figürlich reich durchgebildeten Kassettendecke und der Reliefs an der Scaenae frons geborgen. Der Name des Bildhauers, der die Arbeiten am oberen Bühnenhaus geschaffen hat, war auf einer leider verstümmelten Inschrift als: „... *imos, Sohn des Glykon*" überliefert.

Das Bühnengebäude nahm fast die gesamte Westseite der Agora ein, die sich hier mit 90,8 × 94 m anschloß. Der Platz trug, etwas außerhalb der Mitte, einen Rundtempel, bestehend aus einer gemauerten Cella und 12 Säulen, die einen Architrav trugen. Obwohl das reizvolle Bauwerk völlig verschwunden ist, gestatten die aufgefundenen Reste eine Rekonstruktion und machen eine Zweckbestimmung als Tempel der städtischen Tyche wahrscheinlich.

Die Staatsagora empfing ihre architektonische Prägung durch den 26,45 ×
186 15,2 m großen, von Flügelsälen begleiteten „Kaisersaal". Er war durch
eine offene 7. Bogenarkade zugänglich und wurde von der hier rechteckig vorspringenden Säulenstellung des Hofes präludiert. Die Wände des Raumes waren 2geschossig mit einer reich ausgebildeten, in Ädikulen aufgeteilten Architektur verblendet und mit farbigem Marmor getäfelt. Die kassettierte Decke bestand aus Holz. In Wandnischen standen Statuen von Göttern und Göttinnen, von Kaisern und Heroen. Sie waren z. T. Kopien nach klassischen oder hellenistischen Vorbildern. Eine größere Anzahl davon wurde in mehr oder minder fragmentiertem Zustand gefunden und in das Museum verbracht. Nur die Statue der Nemesis (!) blieb in der Südostecke des Saals stehen. Die Staatsagora mit Kaisersaal ist eine einheitliche Schöpfung, wahrscheinlich antoninischer Zeit und als solche mit den Palästen der Gymnasien in Ephesos, Milet oder Priene zu vergleichen. Jedoch wurden vorhandene ältere Gebäudeteile und Mauern mitbenutzt, wodurch vielleicht die Orientierung der Anlage im Stadtzentrum von Side erklärt wird.

Side besaß mehrere Thermen. Die in der Stadtmitte gelegene Therme an der Agora gehört zum römischen Ringtyp und ist wohl erst im 5. Jh. n. Chr. erbaut worden. Das 26,2 × 41,5 m messende rechteckige Gebäude besitzt 5 Räume unterschiedlicher Größe, die als Apodyterium, Frigidarium, Sudatorium, Caldarium und Tepidarium bestimmt werden können. Die Räume waren mit Marmor verkleidet. Die Therme wurde nach ihrer Ausgrabung 1955 wiederhergestellt und beherbergt heute das Museum. Auch der nördlich angrenzende Thermenhof, eine kurze Säulenstraße mit Läden, ist mit vielen Fundstücken aus der Stadt und ihren Nekropolen geschmückt.

An der Westseite der Thermen führt die Mauer des Philippus Attius in mehreren Winkeln entlang. Sie nahm Rücksicht auf eine hier befindliche offene Zisterne. Ihre Straßenseite wird durch ein Nymphäon begrenzt. Es ist mit 17,5 m Länge kleiner als der Prachtbau am Stadttor. Seine Front zeigte eine Wand mit 4 vorspringenden Sockeln, auf denen Ädikulen standen. Das Wasser sprudelte aus 3 architektonisch gerahmten Wandnischen in ein Becken. Die Vorbauten besaßen Säulen mit Kompositkapitellen, welche kassettierte Deckplatten und Giebel trugen, und die enthielten wiederum Statuen, römi-
192 sche Kopien griechischer Originale, von denen ein Hermes mit Geldbeutel

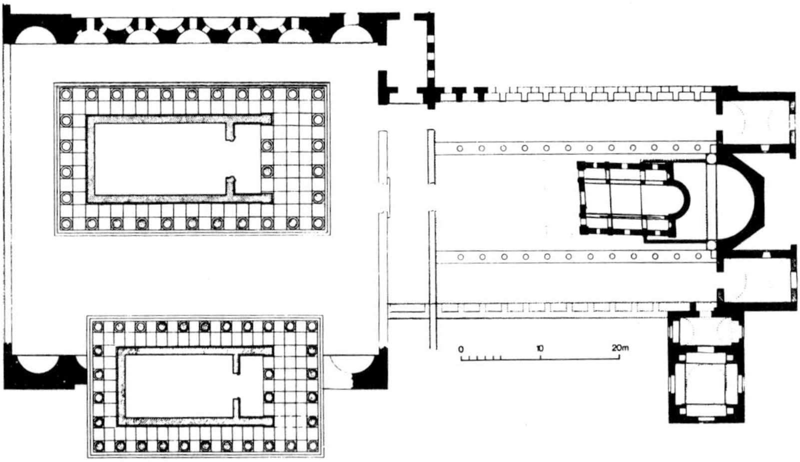

Side, die beiden Tempel und die christliche Basilika am Hafen, nach Mansel

oder ein Jünglingskopf ausgezeichnet erhalten sind. Auf einer der Platten aus 191
der Kassettendecke ist die Geburt der Aphrodite im Relief zu sehen. (Alle 188b
Bildwerke im Museum.) 194

Ein weiteres Denkmal bereichert diesen Platz am Tor: das Vespasianmonument. Durch eine in Bruchstücken erhaltene Inschrift ist es für diese Zweckbestimmung und für das Jahr 71 gesichert. Es steht aber nicht mehr an seinem ursprünglichen Platz, der unbekannt ist. Bei der Versetzung an die
spätantike Mauer wurde es in ein Brunnenhaus verwandelt. Sein formaler 194
Aufbau mit 2 rahmenden Ädikulen war dem benachbarten Nymphäon ähnlich.

Vom Torbogen am Theater führte eine 500 m lange Säulenstraße zum Meer. Dort standen auf der Landzunge südöstlich des Hafens 2 antike Tempel, die der Athena und dem Apollon geweiht waren. Beide waren Peripteroi mit je 6 : 11 Säulen der korinthischen Ordnung. Die Cellae waren von Osten her durch Pronaoi mit 2 Säulen zwischen Anten zugänglich. Der Stylobat des größeren Tempels maß 35 × 17,65 m, der des kleineren 29,5 × 16,37 m. Beide dürften in der Kaiserzeit, wohl unter Antoninus Pius (138–161), vom selben Baumeister erbaut worden sein. Die Tempel sind stark zerstört. Sie wurden in byzantinischer Zeit abgebrochen und in das Atrium einer großen Basilika einbezogen. Ein Teil der Säulenbasen des kleineren Tempels befindet sich noch in situ. Geborgen wurden auch Teile der reichen Bauplastik: Kapitelle, Architravblöcke und Gesimsstücke. Ein Medusenfries vom kleineren Tempel
mit ausdrucksvollen Köpfen ist jetzt vor dem Thermenmuseum am Markt 188a
aufgestellt.

Im ausgehenden 4. oder beginnenden 5. Jh., als das byzantinische Side einer neuen Blüte entgegenging, wurde, wie erwähnt, anstelle der beiden heidnischen Tempel eine christliche Kirche eingerichtet. Es ist eine große 3schiffige

12-Säulen-Basilika (34,5 × 24,6 m) mit innen halbrunder, außen dreiseitiger Apsis, Pastophorien und einem Narthex im Westen, vor den sich ein geräumiges Atrium legte. An der Südseite des Bema stand ein Gebäude mit Kuppelraum und Vorhalle, wahrscheinlich ein Martyrion. Diese Kirche ist zu unbekannter Zeit zerstört worden. In ihrem Mittelschiff wurde dann – im 8./9. Jh.? – eine kleine Kreuzkuppelkirche errichtet, von der einige Mauern noch übrig sind.

Ostwärts der Apsis der großen Basilika dehnte sich an der Mündung der Kolonnadenstraße ein Platz. Seine Westseite nahm ein halbrunder Sakralbau mit Säulenvorhalle ein, die über eine breite Freitreppe zugänglich war. Es wird vermutet, daß er dem orientalischen Mondgott Men geweiht war. Was die Christen aus ihm machten, ist unbekannt. – An der Seite dieses Podiumbaus stand abermals ein Nymphäon aus byzantinischer Zeit. Vor einer 12 m langen Fassade mit vorspringenden Ädikulen erstreckte sich ein trapezförmiger Säulenhof, der mit farbigen Marmorfliesen ausgelegt war.

Der Hafen von Side, das Lebenselement der Stadt und die Quelle seines Reichtums – hier wurde nicht nur mit Gütern, sondern auch mit Menschen, Sklaven, gehandelt –, war dreieckig angelegt. Seine Einfahrt war jedoch sehr eng, was von mehreren antiken Schriftstellern getadelt wurde. Reste der gut gebauten Molen sind noch sichtbar. Der größte Teil des Hafens aber ist heute versandet.

An der inneren Hafenspitze lag ein größeres Gebäude, das als Thermenanlage erkannt wurde. Sein Erhaltungszustand ist sehr unterschiedlich, doch lassen sich die nach dem „Reihentyp" angeordneten gewölbten und z. T. mit Hypokausten versehenen Räume nach ihrem Verwendungszweck bestimmen. Aus einem Saal dieser Thermen stammt der figürliche Fries mit Meerwesen und Eroten, der im Museumsgarten aufgestellt ist. Die Hafenthermen sind wahrscheinlich im 2. Jh. n. Chr. erbaut worden.

Die Bauten des byzantinischen Side sind in stattlichen Ruinen auf uns gekommen. Sie sind aber erst z. T. erforscht. Südöstlich der großen Säulenstraße liegen noch die Ruinen einer ausgedehnten Thermenanlage und eines größeren 2stöckigen Gebäudes. Nordwestlich der Straße wurde eine Säulenbasilika mit Querschiff festgestellt. Mauern der Ostteile sind noch zu sehen.

Der ausgedehnteste byzantinische Baukomplex liegt beiderseits der Nord-Süd-Säulenstraße, die vom Großen Tor ausgeht. Ostwärts stand eine wahrscheinlich 5schiffige Säulenbasilika von beträchtlichen Ausmaßen. Das 37,5 m lange Schiff mündete in ein Querhaus mit Ostapsis, an das noch weitere Bauten anschlossen, darunter ein interessantes 3gliedriges Baptisterium mit mittlerem Taufbecken. Als Säulen und Kapitelle wurden auch Spolien verwendet. Einige Kapitelle zeigen den „windbewegten Akanthus". Die Räume hinter der Basilika, die vielleicht die Bischofsresidenz bildeten, enthalten auch einen Trikonchos. Sie stammen aus dem 5./6. Jh.

Jenseits der Straße lag ein palastartiger Bau, zu dem eine kleine, elegante Kreuzkuppelkirche mit 4 Säulen in der Mitte gehörte. Der östliche Kreuzarm wurde von Pastophorien begleitet und besaß eine kleine Apsis mit Priesterbank. Die Marmorsäulen mit Akanthuskapitellen und die Wandpfei-

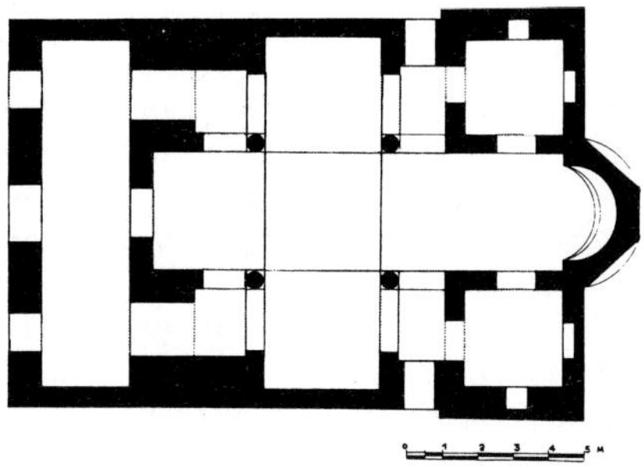

Side, Kapelle im Bischofspalast, Grundriß, nach Mansel

ler mit fein gezeichneten Ornamenten sind schöne Arbeiten, die ins 8. Jh. 193
datiert werden. An mehreren Verputzstücken sind noch Reste von Wandmalerei (Engel?) zu erkennen.

An der Säulenstraße vom Großen Tor zum Theater wurde eine byzantinische Hausruine freigelegt, die einen Hof mit einem Brunnen besitzt.

Die landeinwärts gelegene ausgedehnte Nekropole der Stadt enthält viele Bestattungen in kostbaren Sarkophagen sowie mehrere Mausoleen und Grab-
häuser. Bemerkenswert sind die beiden Erotensarkophage, der pamphylische 190
und der attische, die heute das Museum zieren. – In der Westnekropole stand eine 3schiffige Basilika, in der Ostnekropole ein überkuppelter Vierkonchenbau, vielleicht des 5. Jh. Inmitten der Ostnekropole hatte man einen großen Grabbezirk geschaffen, in dem ein prostyler Podiumtempel (22,3 × 31,2 m) in einem säulenumstandenen Hof (42,65 × 27,10 m) errichtet worden war. Die Sarkophage – alle vom Dokimeion-Typ – fanden in Wandnischen der Cella Aufstellung. Zahlreiche reichverzierte Werkstücke wurden gefunden. Sie gestatten eine zeichnerische Rekonstruktion der Anlage, die aus der 2. Hälfte des 3. Jh. stammt. Man hat auf die Verwandtschaft der Architekturglieder mit denen des Kaiserpalastes Diokletians in Salona-Spalato/Split verwiesen.

155 Sige (Bursa) D 8

An der Südküste des Marmarameers bei Mudanya gelegen. Die ehem. Taxiarchen(Erzengel)kirche, durch späte Inschrift auf 780 datiert, war eine Kuppelbasilika mit großer Rundapsis.

156 Sillyon (Syllion)/Asar Köyü (Antalya) P 14

Die pamphylische Stadt lag gut befestigt auf einem Tafelberg, der die Ebene zwischen den Flüssen Kestros/Aksu Cayı und Eurymedon/Köprüirmaği 200 m hoch über dem Meeresspiegel überragt. Die Berghänge fallen auf drei Seiten steil ab – und durch Erdrutsche und Felsstürze wurden diese Hänge bis in die jüngste Zeit hinein noch verstärkt – nur auf der Westseite ist die Stadt über eine gebaute Rampe vom Dorf Asar Köyü her zugänglich.

Die Gründungslegende nennt auch hier, wie zu Perge, die mythische Gestalt des Sehers Mopsos als ersten Herrscher. Geschichtlich bekannt wird die Stadt erst in der Mitte des 4. Jh. v. Chr., ihre Münzprägung beginnt im 3. Jh. Dem Heer Alexanders d. Gr. hat Sillyon 334 im Vertrauen auf seine Mauern widerstanden. Alexander hat eine begonnene Belagerung abgebrochen, weil andere in Pamphylien entstandene Schwierigkeiten zu bewältigen waren. Doch geriet Sillyon auch ohne militärische Anstrengung, wie die anderen Städte Pamphyliens, unter die Herrschaft des Makedoniers und seiner Nachfolger. Das waren zunächst die Seleukiden, dann fiel es an Pergamon und 133 mit der pergamenischen Erbschaft an Rom. Im Byzantinischen Reich war es Bischofssitz. Im 13. Jh. gelangte es an die Seldschuken und danach an die Osmanen.

Von den Befestigungen hellenistischer Zeit, die Alexander getrotzt hatten, ist noch das Südtor mit halbrundem Hof und flankierenden Türmen sowie einem westlich der Rampe gelegenen Torturm erhalten. Die Rampe selbst war gepflastert und konnte durch an den Berg gelehnte „Bastionen“ verteidigt werden.

In der Unterstadt sind noch die Reste des Stadions zu sehen. Ein größerer Bau daneben ist in seiner Zweckbestimmung ungeklärt.

Die über die (nördliche) Rampe erreichbare Oberstadt hat in ihrer Randbebauung durch Bergstürze sehr gelitten. Das gilt vor allem vom Theater, dessen Bühnenhaus völlig in die Tiefe gestürzt ist, während von den Sitzreihen des Zuschauerraums noch einige erhalten blieben und sich jetzt malerisch über dem Abgrund aufbauen. Das kleine Odeon westlich davon ist weniger betroffen. Auf der terrassierten Hügelkuppe sind von größeren öffentlichen Gebäuden der Antike noch eine Halle und ein weiteres Haus auszumachen, dessen Tür mit einer pamphylischen – erst teilweise entzifferten – Inschrift versehen ist.

Inmitten des Ruinengeländes steht ein byzantinischer Bau. Dort legten die Seldschuken im 13. Jh. eine Festung an. Das 2stöckige Kommandanturgebäude befindet sich nordöstlich davon. Die noch vorhandene kleine Moschee wurde aus Abbruchmaterial der römischen und byzantinischen Bauten vielleicht auf dem Fundament eines Tychetempels erbaut.

In der Stadt standen eine Reihe von Tempeln. Aus Münzbildern sind die Götter Zeus, Apollon, Hermes, Aphrodite, Demeter, Herkules und Vanassa – die Stadtgöttin von Perge – nachzuweisen. – Die Nekropole lag westlich der Stadt. Sie enthält meist Kastengräber.

Simena siehe Kekova

157 Sirkeli (Adana) P 27

10 km ostwärts Misis ist an einer steil zum Ceyhan abfallenden Felswand ein hethitisches Relief zu sehen, das einen König im Priestergewand zeigt. Die beigegebene Inschrift nennt ihn als Muvatalli, Sohn des großen Königs Mursili. (Muvatalli regierte von 1315–1282 v. Chr.)

Sis siehe Kozan

Smyrna siehe Izmir

158 Sögüt/Thebasion (Bileçik) E 12
Städtchen im Stammgebiet der Dynastie Osman. Die Türbe Ertogruls, des 1281 verstorbenen Vaters von Osman, ein 6eckiger Kuppelbau mit Vorhalle, ist türkisches Nationaldenkmal. Von den beiden Moscheen im Ort wird die eine Ertogrul, die andere Mehmet I. als Stiftern zugeschrieben.

159 Söke (Aydın) M 5
Straßenknotenpunkt im unteren Mäander(Büyük Menderes)tal. Wahrscheinlich im 14. Jh. von den Seldschuken als Akçaşehir gegründet. Im 15. Jh. durch die Osmanen unter Mehmet Celebi erobert und seitdem Söke geheißen. – Mehrere Moscheen.

160 Softa Kalesi (Içel) S 20
Burg an der felsigen Küste östlich von Anamur, wohl von den Armeniern angelegt, diesen aber zu Beginn des 13. Jh. von den Venezianern entrissen.

161 Soloi (Pompeiopolis)/Viranşehir (Içel) Q 23
Die Stadt an der kilikischen Küste geht auf eine phönikische Kolonie zurück, die im 8. Jh. v. Chr. von Rhodos neu besiedelt wurde. Die Einwohner sprachen ein derart schlechtes Griechisch, daß man später einen grammatischen oder stilistischen Schnitzer als „Soloikismos" bezeichnete. Alexander d. Gr. feierte dort die Nachricht von der Einnahme der Stadt Halikarnassos mit Opfern an Asklepios und Festspielen. 91 v. Chr. wurde Soloi durch den armenischen König Tigranes I. erobert und zerstört. Ihre Einwohner wurden nach der neuen Hauptstadt Tigranokerta (beim heutigen Diyarbakır) verschleppt. Pompeius baute Soloi wieder auf und siedelte dort von ihm besiegte Seeräuber an. Er gab der Stadt den Namen Pompeiopolis.
Die hafenwärts führende Hauptstraße ist mit 33 Säulen noch erhalten. Die 13
Säulen trugen korinthische Kompositkapitelle und waren an ihren glatten Schäften mit Konsolen zur Aufstellung von Statuen versehen. – Die Ruinen der Stadt wurden im 19. Jh. als Steinbruch für Mersin ausgebeutet.

162 Sophonbrücke bei Adapazarı (Adapazarı) C 12
Die steinerne Brücke über den heute trockenen alten Lauf des Sangarios/Sakarya ist 429 m lang. Sie besteht aus 7 Bogen zu je 23 m Spannweite und halbrund ausladenden Pfeilern. Ein hoher Torbogen an der Westzufahrt der Brücke, von *Charles Th. Texier* 1839 noch gezeichnet, ist inzwischen verschwunden. Am Ostende ein Bau mit Apsis, dessen Zweck bisher nicht bestimmt wurde. Die Brücke ist wohl unter Kaiser Justinian entstanden (559/560) und mit einer von *Prokop* erwähnten (de aedif. V. 3,7) gleichzusetzen. Vielleicht stand der Brückenbau im Zusammenhang mit einem schon von dem bithynischen Prokonsul *Plinius d. J.* (62 – etwa 114) entworfenen Plan, den Sangarios zum Sophon/Sapancasee als Teilstück eines Kanals zum Golf von Nikomedien/Izmit umzuleiten, der der auftretenden technischen

Schwierigkeiten wegen nicht ausgeführt wurde. Auch Sultan Süleyman I. hat sich mit dem Gedanken eines solchen Kanals befaßt.
Die Geologie hat für diese Landschaft die Hypothese eines „Sakarya-Bosporus" aufgestellt *(Pfannenstiel)*, der zufolge die Verbindung Schwarzes Meer – Marmarameer bis zur Riß/Würm-Zwischeneiszeit (185.–120. Jt.) von Izmit über den Sapancasee und eine Seenfläche am Platz von Adapazarı etwa dem Lauf des Sakarya folgend, geführt habe und erst durch tektonische Bewegungen und Veränderungen des Wasserspiegels der Bosporus als Meerenge entstanden sei.

163 Stratonikeia/Eskihisar (Muğla) O 6

Die karische Stadt beim heutigen Dorf Eskihisar war eine Gründung des Seleukidenherrschers Antiochos I. (282–261 v. Chr.), die er nach seiner Gemahlin Stratonike nannte. Später schenkte er den Platz an Rhodos, in dessen Besitz er, wenn auch nicht ungestört, bis 167 verblieb. 130 v. Chr. suchte Aristonikos aus Pergamon von hier aus vergeblich, den Römern die pergamenische Erbschaft streitig zu machen. 88 v. Chr. wurde die Stadt von Mithradates erobert, aber von Sulla wieder zurückgewonnen. In der Kaiserzeit blühte sie auf. In byzantinischer Zeit war sie Bistum und der Metropolis Aphrodisias/Stauropolis unterstellt.
Die Ruinen der Stadt, durch ein Braunkohlebergwerk aufs höchste gefährdet, sind noch von den Resten der Befestigung umgeben. Das Nordtor der Stadt war ein repräsentativer, gewölbter Quaderbau, der mit einem Nymphäon verbunden war. Von der stadtseitigen Säulenstellung steht noch eine Säule mit glattem Schaft und korinthischem Kapitell aufrecht. Im Nordosten ist die Stadtmauer durch eine gesondert ummauerte Befestigung verstärkt.
Die Akropolis der Stadt lag im Süden. Auf ihrem Hang ist die großenteils verschüttete Cavea eines Theaters mit einem Bühnengebäude zu sehen.
In der Stadtmitte lag das Rathaus (Bouleuterion) (früher für einen Serapistempel gehalten). Seine marmornen Quadermauern sind auf der Nordseite mit vielen griechischen und lateinischen Inschriften bedeckt. Es sind Weihetexte, Orakelsprüche und auch das diokletianische Edikt über Höchstpreise. – Eine rechteckige Anlage südlich des Rathauses gehört wohl zu einem im 2. Jh. v. Chr. erbauten, im 1. Jh. n. Chr. umgebauten Gymnasion. Von den 3 Räumen der Nordseite ist der mittlere mit einer Exedra versehen. Die Wände werden durch korinthische Pilaster mit Architrav und im mittleren Saal durch eine Säulenstellung gegliedert.

164 Sura (Antalya) S 11

Westlich von Myra auf einer Hochebene gelegene, ummauerte Siedlung. Zur Burg von Myra bestand über einen kleinen Wartturm Blickverbindung. Eine selbständige Polis war sie wohl nicht, sondern ist aus einem Adelssitz erwachsen.
Die kleine Akropolis (26,5 × 17 m) liegt auf einer Felskuppe und ist beiderseits eines mittleren Ganges angelegt. Südostwärts der Akropolis ist eine 15,6 × 9,1 m messende Halle aus den Felsen gearbeitet, die einst überdacht war. In

die Felswand sind Namen von Apollonpriestern eingemeißelt, wodurch auf ein Fischorakel des Apollon aufmerksam gemacht wird. Dieses war berühmt und wurde bei einem Tempel des Gottes am alten Hafen von Sura ausgeübt. Teile des von der Priesterhalle über eine Felsentreppe erreichbaren Tempels haben sich erhalten und gestatten die Bestimmung des Bauwerks als dorischen 2-Säulen-Antentempel (13,7 × 7,2 m) auf einem Podium. Das Gebälk bestand aus Architrav und Fries mit Triglyphen und Metopen. Der Tempel wurde in späthellenistischer Zeit unmittelbar am Meeresufer erbaut.
Zwischen Akropolis und Priesterhalle ragt ein lykisches Grabhaus auf, das in seinem unteren hallenartigen Geschoß aus dem Felsen gehauen ist. Darüber sitzt das Hyposorium und der kastenartige Sarkophag mit hohem Deckel, an dem vier starke Hebebossen angebracht sind.
Im Gebiet von Sura lagen mehrere Kirchen. Östlich der Akropolis befand sich ein basilikaler Bau mit Narthex und halbrunder, außen dreiseitiger Apsis, wohl des 5. Jh. Sie ist zu unbekannter Zeit zerstört worden. In ihren Naos baute man dann eine kleine Kapelle mit 3 Apsiden ein, die ebenfalls unterging. Die schwer datierbare „Hafenkirche", dicht beim Apollontempel, war eine 3schiffige Pfeilerbasilika mit halbrunder Apsis, Narthex und Parekklesion. An ihre Südwestecke schloß eine kleine Kapelle mit Apsis an. Die stattliche Ruine zeichnet sich durch die 3-Fenster-Gruppe der Westseite aus.

165 Susuz-Ḫan (Burdur) O 13

Seldschukischer Han am „Nordweg" von der Küste bei Antalya ins Hochland, erbaut von Kayhusrev um 1246. Der große Saal wird von einer Kuppel überwölbt. Das schöne Portal zeigt eine von reichornamentierten Feldern und Leisten umrahmte Mukarnas-Nische.

166 Syedra (Antalya) R 17

Ruinenstätte an der türkischen Südküste zwischen Alanya und Gazipaşa. In der Unterstadt dicht an der Straße die Gewölbe der römischen Thermen. – Die Oberstadt besitzt noch die Überreste einer christlichen Kirche, die aus römischen Spolien erbaut wurde.

167 Tarsus (Içel) P 24

Der Apostel Paulus *nannte sich in seiner Verteidigungsrede zu Jerusalem einen „Bürger von Tarsus in Kilikien, einer nicht unberühmten Stadt" (Acta 21, 39: . . . Παῦλος, ἐγὼ ἄνθρωπος μέν ἐιμι Ἰουδαῖος Ταρσεύς, τῆς Κιλικίας οὐκ ἀσήμου πόλεως πολίτης). Tarsus ist die einzige seit über 3000 Jahren lebendige Stadt Kleinasiens, die ihren vorgriechischen Namen unverändert beibehalten hat. Sie war von Anfang an durch ihre geographische Lage ausgezeichnet. Der schiffbare Fluß Kydnos/Tarsus Cayi verband sie mit dem Meer. Sie war aber auch ein Knotenpunkt und Wächter der Straßen, die sowohl der Küste entlang als auch über die Kilikischen Tore (Πύλαι Κιλικίας, Boğazı Gülek) hinweg führten.*
Die geschichtlichen Anfänge von Tarsus reichen bis zum Hethiterreich zurück.

Als Stadtgründer nennt die Sage den Seher Mopsos, dessen Residenz in Mopsuhestia/Misis lag, daneben aber auch assyrische Könige oder griechische Heroen. Um 715 v. Chr. fiel die Stadt den Assyrern zu, König Sanherib schlug 696 einen Aufstand nieder. Seit etwa 400 unterstand sie dem persischen Großkönig und wurde durch Satrapen regiert. 333 wurde sie von Alexander eingenommen; nach seinem Tode herrschte hier Seleukos I. Nikator, der, wie seine Nachfolger, Tarsus auch als kulturellen Mittelpunkt der Landschaft förderte. An seiner philosophischen Schule lehrte u. a. auch der Stoiker Antipatros. Im 1. Jh. v. Chr. gelangte die Stadt nach wechselvollen kriegerischen Zwischenfällen an Rom und wurde Hauptstadt der Provinz Kilikien. Im Bürgerkrieg auf seiten Caesars wurde sie zeitweise Hauptquartier von Marcus Antonius, der hier auch Kleopatra von Ägypten empfing und glänzende Feste feierte.

Cilicia wurde unter Augustus kaiserliche Provinz. Tarsus blieb in den folgenden Jahrhunderten den Kaisern eng verbunden, was in Tempelstiftungen und ehrenden Beinamen auf Münzen seinen Ausdruck fand. Sie entfaltete ein reges geistiges und religiöses Leben. Hauptgottheit war neben der städtischen Tyche Herakles. Verehrt wurden Zeus, Apollon, Demeter, Dionysos, Asklepios, wahrscheinlich auch Mithras und Kybele. Die Stadt besaß eine starke jüdische Diasporagemeinde, in der Saulus-Paulus aufwuchs. Das Christentum vermochte hier früh Fuß zu fassen – ob auf Grund paulinischer Missionstätigkeit, ist nicht überliefert. Mehrere Märtyrer werden genannt. Der Christenfeind Kaiser Maximinus Daja (310–313) fand hier sein Grab. Auch der römische Kaiser Julianus „Apostata" (361–363), der im Kampf gegen die Perser gefallen war, wurde, seinem Wunsch entsprechend, in Tarsus beigesetzt. Man baute an der Straße zu den Kilikischen Toren oder nach Lampron einen Rundtempel, in dem der Sarkophag des Kaisers zu stehen kam. Dieser Sarkophag ist wahrscheinlich identisch mit dem als „zylindrisch" beschriebenen Porphyrsarkophag, der heute vor dem Archäologischen Museum zu Istanbul aufgestellt ist. Er soll aus einer Nekropole in Alexandria stammen und für Julian verwendet worden sein. Mit anderen Sarkophagen der konstantinischen Dynastie stand er bis 1462 im Mausoleum der Apostelkirche von Konstantinopel. Die Überführung von Tarsus nach Konstantinopel wird ins 7. Jh. datiert.

In der spätrömischen Diözesaneinteilung, die der Neugliederung der Provinzen des Reiches unter Diokletian und Konstantin folgte, gehörte Tarsus als Metropolis und Bischofssitz zur Cilicia prima und unterstand dem Patriarchat Antiochia. In byzantinischer Zeit wurde Tarsus unter Justinian durch eine katastrophale Überschwemmung des Kydnos heimgesucht. Seit dem 7. Jh. war es arabischen Angriffen ausgesetzt, denen es 831 erlag. Tarsus wurde Emirat, das dann unter die Hoheit der ägyptischen Tuluniden und der Hamdaniden von Aleppo geriet. Die Wiedereroberung des Landes durch Kaiser Nikephoros Phokas führte 962 zuerst zur Einnahme von Aleppo, dann 965 unter Johannes Tsimiskes zur Rückgewinnung von Tarsus, Mopsuhestia und Anazarbos. Doch gestaltete sich die Neubesiedlung der Gebiete schwierig, so daß vertriebene Armenier und syrische Jakobiten (Monophysiten) hier eine neue Heimat fanden. Als Byzanz die Schlacht von Mantzikert/Malazgirt 1071 gegen die türkischen Seldschuken des Sultans Arp Arslan verlor, begründete der Armenier

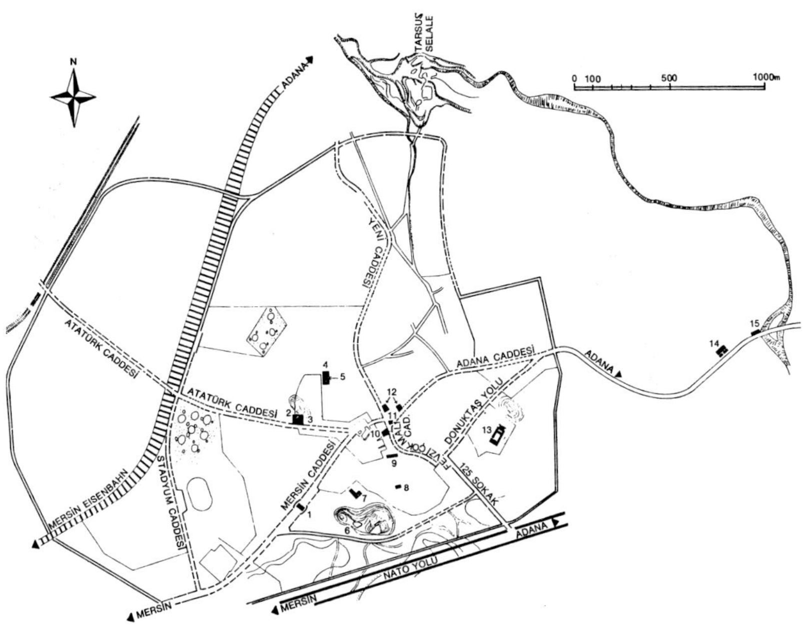

Tarsus, Stadtplan, nach Budde
1 „Kleopatra"tor, 2 Gerichtsgebäude, 3 Fundort des Tarsusmosaiks, 4 Sog. Paulushaus, 5 Brunnen, 6 Gözlü Kule, 7 Amerikanisches Kolleg, 8 Kilise, 9 Museum, 10 Makam Camii, 11 Eski Camii, 12 Römisches Bad, 13 Dönüktaş, 14 Zisterne, 15 Römerbrücke

Brachamios in Kilikien und der Kommagene ein kleines armenisches Reich, das sich aber 1086 nach seinem Tode auflöste. In Kilikien wurde Fürst Rupen Herrscher. Sein Sohn Konstantin verbündete sich mit den Rittern des 1. Kreuzzugs, die Tarsus eroberten. Es wurde aber wieder byzantinisch. Ab 1184 nahmen es dann die Armenier zur vorläufigen Hauptstadt. Die Krönung des Rupeniden Leo I. zum König fand in der Kathedrale Hagia Sophia statt. Tarsus blieb bis 1275 in armenischem Besitz, wurde dann von den Mameluken erobert und 1515 durch Sultan Selim I. Yavuz dem Osmanischen Reich einverleibt.

An diesem geschichtsträchtigen Ort sind jedoch nur wenige monumentale Zeugnisse vergangener Zeiten übriggeblieben. Vieles liegt noch unter dem Erdreich begraben, das die Wasser des Kydnos angeschwemmt haben und das heute den Baugrund der Stadt bildet. Systematische Grabungen sind durch die Bebauung fast unmöglich gemacht, doch konnte *H. Goldman* 1935/1939 am Gözlü Kule, im Südteil der Stadt, wertvolle Funde von der vorgeschichtlichen und hethitischen bis zur islamischen Zeit bergen, darunter den figürlichen Archilleussarkophag.

Der Dönüktaş im Südosten der Stadt, eine gewaltige rechteckige, in den

Felsboden mit senkrechten Wänden eingetiefte Anlage, ist wohl der Temenos eines römischen Tempels, dessen Unterbau in der Mitte aufragt (108 × 52 m; 10:21 Säulen?). Er wurde früher für das Grab Sardanapals gehalten.
Beim Fundamentaushub für das Gerichtsgebäude in der Atatürk Caddesi wurde 1948 ein hervorragender Mosaikboden von 7 × 8 m Abmessung gefunden. Er wurde in das Museum Antakya übertragen und dort als „Tarsus-
196 Mosaik" ausgestellt. Zu diesem Zweck wurde ein Teil der ornamentalen Umrahmung weggelassen, und die Bilder erfuhren eine andere Ausrichtung. Es stehen jetzt nebeneinander 3 Bildfelder: Raub des Ganymed, Satyr und Mänade, Orpheus unter den Tieren. Die Randleisten bringen Ranken, die Fußleiste 8eckige Medaillons, die abwechselnd mit Ornamenten oder Köpfen gefüllt sind. – Das Tarsus-Mosaik ist in der 1. Hälfte des 3. Jh. n. Chr. entstanden und darf „zu den Höchstleistungen hellenistisch-römischer Mosaikkunst überhaupt gerechnet werden" *(L. Budde).*
Eine Athletenfigur aus Bronze in der Art *Myrons* (5. Jh. v. Chr.), die in Tarsus gefunden wurde, steht jetzt im Museum Istanbul.
195 Das „Kleopatrator" in der Mersin Caddesi (früher Kancık Kapı oder Paulustor genannt), ist ein Bogentor der römisch-byzantinischen Stadtmauer. Die dem Tor vorgeblendete Architektur mit Figurennischen beiderseits der Torfahrt ist nur noch in Resten zu erkennen.
Am Gözlü-Kule zeichnet sich noch die Mulde des römischen Theaters, in der Stadtmitte ein „Römerbad" ab.
Das christliche Tarsus ist untergegangen. Die Makam Camii und die Eski Camii (Kilise Camii) wurden an der Stelle und unter Benutzung der Mauern christlicher Kirchen erbaut. Die Eske Camii hat den Baukörper der St.-Paulus-Kirche beibehalten. Sie war eine 3schiffige, tonnengewölbte Säulenbasilika mit halbrunder Mittelapsis und 2 Pastophorien an den Enden der Seitenschiffe. Die 3 Türen (West-, Nord- und Südwand) sind spitzbogig und haben profilierte Gewände. Die wahrscheinlich von dem armenischen König Osin (reg. 1308–1320) gestiftete Kirche zeigt sich von der französisch geprägten Kreuzritterarchitektur beeinflußt. – Am Platz der 1385 als Hofmoschee erbauten Ulu Camii stand wohl die Hagia Sophia, die älteste Kirche von Tarsus. Sie war, nach dem Bericht des *Wilbrand von Oldenburg* 1211, aus Marmor erbaut. In ihr befand sich ein hochverehrtes, farbig gefaßtes Christusbild (Statue). Bei der Eroberung von Tarsus 1275 wurde die Kirche niedergebrannt. – Es gab bei Gözlü Kule noch eine alte armenische Kirche der hl. Jungfrau, die bis ins 19. Jh. von Reisenden beschrieben wurde. Ihre Tradition reichte bis zum Apostel Paulus zurück. Im 19. Jh. wurde sie durch einen Neubau ersetzt. – Eine byzantinische Brücke führt über den Kydnos und diente einst der Straße nach Adana und zur Kilikischen Pforte.

Lampron (Les Embruns)/Camlıyayla:

72 km nördlich von Tarsus liegen die Ruinen der Burg Lampron/Camlıyayla. Ein gestufter felsiger Tafelberg trägt auf einer etwa 340 m × 150 m messenden Grundfläche die Reste der mehrgliedrigen Anlage. Die Burg war seit dem frühen 12. Jh. armenisch im Besitz von Oşin I., zunächst unter by-

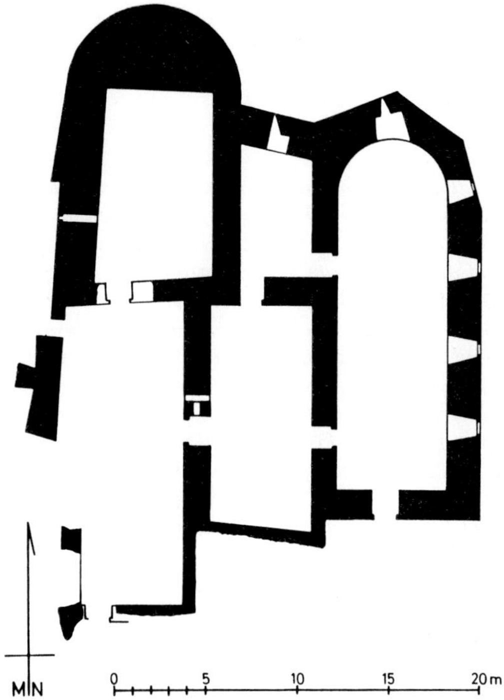

Tarsus-Lampron/Çamlıkaya, Burg, Donjon, nach Hellenkemper

zantinischer Oberhoheit. Oşins Sohn Hethum (1110–1142) machte sie zum Stammsitz der Hethumiden. Das blieb sie bis zur Mitte des 14. Jh. Zu Anfang des 12. Jh. kam es jedoch zu mehrfachen Auseinandersetzungen mit den Rupeniden, die sich der Burg bemächtigen wollten, was König Leo I. schließlich 1201 auch gelang. Sie blieb aber in hethumidischem Familienbesitz. Über ihre späteren Schicksale ist nichts bekannt. Sie gelangte wohl zuerst in die Hände der Seldschuken, danach an die Mameluken und im Zuge der Eroberungen Sultan Selims I. um 1515 an die Osmanen.

Die Nordspitze der Oberburg bildet ein mehrgliedriger Donjon. Er ist auf einer jäh abfallenden Felsenterrasse errichtet und enthält im Untergeschoß 6 gewölbte Räume, von denen der östliche als Saal gedient hat. Er ist nach Norden hin innen halbrund, außen dreiseitig geschlossen. Der südliche Bauteil mit beträchtlicher Mauerstärke ist auf der Nordseite gerundet. Er enthält einen rechteckigen Raum. Das zweischalige Mauerwerk des Donjons besteht aus sorgfältig verfugten Kalksteinquadern, von denen etliche geometrische Steinmetzzeichen tragen. *Hellenkemper* hat 2 Hauptbauzeiten für die Burg festgestellt, die aus der geschichtlichen Situation datiert werden können: die 1., die die Unterburg umfaßt, gehört in die 1. Hälfte des 12. Jh. unter Oşin und seinem Sohn Hethum II.; die 2. schuf im 2. Viertel des 13. Jh. unter

Konstantin von Lampron (1220–1249) eine Reihe von Verstärkungen und den gewaltigen Donjon.

Taş Suret siehe Akpinar

168 Teos/Sığacık (Izmir) L 3

Die Stadt Teos westlich von Smyrna war wohl eine jonische Gründung und Mitglied im jonischen Bund. Ihre Einwohner gründeten 543 v. Chr. die Stadt Abdera in Thrakien. 501 beteiligte sich Teos am jonischen Aufstand und stellte in der Schlacht bei der Insel Lade 496 das größte Schiffskontingent. Bis zur Seeschlacht vor der Mykale 478 wieder unter persischer Herrschaft, wurde sie Mitglied des delisch-attischen Seebundes. Am Ende des Peloponnesischen Krieges stand sie auf seiten Spartas, fiel jedoch durch den Frieden von 386 an den Großkönig. Alexander stellte 334 ihre Freiheit wieder her. In den Diadochenkämpfen gelangte sie an Attalos I. von Pergamon und schließlich mit der pergamenischen Erbschaft 133 an Rom. Besondere geschichtliche Ereignisse in der römischen Kaiserzeit, unter den Byzantinern, oder, nachdem Anatolien türkisch geworden war, sind nicht bekannt. In Sığacık, am ehemaligen Nordhafen von Teos, erbauten die Genuesen im 15. Jh. eine Festung ähnlich der von Çeşme.

Der Dionysostempel war ein jonischer Peripteros mit Pronaos und Opisthodom, den *Hermogenes* von Alabanda nach dem Vorbild des Athenatempels zu Priene gegen Ende des 3. Jh. v. Chr. erbaute. Der Tempel wurde unter Kaiser Hadrian erneuert. Dieser Bauzeit gehören die erhaltenen Säulen an. – Vorhanden sind noch Reste des Theaters und eines römischen Odeons.

In Teos gab es eine inschriftlich bezeugte Künstlervereinigung von fahrenden Schauspielern und Musikanten, die beim Dionysostempel ihren Sitz hatte. Aus Teos stammte auch der im 6. Jh. v. Chr. dichtende berühmte Lyriker *Anakreon*.

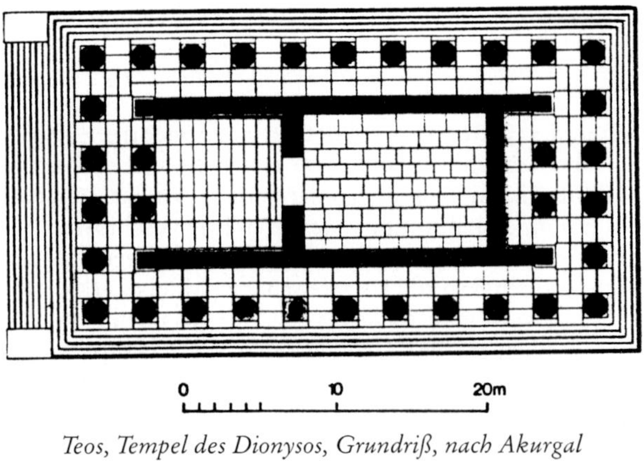

Teos, Tempel des Dionysos, Grundriß, nach Akurgal

169 Telmessos/Fethiye (Muğla) Q 9

Die antike Stadt wurde meist zu Lykien gerechnet. Sie liegt am inneren Ende des Fethiye Körfezi, des Golfes von Makri, des Kolpos Glaukos der Antike, und heißt heute Fethiye; bis ins 19. Jh. hieß sie Makri, zu byzantinischer Zeit nach dem Kaiser Anastasios II. (713/715) Anastasiopolis. Ihre Ursprünge reichen, wie die Denkmäler darlegen, in die lykische Zeit zurück. Doch sind keine geschichtlichen Daten bekannt, die über die Zugehörigkeit der Stadt zum delisch-attischen Seebund des 5. Jh. zurückreichen. Im 4. Jh. v. Chr. erobern die Lykier unter Perikle von Xanthos die Stadt. Alexander d. Gr. schließt 334 ein Abkommen mit ihr. In hellenistischer Zeit gehörte sie zunächst den Seleukiden, dann den Ptolemäern und kam durch den Vertrag von Apamea 188 zu Pergamon. 133 zählte sie wohl zu den „freien Städten" der römisch gewordenen pergamenischen Erbschaft. Sie unterstützte Rhodos im Kampf gegen Mithradates VI. von Pontus.

1957 wurde die Stadt Fethiye durch ein Erdbeben völlig zerstört und danach nach neuen Plänen modern wiederaufgebaut. Geblieben sind nur die antiken Gräber und die Burgruinen auf der Akropolis.

In die Felswände über der Stadt sind lykische Hausgräber und jonische 14
Tempelgräber eingearbeitet. Das größte dieser Tempelgräber inmitten der Wand hat die Form eines Antentempels. Die jonischen Säulen tragen über dem Gebälk einen von Akroterien bekrönten Giebel. Die Tür aus dem Pronaos in den Grabraum ist die genaue Nachbildung einer in 4 Felder eingeteilten Tempeltür aus Bronze, einschließlich der Nägel, Riegel und aufgesetzten Rosetten. Das rechte untere Feld war mit einer Schiebeplatte verschlossen. Sie fehlt, denn das Grab wurde, wie alle anderen, schon in antiker Zeit aufgebrochen und ausgeraubt. Der Name des Grabinhabers steht am linken Pilaster: Amyntas, Sohn des Hermagias ('Αμύντου τοῦ Ἑρμαγίου). Außer dem aus dem stilistischen Befund der Anlage zu erschließenden 4. Jh. ist nichts Näheres über die Lebensumstände und die Persönlichkeit dieses Amyntas bekannt. – Ähnlich sind die anderen Tempelgräber der Felswand be- 197
schaffen, doch tragen sie keine Inschriften (mehr). Beim unteren ist die linke Säule größtenteils ausgebrochen, so daß der Rest des Schaftes „vom Gebälk herabhängt, als wäre es ein Stalaktit" *(Sybille Haynes).*

Die Hausgräber bilden hier wie andernorts in Lykien die aus Holz gezimmerten und mit Bruchsteinen gefüllten Hausformen nach, meist nur die Eingangsseite, bei freistehenden Felsen auch die Längsseiten. Sie vermitteln so eine sehr detaillierte Anschauung vom lykischen Hausbau. Die ältesten Gräber gehören dem 5. Jh. an. – Eine große Anzahl Gräber an den Hängen sind auch nur einfache, in die Felsen gehauene rechteckige Löcher.

Der lykische Sarkophag ist in mehreren Beispielen vertreten, heute meist mitten auf den Straßen und Plätzen zwischen neuen Häusern. Der beste unter ihnen, einer der schönsten überhaupt, stand bis 1958 vor der Küste im Wasser und bot ein malerisches Bild. Durch Auffüllung des Ufers mit Schutt aus den Erdbebentrümmern hat er jetzt seinen Platz vor dem Belediye, der Stadtverwaltung von Fethiye. Die Deckelseiten und der Firstbalken sind mit Reliefs von Kriegern geschmückt.

Auf der „Akropolis" stehen noch formlose Mauerreste einer byzantinischen Burg – sie werden aber auch als Überbleibsel eines Johanniterkastells angesprochen.

170 Termessos (Antalya) P 12

Die „Stadt im Hochgebirge", in über 1000 m Meereshöhe zu Füßen des Solymos/Güllük Daği im südöstlichen Pisidien gelegen, tritt erst mit dem Alexanderzug durch Kleinasien 334/333 ins Licht der Geschichte. Ihr mythischer Begründer war der korinthische Königssohn Bellerophon, der Überwinder der Chimära (siehe Olympos und Tlos).

Alexander d. Gr. hat Termessos nur kurz belagert und ist dann, ohne die Stadt einzunehmen, weiter gen Sagalassos marschiert. 310 zog sich sein Heerführer Alketas, der Bruder des ermordeten Perdikkas, im Kampfe gegen Antigonos auf Termessos zurück. Als ihn die Stadtoberen, gegen den Willen der jungen Mannschaft, ausliefern wollten, beging er Selbstmord. Die Jugend von Termessos bereitete seinem Leichnam ein ehrenvolles Grab, das heute noch gezeigt wird. – Termessos unterhielt im 2. Jh. gute Beziehungen zu Attalos II. von Pergamon, dem Gründer von Attaleia/Antalya. Der König stiftete am Marktplatz von Termessos eine Stoa.

Im Jahre 70 v. Chr. schloß die Stadt mit Rom einen Freundschaftsvertrag ab, der ihr ein großes Maß an Freiheit gewährte. Die Römer zählten Termessos zu Pamphylien. Aus den öffentlichen Bauten und vielen Weihinschriften kann man schließen, daß es der Stadt in der römischen Kaiserzeit gut ging. Unter den Byzantinern war es ein Bischofssitz. Wann die Stadt verlassen wurde und unterging, wissen wir nicht.

Die Stadtmauern mußten sich dem zerklüfteten Gelände anpassen und sind daher sehr unregelmäßig geführt und nur zum Teil erhalten. Der Zugang erfolgte einst wie jetzt vom Tal her. Vor der Stadt befand sich ein unter Kaiser Hadrian errichteter Tempel, ein jonischer Peripteros, dessen rechteckiges, mit Astragalstäben geziertes Propylonportal noch aufrecht steht.

Die sog. „Königsstraße", ein gepflasterter Weg, führt vom unteren Tor und etwas gewinkelt zur Agora in der Stadtmitte. Sie wurde auf 2 Seiten von Säulenhallen gerahmt, der Stoa des Attalos (2. Jh. v. Chr.) und der Stoa des Osbaras – eines nicht näher bekannten Bürgers – (1. Jh. n. Chr.). Die 3. Seite des Platzes nimmt ein Heroon ein, das aus einem anstehenden Felsen gemeißelt wurde. Der Boden des Marktplatzes weist jetzt 5 kreisrunde Löcher auf, die zu tiefen Zisternen gehören. Sie lagen ehedem im Untergeschoß einer Markthalle.

Der Osbarasstoa entlang erreicht man den eindrucksvollsten Bau der Stadt,
198 das Theater. Es ist nach griechischer Art auf einem etwas über den Halbkreis hinausgehenden Plan mit 16 unteren Sitzreihen, Diazoma und 8 oberen Sitzreihen angelegt. Das Bühnenhaus wurde in römischer Zeit verändert und mit dem Zuschauerraum verbunden. Seine einst mit Marmor verkleidete Innenfassade war durch 5 säulengefaßte Eingänge gegliedert. Die Scaenae frons trug wie üblich Bildschmuck. Die kriegerischen Solymer brachten hier aber nicht mythologische Begebenheiten, sondern Reliefs von Waffen an. Die Lage dieses Theaters in der Hochgebirgslandschaft ist einzigartig.

Nördlich vom Theater liegen die Ruinen eines großen Gymnasions. Im Süden ist inmitten mehrerer Gebäude eines mit halbrunder Sitzanordnung im Inneren zu sehen. Es wird meist als „Odeon" bezeichnet, kann aber auch ein Rathaus/Bouleuterion gewesen sein. Um diesen Bau waren mehrere Tempel gleichsam versammelt, von denen einer dem Zeus Solymeus, 2 weitere der Artemis geweiht waren.
Im Stadtgebiet sind noch weitere Tempelbauten festgestellt worden, doch fehlen Angaben über die Gottheiten, denen sie zugedacht waren. Systematische Untersuchungen des Trümmerfeldes würden sicher noch weitere Aufschlüsse für die Denkmälertopographie erzielen.
Termessos besitzt eine ausgedehnte Nekropole mit vielen Sarkophagen im Westen und Norden der Wohnstadt. Bemerkenswert sind einige mit schmückenden Reliefs versehene Steinkisten: Das Löwengrab innerhalb eines Tempelchens oder das Medusengrab. Das wahrscheinliche Grab des Alketas zeigt eine Reiterfigur. Das Relief ist ein gutes Werk hellenistischer Bildhauerei.

Thebasion siehe Sögüt

171 Thyatira/Akhisar (Manisa) I 6

Die Stadt ist wohl lydischen Ursprungs. Sie erhielt nach ihrer Einnahme durch Seleukos I. Nikator nach der Schlacht gegen Lysimachos bei Kurupedion 291 v. Chr. den Namen Thyatira. Mit dem Vertrag von Apamea 188 gelangte sie an die Attaliden und 129, nachdem sie kurze Zeit dem Aristonikos, der das Pergamenische Reich für sich beanspruchte, als Residenz gedient hatte, an Rom. Sie besaß bedeutende Tuchmacherwerkstätten. Ihre Christengemeinde wird in den 7 Sendschreiben der Johannesapokalypse (2, 18–29) genannt. Aus Thyatira stammte die erste Christin Europas, die der Apostel Paulus zu Philippi taufte, die vermögende Purpurhändlerin Lydia (Apg. 16, 14. 15. 40). – Kaiser Hadrian besuchte die Stadt 123, auch Kaiser Caracalla lebte hier eine Zeitlang und ließ Bauten errichten.
In byzantinischer Zeit verlor Thyatira an Bedeutung und wurde 1310 vom Emir Saruhan von Manisa besetzt. 1425 behauptete sich hier der Usurpator Cünayt, der sich als Sohn des Sultans Beyazit Yıldırım ausgab. Nach seiner Niederlage kam die Stadt endgültig an die Osmanen und hieß fortan Akhisar.
Charles Texier *hat in den 30er Jahren des 19. Jh. noch die malerischen Ruinen* 199
der Stadt in einer Landschaftszeichnung festgehalten. Heute sind keine nennenswerten Reste von Baudenkmälern mehr erhalten.

172 Tire/Torrebia?/Theia? (Izmir) L 6

Die Stadt im Tal des Kleinen Mäander hieß byzantinisch wohl Theia und ist vielleicht mit dem antiken Torrebia identisch. 717 fiel es dem Araber Maslama auf seinem Zug gegen Konstantinopel in die Hände. 1304 besetzten es die Katalanen unter Roger de Flor, 1391 die Osmanen; 1402–1425 residierten hier und in Birgi die Aydinoğlu. Mehmet II. ließ seine Bewohner nach der Eroberung von Konstantinopel 1453 dorthin umsiedeln.

Unter den zahlreichen Moscheen des Städtchens ist die des Yaşi Bey von 1446 ein frühosmanischer Kuppelsaal mit Halbkuppel über dem Mihrab. Sie gehörte zum Kloster der Tanzenden Derwische. Heute Museum. – Der Bedesten aus dem ausgehenden 14. Jh. ist rechteckig 2schiffig angelegt und wird von 8 Kuppeln überwölbt.

173 Tlos/Kale Köy/Yakaköy (Muğla) Q 10

Die lykische Stadt Tlos überragt mit dem steilen Felsen ihrer Akropolis das mittlere Xanthostal. Sie gehörte in der Antike dem lykischen Bund mit 3 Stimmen im Rat an. Im 4. Jh. v. Chr. war sie mit dem Satrapen Pixodaros, dem Bruder und Nachfolger des Maussolos, verbündet, wie aus einer Inschrift in Kadyanda (siehe dort) hervorgeht. Im 2. Jh. versuchte ein Eudemos mit Hilfe von Rhodos sich zum Tyrannen zu machen. In römischer Kaiserzeit erhielt die Stadt den Titel „Glänzende Metropolis des lykischen Volkes". Die Stadt wurde beträchtlich erweitert, öffentliche Bauten entstanden. Die Einteilung der Bürgerschaft in 3 Demen, die nach den Helden Iobates, Bellerophon und Sarpedon genannt wurden, zeigt lykisches Geschichtsbewußtsein. In Tlos gab es auch eine größere jüdische Diasporagemeinde. In byzantinischer Zeit war die Stadt Bischofssitz.

Wie alle lykischen Städte, ging Tlos im Verlauf der vielen kriegerischen Verwicklungen und Raubzüge unter, die mit den Arabereinfällen des 7. Jh. ihren Anfang nahmen. Sie riefen abwechselnd die Byzantiner, die Kreuzritter oder die Seldschuken auf den Plan. Zu Beginn des 19. Jh. hauste hier der berüchtigte Räuberhauptmann Kanlı Ali Ağa („der blutige Ali"). 1838 hat Charles Fellow *die Stadt wiederentdeckt.* T. A. B. Spratt, *der 1847 Lykien bereiste, lobte die Lage von Tlos mit begeisterten Worten.*

Der älteste Teil der Stadt ist die auf Felsen, welche im Norden und Nordosten senkrecht abfallen, errichtete Burg. Sie wurde von einer türkischen Zitadelle überragt, für deren Bau römische Spolien Verwendung fanden. In die Felswand eingehauen sind viele lykische Gräber, meist in Hausform. Das bedeutendste unter ihnen hat die Form eines Antentempels – wie zu Telmessos – und ist mit Reliefs aus der Bellerophonsage geschmückt.

An die nach Süden und Südosten hin terrassenförmig abgeflachten Burgfelsen schloß sich eine römische und byzantinische Oberstadt an. Sie war mit einer Mauer umgeben und durch eine Toranlage zugänglich. Ostwärts dieser Mauer liegt das weite Gelände der anscheinend unbefestigten Unterstadt, die in der römischen Kaiserzeit angelegt wurde. Ihre Ruinen sind recht ansehnlich, wenn auch vielfach eingestürzt, verschüttet und überwuchert oder in bebautem Feld liegend. Bemerkenswert ist eine 150 m lange Halle, deren Bestimmung unklar ist. Sie ist 2geschossig aus Quadern aufgemauert und mit einer Reihe von Bogenöffnungen versehen. – Ein Platz südlich davon gilt als Palästra. Er wird begrenzt von 2 Thermenanlagen. Die Raumaufteilung ist noch gut zu erkennen. Die größere der beiden Anlagen besitzt eine Apsis mit 7 Fenstern.

Weiter nördlich liegt ein Trümmerhaufen, aus dem Säulenschäfte, z. T. mit korinthischen Kapitellen, hervorsehen. Hier ist die Stelle eines Tempels der

römischen Kaiserzeit. Daneben ist eine christliche Kirche, eine 3schiffige Basilika mit großem Querhaus und Mittelapsis, zu erkennen. Östlich von Tempel und Kirche kann die Agora vermutet werden.
Im Nordosten liegt das nur mühevoll zu besichtigende große Theater. Der Zuschauerraum mit 34 Sitzreihen war durch ein Diazoma geteilt. Das eingestürzte Bühnenhaus besaß Säulengliederungen und wies reiche Schmuckformen auf. Erbaut wurde es, wie die Stifterinschriften ausweisen, zur Zeit des Antoninus Pius im 2. Jh. als Umbau einer älteren Anlage. Unter den Geldgebern begegnet wieder an erster Stelle der lykische Wohltäter Opramoas von Rhodiapolis.
Die römischen Nekropolen an mehreren Stellen des Stadtgebietes enthalten viele Steinsarkophage.

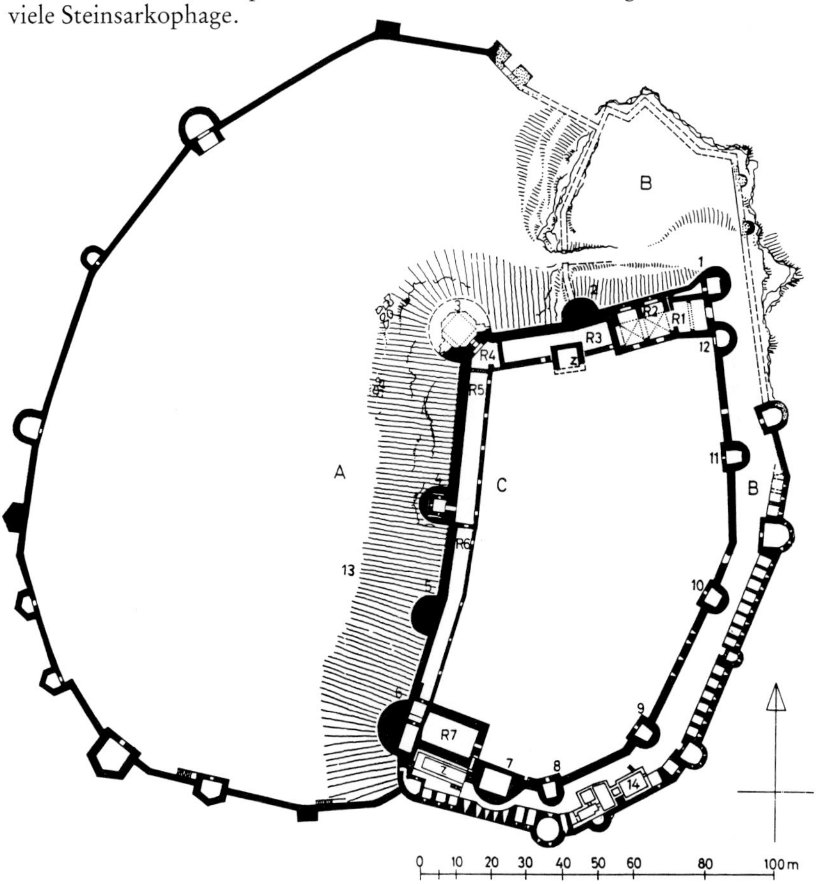

Toprakkale, Burg, Grundriß, nach Müller-Wiener
A Vorburg, B Zwinger u. Zwingerhof, C Kernburg, R1–R7 Stallungen, Vorratshäuser u. Saalbauten, 1–12 Türme der Kernburg, 13 Talus, 14 spätmittelalterliche Einbauten, Z Zisternen

174 Toprakkale/Tell Hamdun (Til) (Adana) O/P 28

Die Burg liegt in der Südost-Türkei an einem strategisch wichtigen Angelpunkt. Hier gabelte sich zu Füßen des Amanosgebirges die Straße nach Antiochie/Antakya und Edessa/Urfa. Der Ort war um dieser Lage willen schon früh befestigt, doch ist sein alter Name nicht überliefert. Wahrscheinlich hieß er Epiphaneias. Im 12. Jh. n. Chr. spielte er in den Kämpfen zwischen den Komnenenkaisern und den Kleinarmeniern, in die auch Seldschuken und Bohemund II. von Antiochien eingriffen, eine Rolle. Die Grenzfeste des Fürstentums Antiochia gelangt 1132/1133 an den Armenier Leo, dem sie aber Kaiser Johannes II. Komnenos wieder abnimmt. 1151 fällt sie an den Rupeniden Thoros II. Er kann sie 1154/1155 gegen den Seldschukensultan verteidigen, muß sie aber 1158 dem byzantinischen Kaiser Manuel ausliefern. Doch gelingt es den Armeniern, die Burg wieder zu besetzen. 1185 dient sie als Lösegeld für Rupen III. an Bohemund III. von Antiochia. Spätestens 1194 ist sie wieder als fränkisches Lehen in armenischer Hand. Der deutsche Chronist Wilbrand von Oldenburg *besucht 1211 die Burg und nennt sie ein „bonum castrum“. 1266 wird sie zum ersten Mal von den Mameluken erobert, dann aber von den Armeniern zurückgewonnen. Nach wechselvollen Kämpfen und mehreren Belagerungen bleiben 1337 die Mameluken Sieger. Die Burg wird zerstört.*

200 Die weithin sichtbare Feste auf einer abgeflachten Felskuppe besteht aus Ober- und Unterburg, die durch eine turmbewehrte Sperrmauer voneinander geschieden sind. Die Oberburg ist durch eine Böschung mit starken Mauern und halbrunden Türmen geschützt. In ihrer Südwest- und ihrer Nordostecke liegen Saal- und Wohnbauten, Magazine und Stallungen. Dieser Ausbau dürfte in der 1. Hälfte des 13. Jh. von Festungsbaumeistern des Johanniterordens (siehe auch Silifke) vorgenommen worden sein.

175 Tralleis/Aydın (Aydın) M 6

Die heutige lebhafte Provinzhauptstadt im Mäandertal an der Einmündung der von Süden kommenden Straße gehörte zur antiken Landschaft Karien. Der Sage nach wurde sie von Argivern gegründet, doch beginnt ihre geschichtliche Bedeutung erst mit Alexander d. Gr. 334. In den Diadochenkämpfen erobert sie Antigonos I. Monophtalmos 313. Sie fällt dann 301 an Lysimachos, dem sie 281 von Seleukos I. entrissen wird. Er gab ihr den Namen Seleukia (am Mäander). Nach dem Frieden von Apamea 188 gelangt sie an Pergamon und 133/129 an Rom. 88 v. Chr. faßt König Mithradates Eupator dort Fuß, muß die Stadt aber wieder aufgeben. 27 v. Chr. wird sie durch ein Erdbeben zerstört. Kaiser Augustus läßt die Stadt unter den Namen Cäsareia wiederaufbauen. Dank ihrer günstigen Verkehrslage, die das Innere von Karien und das fruchtbare Mäandertal mit der Ägäis verbindet, behält sie auch im Byzantinischen Reich ihre Bedeutung bei. Sie wird Bischofssitz. Aus Tralleis ist der eine der beiden Architekten der Hagia Sophia zu Konstantinopel, Anthemios, *gebürtig.*

Im 12. Jh. wird die Stadt von den Rum-Seldschuken besetzt, doch vermag sie Kaiser Manuel I. wieder zurückzugewinnen. 1282 verlieren sie die Byzantiner an die Emire von Menteşe, denen sie der Osmane Beyazit I. abnimmt. Doch

werden sie nach der Niederlage des Sultans bei Ankara 1402 von Tamerlan wiedereingesetzt. Erst Sultan Mehmet I. gliedert die jetzt Aydın genannte Stadt in den osmanischen Herrschaftsbereich wieder ein. Sie behält aber unter den Karaosmanoğlu-Statthaltern eine gewisse Selbständigkeit, die bis ins 19. Jh. anhält. In der Türkischen Republik wird sie Verwaltungssitz eines Vialyet/Il.
Von antiken Bauten steht auf dem Güzel-Hisari-Plateau oberhalb der Neustadt noch eine starke Mauer aus 3 Bögen (Üç göz), die zu einem römischen Gymnasium des 3. Jh. gehörte. Die Säulenreihe westlich davon wird der Agora zugerechnet.
In Tralleis haben 1888 *Carl Humann* und 1902/1903 *Osman Hamdi Bey* für das Museum Istanbul ausgegraben. Es wurden mehrere Tempelfundamente entdeckt, Reste von Thermen und des Theaters freigelegt. Vom Theaterbau in Tralleis berichtet *Vitruv*, daß dort der Maler *Apaturios* aus Alabanda das Bühnenhaus mit Säulen, Nischen und Ädikulen perspektivisch bemalt und damit die erste Scheinarchitektur der Kunstgeschichte geschaffen habe. (Funde aus den Grabungen im Museum Istanbul.)
Zu den schönsten griechischen Bildwerken gehört der „Knabe von Tral- 201
leis" im Archäologischen Museum Istanbul (Nr. 1191), wohl ein Grabdenkmal des 3. Jh. (es wird aber auch das Augusteische Zeitalter in Betracht gezogen). Weitere Skulpturen aus Tralles im Museum Istanbul sind: Apollon Kitharödos (Nr. 384), Demeter (Nr. 1425), Nymphe (Nr. 1190) und Frauenkopf (Nr. 1205). – Hellenistische Terrakottafiguren und römische Reliefs befinden sich im Museum Aydın.
Aus frühbyzantinischer Zeit sind 2 Kirchen bezeugt. Im 16. Jh. ließ Üveys Paşa die Bey Camii und die Süleyman Paşa Camii unter Verwendung viele antiker Spolien erbauen. – Die Cihanoğlu Camii stammt von 1756. Eine nahegelegene Medrese enthält ebenfalls zahlreiche antike Bruchstücke.

176 Trilye (Bursa) D 8

Die kleine Stadt am Marmarameer besitzt noch 2 byzantinische Kirchen der ikonoklastischen Zeit (8. Jh.). Die größere unter ihnen, seit ihrer Umwandlung in eine Moschee Fatih Camii geheißen – der christliche Name ist unbekannt –, ist eine 4-Säulen-Kirche auf kreuzförmigem Grundriß mit mittlerem Kuppelturm. Ihre Säulen tragen schöne Akanthuskapitelle und breite Kämpfer, die noch justinianisch beeinflußt erscheinen. – Die andere Kirche, Hagios Johannes von Pelekete, ist ein profaniertes und nur zum Teil erhaltenes Bauwerk. Sein Ostteil ist in eine halbrunde Mittelapsis und 2 apsidial geschlossene Pastophorien gegliedert. Das Kloster Pelekete wurde 764 von den Ikonoklasten zerstört, aber danach wiederaufgebaut, wobei antike Bauglieder (Säulen, Gesimse) Verwendung fanden. Man vermutet ihre Herkunft aus Kyzikos. Die bithynischen Klöster leisteten damals den Bilderfeinden zähen Widerstand. In Trilye wirkte auch Theophanes Confessor als Gründer des Klosters Megas Agros (um 785). Theophanes, aus Sigriana bei Kyzikos gebürtig, gehörte zu jener Gruppe von gebildeten Hofbeamten, die auf ihren Gütern Klöster gründeten. Kaiser Leo V. hatte ihn auf die Insel Samothrake verbannt.

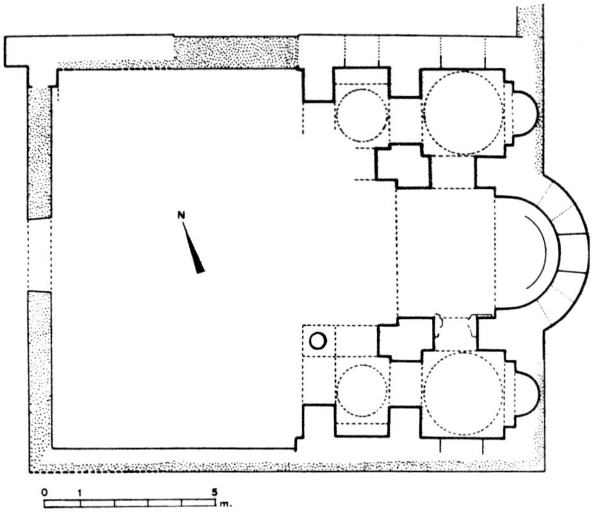

Trilye, Ehem. Hagios Johannes von Pelekete, Grundriß, nach Mango

177 Troja/Truva (Çanakkale) E 2

Die Sagen vom Trojanischen Krieg, ›Ilias‹ und ›Odyssee‹, vom Zorn des Helden Achilleus und von den Irrfahrten und Abenteuern des Heimkehrers und Dulders Odysseus stehen am Anfang der griechischen Literatur und ihres im Menschenbilde sich offenbarenden Selbstverständnisses. Der reichhaltige mythische Stoff, den auch Hesiod, Alkaios, Sappho *und andere Dichter kannten, hat durch* Homer *seine endgültige Formung erfahren.* Homer *als geschichtliche Persönlichkeit des 7. Jh. v. Chr. lebte im jonischen Kleinasien und stammte wahrscheinlich aus Smyrna.*

Der Ort, um den diese Dichtung gewoben wurde, ist Troja, das „Ilion" Homers und die griechisch-römische Stadt, die noch unter Byzanz als Bischofssitz genannt wird. Kaiser Konstantin d. Gr. trug sich eine Zeitlang mit dem Gedanken, sie zur Hauptstadt seines Reiches zu machen. In den zahlreichen kriegerischen Unternehmungen, die besonders seit dem 11. Jh. zwischen Byzantinern, Türken, Kreuzrittern und bewaffneten Expeditionen der handeltreibenden Mächte am Mittelmeer in diesem Wetterwinkel ausgetragen wurden, verödete die Stadt. Noch im 15. Jh. kannte man ihre Lage, dann aber ging die Kunde davon verloren.

Erst Heinrich Schliemann *kam nach gründlichen Studien und im Vertrauen auf die topographischen Aussagen* Homers *zu dem Ergebnis, daß der damals „Hisarlik (= Schlößchen)" genannte Hügel die Überreste von Troja bergen müsse. Er begann seine Ausgrabungen 1870. Nach seinem Tode 1890 führte* Wilhelm Dörpfeld *die Arbeiten bis 1894 weiter. Er teilte die gefundenen Schichten in Perioden von I–IX ein. Die Archäologie hat diese Gliederung übernommen. Amerikanische Nachgrabungen unter Leitung von* C. W. Blegen

1932–1938 ergaben insgesamt 46 Bauphasen. Sie wurden durch Zusatz von arabischen Zahlen und Kleinbuchstaben zu den römischen Ziffern von Schliemann/Dörpfeld *bezeichnet.*
Die Ruinen von Troja liegen 6 km von der Westküste und 4,5 km von den Dardanellen entfernt auf einem Hügel oberhalb eines bebauten und bewässerten Landes. Neben vereinzelten Ölbäumen begegnen auch kleinere Kiefernwälder. Wer als Besucher mit den Schilderungen der ›Ilias‹ oder der ›Äneis‹ im Gedächtnis diesen Boden betritt, ist zuerst ob des Wenigen, das es hier zu sehen gibt, enttäuscht (Verf. war das auch). Doch sollte man sich bewußt werden, daß nicht die Steine und die Scherben entscheidend für den Begriff Troja in der Geschichte sind, sondern der Geist, der hier ordnete und formte, der Werke schuf und ihnen Sinn verlieh. Ihn gilt es zu begreifen. Der Gang hinauf zur Akropolis von Troja führt – nur auf der Süd- und Ostseite, auf der Nordseite sind keine älteren Schichten mehr vorhanden – an Mauern vorbei, die hinter- und übereinander liegen und damit auch ihre zeitliche Abfolge zu erkennen geben. Aber dieser Weg führt durch Jahrtausende, von der jüngeren Steinzeit bis zu Kaiser Augustus.
Die Geschichtlichkeit des Trojanischen Krieges läßt sich aus den Ruinen nicht beweisen. Auch können weder das Epos aus den Grabungsbefunden noch diese aus dem Epos datiert werden. – Der Name Troja (Τρωία, Τροία, Τροίη) ist vom Stammesnamen Troer (Τρῶες) abgeleitet. Die Stadt heißt bei *Homer* – mit einer Ausnahme – Ilios (ἡ Ἴλιος); dann bei den Griechen und den Römern Ilion (τὸ Ἴλιον). Ob das um die Mitte des 8. Jh. v. Chr. neu besiedelte Ilion gleichzusetzen sei mit dem Ilios *Homers*, darüber hat man schon in der Antike gestritten. Der bis in die Zeit des Augustus bescheidene Ort lebte von dem Ruhm, das Troja *Homers* zu sein und empfing darum auch manchen hohen Besuch. Xerxes, Alexander d. Gr. und Antiochos III. hielten an dieser Stätte Einkehr. In hellenistischer Zeit gehörte Troja zu Pergamon, verbündete sich aber schon 204 mit Rom, als dessen Ahnenort es durch die Äneas-Sage galt. Gaius Julius Caesar hat die Stadt hoch geehrt, Augustus stattete die „Civitas libera et immunis" mit einem Kapitol und einem neuen Athenatempel aus. Die Kaiser Hadrian und Caracalla erwiesen Troja ihre Gunst. Konstantin I. hatte, wie schon erwähnt, die Absicht, Troja zur Hauptstadt zu erheben, bevor seine Wahl auf Byzanz fiel. Seit dem 4. Jh. hatte Troja einen christlichen Bischof. Über die Schicksale der Stadt in spätbyzantinischer Zeit und im Osmanenreich bis ins 19. Jh. schweigen die Chroniken völlig. Die Kunde von ihrer geographischen Lage ging verloren. Erst *Schliemann* entdeckte sie auf seiner Reise in die Landschaft *Homers* am 14. August 1868 im Hügel Hisarlik.
Troja I hatte einen Durchmesser von 90 m. Die Anlage dieses Fürstensitzes begann in der 1. Hälfte des 3. Jt. (späte Steinkupferzeit) und reichte über 10 Bauphasen bis etwa 2300.
Troja II entstand nach einem Brand innerhalb eines vergrößerten Berings auf 8000 qm Grundfläche. Es besaß Mauern mit Steinsockel und Oberbau aus Lehmziegeln, mehrere Tore mit gepflasterten Rampen und Häusern auf Megaron-Grundrissen. In dieser stattlichen Burg (8 Bauphasen) wurde ein

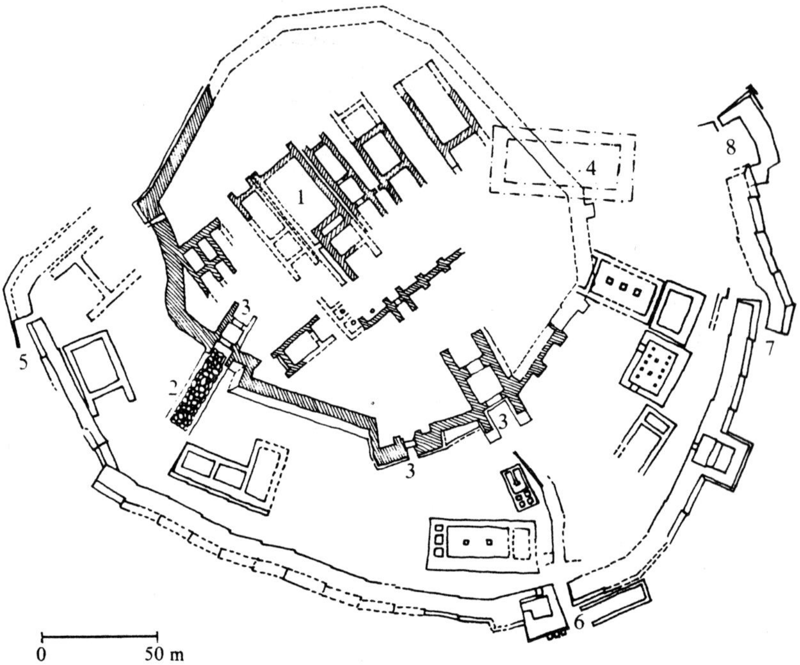

Troja, Lageplan der Schichten II und VI, nach Akurgal
1 Megaron, 2 Rampe, 3 Tore von Schicht II, 4 Athenatempel, 5 Westtor, 6 Südtor, 7 Osttor, 8 Nordostturm

großer Schatz, bestehend aus Tausenden von Einzelstücken gefunden, den Schliemann „Schatz des Priamos“ nannte. Er kam ins Völkerkundemuseum in Berlin und ist seit 1945 verschollen. Der glanzvolle Herrschersitz Troja II ging um 2100 in einem riesigen Brand unter.

Troja III–V, etwa 2100–1900, mit 13 Bauphasen, waren kleinere Siedlungen.

202 **Troja VI**, das „mykenische Troja“, besaß einen Mauerumfang von 540 m, der eine Fläche von etwa 20000 qm bei einer größten Länge von 200 m und einer größten Breite von 150 m umschloß. Die leicht geböschten und mit vorspringenden Abschnittskanten versehenen Mauern sind noch bis zu 6 m Sokkelhöhe erhalten. Der Oberbau bestand aus Lehmziegeln. Das Innere der Burgsiedlung ist nur an den Rändern der Süd- und Ostseite erschließbar. Die eigentlichen Palastanlagen wurden durch die hellenistisch-römischen Terrassen für das neue Ilion abgetragen. Trotzdem ist es möglich, die Burg der bronzezeitlichen Palastkultur von Kreta und Mykene, von Hattusa und Ugarit zuzuordnen. – Troja VI war, wenn man den Trojanischen Krieg geschichtlich versteht und deutet, die von den „Achäern“, den Griechen unter Agamemnon, belagerte und schließlich eroberte Stadt. Die Spatenforschung hat indes keine Spuren einer Zerstörung durch Menschenhand und -gewalt

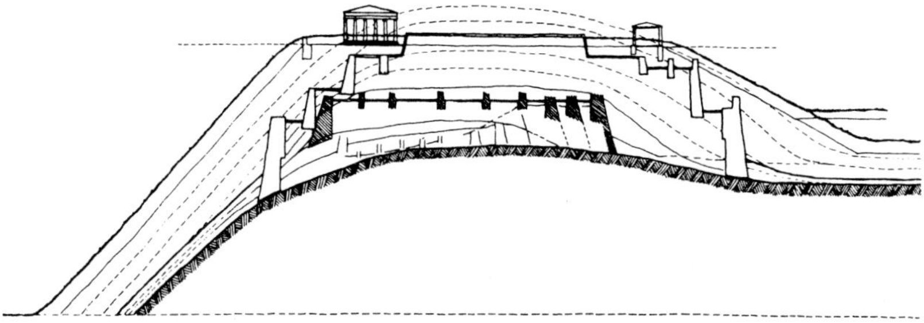

Troja, Schnitt durch den Stadthügel, nach Blegen

feststellen können. Vielmehr fiel diese bedeutende Stadt um 1300 einem Erdbeben zum Opfer.

Der alsbaldige Wiederaufbau durch die gleiche Bevölkerung schuf **Troja VII** (b,1). Erst im Abschnitt VII b,2 um 1200 treten neue Siedler hinzu. Sie gehören den indogermanischen Völkern an, die damals nach Kleinasien eindrangen. Doch gibt es keine Anzeichen für kriegerische Zerstörungen. Diese Siedlung ist aus uns unbekannten Gründen um 1100 verödet und blieb 3 ½ Jahrhunderte unbewohnt.

Um 750 wird der Stadthügel von Troja durch äolische Griechen neu besiedelt und erhält den Namen „Ilion" (**Troja VIII**). Im Süden des Ausgrabungsgeländes wurde ein archaisches, mehrmals umgebautes Heiligtum der Kybele (?) gefunden, ebenso Reste eines hellenistischen Heiligtums der Athena.

Troja IX ist das römische Ilion. Es war von einer 3,5 km langen Stadtmauer umgeben. Die Wohnstadt lag großenteils in der Ebene. Der Burgbezirk wurde in augusteischer Zeit mit einem großen Heiligtum der Athena geschmückt, in dessen Mitte ein 16,4 × 35,7 m messender Tempel, ein dorischer Peripteros von 6 : 12 Säulen, stand. – Ein Theater und ein Bouleuterion befanden sich am Südfuß des Burgbergs. Die Ruine des Rathauses mit Sitzreihen ist gut sichtbar. Auch eine christliche Kirche ließ sich feststellen. Man fand Bruchstücke eines mosaizierten Fußbodens. – Das kleine Museum, das ehem. amerikanische Grabungshaus, enthält griechische Keramik des 6. und 5. Jh. v. Chr.

Dieses Schichtenbild von Troja (das auch die meisten Reiseführer abbilden) gibt jedoch einige Fragen auf. Sie betreffen sowohl die Stellung und Bedeutung Trojas in der Frühgeschichte an dieser Nahtstelle zwischen Europa und Asien, die von den Dardanellen – und in ihrer Fortsetzung vom Marmarameer und vom Bosporus – gebildet wird, als auch die Chronologie innerhalb der Schichten I–VII, also vor *Homer* und vor der Neubesiedlung des Platzes durch äolische Griechen. Da die archäologischen Grabungsmethoden zur Zeit *Schliemanns* noch wenig entwickelt waren, ist auf dem Hügel Hisarlik manches beseitigt worden, was Aufschluß hätte geben können. Man hat darum schon von der „Ruine einer Ruine" gesprochen.

Neue Forschungen konnten nur dann zu Ergebnissen führen, wenn sie sich auch auf das Umland Trojas, auf die Troas, erstreckten.

1981 begann *Manfred Korfmann* mit archäologischen Arbeiten an der Beşikbucht, wo er den Hafen Trojas vermutete und fand. Dieser Hafen war für Troja von Anbeginn seiner geschichtlichen Existenz an lebenswichtig. Die Bucht ist heute weitgehend verlandet. Beim Kap Yassıtepe wurden Troja-I-Schichten (3. Jt.) ergraben. Ebenfalls wurde dort ein am damaligen Meeresufer gelegener Friedhof mit Brandgräbern des 13. Jh., der Troja-VI-Schicht entsprechend, entdeckt. Er war kein Friedhof von Kriegern, sondern der einer wohlhabenden Händlersiedlung, der in der Zeit des „Trojanischen Krieges" dort angelegt worden war. Das „Grab des Achilleus", in seiner heutigen Tumulusgestalt (Sivritepe) eine hellenistische Aufschüttung, gab der von Siedlern aus Mytilene um 700 v. Chr. gegründeten Niederlassung „Achilleion" den Namen. Ihre Überreste wurden am Yassītepe entdeckt. Die (1987 noch nicht abgeschlossene) Auswertung der Funde an der Beşikbucht wird die Rolle Trojas „als Handelszentrum und Umschlagplatz" *(J. Latacz)* bestätigen und zur genaueren Datierung der einzelnen Abschnitte seiner früheren Geschichte beitragen. Die Grabungen werden inzwischen am Burgberg fortgeführt.

178 Trysa (Antalya) R 11

Im mittleren Lykien, westlich von Myra und nordöstlich von Kyaneä, lag beim heutigen Gölbaşi die Stadt Trysa. Sie wird in der antiken Literatur nirgends erwähnt, ihr Name ist aber aus dort gefundenen Inschriften bekannt. Im Gelände sind einige Gebäudereste und eine Anzahl Gräber und Sarkophage zu sehen, darunter ein lykischer Sarkophag mit figürlichen Reliefs. Am Nordostrand der Siedlung befindet sich ein quadratisch angelegtes Heroon mit einem Sarkophag in der Mitte. In diesem Heroon wurde 1881 durch österreichische Archäologen ein Figurenfries des 4. Jh. v. Chr. entdeckt (jetzt im Kunsthist. Museum Wien). Er säumte auf Quaderblöcken in 2 Bändern die 4 Innenwände und die südliche Außenwand des Temenos in einer Gesamtlänge von 211 m, von denen 32 m zerstört sind. Die etwa 600 ursprünglich bemalten Figuren bringen Begebenheiten aus der Mythologie, die Heldentaten des Theseus und des Bellerophon, Szenen aus der ›Ilias‹ und der ›Odyssee‹, die Kämpfe der Kentauren und Lapithen, der Griechen mit den Amazonen. An dem Fries waren verschiedene Künstler tätig, deren Anteil sich aber nur ungefähr abgrenzen läßt. Einige Bildhauer, vielleicht sogar der leitende Meister, dürften aus Athen gekommen sein.

Urla Iskelelesi siehe Klazomenä

Uzuncaburç siehe Diokäsarea

Viranşehir siehe Soloi

179 Xanthos/Kınık (Antalya) R 10

Die neben Myra bedeutendste Stadt Lykiens wurde im 7. Jh. v. Chr. auf einem Bergsporn an dem gleichnamigen Fluß (heute Koca Cayı) gegründet. Herodot *zufolge belagerte 545 v. Chr. der persische Feldherr Harpagos die Stadt. Die eingeschlossenen Lykier lehnten eine Übergabe ab, verbrannten ihre Frauen und Kinder, ihre Sklaven und ihre Habe in der Burg und zogen in den Kampf, in dem alle fielen. Die Stadt wurde von 80 Überlebenden, die sich damals außerhalb der Stadt aufhielten, wiederaufgebaut. Die Perser ließen ihr ein hohes Maß von Unabhängigkeit. Das neue Xanthos wurde durch den Handel wohlhabend. Die Verbindung zu den Griechen auf den Inseln und auf dem Festland gehörte zum außenpolitischen Programm der Stadt. Sie zeitigte bedeutende Kunstwerke. 470 wurde Xanthos von dem Athener Kimon besetzt und dem delisch-attischen Seebund angeschlossen. Um 430 befreiten sich die Xanthier jedoch von dem als drückend empfundenen Bündnis; der Dynast Käräi übernahm die Führung. Im 4. Jh. unterstand die Stadt wieder persischen Satrapen, unter denen Pixodaros und sein Bruder Maussolos eine wichtige Rolle spielten. 334 wurde sie durch Alexander d. Gr. aus dem persischen Reichsverband gelöst. Unter seinen Nachfolgern gehörte sie nacheinander den Antigoniden, den Ptolemäern und den Seleukiden. Der Friede von Apamea gab sie 188 an Rhodos, mit dem sie sich aber nicht vertrug, so daß sie 168 auf Geheiß Roms an die Spitze des lykischen Bundes trat. 42 v. Chr. wurde sie in den römischen Bürgerkrieg hineingerissen. Das Bundesheer war von Brutus geschlagen worden. Die Sieger rückten vor die Stadt, deren Einwohner sich verzweifelt wehrten. Es wiederholte sich nach 500 Jahren die Tragödie der belagerten Stadt: die Xanthier zündeten ihre Häuser an, in denen ihre Frauen und Kinder verbrannten, und töteten sich gegenseitig. Nur etwa 150 von ihnen konnte Brutus gefangennehmen. Marcus Antonius befahl zwar den Wiederaufbau der Stadt, doch blieb sie ein Herd von gegen Rom gerichteten Unruhen, so daß erst Nero sie um 60 der Provinz Lycia zuordnete. Kaiser Vespasian ließ einen Triumphbogen errichten. Es wurde eine Agora angelegt und die Stadt durch öffentliche Bauten verschönert.*

In byzantinischer Zeit war Xanthos Bischofssitz und besaß mehrere Kirchen. Seinen Untergang führten die vielen Verwüstungen herbei, die Lykien seit den Arabereinfällen im 7. Jh. zu erleiden hatte.

Wiederentdeckt wurde die Stadt 1838 durch den Engländer Charles Fellow. *Er war von dem Ort so begeistert, daß er um die Genehmigung zu Ausgrabungen nachsuchte und sie auch erhielt. Die Funde aus dieser archäologischen Unternehmung befinden sich heute im Britischen Museum zu London. Seit 1950 wurde in Xanthos, wie im benachbarten Letoon, durch die französischen Archäologen* Demargue, Devambez *und* Metzger *gegraben.*

Der Zugang zu Xanthos durch das südliche Stadttor wurde unter Kaiser Vespasian (69–79) mit einem Triumphbogen überhöht. Auf dem Berghang rechts oberhalb gewahrt man die spärlichen Reste des Nereidendenkmals, eines im 1. Viertel des 4. Jh. v. Chr. errichteten Grabtempels. Er hatte die Form eines jonischen Peristyltempels mit 4:6 Säulen und war reich mit Bildwerken, Rundplastiken und Reliefs geschmückt. In der als Grabkammer eingerichteten Cella war ein westlykischer Herrscher, vielleicht der Satrap Arttunpara, beigesetzt. *Fellow* fand den Bau als Trümmerhaufen vor. Die von ihm ins Britische Museum verbrachten Fragmente wurden dort wieder zu- 203
sammengesetzt und geben eine gute Anschauung des Grabtempels. Seinen

jetzt gebräuchlichen Namen trägt er nach 12 weiblichen Gestalten mit Meeresattributen, die zwischen den Säulen des Umgangs standen. Es sind vorzüg-
205 liche Werke, Mädchen in schreitender oder tanzender Bewegung, mit dünnen Gewändern bekleidet, die sich eng an die Körper anschmiegen. Zwei Bilderfriese mit Kampfszenen umziehen den Sockel: Krieger streiten gegeneinander, eine Stadt wird belagert und einem thronenden Herrscher übergeben. Auch die Giebel zeigen wieder kriegerische Begegnungen, während auf dem Architrav eine Bärenjagd und der Raub der Töchter des Leukippos durch Kastor und Pollux dargestellt sind.

Die lykische Akropolis auf der Anhöhe stößt mit einem steil abfallenden Bergsporn gegen das Flußtal des Xanthos vor. Sie trug eine Burg mit Palastbauten und einen Tempel, vermutlich einer der Artemis entsprechenden lykischen Gottheit, der wohl während des medischen Krieges um 480 v. Chr. zerstört wurde. Dort erhob sich auch das von *Appian* in seiner Geschichte des Bürgerkrieges (IV, 78) erwähnte Sarpedonion.

Hinter der Burg lag nördlich eine ausgedehnte lykische Nekropole. In sie hinein haben die Römer ein Theater gebaut und eine Agora angelegt. Die lykischen Pfeilergräber blieben dabei erhalten, ihre Zahl wurde sogar durch römische Gräber noch vermehrt.

Das Theater öffnete sich mit seiner halbrunden Cavea gegen das größtenteils zerstörte Bühnengebäude. Die Sitzreihen sind im allgemeinen gut erhalten. Erbaut wurde das Theater aus einem Legat von 30000 Denaren, das Opramoas von Rhodiapolis aussetzte, um 150 n. Chr.

204 Am Ostende des Theaters stehen zwei der eindrucksvollsten lykischen Gräber. Das ältere ist ein viereckiger Grabpfeiler mit einem Reliefkranz in Höhe der Grabkammer. Diese Reliefs von Halb-Mensch-, Halb-Vogel-Wesen über sitzenden Gestalten [die sich heute in London befinden (seit 1957 am Grabpfeiler durch Abgüsse ersetzt)] wurden als Harpyien, welche die Kinder des Pandareos rauben, gedeutet und gaben dem Denkmal seinen Namen: Harpyienmonument. Eher aber sind diese Mischwesen als menschenfreundliche Sirenen zu verstehen, die die Seelen der Verstorbenen in ihre Obhut nehmen und nach Elysium bringen. Die Reliefs waren ursprünglich bemalt, vorwiegend in Rot und Blau. Sie zeigen deutlich den Einfluß der grie-
15 chischen Bildhauer des 4. Jh. – Das 2. Pfeilergrab ist jünger und stammt aus hellenistischer Zeit (3. Jh.). Hier steht ein lykischer Sarkophag auf einem Pfeiler aus Platten. Der dadurch entstehende Hohlraum diente der Bestattung.

Die römische Agora ist heute nur noch in ihrer Flächenausdehnung erkennbar. Auf ihrer Ostseite befindet sich ein lykisches Hausgrab. An ihrer Nordostecke steht der „Obelisk" oder „Inschriftenpfeiler". Er trug einst, wie das Harpyiengrab, eine Kammer, die mit Reliefs geschmückt war (Reste davon wurden gefunden; im Brit. Museum). Die Spitze des Grabes bildete eine Statue. Die erst zu Teilen entzifferte Inschrift, welche alle 4 Seiten des Pfeilers bedeckt, dürfte einen Lobpreis auf die Taten des hier Bestatteten enthalten. Auf der Nordseite steht eine 12zeilige griechische Inschrift, die in Art eines Epigramms den Inhalt der anderen Seiten zusammenfaßt. Hier rühmt sich der Dynast Käräi, der Sohn des Harpagos, der zur Zeit des Pelo-

ponnesischen Krieges lebte, seiner Werke, vorerst des Denkmals selber: „Seitdem Europa von Asien durch das Meer getrennt wurde, ist kein solcher Stein durch einen Lykier errichtet worden" (nach *S. Haynes*). Es folgen seine Kriegstaten, die er wie ein orientalischer Gewaltherrscher schildert. Die größte davon sei, daß er an einem Tag sieben arkadische Hopliten getötet habe. Das wird auch im Relief dargestellt.
Der Anstieg zur römischen Akropolis führt auch zur alten lykischen Nekropole. Sie wurde schon vor der persischen Eroberung im 6. Jh. angelegt. Das früheste Grab ist das „Löwengrab" (um 560 v. Chr.). Seine Grabkammer war mit Reliefs versehen (im Brit. Museum). Der umgestürzte Pfeiler liegt noch an Ort und Stelle. – Etwas unterhalb stand der gleichfalls reliefgeschmückte Sarkophag des Payara, den *Fellow* ins Brit. Museum bringen ließ. Sein Sockel ist in situ verblieben. Payara ist mehrfach dargestellt: in Rüstung als Krieger, aber auch als nackter Athlet. Da auch ein persischer Satrap, wohl Autophradates von Sardis, abgebildet wird, kann der Payarasarkophag in die 2. Hälfte des 4. Jh. datiert werden. – Die Nekropole enthält noch auf der Ost- und Nordostseite des Hangs eine Anzahl monumentaler Gräber, Hausgräber, Sarkophage, Pfeilergräber und in die Felsen gehauene Grabkammern. Der Deckel des Merehigrabes mit Streitwagen und Kriegern sowie dem Kampf des Bellerophon mit der Chimära befindet sich in London. Der umgestürzte Kasten liegt noch im Dornengestrüpp des Berges. – Ein Sarkophagdeckel des 4. Jh. ist auf den Giebeln mit Paaren von Tänzerinnen geschmückt. Man sieht auch eine Eberjagd oder einen vom Pferde stürzenden Mann. Die Deutung dieser Szene ist unsicher: geht es um Tod im Kampf oder durch Unfall?
Die römische Akropolis war von der weitgespannten hellenistischen Stadtmauer umfaßt. Der Steilhang im Nordwesten, die Nordspitze und die Nordostflanke waren stark ausgebaut. Es ist zu vermuten, daß dort auch Paläste und Tempel standen. Ausgegraben wurde bisher eine byzantinische Klosteranlage, die eine große 3schiffige Basilika mit Atrium besaß. Im Osten schloß sich, mit etwas verschobener Achse, ein weiteres basilikales Gebäude an.
Xanthos besaß mehrere christliche Kirchen. Eine davon lag in der lykischen Akropolis, eine weitere an der römischen Agora, eine dritte im Wohngebiet nördlich des Nereidentempels. Die größte, wahrscheinlich die Bischofs-
kirche, erhob sich im Ostteil der Stadt. Sie war eine 3schiffige Basilika mit 206
halbrunder Apsis im Osten, deren Umfassungsmauern noch zu Teilen aufrecht stehen. In die Apsis ist ein Synthronon eingefügt. Im nördlichen Seitenschiff wurde ein Fußbodenmosaik gefunden mit Hirschen, die aus dem Lebensbrunnen trinken. Weitere Bodenmosaiken mit geometrischen Mustern befinden sich noch in anderen Räumen der Kirche (mehrere Mosaiken mit figürlichen, vorwiegend mythologischen Bildern kamen in das Museum zu Antalya). In Bemanähe haben sich noch Fresken erhalten. Die Gestalt eines heiligen Stephanos mit Weihrauchgefäß ist bestimmbar. Die Kirche, wohl im 5. Jh. erbaut, wurde bei den ersten Arabereinfällen im 7. Jh. beschädigt, dann aber wiederhergestellt und diente bis ins 12. Jh. dem Gottesdienst. Die

Wandmalereien werden ins 10. oder 11. Jh. datiert. Wahrscheinlich hat Xanthos ebenso wie Myra noch einmal während der Kreuzzüge im 12. Jh. eine Wiederaufrichtung der byzantinischen Herrschaft erlebt. Die verblichenen Wandbilder der Kirche könnten ihre Zeugnisse sein. Alle anderen Spuren sind überwachsen und verweht.

180 Yalowa/Helenopolis (Kocaeli) C 10

In der kleinen Hafenstadt am Eingang des Golfes von Izmit sind keine nennenswerten Überreste aus antiker oder byzantinischer Zeit mehr erhalten.
Das Dorf **Ciftikköy** (wohl das antike Pylai) besitzt noch die bedeutende Ruine einer byzantinischen Kreuzkuppelkirche. Ihr Patron und ihre Schicksale sind unbekannt. Sie wird gelegentlich auch für einen Profanbau gehalten *(C. Mango).*

181 Yalowa-Kaplica/Sotiropolis (Kocaeli) C 9

Das 12 km landeinwärts von Yalowa gelegene Thermalbad hatte bereits im 6. Jh. v. Chr. einen dem Apollon Pythios geweihten Tempel. Die schwefelhaltigen heißen Quellen wurden auch von den Römern aufgesucht. Konstantin d. Gr. soll hier in seinem Alter oft geweilt haben. Kaiser Justinian (527 bis 565) erbaute Thermen und eine Kirche der Erzengel. Justinos II. ließ die Badeanlagen erweitern (im Cinar-Oteli ist davon noch einiges sichtbar). – Sultan Mahmut II. (1808–1839) führte ein neues Valide Hamamı auf, in das er die byzantinischen Thermen einbezog. Auch Sultan Abdülhamit ließ 1900 noch einige Ausbesserungen vornehmen. Im Büyük Hamamı sind zahlreiche byzantinische Werkstücke verbaut. – Reste eines Palastes, der Justinos II. zugeschrieben wird, werden im Tal des Hamamderesi gezeigt.

Yapilikaya siehe Korykos/Adamkayalar

Yenihisar siehe Didyma

182 Yılan Kalesi (Adana) P 26

207 *Burg in beherrschender Gipfellage über dem Tal des Ceyhan. Der fränkische Name der „Schlangenburg" ist unbekannt.* Hellenkemper *schlägt „Casal Gouvaira" (armenisch Govara, arabisch Kúwara) vor. Man nannte sie auch „Burg der Semiramis". Die berühmte assyrische Königin, die eines der Sieben Weltwunder, die „Hängenden Gärten von Babylon", geschaffen hat, wird auch mit der kilikischen Stadt Tyana in Verbindung gebracht. Sichere Daten zur Burggeschichte sind bisher nicht bekannt.*
Die erhaltenen Ruinen der Burg lassen mehrere Bauabschnitte erkennen. Das Wappenbild einer gekrönten Figur am Tor der Oberburg kann auf den kleinarmenischen König Leo I. (1187–1219) gedeutet werden, dem wohl die Anlage in der Hauptsache zuzuweisen ist. Die Befestigungen der Oberburg dürften von Baumeistern aus dem Johanniterorden ausgeführt worden sein. Vielleicht gelangte die Burg 1233 auch in den Besitz des Ordens. Oder sie war eine mit einer Garnison belegte Königsburg, die zwar 1322, als die Armenier

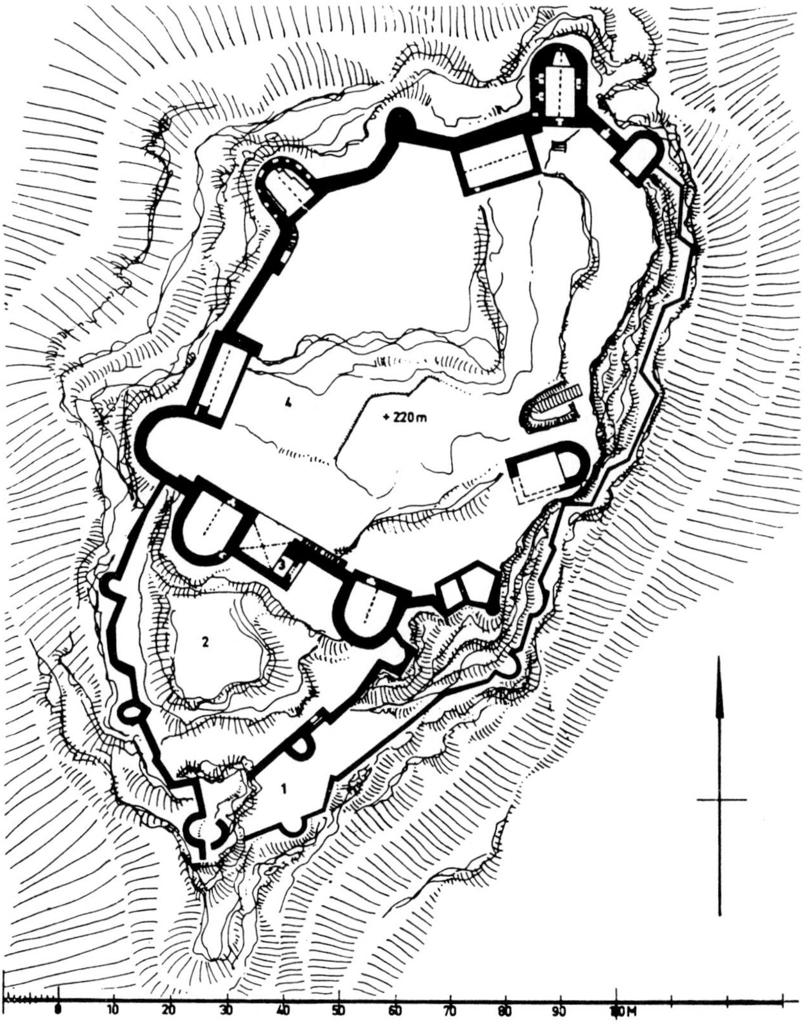

Yılan Kalesi, Burg, Grundriß, nach Müller-Wiener
1 Außenzwinger, 2 Vorburg, 3 Haupttor der Oberburg, 4 Innenhof der Oberburg

zu Füßen der Burg von den Mameluken geschlagen wurden, unbezwungen blieb, aber 1337, als die nahe Stadt Misis verlorenging, in hoffnungsloser Lage kampflos geräumt wurde. Die Mameluken stellten die Burg im 14. Jh. wieder her, wie aus einer Reihe von Pyramidenzinnen zu ersehen ist. Ihre späteren Schicksale fielen, ebenso wie ihr Name, der Vergessenheit anheim. Die Sage führt den Namen „Schlangenburg" auf einen türkischen Zauberer zurück, der als Schlange in der Burg gehaust habe.

Die bedeutende Anlage, auf die wohl die von *Wilbrand von Oldenburg* gebrauchte Bezeichnung „Paulusburg“ bezogen werden kann, besteht aus der ovalförmigen, durch eine Ringmauer mit 7 Halbrundtürmen umschlossenen Oberburg und der südlich daran angrenzenden Unterburg. Auf der Süd-ost- und Ostseite läuft noch eine Zwingermauer entlang. Eine einschiffige Kapelle befand sich im Osten des oberen Hofs. Zwei Rechteckbauten sind auf der West- und Nordseite jeweils in Verbindung mit Halbrundtürmen an die Mauer gerückt. Der nördliche diente als Palast, der westliche als Zisterne. Das Haupttor war überwölbt.

183 Yumurtalık (Ayas)/Ägäa (Adana) P 27

Das Städtchen Yumurtalık/Ayas war im Mittelalter der bedeutendste Handelshafen von Kilikien. Bereits in der römischen Kaiserzeit wurde er mit Privilegien versehen, mit eigener Münzprägung ausgestattet und sowohl „heilig“ und „Asyl gewährend“ als auch „autonom“ genannt. In Ägäa haben die berühmten arabischen christlichen Ärzte Kosmas und Damian, die Ἀνάργυροι *(weil sie kein Geld für ihre Heilbehandlung nahmen), unter Diokletian zu Anfang des 4. Jh. den Märtyrertod erlitten.*
Vom Ende der frühbyzantinischen Zeit bis zur Gründung des Kleinarmenischen Reiches gibt es kaum Nachrichten. Wahrscheinlich war der Platz, ähnlich wie Korykos, während der arabischen Einfälle vom 7. bis zum 10. Jh. verödet und wurde erst durch die Armenier neu besiedelt. Dann wuchs seine Bedeutung jedoch rasch. Er wurde Bischofssitz und Hafen. Die Stadt war Besitz des Königs. Sie wurde mit 2 Burgen, der Land- und der Seeburg, befestigt. Der Überseehandel lag weitgehend in den Händen der Venezianer, die für den Platz den italienischen Namen „Lajazzo“ verwendeten; doch erhielten auch die Genuesen Privilegien, die sie gelegentlich offensiv wahrnahmen. 1275 zerstörten die Mameluken die von ihren Bewohnern verlassene Stadt. Die wiederaufgebaute Siedlung fällt 1322 abermals in die Hände der Mameluken. Doch gelingt es den Armeniern in mehreren Verträgen, unterstützt vom Abendland, wieder in Ayas/Lajazzo Fuß zu fassen. Erst 1347 geht der Platz endgültig verloren. Ein Versuch des Königs Peter I. von Zypern, die Hafenstadt zurückzugewinnen, scheitert, obwohl die Zyprioten bereits die Vorstadt genommen hatten. Der Platz, einst neben Akkon der wichtigste Hafen für den europäischen Levantehandel, sinkt in osmanischer Zeit zu einem unbedeutenden Fischerdorf herab und wird erst im 19. Jh. auf einem Teil des alten Stadtgebietes neu errichtet.
Aus antiker Zeit stehen noch Teile einer Badeanlage mit gewölbten Räumen, die heute als Stallungen für Rinder- und Schafherden genutzt werden. – Im Stadtgebiet entdeckt wurde ein römisches Mosaik mit Ringern, die vor einem Schiedsrichter, der von einem Diener begleitet ist, miteinander kämpfen. *L. Budde*, der es ausgegraben hat, datiert es auf die Zeit zwischen 235 und 325 n. Chr. – Die Stadtmauer mit ihren Türmen und die Kale sind wohl byzantinisch oder armenisch. – Funde von Architekturbruchstücken sind in einer Schule gesammelt. Der marmorne Porträtkopf eines Mannes der hadrianischen Zeit kam in das Museum Adana.

Yumurtalık/Ägää, Stadtplan, nach Budde
1 Sultan Suleyman Kalesi, 2 Tarihi Eser, 3 Mosaikreste, 4 Hamam, 5 Warenhaus, 6 Korülük, 7 Tekel, 8 Terminal, 9 Wetterwarte, 10 Ilk Okül, 11 Park, 12 Havuz, 13 Ringermosaik

In Ägää wurde auch die Kunst des Steinschnittes geübt. Berühmt war in augusteischer Zeit *Dioskurides* mit seinen Söhnen *Herophilos, Eutyches* und *Hyllos*, die ihre Werkstatt in Rom weitergeführt haben. Zwei signierte Arbeiten in Berlin sind auch mit der Aussage ihrer Bilder Zeugnisse des griechischen Wesens dieser mittelmeerischen Kunstlandschaft, deren Bogen sich von Antiochia nach Rom hin spannte. Eine Kamee (Staatl. Mus. Preuß. Kulturbesitz, Antikenmus. Nr. 11 062) zeigt Herakles im Kampf mit dem 208
Höllenhund Cerberus. Herakles hat stets den mühevollen Kampf der Tugend

wider das Laster, den Sieg des Lebens über den Tod und die Mächte der Zerstörung verkörpert. Die andere Gemme ist in Bergkristall mit dem Brustbild der Pallas Athene, der göttlichen Beschützerin von Kunst und Wissenschaft, gearbeitet. Sie trägt die Signatur: „Εὐτύχης Διοσκουρίδου Αἰγεαίος ἐποίει" (*Eutyches*, Sohn des Dioskurides aus Ägää hat es gefertigt).
In der mittelalterlichen Stadt gab es eine Landburg und eine Seeburg. Von der Landburg, die auf dem Grundriß eines unregelmäßigen Fünfecks erbaut wurde, stehen fast nur noch Teile der Umfassungsmauer. Sie besitzt mehrere halbrund vorspringende Türme und einen Polygonturm auf der Seeseite. In die Mauern sind überall antike Werkstücke, besonders Säulentrommeln, verbaut. – Die Seeburg liegt 400 m vom Ufer auf einer niedrigen Felseninsel. Sie hat eine unregelmäßig gestreckte Grundrißform. Im Norden steht ein großer Rundturm mit kuppelgewölbtem Innenraum. Die Bauzeit beider Burgen ist die 1. Hälfte des 13. Jh.
Staatsgebäude (Curia, Domus Regis Armeniae) befanden sich westlich der Stadtburg, die Häuser der Handelsniederlassungen in der Vorstadt. Mehrere Kirchen sind literarisch oder urkundlich überliefert: S. Lazarus für die Armenier, S. Marco für die Venezianer, S. Lorenzo für die Genuesen.

Zengibarkalesi siehe Isaur(i)a

Zerk siehe Selge

ZUR SCHREIBUNG UND AUSSPRACHE DES TÜRKISCHEN

Atatürk hat 1928 anstelle der bis dahin gebräuchlichen arabischen die lateinische Schrift eingeführt. Zusätzliche Zeichen sind: ç ğ ı ş, außerdem die Umlaute ö und ü.

Für die Aussprache beachten:

c	dsch
ç	tsch
ğ (yumuşak ge)	vor dunklen Vokalen oder Konsonanten schwaches, kaum hörbares j, vor hellen Vokalen schwaches j
ı	dumpfes e (wie Wolke)
j	stimmhaftes j (wie frz. jardin)
ş	sch
v	w
y	j
z	stimmhaftes s (wie frz. rose)

In diesem Handbuch werden die türkischen Bezeichnungen und Namen in der Regel nach der heute gültigen Rechtschreibung gebracht. Ausnahmen bilden nur solche Wörter, die sich im Deutschen fest eingebürgert haben (z. B. Janitscharen, Seldschuken).

ZUR TRANSKRIPTION DES GRIECHISCHEN UND DER ORIENTALISCHEN SPRACHEN

Griechische Namen und Begriffe werden seit über 2000 Jahren ins Lateinische transkribiert. In dieser lateinischen Schreibung sind sie auch vom Deutschen übernommen worden; doch wird heute das griechische Kappa nicht als c, sondern meist als k wiedergegeben. Die griechischen Diphthonge αι, οι, ει werden in ä, ö (neugriechisch i) oder e (neugriechisch i) übertragen. Die derart transkribierten Wörter wurden im Altgriechischen, in der „Koine" und im Byzantinischen (und sie werden auch im Neugriechischen) anders ausgesprochen, als wir es gewöhnt sind. Sie sind jedoch in dieser Schreibweise und mit ihrer sog. „erasmischen" Aussprache ein fester Bestandteil unseres Sprachschatzes geworden. Wir sprechen z. B. „Zeus" (nicht „Zews"), „Basileus" (nicht „Wassilews"), „Athen" (nicht „Athinä" – mit engl. Aussprache des th), „Theben" (nicht „Thivae"). Wir schreiben „Hagios", „Panhagia" (nicht „Haghios". „Panhaghia"). Zur modischen Einführung eines aspirierten „gh" besteht keine Veranlassung.

Auch für die arabischen, persischen, armenischen Namen hat sich seit langem eine feste Schreibweise eingebürgert. Bei Ortsnamen dieser Herkunft im Bereich unseres Handbuches halten wir uns an die amtliche türkische Bezeichnung. Die hebräischen Namen, die der Bibel entnommen sind, werden in der Schreibung wiedergegeben, wie sie durch Luthers Bibelübersetzung Allgemeingut wurden. Ausnahmen von den hier dargelegten Regeln wird es freilich immer geben.

ZUR ZEITRECHNUNG

Byzantische Zeitrechnung

Im Byzantinischen Reich datierte man „vom Anfang der Welt“ (ab origine mundi), den man für das Jahr 5508 vor Christus annahm. Es sind also von jedem byzantinischen Jahresdatum 5508 abzuziehen, um das Jahr der christlichen Zeitrechnung zu erhalten. Der byzantinische Neujahrstag war der 1. September. Bei Ereignissen zwischen 1. September und 31. Dezember byzantinischer Datierung müssen darum 5509 Jahre abgezogen werden.

Zusätzlich erfolgt die Jahresangabe noch nach „Indikationen“. Die „Indikationen“ sind die 15jährigen Steuerperioden der Römer, die Justinian I. auch für das Byzantinische Reich gesetzlich vorschrieb (Novella 47). Danach begannen die „Indikationen“ am 1. September des Jahres 3 vor Christi Geburt. Die Indikationszahl wird ermittelt, indem das Jahre der christlichen Zeitrechnung zuzüglich 3 durch 15 geteilt wird. Der verbleibende Rest ergibt die Indikationszahl.

(H. Grotefend u. Th. Ulrich, Taschenbuch der Zeitrechnung des deutschen Mittelalters und der Neuzeit, 10. Aufl., Hannover 1960, 8 ff.)

Türkische Zeitrechnung

Die islamische Jahreszählung beginnt mit der „Hedschra“ am 16. Juli 622 als dem 1. Muharram 1 H. Die Jahre sind Mondjahre zu 354 Tagen, woraus sich im Jahrhundert gegenüber dem Sonnenjahr etwa 3 Jahre Differenz ergeben. Die Umrechnung in die christliche Zeitrechnung kann sich folgender Formel bedienen:

$$\text{H-Jahr} - \frac{3\ \text{H-Jahr}}{100} + 622$$

Da Sonnenjahr und Mondjahr nicht übereinstimmen, wird meist das benachbarte Jahr noch mitzunehmen sein.

Durch die Reformen Atatürks wurde 1928 der Gregorianische Kalender in der Türkei verbindlich.

(Wüstenfeld-Mahler’sche Vergleichungstabellen zur muslimischen und iranischen Zeitrechnung mit Tafeln zur Umrechnung orientchristlicher Ären. 3. Aufl. Wiesbaden 1961.)

FACHAUSDRÜCKE

Abakus Abschlußplatte des Kapitells (siehe dort).
Ädikula wörtlich „Häuschen", Flachnische mit hausförmigem Rahmen.
Akroterion Stirnziegel, Verzierung der Spitze oder der Ecken eines Giebels.
Ambo Kanzel, kanzelartiger Aufbau am Eingang zum Altarraum.
Anastasis „Auferstehung", in der Darstellung jedoch der abendländischen „Höllenfahrt" entsprechend.
apotropäisch das Böse, die Dämonen abwehrend.
Architrav waagrecht auf Säulen oder Pfeilern ruhender Steinbalken.
Archivolte bogenförmiger Abschluß einer Säulen- oder Pfeilerreihe.
Arkade Bogenstellung.
Arkosolion bogenüberwölbtes Nischengrab.
Astragal Ornamentstab in Form einer Perlenschnur.
Atrium Vorhof, oft mit Säulen umgeben.
Attika (in der Baukunst:) Brüstung über dem Abschlußgesims.
Balustrade Geländer mit Säulchen, auch steinerne Schranke.
Basilika mehrschiffiger Axialraum mit eigenem Lichtgaden im Mittelschiff.
Basis Sockel oder Fuß von Pfeilern und Säulen, als solcher in der Regel profiliert; auch Sockel von Denkmälern oder vorspringender Unterteil eines Gebäudes.
Bedesten türkisches Marktgebäude, meist mit Kuppeln überwölbt (siehe auch Çarşı).
Bema Altarraum.
Cadde Straße.
Cami Moschee, in der der Freitagsgottesdienst stattfindet.
Çarşı türkisch: Markt, Basar.
Çeşme Brunnen, Laufbrunnen, oder Brunnen, an denen Wasser geschöpft wird.
Chrismon Christusmonogramm, aus X(Chi) und P(Rho) bestehend.
Clipeus wörtlich „Schild": an Sarkophagen Medaillon mit Darstellung des Verstorbenen; in der Ikonographie gerahmtes Heiligenbild, das ein anderer trägt, etwa das Christuskind vor der Brust Mariens.
Darbhane türk.: Münzhaus.
Deesis Jesus Christus als Weltenrichter zwischen Maria und Johannes d. T. als Fürbittern.
Dershane Unterrichtsraum einer Medrese.
Diakonikon Nebenraum auf der rechten (südlichen) Seite des Altarraums, in dem sich die Diakone aufhielten. Dort waren die Gewänder und Geräte aufbewahrt. Er entspricht der Prothesis. Siehe auch Pastophorien.
Dienst Wandvorlage für Gewölbekonstruktion.
Dorische Ordnung griechisches Architektursystem, im 6. Jh. v. Chr. ausgebildet (siehe auch Jonische und Korinthische Ordnung).
Embolos antike Säulenstraße.
Endonarthex innere Vorhalle.
Etimasie (Etoimasia, Hetoimasia) wörtlich „Bereitung", biblisch im Bezug auf die Wiederkunft Christi verwendet. In der byzantinischen Kunst der leere Thron Christi, auf dem häufig das Buch des Lebens liegt.
Exedra halbrunder oder polygonaler Ausbau.
Exonarthex äußere Vorhalle.
Faszien übereinandergeschichtete waagrechte Glieder des Architravbalkens (meist drei).
Ferman Sultansurkunde.
Geison Gesims in der griechischen Tem-

pelarchitektur, horizontal oder schräg, etwa am Giebel.

Gesims waagrechter vorspringender Mauerstreifen als Abschluß eines Stockwerks (Gurtgesims) oder einer Fassade (Abschluß-, Haupt- oder Kranzgesims).

Hagiasma heiliger Brunnen oder Quelle, türkisch: Ayasma.

Hamam Bad.

Han Herberge, Karawanseray, auch Handwerkerhof mit Warenlager.

Harem Frauengemächer.

Hisar Burg, Schloß.

Hoplit griechischer Fußsoldat in voller Rüstung.

Imaret Armenküche.

Ikone Bild.

Ikonostasis Bilderwand, Ikonostase (russisch: der Ikonostas).

Intarsia Einlegearbeit in Stein, Holz, Elfenbein, Metall.

Interkolumnium wörtlich: Säulenzwischenraum, genau: der Abstand von Säulenachse zu Säulenachse. Der Zwischenraum zwischen 2 Säulenkanten ist ein „Joch".

Joch im archäologischen Sprachgebrauch der lichte Abstand zwischen 2 Säulen (siehe Interkolumnium).

Jonische Ordnung griechisches Tempelbausystem, nach der dorischen Ordnung im 5. Jh. entwickelt. (Siehe auch Dorische und Korinthische Ordnung.)

Kämpfer Stelle des Zusammentreffens von Bogen und Pfeiler bzw. Kapitell; meist aber für den über dem Kapitell liegenden, oft profilierten oder ornamentierten Steinblock gebraucht.

Kapitell Säulenhaupt-, -knauf oder -bekrönung. Die in der antiken Architektur entwickelten 3 Formen: dorisches, jonisches und korinthisches Kapitell werden in der byzantinischen Baukunst z. T. weiterentwickelt und durch neue Spielarten bereichert, die man nach charakteristischen Merkmalen benennt. Die abendländisch-mittelalterliche Kunst bringt hauptsächlich stereometrische oder vegetabilische Formen zustande, doch erscheinen die antiken Urformen seit der Renaissance wieder. Das osmanische Kapitell bevorzugt Formen, die mit dem Mukarnas (siehe dort) zusammengehen.

Kapu (Kapı) türkisch: Tor.

Kasır Lusthaus.

Kenotaph wörtlich „Leergrab", Denkmal für einen anderswo Begrabenen.

Kibla Gebetsrichtung nach Mekka, in Istanbul etwa Südosten.

Kilise Kirche.

Köy Dorf.

Köşk Kiosk, Gartenpavillon, Lusthaus.

Koimesis wörtlich „Schlaf", Marientod.

Konche wörtlich „Muschel", halbkreisformige Nische, Apsis.

Korinthische Ordnung drittes griechisches Tempel(und Palast)bausystem, ab 400 v. Chr. ausgebildet und später mit Vorliebe von den Römern und Byzantinern angewendet, die auch das korinthische Kapitell zum Kompositkapitell weiterentwickelten. Die Bezeichnung der Säulenordnungen geht auf den römischen Baumeister und Schriftsteller Vitruvius Pollio „de architectura" zurück.

Külliye gemeinnützige Anlagen, die zu einer Moschee gehören, Stiftung.

Kütüphane Bibliothek.

Kürsü Lesepult für Koranlesung.

Kule türkisch: Turm.

Kyma (dorisches, jonisches, lesbisches) wörtlich „Welle", Blätterfries.

LXX siehe Septuaginta.

Metamorphosis Verklärung Christi (lat. „Transfiguratio").

Medrese Koranschule, theologische Hochschule.

Mescidi kleine Moschee.

Metope Feld im Gebälk des griechischen Tempels der dorischen Ordnung, meist figürlich geschmückt und zwischen 2 Triglyphen (siehe dort) gesetzt.

Mektep Grund(Kinder)schule.

Mihrab Gebetsnische, nach Mekka hin.

Mimber islamische Kanzel.

Minarett Turm für den islamischen Gebetsrufer (muezzim). Die arab.-

türk. Bezeichnung „Minare" hat sich im Deutschen nach der frz. Schreibweise „minaret" als „Minarett" eingebürgert.

Moschee von arabisch „masğid", türkisch „mecit" abgeleitete Bezeichnung für das islamische Gotteshaus. Im Türkischen heißen die großen Freitagsmoscheen Cami, die kleinen Kultbauten Mescit, Mescidi.

Mukarnas arabisch Stalaktitenornament oder -gewölbe.

Muvakithane Uhrenhaus, bes. für astronomische Zeitberechnungen.

Namazgah Gebetsstätte im Freien (vgl. Apg. 16, 13).

Naos wörtlich „Tempel", Kirchenraum zwischen Vorhalle und Altarraum.

Narthex Vorhalle.

Oktogon achteckiger Bau.

opus Alexandrinum oder *sectile* Fußbodenmosaik.

opus tesselatum Fußbodenmosaik aus verschiedenenfarbigen Steinen.

Orant Betender mit aufgehobenen Händen.

Nymphäon monumentales Brunnenhaus oder Brunnenanlage.

Panhagia wörtlich „die Allheilige", Maria.

Pantokrator wörtlich „der Allherrscher", Christus.

Parekklesion Nebenkirche.

Pastophorien die Nebenräume beiderseits des Altarraums: Prothesis und Diakonikon (siehe dort).

Pendentif Hängezwickel – sphärisches Dreieck – der Kuppelkonstruktion.

Peristyl Säulenhof.

Phiale Brunnenschale, Springbrunnen.

Phylakterion Schutzzeichen.

Pilaster Wandpfeiler.

Polystaurion wörtlich „das Vielbekreuzte", weißes Bischofsgewand mit schwarzen Kreuzen, das in der Regel von den Kirchenvätern getragen wird.

Propylon Torbau zum Tempel- oder Palastbezirk.

Prothesis Nebenraum auf der linken (nördlichen) Seite des Altarraums, in dem sich der Rüsttisch zur Vorbereitung der Eucharistie befindet. Er entspricht dem Diakonikon. Siehe auch Pastophorien.

Protome Köpfe oder Oberkörper, die zum Schmuck von Geräten, Bildwerken oder Wänden angebracht sind.

Pylon monumentales Tor, Torturm.

Şadirvan Reinigungsbrunnen im Moscheehof oder längs der Moschee.

Saray Schloß, Palast.

Sebil Trinkbrunnen.

Septuaginta (abgekürzt LXX) griechische Übersetzung des Alten Testaments, nach der Überlieferung auf Grund einer Anordnung von Ptolemäos II. (283–246) von 72 Übersetzern zu Jerusalem in 72 Tagen für die Bibliothek in Alexandria angefertigt.

Sima profilierter oder ornamentierter Abschluß des Gesimses.

Sofa Diele.

Sokak türkisch: Gasse.

Stylobat Tempelstufe, die die Säulen trägt.

Synthronos (Synthronon) halbkreisförmige, meist gestaffelte Sitzbänke in der Apsis.

Tabhane Hospital, Derwischenunterkunft.

Templon offene Säulenstellung zwischen Naos und Bema.

Theotokos wörtlich „die Gottgebärerin", Maria, Muttergottes.

Triglyphe wörtlich Dreischlitz; Zierplatte mit 3 Stegen und Rinnen, die am dorischen Tempel mit den Metopen (siehe dort) abwechselt.

Trompe nischenartig gewölbter Bogen zwischen zwei rechtwinkligen Mauern, zwecks Überführung eines Quadrats in ein Achteck.

Tropäon Siegesdenkmal.

Türbe Grabbau.

Tuğra Namenszug des Sultans, mit kalligraphischer Meisterschaft ausgeführt.

Tympanon Bogenfeld, Giebel- oder Wandfeld.

Typikon Gründungsurkunde eines Klosters (Athos).

Vakfiye Islamische Stiftungsurkunde.
Yalı Sommerhaus am Meer.
Yolu große Straße, Allee, Bahn.
Zawiya Mönchszelle, islam. Kloster mit Betraum, Schule, Zellen.
Ziborium, griech. Kiborion, zeltartiger, von Stützen getragener Aufbau.

STAATEN UND DYNASTIEN

A. Hellenismus

I. Alexander und seine Nachfolger. Die Diadochenstaaten

a) Makedonen

336–323	Alexander der Große
323–321	Perdikkas Reichsverweser
321–319	Antipatros Reichsverweser
321	Die Verwaltung der einzelnen Provinzen wird Heerführern übertragen (Kassander, Antigonos, Lysimachos, Seleukos, Ptolemäos)
306–301	Antigonos I. Monophtalmos
301	Antigonos fällt in der Schlacht bei Ipsos. Das Reich Alexanders bricht auseinander
316–298	Kassander
294–288	Demetrios I. der Belagerer (Poliorketes)
287–286	Pyrrhos, gef. 272
285–281	Lysimachos
281–270	Ptolemäos Keraunos
283–239	Antigonos II. Gonatas
239–229	Demetrios II.
227–221	Antigonos III. Doson
229–179	Philipp V.
188	Friede von Apamea
179–168	Perseus
168	Schlacht bei Pydna. Ende des makedonischen Königtums. Aufteilung des Landes in 4 Provinzen
148	Aufstand des Andriskos
146	Römische Provinz Macedonia

b) Seleukiden

305–281	Seleukos I. Nikator
281–261	Antiochos I. Soter
261–246	Antiochos II. Theos
246–225	Seleukos II. Kallinikos
225–223	Seleukos III. Soter Keraunos
223–187	Antiochos III. der Große

188 Friede von Apamea. Verlust Kleinasiens an Pergamon
187–175 Seleukos IV. Philopator
175–164 Antiochos IV. Epiphanes
164–162 Antiochos V. Eupator
162–150 Demetrios I. Soter
150–145 Alexander I. Balas
145–130 Demetrios II. Nikator. Während seiner parthischen Gefangenschaft durch seinen Bruder Antiochos VII. Euergetes Sidetes 139/138 bis 129 vertreten. Seleukidenreich auf Syrien beschränkt
129–125 Demetrios II. Nikator
125 Seleukos V.
126–123 Kleopatra Thea und ihr Sohn
123– 96 Antiochos VIII. Epiphanes – Bruderkriege
113– 95 Antiochos IX. Philopator Kyzikenos
83– 69 Eroberung Syriens durch Tigranes von Armenien
64 Rom bereitet durch Gnäus Pompeius dem Seleukidenreich das Ende. Römische Provinz Syria mit Hauptstadt Antiochia. In der Kaiserzeit mehrfach organisatorisch verändert. Diokletian teilt Syrien in 4 Provinzen: Arabia, Phoenike, Palestina, Coelesyria

c) Ptolemäer (Lagiden)

(sämtliche Herrscher von 304 an heißen Ptolemäos und werden nur durch ihre Beinamen unterschieden)

304–282 Ptolemäos I. Soter, Sohn des Lagos
282–246 Ptolemäos II. Philadelphos (begründet Königskult und Geschwisterehe)
246–222 Pt. III. Euergetes
222–205 Pt. IV. Philopator
204–180 Pt. V. Epiphanes
180–145 Pt. VI. Philometor
145 Pt. VII. Philometor Neos Philopator
145–115 Pt. VIII. Euergetes II. gen. Physkon
(132–116 Kleopatra II. Gegenkönigin)
115– 80 Pt. IX. Soter II. Lathyros König 115–110, 109–107, gemeinsam mit Kleopatra III. 115–107
Pt. X. Alexandros I. gemeinsam mit Kleopatra IV. (110–109, 107–88)
88 Pt. XI., von Sulla eingesetzt
80– 52 Pt. XII. Neos Dionysos Auletes, zeitweise ersetzt durch Berenike IV., Kleopatra VI. Tryphaina und Archelaos
52– 30 Pt. XIII. (gest. 47), teilweise zusammen mit seiner Schwester Kleopatra VII. Beide haben eine gegensätzliche Einstellung zu Rom. Pt. XIII. bekämpft Cäsar (Brand der Bibliothek von Alexandria), Kleopatra verbindet sich mit ihm: Sohn Cäsarion

Pt. XIV. Philopator, 47–44 König, nach ihm Pt. XV. Cäsarion (44–30)
Kleopatra wird von Antonius 34 zur „Königin der Könige" proklamiert. 30 Eroberung Alexandrias durch Oktavian. Selbstmord des Antonius und der Kleopatra; Cäsarion (Ptolemäos XV.) getötet. Ende des Ptolemäerreiches. Ägypten wird als Eigenbesitz des Oktavian u. seiner Erben unter einem Praefectus Aegypti dem Imperium einverleibt
In der Reichsordnung *Diokletians* erfolgt Teilung in Aegyptus Iovia (= kaiserl. Aeg.), Herculia und Thebais. Unter *Konstantin I.* 6 Provinzen einer Diözese

5. Jh. Ägypten (Patriarchat Alexandria). Sie erlangt große kirchenpolitische Bedeutung (Konzil 431 Ephesos), beginnt sich nach 451 (Konzil von Chalkedon) von Byzanz zu lösen (482 Henotikon des Kaisers Zenon)

536 f. Bildung einer monophysitischen koptischen Kirche, wie in Syrien unter dem Einfluß des Jakob Baradai, die den Hellenismus ausscheidet und die Griechen („Melchiten") in die Minderheit abdrängt

642 Alexandria wird von den Arabern erobert. Ägypten arabisch, 640 bis 935 Provinz des Kalifenreiches

II. Kleinasiatische Staaten

305–281 Lysimachos, gef. bei Kurupedion 281

a) Pergamon (Attaliden)

282–263 Philetäros
263–241 Eumenes I.
241–197 Attalos I.
197–160 Eumenes II. Soter
160–139 Attalos II. Philadelphos
139–133 Attalos III. Philometor
133 Pergamon gelangt testamentarisch an Rom. Römische Provinz Asia, Hauptstadt zunächst Pergamon, dann Ephesos

b) Bithynien

297–280 Zipoites
280–250 Nikomedes I., gründet 264 Nikomedia
250–230 Ziaelas
230–182 Prusias I., gründet Prusias am Olymp
182–149 Prusias II. Kynegos

149–127 Nikomedes II. Epiphanes, als Gegenkönig durch Pergamon erhoben
127– 94 Nikomedes III. Euergetes
94– 74 Nikomedes IV. Philopator, vererbt
74 Bithynien an Rom. Römische Provinz

c) Pontos

300–286 Mithradates I. Ktistes gründet Königreich
um 255 Ariarathes III.
es folgen Mithradates II. und Mithradates III.
185–170 Pharnakes I. 183 Sinope erobert, Beginn der Hellenisierung
170–150 Mithradates IV. Philopator Philadelphos
150–120 Mithradates V. Euergetes
120– 63 Mithradates VI. Eupator Dionysos
89– 63 1.–3. Mithradatischer Krieg gegen Rom
63– 47 Pharnakes II., König des Regnum Bosporanum, 47 von Cäsar bei Zela besiegt
63 Pontos durch Pompeius zusammen mit Galatien als römische Provinz dem Imperium eingegliedert

B. Rom

I. Republik. Staatsmänner und Feldherren

156– 86 Gaius Marius. 107–100 1.–6. Konsulat des Marius
138– 78 Lucius Cornelius Sulla
90–89 Bundesgenossenkrieg
88 Sulla wird Konsul und ächtet Marius
87–86 Schreckensherrschaft des Cinna u. des Marius in Rom
86 Tod des Marius
82 Schreckensherrschaft des Sulla in Rom
117– 57 Lucius Licinius Lucullus
106– 48 Gnäus Pompeius
67 Sieg über die Seeräuber. 64 Sieg über Mithradates. 63 Eroberung Syriens
100– 44 Gaius Julius Caesar
60– 53 1. Triumvirat: Pompeius – Cäsar – Crassus
49– 45 Bürgerkrieg. Pompeius bei Pharsalos 48 besiegt, bei Ankunft in Ägypten ermordet
44 Cäsar ermordet
43– 41 2. Triumvirat: Antonius-Octavian-Lepidus
82– 30 Marcus Antonius
63 v. Chr. – 14 n. Chr. Gaius Julius Cäsar Octavianus
44 Schlacht gegen die Cäsarmörder bei Philippi. Die wachsenden

Spannungen zwischen Octavian und Antonius, der sich mit Kleopatra verbindet und eine neues hellenistisches Reich erstrebt, führen zum Krieg

31 Seeschlacht bei Aktion/Actium an der epirotischen Küste. 30 Antonius tötet sich in Alexandria, Kleopatra folgt ihm

29 Octavian zieht als Sieger und Alleinherrscher in Rom ein. Senat und Volk verleihen ihm 27 Titel und Befugnisse eines Augustus. Die monarchische Gewalt wird stufenweise ausgebaut

II. Die Kaiserzeit

a) Das Prinzipat

27 v. Chr. – 14 n. Chr. Augustus
14– 37 Tiberius
37– 41 Caligula
41– 54 Claudius
54– 68 Nero
69– 79 Vespasian
79– 81 Titus
81– 86 Domitian
96– 98 Nerva
98–117 Trajan
117–138 Hadrian
138–161 Antoninus Pius
161–180 Marc Aurel; bis 169 Mitregent Lucius Verus
180–192 Commodus
193–211 Septimus Severus; Gegenkaiser bis 195 Piscennius/Niger
211–217 Caracalla
218–222 Elagabal
222–235 Severus Alexander
235–238 Maximinus Thrax
Es folgen eine Reihe von Soldatenkaisern und Usurpatoren. 248 feiert Rom seine 1000-Jahr-Feier unter Philippus Arabs
249–251 Decius
253–260 Valerian; der Sohn Gallienus Mitregent und Nachfolger
260–268 Gallienus
268–270 Claudius II. Gothicus
270–275 Aurelian
273 Ende des Reiches der Königin Zenobia in Palmyra
275–276 Tacitus
276–282 Probus
282–283 Carus

b) Das Dominat

284–305 Diokletian
286 Reichsteilung: Osten, Residenz Nikomedien, Diokletian; Westen, Residenz Mailand, Maximian
293 neben die Augusti treten Caesares: Galerius (Residenz Saloniki) im Osten; Constantius (Residenz Trier) im Westen
305 danken Diokletian und Maximian ab

306–337 Konstantin I. der Große
Im Kampf um die Alleinherrschaft (bis 324) wurden Maximian 310 hingerichtet, dessen Sohn Maxentius 312 vor Rom geschlagen; er ertrank im Tiber. Konstantin stiftete damals das Labarum, die Fahne, und das Christusmonogramm für die Schilde der Soldaten. Galerius starb 311, sein Nachfolger Licinius endgültig 324 geschlagen und 325 erdrosselt

325 Erstes ökumenisches Konzil in Nikäa

337–361 Constantius II.

361–363 Julian „Apostata“

364–375 Valentinian (im Westreich)

364–378 Valens (im Ostreich)

379–395 Theodosius I., teilt 395 das Reich; Arkadios, seit 383 Mitregent, erhält den Osten. Honorius, seit 393 Mitregent, den Westen

476 Mit der Entthronung des Romulus Augustulus durch Odowaker endet das Weströmische Reich

C. Ostrom – Das Reich der Rhomäer

Die Kaiser von Konstantin I. bis Konstantin XI.

324– 337	Konstantin I., der Große
337– 361	Konstantios
361– 363	Julian „Apostata“
363– 364	Jovian
364– 378	Valens
379– 395	Theodosios I.
395– 408	Arkadios
408– 450	Theodosios II.
450– 457	Markian
457– 474	Leo I.
474	Leo II.
474– 475	Zeno
475– 476	Basiliskos
476– 491	Zeno nochmals
491– 518	Anastasios I.
518– 527	Justin I.
527– 565	Justinian I.
565– 578	Justin II.
578– 582	Tiberius I. Konstantinos
582– 602	Maurikios
602– 610	Phokas
601– 641	Heraklios
641	Konstantin II. (III.) und Heraklonas, Heraklonas allein
641– 668	Konstans II. (Konstantinos III.)
668– 685	Konstantin IV.
685– 695	Justinian II.
695– 698	Leontios
698– 705	Tiberios II. Aspimaros
705– 711	Justinian II. nochmals

711– 713	Philippikos Bardanes
713– 715	Anastasios II. Artemios
715– 717	Theodosios III.
717– 741	Leo III.
741– 775	Konstantin V.
775– 780	Leo IV.
780– 797	Konstantin VI.
797– 802	Irene
702– 811	Nikephoros I.
811	Staurakios
811– 813	Michael I. Rhangabe
813– 820	Leo V.
820– 829	Michael II.
829– 842	Theophilos
842– 867	Michael III.
867– 886	Basileios I.
886– 912	Leo VI.
912– 913	Alexander
913– 959	Konstantin VII.
920– 944	Romanos I. Lakapenos, zunächst Mitregent, dann Hauptkaiser, 944 entthront und verbannt (gest. 948)
959– 963	Romanos II.
963– 969	Nikephoros II. Phokas
969– 976	Johannes I. Tsmiskes
976–1025	Basileios II.
1025–1028	Konstantin VIII.
1028–1034	Romanos III. Argyros
1034–1041	Michael IV. Paphlagon
1041–1042	Michael V. Kalaphates
1042	Zoë und Theodora (Mitregentin)
1042–1055	Konstantin IX. Monomachos
1055–1056	Theodora nochmals
1056–1057	Michael VI. Stratiotikos
1057–1059	Isaak I. Komnenos
1059–1067	Konstantin X. Dukas
1067	Eudokia Dukaina
1068–1071	Romanos IV. Diogenes
1071–1078	Michael VII. Dukas
1078–1081	Nikephoros III. Botaneiates
1081–1118	Alexios I. Komnenos

1118–1143	Johannes II. Komnenos
1143–1180	Manuel I. Komnenos
1180–1183	Alexios II. Komnenos
1183–1185	Andronikos I. Komnenos
1185–1195	Isaak II. Angelos
1195–1203	Alexios III. Angelos
1203–1204	Isaak II. nochmals, zusammen mit Alexios IV. Angelos
1204	Alexios V. Murtzuphlos
Lateinische Kaiser:	
1204–1205	Balduin I. von Flandern
1206–1216	Heinrich von Flandern
1217	Peter von Courtenay
1217–1219	Jolanthe
1221–1228	Robert von Courtenay
1228–1261	Balduin II. (1231–1237 Johannes von Brienne)
Kaiser in Nikäa:	
1204	Konstantin Laskaris
1204–1222	Theodor I. Laskaris
1222–1254	Johannes III. Dukas Vatatzes
1254–1258	Theodor II. Laskaris
1258–1261	Johannes IV. Laskaris
1259–1282	Michael VIII. Seit 1261 in Konstantinopel
1261–1282	Michael VIII. Paläologos (seit 1258 Kaiser in Nikäa)
1282–1328	Andronikos II. Paläologos († 1332)
1295–1320	Michael IX. (Mitkaiser)
1328–1341	Andronikos III. Paläologos
1341–1391	Johannes V. Paläologos
1347–1354	Johannes VI. Kantakuzenos (Gegenkaiser)
1376–1379	Andronikos IV. Paläologos

1390	Johannes VII. Paläologos	1425–1448	Johannes VIII. Paläologos
1391–1425	Manuel II. Paläologos	1448–1453	Konstantin XI. Dragases Paläologos

D. Sultane aus dem Hause Osman

Süleyman Gazi, gest. um 1231
Ertoğrul Gazi, gest. um 1281
Führer (Khane) des Türkenstammes der Oğrul

1281–1326	Osman I.
1326–1360	Orhan, der um 1326 Prussa/Bursa erobert (Hauptstadt)
1360–1389	Murat I., gef. auf dem Amselfeld; 1361 Adrianopel/Edirne erobert (Hauptstadt 1365)
1389–1402	Beyazıt I. Yıldırım
1402–1411	Süleyman Celebi
1402–1413	Osmanenprinzen Isa (gest. 1404), Musa (gest. 1413), Süleyman und Mehmet
1413–1421	Mehmet I.
1421–1451	Murat II.
1451–1481	Mehmet II. Fatih. Er erobert 1453 Konstantinopel (Hauptstadt)
1481–1512	Beyazit II.
1512–1520	Selim I. „Yavuş“, der Gestrenge
1520–1566	Süleyman I., der Prächtige, „Kanuni“, der Gesetzeskundige
1566–1574	Selim II.
1574–1595	Murat III.
1595–1603	Mehmet III.
1603–1617	Ahmet I.
1617–1818	Mustafa I.
1618–1622	Osman II.
1622–1623	Mustafa I. nochmals
1622–1640	Murat IV.
1640–1648	Ibrahim
1648–1687	Mehment IV.
1687–1691	Süleyman II.
1691–1695	Ahmet II.
1695–1703	Mustafa II.
1703–1730	Ahmet III.
1730–1754	Mahmut I.
1754–1757	Osman III.
1757–1773	Mustafa III.
1773–1789	Abdülhamit I.
1789–1807	Selim III.
1807–1808	Mustafa IV.
1808–1839	Mahmut II.

1839–1861	Abdülmeçit
1861–1876	Abdülaziz
1876	Murat V.
1876–1909	Abdülhamit II.
1909–1917	Mehmet V.
1917–1922	Mehmet VI. tritt zurück. (1922–1924 Kalif Abdülmeçit II., Sohn des Sultans Abdülaziz)
1923	Ausrufung der Türkischen Republik (Türkiye Cumhuriyeti) Hauptstadt Ankara

LITERATUR IN AUSWAHL

Aus der Fülle der Literatur kann hier nur eine sehr begrenzte Auswahl geboten werden. Sie weist auf Schriften, insbesondere auf archäologische Berichte hin, die die vorgetragenen Deutungen begründen; sie erläutert und ergänzt historische, kunstgeschichtliche oder landeskundliche Zusammenhänge. Es werden nur wenige Bildbände genannt, aber einige Reiseführer und auch ältere Reisebeschreibungen. Die großen lexikalischen Werke sind nicht einzeln aufgeführt.

Akurgal, E., Die Kunst Anatoliens von Homer bis Alexander. Berlin 1961.

Akurgal, E., Ancient Civilisations and Ruins of Turkey. Istanbul 1978.

Akurgal, E., Griechische und römische Kunst in der Türkei. München 1987.

Alzinger, W., u. D. Knibbe, Ephesos. Berlin/Wien 1972.

Aslanapa, O., Turkish Art and Architecture. London 1971.

Bammer, A., Das Heiligtum der Artemis von Ephesus. Graz 1984.

Bean, G. E., Kleinasien. Kunst- u. Reiseführer (dt. Ausgabe) 4 Bde.:

1. Die ägäische Türkei von Pergamon bis Didyma (übers. v. J. Wiesner). Stuttgart 1968.
2. Die türkische Südküste von Antalya bis Alanya (übers. v. J. Wiesner). Stuttgart 1970.
3. Jenseits des Mäander – Karien mit dem Vilayet Mugla (übers. v. J. Wiesner). Stuttgart/Berlin/Köln/Mainz 1974.
4. Lykien (übers. v. U. Pause-Dreyer). Stuttgart/Berlin/Köln/Mainz 1980.

Benndorf, O., u. G. Niemann, Reisen im südwestlichen Kleinasien, I. Lykien und Karien. 1886.

Berve, H., u. G. Gruben, Die Tempel der Griechen. München 1966.

Bittel, K., Die Hethiter. Die Kunst Anatoliens vom Ende des 3. Jahrtausends bis zum Anfang des 2. Jahrtausends v. Chr. (Universum d. Kunst), München 1936.

Borchhardt, J. (Hrsg.), Myra, eine lykische Metropole in antiker und byzantinischer Zeit. Mit Beitr. v. J. Borchhardt, O. Feld, G. Neumann, U. Pechlow, K. Schürer, G. Wiegand, H. Wiegartz, M. Wörle, W. Wurster. Berlin 1975.

Boulanger, R., Türkei (dt. Ausgabe der „Guides bleus“). Paris 1968.

Brenk, B., Spätantike u. Frühes Christentum (Propyl. Kunstgesch., Suppl.). Frankfurt/Berlin/Wien 1977.

Budde, L., Antike Mosaiken in Kilikien, Bd. I. Frühchristliche Mosaiken in Misis-Mopsuhestia; Bd. II. Die heidnischen Mosaiken. Recklinghausen 1969 u. 1972.

Buschor, E., Maussolos und Alexander. München 1950.

Charbonneaux, J., R. Martin, F. Villard, Das hellenistische Griechenland (Univ. d. Kunst, dt. Ausgabe). München 1971.

Cornelius, F., Geschichte der Hethiter. Darmstadt 1973.

Curtius, L., Die Antike Kunst, II/1. Die klassische Kunst Griechenlands (Hdb. d. Kunstwissensch.), Potsdam 1938.

Diez, E., Die Kunst der islamischen Völker (Hdb. d. Kunstwissensch.), Potsdam o. J.

Dimitriou, S. (Text), u. G. Klammet (Fotos), Die türkische Westküste. Frankfurt a. M./Wien 1976.

Dörner, F. K. (Hrsg.), Vom Bosporus zum Ararat. Mainz 1981.

Downey, G., Ancient Antiochia. Princeton 1961.
Downey, G., Art. Antiocheia, in: Reallexikon zur Byzantinischen Kunst (RBK), I, 1966, Sp. 178–209.
Egil, E., Sinan, der Baumeister türkischer Glanzzeit. Zürich 1954.
Ekschmitt, W., Die Sieben Weltwunder, ihre Erbauung, Zerstörung und Wiederentdeckung. Mainz 1984.
Eickhoff, E., Friedrich Barbarossa im Orient. Tübingen 1977.
Fedden, R., u. J. Thomson, Kreuzfahrerburgen im Heiligen Land (dt. Ausgabe). Wiesbaden 1959.
Feld, O., Bericht über eine Reise durch Kilikien, in: Istanbuler Mitteilungen 13/14, 1963/64.
Fritz, F., Codex Kulturatlas Türkei, Gundholzen 1965.
Gabriel, A., Une capitale turque: Brousse. Paris 1958.
Gerkan, A. v., Griechische Städteanlagen. Berlin 1924.
Goodwin, G., A History of Ottoman Architecture. Baltimore 1971.
Gough, M., (Berichte über Alahan Manastir) in:
Anatolian Studies 5 (1955) – 18 (1968): 5, 12, 13, 14, 17, 18;
The Emperor Zeno and some Cilician Churches, in: Anat. Stud. 22 (1972);
ferner Beiträge in: Türk Arkeoloji Dergesi 16, 17, 19.
Grabar, A., Die Kunst im Zeitalter Justinians (Univ. d. Kunst, dt. Ausgabe, übers. v. M. Restle). München 1967.
Gruben, G., Die Tempel der Griechen. München 1966 (^{4}1986).
Guyer, S., Grundlagen mittelalterlicher abendländischer Baukunst. Zürich/Köln 1950.
Hammer-Purgstall, J. v., Geschichte des Osmanischen Reiches, 10 Bde. Pest 1827–1835.
Hanfmann, G. M. A., Letters from Sardis. Cambridge/Mass. 1972.
Haussig, H. W., Byzantinische Geschichte. Stuttgart/Berlin/Köln/Mainz 1969.
Haynes, S., Zwischen Mäander und Taurus, Archäologische Reise in Kleinasien. München 1977.
Hell, V., Istanbul und die Vordere Türkei. Kunst- und Reiseführer. Stuttgart/Berlin/Köln/Mainz 1969.
Hellenkemper, Hg., Burgen der Kreuzritterzeit in der Grafschaft Edessa u. im Königreich Kleinarmenien. Bonn 1976.
Hellenkemper, Hg., u. Fr. Hild, Neue Forschungen in Kleinasien. Wien 1986.
Herzfeld, E., u. S. Guyer, Meriamlik und Korykos. Zwei christliche Ruinenstätten des Rauhen Kilikiens (Monum. Asiae Minoris II). Manchester 1930.
Hild, F., Hg. Hellenkemper, G. Hellenkemper-Salies, Art. Komagene, Kilikien, Isaurien, in: RBK IV (Lief. 26) 1984 (nicht abgeschl.)
Hotz, W., Byzanz – Konstantinopel – Istanbul. Handbuch der Kunstdenkmäler. Darmstadt u. München/Berlin ^{2}1978.
Hotz, W., Tagebuchblätter einer Orientreise;
Sankt Nikolaus von Myra;
beides Sonderdrucke aus: Heimatboten f. d. ev. Gem. Reinheim. Darmstadt 1974.
Hütteroth, W.-D., Türkei (Wissensch. Länderkunden, Bd. 21). Darmstadt 1982.
Hutter, I., Frühchristliche Kunst, Byzantinische Kunst. Stuttgart 1968.
Jeppesen, K., Gründung u. Baugeschichte des Mausoleums zu Halikarnassos, in: Istanb. Mitt. 27/28, 1977/78.
Kähler, H., Der große Fries von Pergamon. Berlin 1948.
Keil, J., u. A. Wilhelm, Denkmäler aus dem Rauhen Kilikien (Monum. Asiae Minoris III). Manchester 1931.
Kleiner, G., Die Ruinen von Milet. Berlin 1968.

Koenigs, W., Türkei. Die Westküste von Troja bis Knidos. Zürich/München 1986.
Kraus, Th., Das Römische Weltreich (Propyl. Kunstgesch.). Berlin 1967.
Krautheimer, R., Early Christian and byzantine architecture. Harmondsworth 1965.
Krischen, F., Weltwunder der Baukunst in Babylonien und Jonien. Tübingen 1956.
Langlois, V., Voyage dans la Cilicie. Paris 1861.
Lanckoronski, K. Graf, Städte Pamphyliens und Pisidiens. Wien 1890 (Nachdruck 1970).
Latacz, J., Homer, eine Einführung. München/Zürich 1985.
Levi, D., Antioch Mosaic Pavements. Princeton 1947.
Magie, O., Roman Rule in Asia Minor. Princeton 1950.
Mango, C., Byzantinische Architektur (dt. Ausgabe). Mailand/Stuttgart 1974/75.
Mansel, A. M., Die Ruinen von Side. Berlin 1968.
Matuz, J., Das Osmanische Reich, Grundlinien seiner Geschichte. Darmstadt 1985.
Metzger, H., Anatolien II (Archaeologia Mundi, dt. Ausgabe). München/Genf/Paris 1969.
Miltner, F., Ephesus, Stadt der Artemis und des Johannes. Wien 1958.
Moltke, H. v., Briefe über Zustände und Begebenheiten in der Türkei 1835/39. Auswahl aus d. 8. Aufl. v. 1917. Köln 1968.
Müller-Wiener, W., Burgen der Kreuzritter im Heiligen Land, auf Zypern und in der Ägäis. München/Berlin 1966.
Müller-Wiener, W., Mittelalterliche Befestigungen im südl. Jonien, in: Istanb. Mitt. 11, 1961.
Ostrogorsky, G., Geschichte des byzantinischen Staates, 3. Aufl., München 1968.
Petersen, E., u. F. v. Luschan, Reisen im südwestlichen Kleinasien II. Lykien, Milyas und Kybaritis. 1889.
Restle, M., Istanbul, Bursa, Edirne, Iznik (Reclams Kunstf.). Stuttgart 1976.
Restle, M., Artikel in: Reallexikon z. byzantin. Kunst (RBK): Anthemios von Tralles, I (1966), 177/8; Asia, I (1966), 335–349; Bithynien, I (1966), 719–729; Ephesos, II (1978), 164–207; Isidoros von Milet, III (1978), 505.
Rice, O. T., Byzantinische Kunst. München 1964.
Rohde, E., Pergamon, Burgberg und Altar. München 1982.
Rott, H., Kleinasiatische Denkmäler aus Pisidien, Pamphylien, Kappadokien und Lykien. Leipzig 1908.
Runciman, St., Geschichte der Kreuzzüge. München 1968.
Schede, M., Die Ruinen von Priene. Berlin 1964.
Schefold, K., Die Griechen und ihre Nachbarn (Propyl. Kunstgesch.). Berlin 1967.
Schliemann, H., Ithaka, der Peloponnes und Troja. Archäologische Forschungen. Leipzig 1869, Nachdruck Darmstadt 1963.
Schmitt, T., Die Koimesiskirche von Nikaia, Berlin 1907.
Schultze, V., Altchristliche Städte und Landschaften, II/2 Kleinasien. Gütersloh 1926.
Seiterle, G., Artemis, die große Göttin von Ephesos, in: Antike Welt, 10, 1979, H. 3.
Sourdel-Thomin, J., u. B. Spuler, Die Kunst des Islam (Propyl. Kunstgesch.). Berlin 1973.
Stark, F., Auf den Spuren Alexanders. Reise durch die unbekannte Türkei (engl. London 1958), dt. Ausgabe 1962.
Stierlin, H., Kleinasiatisches Griechenland. Stuttgart/Zürich 1986.
Strzgygowski, J., Kleinasien, ein Neuland der Kunstgeschichte. Leipzig 1903.
Texier, Ch., Asie Mineure, Déscription géographique et archéologique. Paris 1862.
Verzone, P., Hierapolis (Phrygien, Art. in: RBK II (1971), 1203–1223.
Vogt-Göknil, U., Türkische Moscheen. 2. Aufl. Zürich 1953.
Vogt-Göknil, U., Osmanische Türkei. München 1966.

Volbach, W. F., Frühchristliche Kunst. Die Kunst der Spätantike in West- und Ostrom. München 1958.
Volbach, W. F., u. J. Lafontaine-Dosogne, Byzanz und der christliche Osten (Propyl. Kunstgesch.). Berlin 1968.
Wagner, J. u. H. (Text), u. G. Klammet (Fotos), Die türkische Südküste. Frankfurt a. M./Wien 1977/78.
Wiegand, Th., Halbmond im letzten Viertel. Briefe und Reiseberichte aus der alten Türkei, hrsg. v. G. Wiegand. München 1970, Mainz 1986.
Wirth, P., Grundzüge der byzantinischen Geschichte. Darmstadt 1976.
Wulff, O., Altchristliche und byzantinische Kunst (Hdb. d. Kunstwissenschaft), 2. Bde. m. Nachtrag. Potsdam 1914, 1924, 1935.
Wulff, O., Die Koimesiskirche in Nicaea u. ihre Mosaiken. Straßburg 1903.
Zschietzschmann, W., Die antike Kunst II,2: Die hellenistische und römische Kunst (Hdb. d. Kunstwissensch.). Potsdam 1933.

VERZEICHNIS DER KÜNSTLER, DICHTER, SCHRIFTSTELLER UND GELEHRTEN

(Nicht in das Register aufgenommen wurden die Namen im Vorwort, im Anhang und im Literaturverzeichnis.)

FOTONACHWEIS

Die Fotos stammen vom Verfasser und aus dem Archiv des Verfassers; sie wurden ergänzt durch:

Bildarchiv Foto Marburg: 105
Prof. Dr. Ludwig Budde, Münster: 27, 137
Dr. Mathilde Grünewald, Worms: 29, 139a
Dr. Erika u. Karl Haisch, Worms: 53, 57, 75, 101, 103, 203
Max Hirmer, München: 58, 162
Dr. Wolf Koenigs, München: 80, 81
Prof. Cyrill Mango, Washington: 79, 177
Gertraud Merkl, Worms: 16, 138, 139b
Hedi Seeger, Egg/Zürich: 26, 47, 166, 167, 176, 190
Staatl. Museen Berlin, Frühchr.-Byz. Slg.: 118
Stiftung Preuß. Kulturbesitz, Antiken-Museum, Berlin: 208
Stiftung Preuß. Kulturbesitz, Frühchr.-Byz. Slg., Berlin: 145

DIE BILDER

1 ALAHAN MANASTIR: Blick aus der „Evangelistenkirche" über die Tauruslandschaft [9]

2 Alanya: Hagios-Georgios-Kirche in der oberen Festung [10]

3 Antalya/Attaleia: Hadrianstor [19]

4 Antakya/Antiochia: a) Soteria aus Daphne,
b) Schlafender Eros aus Seleukia Pieria;
Mosaiken im Museum [20]

5 Aphrodisias: Aphroditetempel [24]

6 Demircili: Kilikische Grabtempel der römischen Kaiserzeit [46]

7 Didyma: Tempel des Apollon, Säule im Pronaos [48]

8 EPHESOS: Tetrapylon und Arkadianè gegen das Theater [52]

9 Ephesos: Johanneskirche, südliches Seitenschiff, Portal [52]

10 Herakleia und Latmos Beşparmak [60, 101]

11 Korykos: Eckturm der Stadtmauer und Inselburg Kızkalesi [89]

12 Pergamon/Bergama: Akroter vom Trajantempel, Museum Bergama [136]

13 Soloi/Viranşehir: Säulenstraße [161]

14 TELMESSOS/FETHIYE: Felsengräber [169]

15 XANTHOS: Lykisches Pfeilergrab aus hellenistischer Zeit [179]

16 Kekova/Simena: Lykischer Sarkophag in der Meeresbucht [80]

17 Alahan Manastir: Westportal der „Evangelistenkirche“ [9]

18 Alahan Manastir: Drei-Fische-Relief auf einem Gesimsstück [9]

19 Alahan Manastir: Ostkirche (Katholikon), Chor [9]

20 Alahan Manastir: Ostkirche (Katholikon), Westseite [9]

21 Alahan Manastır: Ostkirche, Ostteile [9]

22 Alahan Manastir: Ostkirche, Inneres gegen Westen [9]

23 Alahan Manastir: Ostkirche, nördliche Mittelschiffarkaden [9]

24 Alahan Manastir: Rahmenleisten von Türgewänden
a) am Westportal der „Evangelistenkirche“,
b) am Südwestportal der Ostkirche [9]

25 ALANYA: Roter Turm („Kızıl Kule“) am Hafen [10]

26 Alanya: Felssporn mit seldschukischer Münze und byzantinischem Kloster [10]

27 Anazarbos/Anawarza: Thetismosaik [16]

28 ANDRIAKE BEI MYRA: Stadtteil auf dem Nordufer des Flusses Andrakos [17]

29 ANDRIAKE: Nymphäon [17]

30 Anemourion/Anamur: Burg an der Küste, von Osten gesehen [18]

31 Anemourion/Anamur: Ruinen der Stadt [18]

32 Antalya/Attaleia: Yivli Minare und Blick zum lykischen Taurus [19]

33 ANTALYA/ATTALEIA: Apsispfeiler der ehem. Panhagia(?)kirche (Keşik Minare) [19]

34 Antalya/Attaleia: Durchblick vom äußeren südlichen Seitenschiff durch die Panhagiakirche [19]

35 Antalya/Attaleia: Ehem. Kirche, zur Moschee umgebaut, mit römischem Sarkophag [19]

36 Antiochia/Antakya: Stadtansicht (Stahlstich um 1820) mit der römischen Orontesbrücke und dem Tor in der Justinianischen Mauer [20]

37 Antiochia/Antakya: Felsenkirche St. Peter, Westseite [20]

38 Antiochia/Antakya: Silen und Mänade, römisches Mosaik aus einer Villa in Seleukia Pieria, Museum Antakya

39 ANTIOCHIA/ANTAKYA: Sog. „Kelch von Antiochia“, Museum New York [20]

40 Antiphellos/Kaş: Theater [22]

41 Aphrodisias: Propyläen zum Tempelbezirk [24]

42 Aphrodisias: Im Bischofspalast [24]

43 Aphrodisias: Putten im Rankenornament, Museum Aphrodisias [24]

44 Aphrodisias: Odeon [24]

45 Aphrodisias: Kopf eines kaiserlichen Beamten, Museum Istanbul [24]

46 Aphrodisias: Theater [24]

47 Aspendos: Theater, Sitzreihen und Bühnenhaus [28]

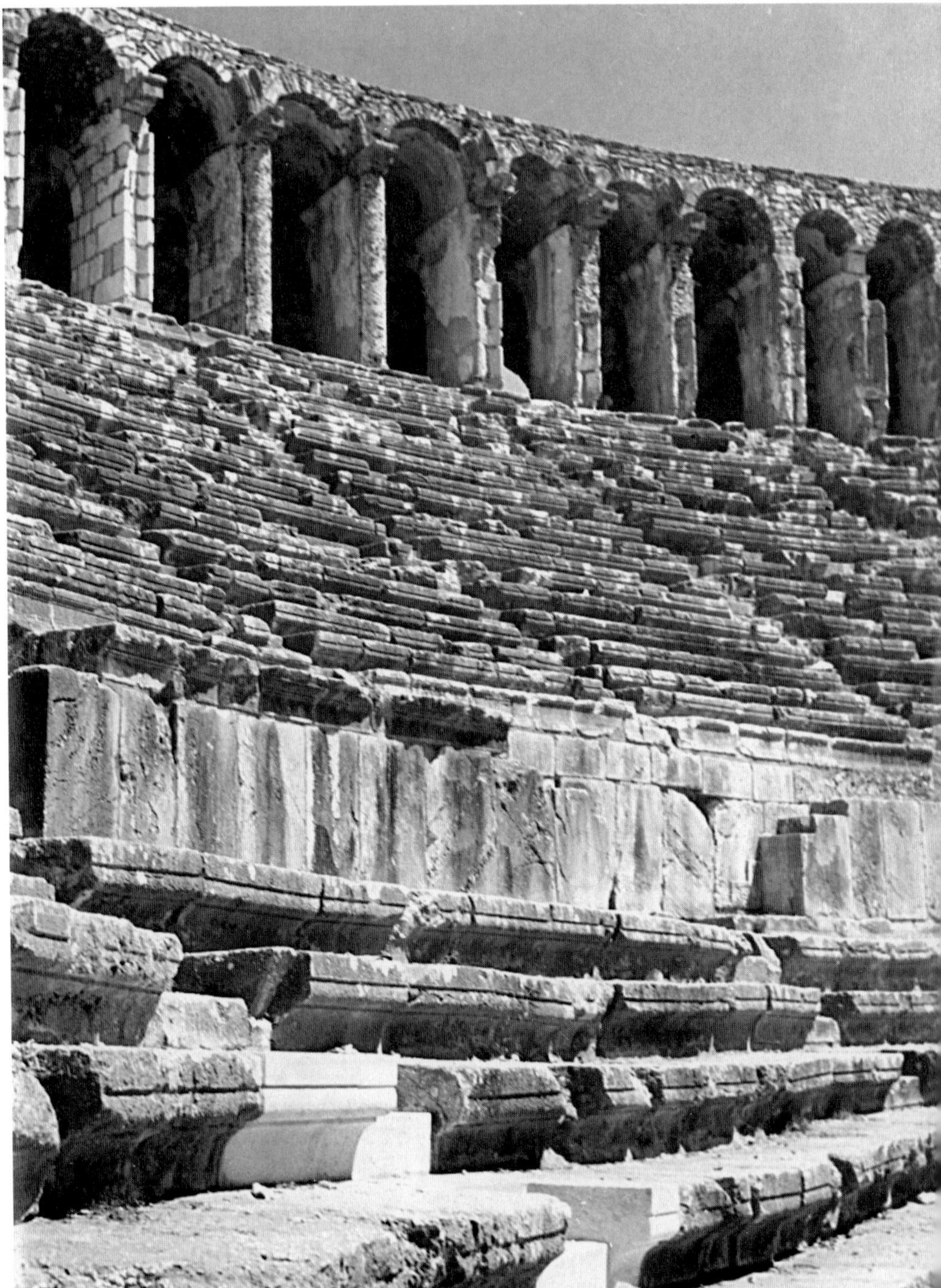

48 Aspendos: Theater, Sitzreihen gegen den Bogen-Umgang [28]

49 Bodrum/Halikarnassos: Ansicht gegen die Johanniterburg [36]

50 Bodrum/Halikarnassos: Turm England in der Johanniterburg [36]

51 Bodrum/Halikarnassos: Fundamentgrube des Mausoleums mit Trümmern des Bauwerks [36]

52 Bodrum/Halikarnassos: Reliefplatte vom Mausoleum mit Amazonenkampf, Museum Bodrum [36]

53 Bodrum/Halikarnassos: Vom Fries des Mausoleums, Brit. Museum London [36]

54 Bodrum/Halikarnassos: Statuen des Maussolos und der Artemisia, Brit. Museum London [36]

55 Bodrum/Halikarnassos: Kopf Apollons vom Mausoleum, Brit. Museum London [36]

56 Bodrum/Halikarnassos: Ehem. Kirche der Johanniterburg (jetzt Museum), Westwand [36]

57 Bursa: Hüdavendigar Camii, Eingangsseite [37]

58 Didyma: Apollontempel, Adyton gegen die große Treppe [48]

59 Didyma: Apollontempel, Prostylon [48]

60 Didyma: Medusenkopf vom Tempelgebälk [48]

61 Diocaesarea/Uzuncaburç: Tempel des Zeus Olbios [49]

62 DIOCAESAREA/UZUNCABURÇ: Propyläen [49]

63 Diocaesarea/Uzuncaburç: Stadttor [49]

64 Ephesos: Säule des Artemisions, Blick gegen die Isa Bey Camii und die Festung [52]

65 Ephesos: Fassade der Celsusbibliothek und Säulen der Agora [52]

66 Ephesos: Hadriantempel [52]

67 EPHESOS: Pfeiler des sog. „Heraklestors“ [52]

68 Ephesos: Tor zum Stadion [52]

69 Ephesos: Kopf des Kaisers Trajan, Museum Selçuk [52]

70 Ephesos: Sog. „Große Artemis“ mit dem Polos auf dem Kopf und im Brustschmuck, Museum Selçuk [52]

71 Ephesos: Figürliche Säulenbasis vom Artemision, Brit. Museum London [52]

72 Ephesos: Römischer Porträtkopf, Museum Selçuk [52]

73 Ephesos: Liegende Brunnenfigur, Museum Selçuk [52]

74 Ephesos: Isa-Bey-Moschee [52]

75 Ephesos: Marienkirche, Westeingang [52]

76 EPHESOS: Johanneskirche mit wiederaufgebauter Nordarkade [52]

77 Ephesos: Johanneskirche, Wandbecken für das Weihwasser [52]

78 Euromos: Tempel des Zeus Lapsinos [55]

79 Gebze: Byzantinisches Kapitell [57]

80 Gerga: Sog. Tempel [58]

81 Herakleia am Latmos: Stadtmauer [60]

82 Hierapolis/Pamukkale: Ehrenbogen für Kaiser Domitian [61]

83 Hierapolis/Pamukkale: Theater [61]

84 Hierapolis/Pamukkale: Philippusmartyrion, Portal im Umgang des Oktogons [61]

85 Hierapolis/Pamukkale: Philippusmartyrion, Inneres [61]

86 HIERAPOLIS/PAMUKKALE: Sarkophag in der Nordnekropole [61]

87 Hierapolis/Pamukkale: Sarkophag unterhalb des Philippusmartyrions [61]

88 HIERAPOLIS/PAMUKKALE: Zur Kirche umgebaute Nordthermen [61]

89 IZMIR/SMYRNA: Halle der römischen Agora [69]

90 Izmir/Smyrna: Demeter aus einer Poseidongruppe auf der Agora [69]

91 Izmir/Smyrna: Byzantinisches Kapitell und Gesimsleisten in der Steinsammlung der Agora [69]

92 IZMIR/SMYRNA: Kleine Moschee und Uhrturm am Hafen [69]

93 Kanytelis/Kanlidivane: Römisches Grabhaus [72]

94 Kanytelis/Kanlidivane: Römisches Grabhaus [72]

95 Kanytelis/Kanlidivane: Basilika I, Apsis [72]

96 Kanytelis/Kanlidivane: Apsisfenster in der Basilika I [72]

97 Kanytelis/Kanlidivane: Ostwand der Basilika III [72]

98 Kanytelis/Kanlidivane: Basilika IV von Südosten [72]

99 Kanytelis/Kanlidivane: Basilika IV, Westportal [72]

100 Kanytelis/Kanlidivane: Basilika IV, Kapitell am südlichen Triumphbogenpfeiler [72]

101 Karabel: Hethitisches Felsrelief [73]

102 Kaunos: Felsengräber über dem Dalyan Cayi [77]

103 Klaros: Unterirdische Orakelräume des Apollontempels [84]

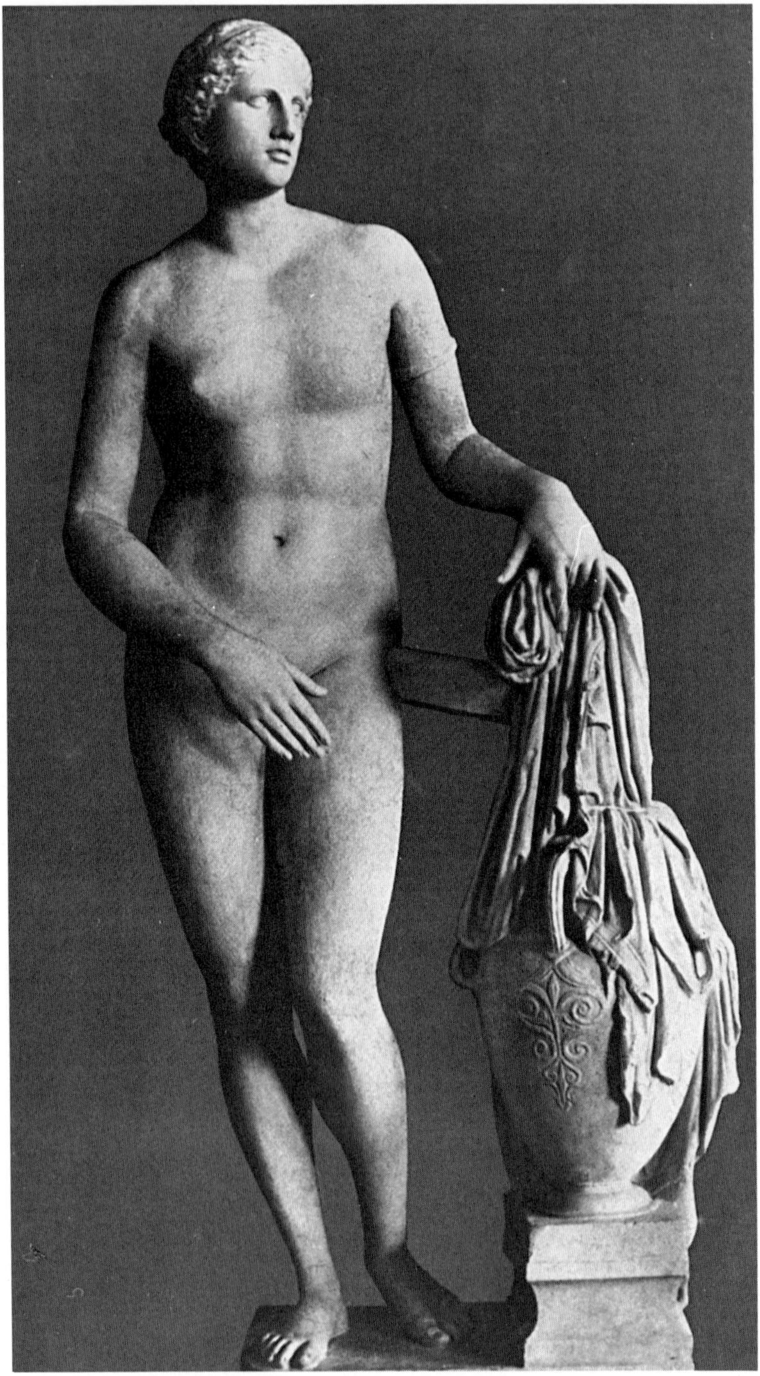

104 Knidos: Aphrodite des Praxiteles, rekonstruierte Kopie in den Vatikanischen Sammlungen [85]

105 Knidos: Kultbild der Demeter, Brit. Museum London [89]

106 Korykos/Kizkalesi: Inselburg von Westen [89]

107 Korykos/Kizkalesi: Inselburg, Blick von der Landburg [89]

108 Korykos/Kizkalesi: Basilika extra muros,
Nordseite mit Portal [89]

109 Korykos/Kizkalesi: Tetrapylon, Eckpfeiler [89]

110 Korykos/Kizkalesi: Einzelnes Kapitell [89]

111 Korykos/Kizkalesi: Kapitell im Vorhof der Basilika extra muros [89]

112 Korykos/Kizkalesi: Sarkophag [89]

113 Kuşadası: Die „Vogelinsel“ mit Wartturm [93]

114 Labranda: Große Treppe der Prozessionsstraße [97]

115 LABRANDA: Andron des Idrieus, Ostseite [97]

116 LAGINA: Figurenfries vom Hekatetempel, Museum Istanbul [98]

117 Larisa am Hermos: „Alter Palast“,
Rekonstruktionszeichnung [100]

118 Latmos: Christushöhle, Wandbild der Kreuzigung, Kopie in der Frühchr.-Byz. Slg. Berlin (Ost) [101]

119 Letoon: Teich des Heiligtums (Nymphäon) [103]

120 Letoon: Die drei Tempel [103]

121 Magnesia am Mäander: Tempel des Zeus Sosipolis, Rekonstruktion im Bode-Museum Berlin [107]

122 Manisa/Magnesia am Sipylos: Sultan Camii, Vorhalle [109]

123 Meriamlik/Aya Thekla: Große Basilika, Apsiswange [112]

124 Meriamlik/Aya Thekla: Krypta (Zisterne) [112]

125 Milas: Grabbau [114]

126 Milet: Der Rathausplatz im Modell [115]

127 MILET: Nymphäon, Rekonstruktionszeichnung [115]

128 MILET: Nymphäon mit dem Sockel des Neleus-Bildes [115]

129 MILET: Markttor, Mittelteil,
wiederaufgebaut im Bode-Museum Berlin [115]

130 Milet: Theater, Außenbau [115]

131 Milet: Cavea des Theaters [115]

132 Milet: „Schöne Milesierin“,
Relief von einer Säulenbasis in Didyma [115]

133 MILET: In den Faustinathermen [115]

134 Milet: Säulenstümpfe, Basen und Kapitelle vom Stadion [115]

135 MILET: Kapitell vom Bouleuterion [115]

136 Milet: Sitzungssaal im Rathaus (Bouleuterion) [115]

137 Misis/Mopsuhesti: Theodorkirche, Mosaik der Arche Noah [116]

138 Myra/Kale (Demre): Felsengräber der Meernekropole [122]

139 MYRA/KALE (DEMRE): a) Totenmahl, Relief am Felsengrab 9, b) Gesimsstück mit 3 Masken vom Theater [122]

140 Myra/Kale (Demre): Römischer Grabtempel zwischen Myra und Sura [122]

141 Myra/Kale (Demre): Hagios Nikolaos, Inneres gegen Osten [122]

142 MYRA/KALE (DEMRE):, Hagios Nikolaos,
3 Säulen vom Südportikus [122]

143 Myra/Kale (Demre): Hagios Nikolaos, Kapitell [122]

144 Myra/Demre (Kale): Hagios Nikolaos, Fußbodenmosaik in einer Ostkapelle [122]

145 Myra/Kale (Demre): Vitenikone des hl. Nikolaus, Frühchr.-Byz. Slg. Berlin (Ost) [122]

146 Myra/Kale (Demre): Hagios Nikolaos, Apsis der Südkapelle [122]

147 Narlikuyu: Drei-Grazien-Mosaik des Poimenios [125]

148 Nikäa/Iznik: Stadtmauer [128]

149 NIKÄA/IZNIK: Istanbul Kapi (Konstantinopler Tor) [128]

150 Nikäa/Iznik: Lefke Kapi [128]

151 Nikäa/Iznik: Yeşil Camii [128]

152 Nikäa/Iznik: Koimesiskirche von Südosten (zerstört) [128]

153 NIKÄA/IZNIK: Medusenhaupt, Museum [128]

154 Nikomedia/Izmit: Kaiser Diokletian, Museum Istanbul [129]

155 NYSA: Theater mit Ölbäumen [130]

156 Patara: Stadttor [133]

157 PERGAMON/BERGAMA: Großer Zeusaltar, Nordwestflügel, Bode-Museum Berlin [136]

158 Pergamon/Bergama: Alkyoneus vom Zeusaltar,
Bode-Museum Berlin [136]

159 Pergamon/Bergama: Klytios vom Zeusaltar,
Bode-Museum Berlin [136]

160 Pergamon/Bergama: Alexander der Große, Museum Istanbul [136]

161 Pergamon/Bergama: Zeusalter, Nyx am Nordfries, Bode-Museum Berlin [136]

162 Pergamon/Bergama: Großes Theater am Burgberg [136]

163 Pergamon/Bergama: Asklepieion, Säulenhalle vor dem Theater [136]

164 PERGAMON/BERGAMA: Bärtiger Kopf von der Heiligen Straße, Museum Bergama [136]

165 Pergamon/Bergama: „Rote Halle“, zur Kirche umgebauter Serapistempel [136]

166 Perge: Artemis Pergäa, Pfeilerrelief im Theater [137]

167 Perge: Bildgeschmückter Pfeiler im Theater [137]

168 Perge: Große Säulenstraße [137]

169 Perge: Sarkophag mit Medusenmedaillon, Museum Antalya [137]

170 PERGE: Theater, Zuschauerraum [137]

171 PERGE: Theater, Fries vom Bühnenunterbau, Dionysos und Pan [137]

172 PERGE: Portal am Theater [137]

173 PRIENE: Säulen des Athena-Polias-Tempels [143]

174 PRIENE: Bouleuterion [143]

175 Priene: Sockelmauer des Bezirks der Ägyptischen Götter [143]

176 Priene: Sessel im Theater [143]

177 Prinzeninsel Chalki/Heybeli: Panhagia Kamariotissa [144]

178 Sarapsa-Han: Ansicht von Süden [147]

179 Sardis: Kapitell aus dem Artemistempel [148]

180 SARDIS: Artemistempel [148]

181 Silifke/Seleukia am Kalykadnos: Burg [150]

182 Silifke/Seleukia: Vorhalle der Ostmoschee [150]

183 SILIFKE/SELEUKIA: Byzantinisches Kapitell, Museum [150]

184 Side: Theater, Bogen des äußeren Umgangs [154]

185 SIDE: Zuschauerraum des Theaters [154]

186 Side: Großes Nymphäon, Brunnennische [154]

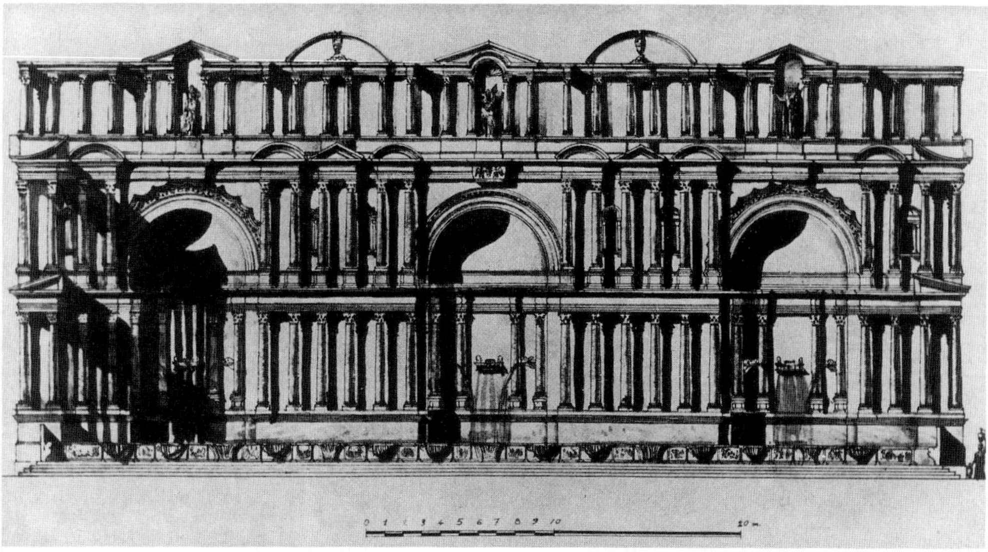

187 Side: Fassade des großen Nymphäons, Wiederherstellung [154]

188 Side: a) Kopf vom Medusenfries des kleineren Tempels am Hafen, b) Relief der Aphrodite Anadyomene von einer Deckenplatte im Bühnenhaus des Theaters, Museum [154]

189 Side: Ecknische des „Kaisersaals“ mit Nemesis-Statue [154]

190 SIDE: Pamphylischer Erotensarkophag, Museum [154]

191 SIDE: Kopf vom Brunnenhaus vor dem Bogentor, Museum [154]

192 SIDE: Hermes vom Brunnenhaus vor dem Bogentor, Museum [154]

193 SIDE: Ornamentierte Wandpfeiler in der Kirche des Bischofspalastes [154]

194 SIDE: Gruppe der Drei Grazien, Museum [154]

195 Tarsus: Sog. Tor der Kleopatra [167]

196 Tarsus: Orpheusmosaik, Museum Antakya [167]

197 Telmessos/Fethiye: Felsengräber [169]

198 Termessos: Theater [170]

199 Thyatira/Akhisar: Landschaft, Lithographie von Charles Texier 1862 [171]

200 Toprakkale: Burg [174]

201 Tralleis/Aydin: Der Knabe von Tralleis, Museum Istanbul [175]

202 Troja: Mauer der Schicht VI [177]

203 Xanthos: Sog. Nereidendenkmal, Grabbau eines lykischen Fürsten, Brit. Museum London [179]

204 Xanthos: Theater mit lykischen Pfeilergräbern [179]

205 XANTHOS: Nereide, Brit. Museum London [179]

206 XANTHOS: Basilika von Westen [179]

207 Yılan Kalesi: Burg [182]

208 Yumurtalik/Ägeä (Ayas): Herakles bezwingt den Cerberus, Kamee aus der Werkstatt des Dioskurides, Antiken-Museum Berlin